U0032752

梁啓超的經濟面向

賴建誠　著

誌謝

　　此書的寫作，承國科會3年研究經費協助(1999-2002)，特此誌謝。第1章的前兩節與第12章合刊在《新史學》2001年3月號(12卷1期)。第2章刊在《新史學》2000年3月號(11卷1期)。第3章刊在《清華學報》2001年3月號(31卷1-2期)。第4章刊在《清華學報》2003年12月號(33卷2期)。第5章第2節刊在《歷史月刊》1999年12月號。第6章刊在《中山人文社會科學期刊》，2004年6月號(12卷1期)。第7章刊在《大陸雜誌》2000年11月號(101卷5期)。第8章刊在《當代》2002年6月、7月號(178-9期)。第9章刊在《清華學報》2004年6月號(34卷1期)。第10章刊在《新史學》2003年12月號(13卷4期)。第11章第1節刊在《近代中國史研究通訊》2002年9月號(34期，同期刊載黃克武對此文的回應)；第2節刊在《大陸雜誌》2000年8月號(101卷2期)。

　　第9、10兩章是和李怡嚴教授(清華大學物理系退休)合寫的：第9章的所有注釋以及相關見解，都是他的貢獻；第10章的關鍵論點與主體析述，也都是他的洞見。李教授有非常豐富的古代史知識，時常能提供準確的證據，我非常感謝他的扶持與建議。1999-2001年間，我在自然科學與生命科學知識上的增長，也是承惠於他的開啟。

　　以上諸篇在投稿送審期間，承多位審查者提供許多有助益的修改意見：有面向性的，有論點性的，也有細節性的。這些經驗讓我深切地感受到，評審制度對學術產品的絕對重要性。

　　2004年1至6月的休假期間，我在中央研究院近代史研究所訪問，主

要的工作是修訂此書的定稿。前一本拙著《亞當史密斯與嚴復》，承近史所黃克武與潘光哲先生校改；這次又承他們協助，更正了不少文字與內容，再度感謝。清華大學歷史研究所博士班許松源同學提供許多修正意見，相當有助益。

清華大學經濟系　賴建誠

lai@mx.nthu.edu.tw

目次

第1章　綜觀概述 ⋯⋯⋯⋯⋯⋯⋯⋯⋯⋯⋯⋯⋯⋯ 1

　1 論述表析 ⋯⋯⋯⋯⋯⋯⋯⋯⋯⋯⋯⋯⋯⋯⋯ 1

　2 研究文獻 ⋯⋯⋯⋯⋯⋯⋯⋯⋯⋯⋯⋯⋯⋯ 12

　3 綜述與摘要 ⋯⋯⋯⋯⋯⋯⋯⋯⋯⋯⋯⋯⋯ 16

I　清末民初

第2章　幣制改革 ⋯⋯⋯⋯⋯⋯⋯⋯⋯⋯⋯⋯⋯ 25

　1 虛金本位 ⋯⋯⋯⋯⋯⋯⋯⋯⋯⋯⋯⋯⋯⋯ 26

　2 推行國幣 ⋯⋯⋯⋯⋯⋯⋯⋯⋯⋯⋯⋯⋯⋯ 48

　3 英雄試劍 ⋯⋯⋯⋯⋯⋯⋯⋯⋯⋯⋯⋯⋯⋯ 56

　4 結論 ⋯⋯⋯⋯⋯⋯⋯⋯⋯⋯⋯⋯⋯⋯⋯⋯ 67

　（附論：格里森法則）⋯⋯⋯⋯⋯⋯⋯⋯⋯ 69

第3章　財稅與預算 ⋯⋯⋯⋯⋯⋯⋯⋯⋯⋯⋯ 71

　1 晚清狀況 ⋯⋯⋯⋯⋯⋯⋯⋯⋯⋯⋯⋯⋯⋯ 72

　2 財政改革 ⋯⋯⋯⋯⋯⋯⋯⋯⋯⋯⋯⋯⋯⋯ 80

　3 預算論衡 ⋯⋯⋯⋯⋯⋯⋯⋯⋯⋯⋯⋯⋯⋯ 88

　4 實際狀況 ⋯⋯⋯⋯⋯⋯⋯⋯⋯⋯⋯⋯⋯⋯ 96

　5 財政總長 ⋯⋯⋯⋯⋯⋯⋯⋯⋯⋯⋯⋯⋯ 106

　6 局限與評價 ⋯⋯⋯⋯⋯⋯⋯⋯⋯⋯⋯⋯ 109

（附論：中國的財政學）⋯⋯⋯⋯⋯⋯⋯⋯⋯⋯⋯⋯⋯ 111

第4章　外債與內債⋯⋯⋯⋯⋯⋯⋯⋯⋯⋯⋯⋯⋯ 113

1　背景與結構⋯⋯⋯⋯⋯⋯⋯⋯⋯⋯⋯⋯⋯⋯⋯⋯ 113

2　外債平議⋯⋯⋯⋯⋯⋯⋯⋯⋯⋯⋯⋯⋯⋯⋯⋯⋯ 116

3　公債政策⋯⋯⋯⋯⋯⋯⋯⋯⋯⋯⋯⋯⋯⋯⋯⋯⋯ 139

4　回顧省思⋯⋯⋯⋯⋯⋯⋯⋯⋯⋯⋯⋯⋯⋯⋯⋯⋯ 150

第5章　工商實業⋯⋯⋯⋯⋯⋯⋯⋯⋯⋯⋯⋯⋯⋯ 153

1　基本態度⋯⋯⋯⋯⋯⋯⋯⋯⋯⋯⋯⋯⋯⋯⋯⋯⋯ 153

2　美國的托拉斯⋯⋯⋯⋯⋯⋯⋯⋯⋯⋯⋯⋯⋯⋯⋯ 157

第6章　社會主義與土地國有論⋯⋯⋯⋯⋯⋯⋯ 165

1　時空環境⋯⋯⋯⋯⋯⋯⋯⋯⋯⋯⋯⋯⋯⋯⋯⋯⋯ 165

2　社會主義經濟路線⋯⋯⋯⋯⋯⋯⋯⋯⋯⋯⋯⋯⋯ 169

3　土地國有論⋯⋯⋯⋯⋯⋯⋯⋯⋯⋯⋯⋯⋯⋯⋯⋯ 177

4　評比與結論⋯⋯⋯⋯⋯⋯⋯⋯⋯⋯⋯⋯⋯⋯⋯⋯ 188

5　延伸討論⋯⋯⋯⋯⋯⋯⋯⋯⋯⋯⋯⋯⋯⋯⋯⋯⋯ 191

第7章　散論五則⋯⋯⋯⋯⋯⋯⋯⋯⋯⋯⋯⋯⋯⋯ 197

1　衰敗驚亂⋯⋯⋯⋯⋯⋯⋯⋯⋯⋯⋯⋯⋯⋯⋯⋯⋯ 198

2　外資利弊⋯⋯⋯⋯⋯⋯⋯⋯⋯⋯⋯⋯⋯⋯⋯⋯⋯ 209

3　生計博議⋯⋯⋯⋯⋯⋯⋯⋯⋯⋯⋯⋯⋯⋯⋯⋯⋯ 219

4　銀行制度⋯⋯⋯⋯⋯⋯⋯⋯⋯⋯⋯⋯⋯⋯⋯⋯⋯ 221

5　論關稅權⋯⋯⋯⋯⋯⋯⋯⋯⋯⋯⋯⋯⋯⋯⋯⋯⋯ 222

II 古代經濟

第8章　管子的國家經濟觀･･････････････････････ **231**

　1　管子評傳 ････････････････････････････････ 231

　2　基本立場 ････････････････････････････････ 232

　3　獎勵生產 ････････････････････････････････ 237

　4　均節消費 ････････････････････････････････ 240

　5　調劑分配 ････････････････････････････････ 242

　6　財政政策 ････････････････････････････････ 246

　7　國際經濟政策 ････････････････････････････ 249

　8　綜合評論 ････････････････････････････････ 251

　（附論：《王荊公》）････････････････････････ 254

第9章　古代幣材･････････････････････････････ **265**

　1　貝幣 ････････････････････････････････････ 266

　2　龜幣 ････････････････････････････････････ 268

　3　皮幣 ････････････････････････････････････ 271

　4　布帛幣 ･･････････････････････････････････ 272

　5　禽畜幣 ･･････････････････････････････････ 274

　6　器具幣 ･･････････････････････････････････ 275

　7　珠玉 ････････････････････････････････････ 277

　8　結語 ････････････････････････････････････ 278

第10章　先秦田制･･･････････････････････････ **281**

　1　貢 ･･････････････････････････････････････ 284

　2　助 ･･････････････････････････････････････ 285

　（附論：助與藉）････････････････････････････ 287

3 徹 ·· 292

4 「初稅畝」與「用田賦」 ······················· 295

5 孟子的井地方案 ······························· 299

（附論：從井字的根源看井田說）················ 307

6 綜述與結語 ···································· 316

第11章　中西經濟學說史 ·························· 321

1 墨子的經濟見解 ······························· 321

2 西洋經濟思想史評介 ···························· 335

第12章　討論與省思 ······························· 345

1 知識來源 ····································· 345

2 經濟見解 ····································· 350

3 與嚴復對比 ···································· 353

後 記 ··· 357

參考書目 ·· 361

索 引 ··· 373

表格目次

表1-1　梁啓超的經濟論述(依出版年排序)······················ 3

表1-2　依問題性質分類(共67篇)···························· 10

表3-1　11省國用款占總支出之百分比：1874-1903 ·············· 74

表3-2　歷年歲入預算表：1911-1916 ·························· 97

表3-3　歷年歲出預算表：1911-1916 ·························· 99

表3-4　1913-1921年各省派款及解撥情況······················ 108

表3-5　1913-1925年軍事費和債務費························· 108

表4-1　晚清外債的類別與分攤狀況：1853-1911 ··············· 120

表7-1　1870-1910年對外貿易值和指數····················· 199

表7-2　黃金白銀流入流出統計：1888-1912 ·················· 200

表7-3　中國國際收支平衡估計表：1894-1913 ················ 202

表7-4　國際收支各項的比重(%)：1894-1913 ················ 203

第1章

綜觀概述

　　梁啓超的著述非常多，所涵蓋的題材也相當寬廣；研究梁氏的相關著作，從民國初年到現在一直沒斷過，但有一個面向是至今尚未充分探索的，那就是他的經濟論述。原因很簡單：文史學界的研究者，對這個面向有專業上的隔閡，而經濟學家投入思想史研究的人很少，就算是中國經濟思想史學界，對這個題材的研究也還不夠深入。本章第1節析述梁所發表過的經濟論述，我用兩個表格來呈現：表1-1是依這67篇文章發表的時間順序排列，說明它們在《飲冰室合集》內的位置，以及各篇的主旨大要；表1-2把這些文章依題材分成7類主題，用以彰顯梁對這7個題材的注重程度。第2節解說與梁啓超研究相關的文獻，以及目前學界對梁的經濟論述，有哪些研究成果可以參閱。第3節說明本書的寫作方法，並摘述各章的主要結構與內容。

1　論述表析

　　北京中華書局在1989年重印《飲冰室合集》，內分文集(5冊，文集1-45)和專輯(7冊，專輯1-104)；文集以單篇文章為主，專輯以小冊子、小著、專題研究為主。這套《合集》原先是由林志鈞在1932年編輯的，並沒有包括梁的所有著作，例如廣東省中山圖書館特藏部在1983年出版的《館藏康有為、梁啓超資料目錄》頁124-7中，就有一些文章未收到《合集》內；李國俊編的《梁啓超著述繫年》也指出這個現象(尤

以頁14-7的說明最詳細)。大體而言，這套《合集》已收錄梁的主要經濟論述和觀點。

這套《合集》在1989年重印10年之後，北京出版社以此為底本，由張品興主編重新編排為10冊，內有21卷共6,303頁，稱為《梁啟超全集》(1999)。依據「編輯說明」，這套新《全集》是以「文章(著作)為主，按年代為序，重新編輯而成，……」。新添增的部分，「還搜集了梁啟超的大量書信，分編為社交書信、家書兩卷，補入本書。但梁氏書信數量浩大，遺漏仍在所難免。」此外，「本書將原文的句讀，一律改為現在通行的新式標點。」從讀者的觀點來看，各卷的目次編排有個優點，就是把梁的長篇幅文章和書本型的著作，都標出章節的目次與頁碼，可一目瞭然其內容與相對應的位置。

但目錄的排版有3個缺點：(1)體例不一，除了頁12, 13, 18, 23之外，都未標明各篇發表的年代，若有年代就方便明確多了。(2)各篇文章和各本專著之間，在目次上沒有明顯的區隔；其實只要空一行或用粗體字區別，就可以避免此項困擾。(3)編排上也未必都以年代為準，例如第11卷是「墨子學案」，其中的《子墨子學說》是1904年所作，《墨經校釋》是1920年，兩者間隔甚久，卻放在同一卷內。此外，有好幾篇文章的年代錯誤，或前後年序顛倒編排。另有一項建議：梁各篇文章的原發表刊物，學界大致已查明，若能在目錄或在文章的首頁注明，對讀者也是一大服務。

夏曉虹(2004)〈十年一劍：《飲冰室合集集外文》序〉(網路版)，詳細說明她如何以10年時間，蒐集《飲冰室合集》所遺漏的文章。《飲冰室合集集外文》約40萬字，即將由北京大學出版社出版。

2003年10月13-16日，在天津召開「紀念梁啟超誕辰130周年梁啟超與近代中國社會文化國際學術研討會」。天津古籍出版社在會議時，發布出版《梁啟超全集》的計劃。依照新聞稿的內容，這項《全集》預計有30卷，共約1千4百萬字，涵蓋的內容分9大類：政論、學術著作、演

講談話、函電、小說、詩詞、譯文、序跋、未刊稿。新聞發布會的主要目的之一，是向海內外廣泛徵集散失的稿件、文本、信札、照片；至於《全集》的出版時間則尚未確定，有人說3、5年之後，也有人說約需10年。

我對梁的經濟論述研究，遠在《全集》出版之前，所引用的頁碼也都以《合集》為據；這個版本雖然較舊，但還是大多數人最熟悉、也最被廣泛引用的底本。

我把《合集》內和經濟相關的文獻整理成表1-1和表1-2。表1-1列舉這些文章的出處、頁碼和大要，但沒指出各篇原載刊物的名稱與卷別，一方面是因為這麼做的必要性不高，二方面是有此需要的人，在李國俊編的《梁啓超著述繫年》內，都可以依年序查索到相關的資訊。

從表1-1可以看到，梁第一篇論經濟問題的文章是在1896年（24歲）發表的，最後一篇是1926年（54歲，逝前3年）。這67篇文章發表的時間，較集中的是在1904年（32歲）和1915年（43歲，卸任幣制局總裁後翌年）之間。在一年當中寫最多篇的是1910年（38歲），共計27篇（表1-1的18-44項）。從另一個角度來看，他對哪些題材最關切？從表1-2可以看出前三者是幣制改革問題（19篇）、財稅與預算問題（17篇）、內外債問題（12篇）。這兩個表內有幾項細節需要說明。

表1-1　梁啓超的經濟論述（依出版年排序）

說明：

(1) 所據的版本是北京中華書局（1989）重印的《飲冰室合集》，內收文集5冊（1-45）和專輯7冊（1-104）。

(2) 「文集/頁碼」欄內的1:83-9(7)表示此文收在《文集1》的第83到89頁，括弧內的數字(7)表示此文共有7頁。

(3) 本表第5, 11, 14, 15, 68, 69等6項未收在《文集》內，詳見表內和第1節的解說。

序號	文集／頁碼	文章名稱(出版年份)	內容與性質
1	1：83-9(7)	論金銀漲落(1896)	此文是〈變法通議〉內的一節。1880年代列強改採金本位後，因中國仍採銀本位，受金貴銀賤之影響甚鉅。此文論中國採銀本位未必全然無利。
2	1：103-4(2)	論加稅(1896)	晚清各項賠款甚重，列強議將海關稅率由5%改為10%，此文譏諷清廷竟以關稅自主權讓與外國。
3	2：35-46(12)	《史記‧貨殖列傳》今義(1897)	晚清西方商業凌入，而〈貨殖列傳〉內含前哲精意，千年湮沒可惜，作今義以提醒國人重商。
4	2：59-61(3)	續譯《列國歲計政要》敘(1897)	歐美諸國皆有預算制，可由此書對比諸國政經狀況，建議中國亦應採此預算制度。
5	《飲冰室專輯》4：80-96(17)	論生利分利(1902)	這是〈新民說〉內的第14節，分析一國之內有哪些階層是生利者，哪些是分利者，並估算中國人口內有多少分利者與生利者。
6	8：1-59(59)	中國改革財政私案(1902，但手稿署為1909年)	提議改革財政結構之方案，內分十項正文和兩項附錄，從田賦到公債到財務行政諸項。
7	12：1-61(61)	生計學學說沿革小史(1902)，附論：進出正負差之原理及其關於中國國計之影響。	據英人 Ingram、意人 Cossa、日人井上辰九郎的經濟思想史著作整理摘述。附論以統計表格析述近年中國貿易的順逆差狀況。
8	14：33-61(29)	廿世紀之巨靈托辣斯(1903)	介紹托拉斯(企業集團)的意義、沿革、利弊、與帝國主義之關係，建議中國工商業倣此建立大型工商大集團，才能在世界上競爭。
9	16：61-98(38)	外資輸入問題(1904)	析述列強資金輸入中國的性質、業務別、影響，以及中國可試行之對策。

序號	文集／頁碼	文章名稱(出版年份)	內容與性質
10	16：98-124(27)	中國貨幣問題(1904)	1904年美國Jenks教授提議中國採虛金本位，本文摘述此項提議的大綱，並評述其中各項議題之優劣與可行性。
11	《飲冰室專輯》25：1-40(40)	中國國債史(1904)	1904年12月出版的小冊子，上海廣智書局出版。析述中國在1878-1902年間的各項外債狀況，並提出未來償還的計劃與本息數額。
12	18：1-55(55)	駁某報之土地國有論(1906)	從財政與經濟兩角度，駁《民報》主張的土地國有論之可行性。
13	19：68-76(9)	關稅權問題(1906)	清政府宣佈將各海關的華洋人員統歸戶部和外務部管理。梁以此事未先商議，突然宣佈，必引反彈，果然。
14	《新民叢報》第85號：35-49(15)	中日改約問題與最惠國條款(1906)	馬關和約10年後，中日雙方可提議改約，梁建議從最惠國條款著手較易有成效。
15	《新民叢報》第86號：73-9(7)	中日改約問題與協定稅率(1906)	反對清政府派使與日本就稅率問題重議，以其成功機會小且易反遭日方嘲譏。
16	20：81-4(4)	論各國干涉中國財政之動機(1909)	中國因各項賠款未償，列強擬於海牙會議商擬派員監督中國財政，而作此文。
17	20：58-72(15)	中國古代幣材考(1910)	從幣材演化的觀點，認為中國貨幣從貝類進步到珠玉到銅銀，現在應進入以金為幣材的金本位，才能符合世界潮流。
18	21：1-10(10)	發行公債整理官鈔推行國幣說帖(1910)	中國幣制混亂幣值不穩，不利工商經濟發展，且缺金融體系，故有此議(共有9項要點並附10項詳細說明)。

序號	文集／頁碼	文章名稱(出版年份)	內容與性質
19	21：10-13(4)	論國民宜亟求財政常識(1910)	清末財政問題嚴重，此文呼籲全國上下注意財政概念，建立財政行政體系。
20	21：13-23(11)	各省濫鑄銅元小史(1910)	清末國際銀價下跌，銅元升值，各省競鑄謀利，造成銅元泛濫、物價高漲。本文析述此事之因果與各省情況的嚴重性。
21	21：23-40(18)	論中國國民生計之危機(1910)	列舉多項統計數字，激論中國經濟的諸項結構性問題。
22	21：40-54(15)	公債政策之先決問題(1910)	政府屢募國內公債皆敗，本文析述籌借公債應具備之條件與配合機構。
23	21：54-7(4)	地方財政先決問題(1910)	倡議地方政府應注重財政收支與自主權限。
24	21：57-60(4)	論地方稅與國稅之關係(1910)	政府議行地方自治，此文論地方稅與國稅之間的權責與依存關係。
25	21：60-70(11)	國民籌還國債問題(1910)	宣統2年有籌還國債會之議，此文析述此舉之弊以及為何終必不可行。
26	21：70-8(9)	再論籌還國債會(1910)	續論同一主題，提供進一步統計數字，確切論及技術細節。
27	21：78-93(16)	償還國債意見書(1910)	再提供詳細償還本息的統計數字，說明各項款源與支付項目。
28	21：93-106(14)	論直隸湖北安徽之地方公債(1910)	析論此三地募行公債的經過、成績、條件和失敗原因，詳論何以此舉將使百姓更困苦。
29	21：106-10(5)	論幣制頒定之遲速繫國家之存亡(1910)	論說中國幣制紊亂的狀況與不便，促政府速頒統一幣制，以免經濟崩潰。
30	21：110-3(4)	格里森貨幣原則說略(1910)	介紹 Gresham 法則(劣幣驅逐良幣)，意指各省濫鑄銅元的後果，正是此法則的體現。

序號	文集／頁碼	文章名稱(出版年份)	內容與性質
31	21：113-22(10)	敬告國中之談實業者(1910)	論中國欲發展實業，必先發展股份公司。然而中國之相關法律、民眾之責任心、相關的財政金融機構皆尚不健全。
32	22：1-29(29)	幣制條議(1910)	論中國何以應當速頒統一幣制；論採銀本位時，各式銀幣之重量以何者爲適；論中國應採虛金本位，說明其施行辦法。
33	22：29-40(12)	節省政費問題(1910)	倡議以「必要政費」爲基準，節省各級政府的各項行政費用。
34	22：41-94(54)	外債平議(1910)	析論外債之性質與功用、各項技術問題，以及何以中國不宜舉外債。
35	25上：26-35(10)	讀農工商部籌借勸業富籤公債摺書後(1910)	批評此項公債辦法之不當，兩個月之後果然奉諭旨緩辦。
36	25上：67-70(4)	讀度支部奏報各省財政摺書後(1910)	列表解說各省歲入歲出數額，驚其幣制之錯亂，並預言國庫即將破產。
37	25上：70-4(5)	讀度支部奏定試辦豫算大概情形摺及冊式書後(1910)	肯定編列此預算冊之功能，提出不同的建議(此文未完稿)。
38	25上：93-7(5)	米禁危言(1910)	各省禁米出境，此文析述此事之因果與利弊，並建議解禁。
39	25上：97-106(10)	讀幣制則例及度支部籌辦諸摺書後(1910)	略述此則例內容，討論其中各項問題，分析如何處理舊錢幣。
40	25上：140-3(4)	中國最近市面恐慌之原因(1910)	從資本不足、企業不健全、銀行制度未行、幣制紊亂、官吏不法等角度分析其原因。
41	25上：153-7(5)	評一萬萬圓之新外債(1910)	從政治、法律、外交等角度，批評向美國貸此款之不恰當性(〈時事雜感〉[1911]，27：58-63內有一頁再評此事)。

序號	文集／頁碼	文章名稱(出版年份)	內容與性質
42	25上：158-61(4)	亙古未聞之豫算案 (1910)	批評資政院審查通過的預算案為「四不像」，最多只能算是決算案，因為連最簡單的收支平衡形式都未具備。
43	25上：177-9(3)	銀價之將來(1910)	預測銀價將續跌，中國應採虛金本位以應對。此文是〈將來百論〉內的第3節。
44	25上：189-90(2)	新外債之未來(1910)	續評一萬萬圓外債將來可能的發展，此文是〈將來百論〉內的第10節。
45	25下：28-31(4)	為籌製宣統4年預算案事敬告部臣及疆吏 (1911)	批評此預算書「內容鹵莽滅裂」，提出5項建言，以免「貽薄海內外以笑柄」。
46	25下：31-4(4)	論政府違法借債之罪〔原題：論政府違法借債委過君上之罪〕(1911)	批評清廷未經正當程序，私自向外舉債。
47	27：71-7(7)	國民破產之噩兆 (1911)	表列近5年來各地發生的經濟危機，析述原因與救濟方法。
48	27：77-80(4)	利用外資與消費外資之辨(1911)	政府在數旬間驟借2萬萬外款，恐此款不旋踵而燼，故強調利用外資與消費外資之區別。
49	28：3-12(10)	吾黨對於不換紙幣之意見(1912)	不兌換紙幣信用不佳，只能作為救急之策，在中國尚難實行。若強欲施行，弊且立見。
50	29：25-30(6)	蒞北京商會歡迎會演說辭(1912)	從日本返國後，商界感於梁對工商業之重視，特邀作此講演，內容屬於泛論性質。
51	29：30-2(3)	蒞北京公民會八旗生計會聯合歡迎會演說辭(1912)	民國建立後，八旗滿人對前途不安，知梁對滿人同情，邀其演說。
52	29：34-8(5)	蒞山西票商歡迎會講辭(1912)	強調金融業對國家經濟發展的重要性，勉票商因應時勢改革金融

序號	文集／頁碼	文章名稱(出版年份)	內容與性質
			體系。
53	29：51-82(32)	治標財政策(1912)	從歲出歲入兩方面，以統計數字析述新民國的中央政府機構、外交、內務、教育、國防等諸費用的結構。
54	29：109-19(11)	政府大政方針宣言書(1913)	入熊希齡內閣任司法總長時，所代擬的施政方向，內涉及財政經濟的細節頗多。
55	30：5-7(3)	軍費問題答客難(1913)	回答各界對上文內軍費問題的質疑。
56	31：14-7(4)	上總統書：財政問題(1914)	司法總長任內向袁世凱建議發行公債。
57	32：1-8(8)	幣制條例理由書(1914)	任幣制局總裁後，從向外借款、銀本位問題、新幣的成色、鑄幣費、新舊幣併行等角度，向外界解說此條例的用意(李猶龍筆述)。
58	32：8-12(5)	銀行制度之建設(1914)	說明銀行制度與幣制改革成功的關係，尤其著重於解說中央銀行的功能。
59	32：12-26(15)	整理濫發紙幣與利用公債(1914)	各省濫發紙幣，幣值大跌。此文提議發行公債以整理紙幣。
60	32：26-31(5)	擬發行國幣匯兌券說帖。附：草案、施行細則、運用規則(1914)	在幣制局總裁任內，擬議發行國幣匯兌券一萬萬元，希能拯救當前財政之艱危，又可樹將來幣制之基礎。
61	32：37-66(30)	余之幣制金融政策(1915)	卸任幣制局總裁後，以詳細表格和曲線圖，析述中國幣制的結構性缺陷。
62	33：90-4(5)	論中國財政學不發達之原因及古代財政學說之一斑(1915)	以6項理由析述不發達之因，之後簡述中國歷代的財政學說，謂自秦漢以後，斯學中絕，惟《鹽鐵論》而已。

序號	文集／頁碼	文章名稱(出版年份)	內容與性質
63	34：19-24(5)	擴充滇富銀行以救國利商議(1916)	此銀行創立數載,信用佳、官股足、成立較易,他日政府規復全國領土後,可易名改組。這是在反袁世凱運動時的議論。
64	37：28-34(7)	市民與銀行(1921)	在天津南開大學的演講,談中(央)交(通)兩銀行擠兌的問題。
65	37：34-41(8)	續論市民與銀行(1921)	續同一題材,在北京朝陽大學經濟研究會講演。
66	43：87-103(17)	國產之保護及獎勵(1925)	講演稿,綜論國民經濟與產業的諸項問題,並提出對策建議。
67	43：11-7(7)	民國初年之幣制改革(1926)	在清華大學經濟系講演(孫碧奇筆記),回顧在民國3年與6年兩次入閣推動幣制改革的經驗。
68	《國風報》5：15-9(5); 6：9-23(15)	改鹽法議(1910)	此文未收入《文集》內,因為大要已收入上述第6項〈中國改革財政私案〉內的第2節「整頓鹽課之法」,但仍有一些段落(數頁)未收入。
69	《民國經世文編》財政(一)：31-54(25)	財政問題商榷書(1910-2)	綜述他對銀行、貨幣、外債、內債諸問題的見解,內容已多另外發表在相關的文章內。因多重複,故未收入《文集》內。

表1-2　依問題性質分類(共67篇)

本書章別	問題分類	在表1內的序號
2, 9	幣制改革(19篇)	1, 10, 17, 18, 20, 29, 32, 39, 43, 49, 57, 58, 59, 60, 61, 63, 64, 65, 67
3	財稅與預算(17篇)	2, 4, 6, 13, 14, 15, 16, 19, 23, 24, 33, 36, 37, 42, 45, 53, 55
4	外債與內債(12篇)	11, 22, 25, 26, 27, 28, 34, 35, 41, 44, 46, 56
5	工商實業(5篇)	3, 8, 31, 50, 52
6	社會主義與土地國有論(1篇)	12

| 7 | 國家經濟（10篇） | 5, 9, 21, 38, 40, 47, 48, 51, 54, 66 |
| 11 | 經濟學說史（3篇） | 7, 30, 62 |

(1)第68和69兩篇未收入《合集》，是因為它們的主要內容已經在其他文章中表達過了，所以表1-1和表1-2內的統計，都以67篇來計算。第5、11兩篇不是收在《文集》內，而是印在《專輯》內，可以算成單獨的兩篇。同樣地，14、15兩篇也未收入《文集》內，但因為內容未在其他文章內重複過，所以也就算成兩篇單獨的文章。

(2)這67篇經濟論述有長有短，有大論說文也有應酬式的講演稿（如50-52，64-66），各篇的重要性不一。所以表1-2雖以篇數來表達，但須先理解這一點。

(3)有一篇長文〈雜答某報〉並未收入《合集》內。此文原刊在《新民叢報》第84-86號（1906年8月-9月）3期連載，內容分5節，其中與經濟問題相干的只有第5節「社會革命果為今日中國所必要乎？」，內容是反對孫文和《民報》的社會主義經濟路線。李國俊（1986：15）也證實這篇重要的文章在《合集》內漏收了。我在表1-1內很難替這篇文章找到一個適當的位置，所以只好暫時捨去，而在此另外說明。

(4)同樣地，《新民叢報》第90-92號有一篇長文〈再駁某報之土地國有論〉，此文的前兩節已收入《文集》18：1-54（見表1-1的第12項），但第3節卻漏收了。

(5)梁屢次提到他寫了一本百萬言的書稿《財政原論》，但查遍各項文獻都未能確知此稿下落，所以在表1-1內就無法列舉。

(6)從表1-1的第3項說明可以看到，梁的經濟論述除了6篇之外，都已收在《文集》內。我徵引這些文章的方式，除非另有說明，否則都是《文集》的頁碼，例如2：34表示可以在《文集2》的第34頁找到所引用的文字。若原文未收入《合集》內（如上述的〈雜答某報〉），在引述此文時就會指明這是從《新民叢報》第幾號第幾頁引述來的。

　　表1-1未列入3項與經濟論述較間接相關的著作：《王荊公》
(1908)、《管子傳》(1909)、《先秦政治思想史》(1922)。前兩者後來
輯入《中國六大政治家》，《先秦》曾以不同形式的單行本發行過許多
次。梁有不少涉及古代中國經濟史方面的議論，在這3本書內都有相當
的發揮。這3本未列入表1-1的原因很簡單：(1)都是專書型的長篇論
述，而非報章型的短論。(2)這些經濟論述，基本上是夾在具有更寬廣
意義的政治論述裡，而表1-1內的文章，大都是對應著某個具體的經濟
議題(如貨幣或財政)。(3)表1-1所列舉的，都與清末民初的經濟問題相
關，而這3本則以先秦、宋代為主，在性質上需要分開來處理。

2　研究文獻

　　幾乎每項研究梁啓超的文獻，都會提到幾本重要的書，以英文書為
例，Levenson(1970)、Chang(1971)、Huang(1972)、Tang(1996)；在
中文書方面，有張朋園(1964、1978)、黃克武(1994)等等，這些著作以
及一些在大陸出版的梁啓超傳記，在各圖書館都很容易找到(例如李喜
所、元青[1993]的《梁啓超傳》，以及羅檢秋[1999]《新會梁氏》所附
的相關書目。)日本學者對梁啓超的研究，請參見狹間直樹(1999)編著
的文集：內有13篇論文和兩項附錄，索引做得很好，各篇論文內所引用
的相關文獻也相當完整。一方面這些書大家都已熟知，在此不擬贅述；
另一方面，這些著作所處理的題材，和經濟問題相交集的部分很少，再
思之後，還是覺得沒有必要評述或說明相關性。

　　若要詳查梁的著作，有兩項較完整的文獻輯錄可以交互參照。一是
廣東省中山圖書館特藏部在1983年出版的《館藏康有為、梁啓超資料目
錄》。在梁的部分有他的(1)編年著作細目，包括原文刊在何處、之後
收入何書；(2)與他相關的傳記著作；(3)對他的評論：他的生平、他的
哲學、史學、經濟思想等共8項；(4)他所辦過的報刊，起訖年份、地點

等等；(5)依書名和篇名排序的索引。這項目錄雖然有缺漏錯誤之處，但大體而言，1983年之前在大陸出版的相關研究，大抵已都網羅。

另一本是由李國俊編輯，上海復旦大學出版的《梁啓超著述繫年》(1986)。李國俊編的這本目錄有幾項優點：(1)各篇文章的年月日考證清楚，(2)標示各篇原刊載的刊物名稱、卷期次與頁碼，(3)對較特殊的文章都附有背景解說。整體而言，這本《繫年》比《資料目錄》完整，考證得更詳細，是相當有用的工具書。此外，此書的前言和編輯凡例，把梁啓超著作集的各種版本，都對比得清晰易懂，也把其中複雜的變動交待得相當明白。這本《繫年》有個缺點：雖依年月排序但沒有索引，若只知篇名而不知年月，就很難查索；馬場將三(1997)的〈《梁啓超著述繫年》索引〉依音序排列，解決了這個問題。周維亮(1999)的《梁啓超治學繫年》，是他86歲時的著作，但並未參照李國俊編的《梁啓超著述繫年》。

還有兩項資料庫可查詢。一是由北京大學未名文化公司1998年元月製作發行的《梁啓超專集》光碟，內容是「梁啓超著述及研究文獻全文光盤」，屬於「二十世紀中國文化史・著名學者光盤資料庫」的系列之一；內含2,679筆可檢索的文章，有梁自己的著作，也有研究梁的二手文獻。依其所附的說明：「該套光盤共收錄梁啓超先生一生著述、書信、演講及各時期研究文獻3000餘篇，3000多萬字，及各時期照片文獻。同時配備完善的檢索系統，對所有文章可進行全文檢索。讀者還可通過篇名、文章任意詞、關鍵詞、著者、涉及者、分類、文獻出處、出版者等十幾個方面，快速檢索到每篇文章，並隨時下載、打印。」這項光碟內共有6筆研究梁啓超經濟思想的文獻(有全文可供列印)：姜春明(1963)〈試論辛亥革命前梁啓超的經濟思想〉、葉世昌(1980)〈梁啓超的經濟思想〉、曾桂蟬(1983)〈梁啓超金融學說簡介〉、鍾珍維、萬發雲(1984)〈論梁啓超的經濟思想〉、胡太昌(1986)〈梁啓超外資外債思想評述〉、郭漢民(1989)〈梁啓超利用外資思想述論〉。

第二項資料庫，是《中國期刊網：文史哲專輯》（1994起）。進入「中國期刊網」之後，選用「高級檢索」，然後選「關鍵詞」。用「梁啓超」和「經濟」或「梁啓超」和「外債」、「財政」等項目搜尋。以2004年5月底爲例，有些得到3、4篇文獻，有些更少。整體而言，目前的搜尋成果還有限，但日後會隨著時間而改善。

在臺灣只有李宇平（1991）〈試論梁啓超的反通貨膨脹言論〉。日文方面的相關著作也很少，目前只有2篇：（1）森時彥〈清末知識界對西歐經濟學說的接納：梁啓超的經濟思想〉（1998）；（2）森時彥〈生計學和經濟學之間：梁啓超的political economy〉（2001）。

暫且不談這些作者所採取的不同分析角度，以及所著重的面向和論點，我們只要看表1-1的豐富內容，就知道梁的複雜經濟論述，必然還有待較全面性的析論。從另一個角度來說，上述的幾篇專題性論文，在選材的格局與範圍上都比較窄，尚未能觸及梁氏經濟論述的幾項重要題材。例如，從表1-2可以看出，梁對幣制改革、財政與預算制度、社會主義經濟路線和土地國有論都寫過相當多文章，這些是他非常在意，而且和當時知識界與政界有過激烈爭辯的議題，但目前都尚未見到相關的析述。

另一種形式是在近代經濟思想通史的書內，有1章或1節以梁的經濟論述爲分析對象。這類的著作也不多，暫舉兩項顯例：一是胡寄窗（1982）《中國近代經濟思想史大綱》的第13章〈梁啓超的經濟思想〉（頁286-313）。二是侯厚吉與吳其敬（1984）《中國近代經濟思想史稿》第3冊第3章第2節〈梁啓超的經濟思想〉（頁277-356）。胡的篇幅較短，手法較輕快，是全面性的概觀。相對地，侯與吳的分析既有全面性的觀照，也針對幾項主題作了比較深入的分析與對比，值得稍加評述。以下試述他們所著重的題材與論點，以及他們是從哪些角度來理解梁的經濟觀點。

侯與吳分7小節處理這個大問題。首先是把梁的歷史地位界定爲

「資產階級改良派宣傳家、西方資產階級文化學術思想的傳播者梁啓超」。這是第1小節(頁277-88)的名稱,主要的內容是介紹梁的生平,以及思想取向的基本態度。這當然是梁的諸多複雜面之一,但若從表1-2來看,梁有一個重要的面向是他們未彰顯出來的:梁對貨幣政策與稅制改良的深度關切,都是從中國經濟政策的角度,來析述各種學說與不同政策的優劣,這應該和「宣傳家」的帽子無涉。我們只要看梁曾短暫出任幣制局總裁(民國3年,1914)以及財政總長(6年,1917),以及他在表1-1與表1-2內所寫的相關幣制財經文章,就可以知道他對實際的經濟問題有深刻理解,也有與眾不同的主張。

在議題方面,他們析述了6項主張:(1)振興工商的思想(頁288-99),(2)生利分利論(頁299-309),(3)發展大資本企業的思想(頁309-17),(4)反對土地國有的思想(頁317-22),(5)貨幣思想(322-39),(6)國債論(頁339-56)。若以這6項來和表1-2相對照,就可以看出有幾項重要的題材漏失了,試舉兩例。(1)梁對孫文和《民報》派人士之間,對經濟社會主義這個問題有過重要的爭辯,這是一項重要議題,但侯與吳只處理了這個問題的另一個面向(土地國有論),對梁反對社會主義這個題材卻少有議論,甚至是避開了。(2)表1-2內的第6項「國家經濟」內有10篇相關文章,而他們在第3小節「生利分利論」內,只析論了最不重要的第5篇(見表1-1),其實梁論國家經濟的重要文章還不少,但卻大都被遺漏了。

整體而言,暫且不說他們對各個子題的觀點、各項論點與分析手法,單是從選材的度來看就有兩大缺點。一是讀者不易明白各小節的題材之間有何關聯:如表1-1所列舉的,梁的經濟論述這麼龐雜,他們應該示知為何挑選這幾項來析述?第二,從表1-2來看,在「財稅與預算」項內就有17篇文章,而且梁曾任財政總長,但他們竟然漏失了這個重要面向。退一步來說,以上這些內容只是他們3冊書內的一節,自然不能過度要求,但他們應該先把分析的方法與選材標準說清楚。若要全

面性地析述表1-2內梁的諸多經濟面向，那是一本專書的題材。

　　本書所分析的經濟背景，是清末民初中國的諸項財經問題。論述此時期經濟問題的中外文相關著作甚多，若想快速地掌握那個時代的經濟概況，費維愷較全面性也較概觀性的長文(Feuerwerker 1980: 1-69)值得推介。此文有助於理解梁所處的時代，中國經濟面臨了哪些結構性的問題，以及具有哪些特性。另一項有用的參考資料，是李允俊(2000)主編的《晚清經濟史事編年》(1840-1911年，共1,264頁)。此書有5項優點：(1)所引錄的事件都有資料來源說明；(2)有陰陽曆的日期對照；(3)索引非常有用，可依題材的分類查索(頁1183-1244)；(4)有中外人名和主要外資企業的中外名稱對照表；(5)依書名筆劃排序的參考書目。但也有排校上的失誤：以頁1244所載的「梁啓超」為例，相關條文記為1868年6月，但梁是1873年才出生，所以此項索引的年代必誤；正確的年月是1898年6月28日(見頁732)。此外，梁的名字在頁1244的索引內只出現一次，感覺上略少。

3　綜述與摘要

　　本書共分12章，除了首章是導論以及末章是討論與省思之外，主要的議題有10項。雖然各章的主題參差，但在處理手法上我盡量遵守3項基本要點：(1)用現代語言簡化、條理地解說梁的論點；(2)從現代經濟學的觀點，以及現代對那個時代的研究，來判斷、評論梁的觀點和主張；(3)對比不同人士對同一題材的不同見解，以幣制改革問題為例：當時議論此事者相當多，後人評論研究此題材者也不少，更有許多新發現的檔案，若能整理出全盤性的或一系列的觀點，來和梁的見解相對照，就比較能理解梁對某項議題的見解。前兩點較易做到，第(3)點的困難較大，因為表1-1表1-2內所觸及的諸項題材，幾乎已構成一整部中國近代經濟史，各個題材都已有好幾部專書和許多論文在探討，若要綜

述這些見解再來和梁的說法相辯駁，本書的篇幅恐怕會擴張到無法掌握的程度。所以我還是以梁本人的論點為主軸，他人的見解為輔。

其實梁在寫這些文章時，多少也提到了他所反對的見解（例如第6章所分析的社會主義經濟路線和土地國有論），所以在析述梁的論點時，也已經對比到另一些人士的見解了。其次，梁對某些題材的論述不夠體系，例如第5章的工商實業、第11章的經濟學說史，梁對這些問題的論述較少，精彩可論之處也不多，所以上述的第(3)點，比較能落實在第2、3、4、6章內。由於梁對各個主題的關照程度不同，在分析時的體例上也就難求一致，所以我在寫作時遵循3項準則：(1)只要論點確切，篇幅應濃縮；(2)把梁自己的見解維持在主軸性的位置，不要被其他意見沖淡；(3)引述參照性的觀點和見解，讓它們發揮輔助之功而無奪主之嫌。

以下概述諸章的結構、內容、論點。第2章論梁對幣制改革的主張與作為。他對這個題材下過相當的工夫，也寫過許多文章（見表1-1與表1-2）。本章討論3項主題：(1)梁一直主張中國應採虛金本位制，他對這件事有哪些獨特的見解？虛金本位制對中國經濟長期而言真的是利多於弊？(2)他一直批評中國無國幣，所以積極鼓吹推行國幣，他有過哪些高見與建議？這些建言的可行性有多少？(3)民國成立後他兩次入閣，一次是1914(民國3年)任幣制局總裁，一次是1917(民國6年)任財政總長，負責財政和金融改革的事。這兩次主政的時間都很短(10個月、4個月)，為什麼他的主張都未能成功？

第3章處理財政和預算這個一體兩面的題材。梁對清末的財政制度很有意見，曾經提出一篇「改革私案」的長文，論述改革中國財政的方法與預期的成果。他對稅務制度也有很多建議，包括各項稅源、關稅、稅率的改革。他最批評的是中國政府無預算制度，東挖西補，各部門之間嚴重缺乏協調性。除了解說他對這些複雜問題的諸多見解外，也舉統計數字來對比他的說法。最後說明他在1917 年任財政總長時，所遭遇

到的主要障礙與困難。

外債與內債是第4章的主題。中國的外債問題，因賠款、國庫匱乏、戰亂等因素而愈來愈嚴重。若向列強借款，雖然可以稍爲緩解窘狀，但列強會伺機掌握中國財經的命脈。另一項困擾是列強皆採金本位而中國仍採銀本位，在國際銀價長期下跌的情勢下，中國不但要償還沈重的本金，還要多付出因銀價貶值而產生的匯兌差額（稱爲「鎊虧」）。梁對外債問題的研究相當深入，剖析得也很清楚透徹；他在文章內所表現的，一方面是激情躍然紙上，但也很能展現出理性冷靜的推論和政策建議。整體而言，他對外債問題的析述相當有說服力。相對地，他對內債問題的態度，則多採批評性的立場，攻擊各省的公債行政措施不當。他對公債的見解，相當受到日本經驗的影響，屢有傚效日制公債措施之建言，甚至在入閣後都還有此主張。然而，以現代的眼光來看，梁對在中國推行公債的預期成果過度樂觀，他的政策建議可行性甚低。

第5章的主題是工商實業，梁對這方面的論述不多，可深論爭辯之處亦少。較有趣的一項，是他對美國大企業集團（托拉斯）的介紹與分析。他的目的很簡單，但也相當天眞：希望中國的工商業界能夠聯合起來，成立各行各業的托拉斯，才能在國際市場上競爭，不再受列強工商業強勢的欺凌。他甚至替托拉斯的弊端過度辯護，說中國若行此制，則這些弊端「亦不必深慮也」、「若是不足以訛病也」。

第6章分析兩項火藥味相當濃厚的題材：中國日後是否應採社會主義的經濟路線？土地國有制是否適合中國的國情？這兩條路線是孫文派人士和《民報》的主張，梁對這兩項主張態度是：「不必行」、「不可行」、「不能行」。這是一場激烈精彩的辯論，本章對比雙方在理論上與實行上的歧異見解，並用現代經濟知識來評論雙方的相關論點，從綜觀的角度來看清末這兩大報（《新民叢報》和《民報》）、兩大政治派系之間的爭執，在問題的性質上、論點的方向上、訴求的手法上，有哪些類似與差別。

　　有5個與清末經濟相關的小子題，不易納入前述各章的主題內，因
而併在第7章分述。(1)從宏觀性的角度來看，當時在各地發生過哪些經
濟恐慌現象？他認為中國經濟的根本性問題有哪些？(2)中國的資金涸
竭，對外資應採怎樣的態度？(3)全國人口結構中有哪些階層是屬於無
生產能力的？(4)他寫過幾篇談論銀行的文章，也講演過幾次這方面的
題材，在此略述梁對銀行制度的見解。(5)他對中國關稅權相關的問題
有過哪些議論？梁有4篇論關稅權的時事評論短文，但他對這項題材的
關注點，卻是國際政治的角度遠多於財政稅收的關懷。這5項主題在結
構上並無明確的關聯性，梁寫這些文章時也無預設的架構，而是依時事
或依各別主題發揮，因此不易據以提出系統性的評判，但這又是理解梁
氏經濟觀點的必要工作之一。

　　梁在《文集》裡談論經濟事務時，以清末民初的議題為主，這是以
上6章的範圍。但在《合集》裡，梁偶爾也會提到古代的經濟事務，例
如〈中國古代幣材考〉(1910，《文集》20：58-72)。他對古代經濟問題
的論述，基本上集中在《王荊公》(1908)、《管子傳》(1909)、《先秦
政治思想史》(1922)這3本書內，收錄在他的《專集》內(第27、28、50
篇)。我從上述文獻整理出下列4章的題材，析述梁對中國古代經濟的諸
項論點。

　　梁在1909年以「旬有六日成」《管子傳》，「述之得六萬餘言」，
旨在評述《管子》的政治、法治、經濟、外交、軍事，希望「愛國之
士，或有取焉」。第8章分析此書的第11章〈管子之經濟政策〉，著重
在兩個議題上。第1個重點放在梁本人的基本立場與見解，看他如何受
到德國和日本「國民經濟學派」的影響，因為這個學派和《管子》有個
共同的理念，就是要把國家的經濟資源和調控權集中在政府手裡；第2
個重點，是析述他如何詮釋《管子》內的各項經濟政策。將近一世紀之
後，以經濟思想史的觀點重讀此書，得到3個觀感：文筆方面情緒高
張，內容方面動人聽聞，手法方面自我矛盾。本章的附論析述《王荊

公》(1908),說明梁對王安石的財經作為與思想有哪些洞見與偏見?他如何理解王安石的財經改革理念與政治上的阻礙?《王荊公》全書22章208頁,與財經政策直接相關的是第10章「荊公之政術(二):民政及財政」。整體而言,梁對王安石的財經作為,並沒有在具體問題上作深入分析,也沒有提出財經政策上的新洞見;相對地,由於梁的主要訴求是替王安石洗冤辯誣,所以立場鮮明偏頗,在格局上還是沒跳脫出「黨爭」式的論述。從財經分析的角度來看,梁在《王荊公》裡的貢獻有限,在深度上和廣度上,都遠比不上他在翌年(1909)寫的《管子傳》裡,對整套國家財經政策(如輕重術)運作概念的良好理解,以及視野寬廣的評述。

梁對中國改採金本位的議題極為熱中,1910年時寫了好幾篇相關的長文力挺此制,並極力抨擊張之洞等反金制者。他有一項獨特的論點:從演化的觀點來看,中國的幣材從上古的貝幣到龜幣、到皮幣、到珠玉、到銅銀,他認為這是一系列歷史進化的過程;到了20世紀,中國必當用金以為主幣,才符合歷史進化的潮流。梁論證貨幣有4種職務(交易之媒介、價值之尺度、支應之標準、價格之貯藏),欲完此4種職務者當具八德,金則八德咸備。第9章的主題是在論證:梁所說的龜「幣」並未存在過;帛布「幣」的幣字,原意是指布、帛,根本不作貨幣解;皮幣也無貨幣的功能;禽畜則完全不是貨幣;珠玉從古至今都一樣,以「寶物」的意義為主,絲毫沒有交易性的貨幣功能。梁寫〈中國古代幣材考〉(1910)來支持金本位制,基本上是引喻失當,因為中國若有足夠的黃金,何必主張用銀?若黃金不足,主金奈何?梁這種獨特的幣材進化論,在「內證」上有明顯的邏輯失誤,在「史實」上也有嚴重的疏漏與錯誤,在「外證」上(中國應否隨列強改採金本位),更有硬上弓的霸氣。

梁對先秦田制的見解,集中在《先秦政治思想史》(1922),包括5項題材:(1)貢,(2)助,(3)徹,(4)初稅畝與用田賦,(5)孟子的井田

制。第10章析述梁對這些題材的說法，提出不同的見解來相對比，並對這些議題作較深入的解說與論證。井田之說源於《孟子》，本章最重要的論點，是在辯明孟子當初的重點，是要替滕國規畫「井地」，而非倡議「井田」制。後儒誤解了這點，而導致不必要的「井田有無」之糾葛；梁因襲前說，也沒能跳出這個陷阱。其實「井字田」和「井田制」是兩回事：把土地劃成「井」字型，目的是要「正經界」；井字型的耕地，和傳說中的井田制(一種政治、社會、經濟之間的複合關係)，是不相干的。

最後一個題材屬於經濟學說史的範圍。梁寫過一篇介紹性的長文〈生計學學說沿革小史〉(1902)。第11章第1節：(1)分析這篇文章的內容；(2)評論他對這些學說的理解與誤解；(3)他受到這些學說的啟發之後，提過一些政策性的建議，若用現代的眼光來看，會有哪些缺失？梁對墨學下過深入的工夫(《墨子學案》、《子墨子學說》、《墨經校釋》)，本章第2節的個重點是在說明：(1)他如何以「七個公例」(原則)來解說《墨子》的經濟見解，(2)他的詮釋有哪些特點與缺失。雖然經濟議題只是墨學的一環，但從梁的內在邏輯和不時出現的過度闡釋，我無法贊同黃克武的結論，說：「梁啟超論墨之作表現出他個人的學術風格，以及思想的一貫性，在二十世紀人類歷史上，他絕對算得上一個既博學又敏銳的思想家。」(黃克武1996：90)

最後一章討論梁的經濟知識大概受到哪些著作、哪些學派、哪些路線的影響。從他的經濟論述中，大致可以歸納出他對哪些問題特別關注？為何會有樂觀或悲觀的態度？他對哪些經濟政策作過哪些特殊的主張？這是綜合討論的部分。另一項主題是對全書的反思：在將近1世紀之後重讀梁的經濟論述，整體上會有怎樣的感受？梁對清末民初的知識界產生過相當的影響，若從近代中國經濟思想史的角度來看，為什麼他的經濟論述，現在看來反而比不上嚴復譯案的《原富》來得深刻？從命題的趣味度、世界性的對話度、具體技術問題的挑戰度來看，梁的經濟

論述會讓後世的分析者，感覺到這是一個智識興味度高、值得深探的題材嗎？

全書諸章的安排，是依據下列的邏輯順序。為什麼最先談幣制改革（第2章）？從表1-2可以看到，梁對這個問題發表過19篇文章，是此表中最多的項目。這是他最早、也是最後關懷的經濟問題：表1-1的首篇是〈論金銀漲落〉（1896），第67篇是〈民國初年之幣制改革〉（1926）。此外，梁寫過一篇短文，介紹「劣幣驅逐良幣」的原理，因為題材上的近似性，就當作此章的附錄。同樣地，這幾項理由也適用在第3章〈財稅與預算〉。外債與內債問題和財稅預算有密切關聯，所以就接著放在第4章。梁論工商業問題的文章發表得很早（在表1-1內排第3篇，1897），所以接下來作為第5章。第6章論社會主義與土地國有化的問題，這是在辯論日後新中國的經濟路線；雖然梁只寫了一篇長文，但因此問題重要性與獨特性，所以單獨成一章。表1-1內有10篇文章不屬於上述的5個題材，可稱為梁對中國經濟問題的5項散論（見表1-2），列為第7章。

第2至第7章都是清末民初的經濟議題，第8至11章則屬於古代經濟的問題。第8章論管子與王安石的國家經濟觀，在時代上明顯晚於古代幣材與井田問題，但為何先談論？梁在析論管子與王安石的見解時，其實心中所懷抱指涉的是清末經濟問題，只是藉這兩位古人的語言與作為，來抒發自己的見解與理想。所以就把此章放在與清末經濟問題相銜接的第8章。第9章談古代幣材與第10章的井田說，則是依時代的順序排列。第11章是經濟學說史，與上述諸章無密切相關，所以放在最後。

I 清末民初

第2章

幣 制 改 革

　　梁氏對幣制改革問題下過相當的工夫，與這些題材相關的文章，在他的經濟論述中佔了相當的分量。就行政經驗來說，1914年2月熊希齡內閣任命他為幣制局總裁，有意借重他在這方面的深入見解。可惜積痾過深、政局多變，同年12月梁辭此職，幣制局亦被裁撤。1917年7月段祺瑞內閣任梁為財政總長，在業務方面也牽涉到金融改革，但他在4個月不到就辭職了。本章從3項主題，來析論梁在貨幣改革方面的論述與作為。梁一向主張中國應採虛金本位，第1節評論他對此事的諸項見解與主張；第2節分析他對各種幣制改革的評議；第3節討論梁兩次入閣時在貨幣政策上的作為，以及他晚年對幣制改革的回顧；第4節綜述本章的主要見解並作出結論。

　　析述清末民初幣制改革的著作相當多，但以梁氏的幣改言論與建議，以及他在兩次閣員期間的政策與作為，當作論述主題者似尚未見。論述清末民初幣制改革所牽涉的問題甚龐雜，有國際金融問題（國際銀價長貶、起伏），有國內政治問題（辛亥革命、軍閥割據），有社會問題（城鄉等不同部門和士農工商各業對幣改的反應不一），有行政上的困擾（各省對中央決策的服從度不一）。本章在篇幅的限制下，只能處理國內貨幣和國際金融的面向。其他的相關著作略說如下，當可與本章的內容相對照，或補充本章所未處理到的面向。

　　王業鍵（1981）是一本精簡但相當全面性的著作，對中國的銀銅複本位、多元本位的問題，有趨勢性與結構變化性的解說，是很值得參考的

綜論。有兩套文獻集內容相當豐富，主題涵蓋面也很廣闊：《中國近代貨幣史資料》（1840-1911），這是到晚清爲止的資料；另一本是《中華民國貨幣史資料》（1912-1927），這是辛亥到北伐時期的資料。這兩套文獻集對理解梁的幣改建議與政策作爲，以及各方的正反面意見，都很有幫助。李宇平（1987）對比1902-14年間，各派人士對幣制改革的各種言論，這項研究有助於理解，在清末民初對幣制改革的紛雜論述當中，梁的見解是屬於哪一個定位。此外，有幾本近代中國貨幣史的綜述性著作，也很可以參考：張家驤（1925）、魏建猷（1955）、彭信威（1958）、卓遵宏（1986）。

1 虛金本位

1.1 銀價長貶

從1870年代起，以英國爲首的列強逐漸改採金本位制，蔚爲世界性的風潮。黃金既成爲國際間的金屬貨幣，需求和價格自然高漲。白銀本來和黃金都是金銀複本位制的主角，1870年代起改行金本位之後，白銀失去國際貨幣的功能，需求和價格大跌 [1]。中國境內流通的貨幣，基本上是以銅銀爲主要幣材，對外貿易與債務的清償，過去都用白銀；現在國際銀價大跌，等於是中國貨幣的匯率大貶，這對一個外債、賠款、入超額都龐大的國家，是一項重大的打擊。

梁對金貴銀賤的問題寫過兩篇短文，一是〈論金銀漲落〉（1897，1：89），這是他最早期論經濟問題的文章之一，是他在戊戌前一年所著《變法通議》內的一節。第2篇是〈銀價之將來〉（1910，25上：177-

---

1　1833-1926年間的倫敦銀價，見Kann（1927：220）所列的年度最高、最低、平均價格。國際銀價長貶造成中國銀賤銅貴的狀況，以及因而引發的諸項影響，參見何漢威（1993）的詳細分析。

9)，這是一篇長文〈將來百論〉內的一節。

〈論金銀漲落〉是梁赴日之前的作品，當時他尚未接觸現代的經濟學著作，全文尚無概念性的語言，也無明確的主軸和主張。引發這篇短文的議題，是有位通政使參議楊宜治建議：現今銀價大貶，中國可以用白銀鑄成英國先令樣式，用來在國際間流通使用。梁反駁說：這需視此幣鑄成之後，外國是否肯一律通用而定。他舉當時法比意瑞4國的協定，說4國所鑄的金銀錢「彼此國庫皆准抵用，而收付銀錢則以一百佛郎為限。」（1：83）就算中國能鑄銀幣，且能流通於歐洲諸國，但有此額度之限，所以中國所鑄之先令，在購兵械或還外債時，最多只能當鉅款之尾數，於事無補。況且列強已行金本位，視白銀為輔幣，中國若鑄銀先令，成效必然有限。

這項駁斥是此文的破題，也是此文的大要點。梁論過此點之後，泛論各國的金銀幣政策、世界金銀價的潮流、中國可採之對策等等，但梁對這些問題並無明確的主張或提議。若單讀梁的這篇〈論銀價漲落〉，會讓人覺得這位楊通政未免過於無知。張家驤(1925第3篇頁6)和《中國近代貨幣史資料》第1輯頁653-4，都錄載通政使參議楊宜治在1897年8月初1所寫的這篇奏文。現在重讀此文，覺得楊的建議雖然忽略了基本條件，但在政策步驟上的推論還算合理，反而是梁的文章只批評到楊的部分建議，而且也過度駁斥了楊的主張，分述如下。

第一，楊的主旨是在「奏請仿造金鎊：鎊價日漲，中國徵收所入，使費所出，無不加倍吃虧，借款一項吃虧尤巨且久。我國商民交困，皆此鎊價遞昂，耗物力於無形之中。」第二，他的政策建議是首先要統一國內幣制：「欲挽此弊，弭此大虧，非率宇內之權量，整齊而劃一之。定準圜法，以與各國平均往來不可。」第三，他說明英鎊是當前國際性的領導貨幣，以及中國吃「鎊虧」的情形：「金錢輕重有別，悉以英鎊為準。同治年間，每鎊合規銀三兩三錢三分；光緒十三年，每鎊合規銀四兩一錢六分五厘；今則每鎊合規銀八兩有奇。燃眉之急，莫切於

此。」最後，他的具體建議，也是梁最誤解他的地方是：「擬請諭旨，
准予變通。先按先令分兩成色樣式鑄造銀錢，務令京師直省一律通行。
一面飭下各省督撫速採金礦，再仿英鎊樣式，鑄造金錢。銀錢既鑄，金
錢續成，由是可仿製鈔票。一俟鈔票展轉流通，則金錢直同土壤矣。」

　　這項鑄幣提議的要點是：(a)鑄造全國統一成色的銀幣，令京師直
省一律通行；此銀幣的特色是「按先令分兩成色樣式鑄造」，這一點造
成理解上的困擾。第一，這句話不夠具體，未說明如何分兩成色樣式；
第二，英鎊是金本位貨幣，與黃金價格同步起伏，若依楊的提議在1897
年鑄銀幣與先令等價，日後銀價若再貶落，金銀比價會產生變動，這就
失去了要與英鎊保持同步價值的初意。(b)先鑄好銀幣之後，速採金礦
以造英鎊式的中國金幣。也就是說：上述做先令鑄造的銀幣只是過渡性
的，最終目的是要鑄成金幣，進入金本位體制，成為「黃金俱樂部」的
一員。(c)再下一步是發行可兌換紙幣，和英國一樣，民間持紙幣可以
隨時向國家兌換金銀。楊說到了這個階段，「則金錢直同土壤矣。一轉
移間，不加賦、不事捐輸、不求人加稅，立即挽回利權三倍。富國救貧
之策，無捷於此。……」那是過度推論，不必計較。

　　楊的提議避開了一項主要的困難：中國根本沒有那麼多的金銀存
底，可用來鑄造供全國通用的標準銀幣，至於鑄金幣和發行可兌換紙鈔
就更不必提了[2]。梁的批評應該放在這一點，而他卻把論點集中在鑄銀
幣的階段，強調這種銀幣在國際清算上會碰到的困難。楊的提議在視野
上較廣，是要一步步地從銀銅混雜貨幣體制，轉入統一的銀幣制，再轉
入金幣制，最後成為英式的可兌換紙鈔制。梁寫此文時才25歲，尚未赴
日，對現代的貨幣問題認知有限，不必苛責。

　　〈銀價之將來〉(1907)是兩頁不到的短文，有3項要點。(1)綜述自

2　總理衙門在同月覆戶部，說明楊宜治的奏議難行(《中國近代貨幣史資料》)
　　第1輯頁654-6：「本部殊難懸斷，請酌核見覆，以憑辦理等因。」(頁654)

康熙27年(1688)至宣統2年(1910)之間，國際銀價大幅變動的概況。(2)
銀價長期下跌的兩大因素：國際間採金本位制，以及銀產量日增而用途
卻日窄。(3)在此情勢下，「我國苟不速行虛金本位制，則全球之銀塊
將悉以我爲尾閭；銀等於瓦礫，而米薪則等於珠桂矣！可不懼歟？」
(25上：179)梁的這兩篇短文(1897和1910)傳達了兩項訊息：(1)國際銀
價大跌，對中國已衰敗的經濟猶如火上添油；(2)中國既無實力改採金
本位，梁認爲根本的解決方式，是採用其他開發中國家已實施的虛金本
位制。

　　以下先補充說明虛金本位制的意義，何以中國會有改採此制之議，
以及各方對此制的不同反應。有了這些背景，才更能體會梁對此制的諸
項論點與作爲。中國自鴉片戰爭後，所累積的外債、賠款和入超額，到
了20世紀初已相當龐大。以賠款爲例，當初簽約時以銀兩爲單位，但金
本位制通行之後，因爲國際銀價大跌，列強實際收到的款項，若用黃金
來衡量，確實縮水不少，所以就要求中國償補這段因銀價貶值所帶來的
損失。

　　當時的國際領導貨幣是英鎊，在國際上與黃金有同步起伏的關係，
中國因爲銀價貶落而額外支付的匯兌差額，因而稱爲「鎊虧」。白銀續
貶，鎊虧的壓力就愈大。而中國的外匯存底有限，又不產金，沒有實力
加入「黃金俱樂部」，因此有國內外人士提議中國採虛金本位(gold-
exchange standard)：對內仍行銀銅幣制，但對外的貿易與債務則行金本
位。好處是得以免除「鎊虧」，中國政府只需準備較少量的黃金，用來
應付貿易與外債等國際支付即可；對國內的貨幣體制不必和金本位國家
一樣，需有黃金作爲發行貨幣的準備，仍可保留原有的銀銅幣制。這種
虛金本位制又稱爲金匯兌本位制，只在和外國有匯兌關係時才用黃金結
算，這對許多開發中國家(如印度、菲律賓等)而言，是一種巧妙的設

計[3]。在殖民地母國的支持下，虛金制在這些經濟內運作得不錯，所以中國有意倣行。

1.2　倡議改制

　　晚清民初提議更改幣制的方案很多，可以說是五花八門，這些議案的背景與大要，在近代貨幣史的著作內都已提及[4]，在此不擬重複。這些提案中，有些是建議先鑄銀幣之後，逐步改鑄金幣(如前述楊宜治的主張)，也有人主張暫時並用銀本位制及金匯兌本位制(如駐英公使汪大燮在1907年的提議)，曹汝霖在1918年也提議過使用金券等等，但這些都不是梁心目中真正的虛金本位制，而只是金本位制的中國特殊版本：[5] 梁所主張的虛金制特點，是對外以黃金結算，對內仍行原有的(銀銅混雜)貨幣體制。符合這項定義的提議，在1931年世界性的金本位廢止之前，在中國一共有過4次，都是國際人士向中國政府正式建議的。

　　這4次提議都失敗的原因各自不同，正反雙方的意見也相當雜亂，但有3項因素是共通的。(1)國際銀價起伏不定，大跌時積極建議採虛金

3　Bordo and Kydland(1995)對第二次大戰之前世界各國施行金本位與虛金本位的歷史，做了很好的回顧與評比。此文的表2把實施過(虛)金本位的21個國家分成7組(核心國家、英國轄地、拉丁美洲、南歐、北歐、西歐、日本)，詳細對比它們採取、終止此制的年份以及原因。在參考書目內也引述了許多各國實施此制的文獻，對開發中國家施行虛金制有興趣的讀者，這是相當簡潔的綜論。

4　中文部分見張家驤(1925)第3篇第1、2章，彭信威(1958:911-24)，卓遵宏(1986)第2、3章，李宇平(1987)第4章第1節。英文部分詳見Kann(1927第15章，頁356-95)。Kann的優點是綜述(虛)金本位在各國施行的歷史與概況，更重要的是摘述各國對中國提議虛金制的提案原文，例如頁368-9摘錄赫德(Sir Robert Hart)在1903年4月的提案，1903年12月精琪(Prof. Jeremiah Jenks)提案的要點摘錄在頁377-84，1912年衛斯林(Dr. G. Vissering)的提案摘述在頁386-91。

5　晚清關於金本位的建議，《中國近代貨幣史資料》第1輯頁1222-49 有詳細的文獻輯錄。

制的聲浪很大，但銀價回升時卻又覺得利不見得大於弊。(2)貨幣改革成本過高：中國的幣制混亂，中央政府的權力鞭長莫及，各地習於舊制不願改革。另一方面，中國政府財政困難，幣制改革所費甚多，非困窘的財政能力所及；殖民地因有母國在經濟與行政上的支持，所以障礙較小。(3)國際間的金本位制，在第一次世界大戰期間(1914-8)受到嚴重的考驗，之後屢有停止之議，中國也因而對採虛金本位的長期效益感到遲疑。

第一次是英人赫德(Sir Robert Hart)在1903年4月提出，第二次是美國政府派康乃爾(Cornell)大學教授Jenks(精琪)在1903年10月提出(梁所評論的對象就是此次)，第三次是荷蘭人Dr. Gerard Vissering(衛斯林)在1912年提出，第四次是美國普林斯頓大學教授Edwin Kemmerer(甘末爾)在1929年11月提出的。這4項提議中的後兩項，在時間上因為與梁的見解無關，所以在此不論[6]。「赫德案」在時間上與「精琪案」相近，還牽涉到英美兩國競爭中國幣制改革主導權的問題，所以必須相提並論。梁在立場上支持精琪案，但張之洞卻強烈反對，梁因而對張有激烈的批評。這些辯駁會在下面兩小節內析論，以下簡述赫德案與精琪案的基本方向與政治意涵。

1903年2月至1904年9月間，總稅務司赫德向外務部建議「改虛金本位制，定立銀錢準價。」他的辦法是先釐訂新幣的價值：「凡新幣八兩，常等英金一鎊」(1鎊有20先令，每先令有12便士)，也就是要把中國幣1兩的價值，規定等於30便士。這樣的單位換算在國際匯兌上較簡明，因為中國各省銀兩所含的純銀量不一，在國際貿易與清算的作業上難有簡明的依據。另一項優點是：這等於是向國際宣稱中國的幣值今後釘住英鎊，匯率是1兩等於30便士。只要英鎊起伏，中國幣值就跟著波

6　Vissering(1912)和Kemmerer(1929)的提議內容，在註4的文獻內可查到；Trescott(1995)對Kemmerer的中國之旅，有相當詳細的分析，所提供的文獻也很完整。

動。赫德的提議內，還有不少技術細節以及行政上的配套措施，這些在
《中國近代貨幣史資料》第1輯頁1097-1110所錄載的文獻內可以查到，
不贅。

　　在此要強調的是爲何它會失敗，這有幾項原因。(1)新幣既然釘住
英鎊，萬一中國幣貶值，英國自然要干預。也就是說，英國藉著要替中
國設計新的貨幣體系，進而掌控中國的貨幣管理權，甚至進而要掌控財
政權。英國久掌中國海關稅入，列強早已不滿，中國更引爲恥，如今趁
機要更深入掌握命脈，反對之聲必高。(2)中國的貨幣體制龐雜混亂，
另立新幣制所費甚高，除了高昂的行政費用之外，各省政府未必願意配
合，阻力甚大。(3)英政府不願意貸款給中國政府進行幣改。在評估利
弊得失之後，清廷對赫德提議的態度冷淡，民間也因而無多大反應。朝
廷的態度一方面是恐英人趁機深入，二方面是怨英人不願提供貸款，而
不是中國對虛金制沒興趣。美國見此機會難得，願意協助中國幣改，也
願意提供資助，所以才有1904年的精琪提議。

　　1902年國際銀價大跌時，中國和墨西哥政府聯合向美國求援，希望
能協調各國共同穩定銀價。美國正想擴張在遠東的勢力範圍，希望銀價
穩定能有助於和中國之間的貿易。美國國會在1903年指派3人委員會負
責此事，精琪是其中的一員，負責研擬中國貨幣改革方案。他在1904年
元月抵華，調查實況之後發表了《中國新貨幣體系備忘錄》
(*Memoranda on a New Monetary System for China*)[7]。其中最重要的一
項，是訂出中國銀幣與黃金的價格比例爲32:1(32兩白銀換1兩黃金)。
這項比例一旦固定，就算日後白銀價格浮動起落，仍維持32:1的比例。
換句話說，對世界各國而言，中國的幣值從此就和黃金有了固定的比

7　這項備忘錄的原文刊在Hanna, H., C. Conant and J. Jenks(1904: 75-112)。這項
　　備忘錄因飽受批評與誤解，精琪在1904年又發表*Considerations on a New*
　　Monetary System for China，來補充說明之前的見解，此文重刊在Hanna, H.,
　　C. Conant and J. Jenks(1904: 113-76)。

值，就算銀價下跌，在國際匯兌的計算上仍是32:1。這樣設計的目的，是要使中國免於銀價下跌的心理恐慌。但從另一個角度來看，若日後銀價上漲（成為30:1），而國內銀金比例仍維持32:1的話，中國幣就吃虧了（被低估了）；反之亦然。精琪提案的始末、兩國往來函電、中國大臣、駐外使節對此事的各種意見、此案的具體內容、各方的評議、精琪歸美後的演說，在《中國近代貨幣史資料》第1輯1110-1203有非常豐富的記載，從下列張之洞的駁斥中，也可略見雙方歧見的旨要。

1.3　反對意見

　　當時反對精琪者甚多，持議甚雜，以鄂督張之洞的意見最具代表性。精琪在1904年元月抵華後，積極與張約見，2月中旬雙方會談，但觀點不合：「精琪來華，將議定金銀價值。約期晤談，所言不合情勢，駁之。」（《張文襄公年譜》頁181）同年8月16日張寫了一長篇〈虛定金價改用金幣不合情勢摺〉（《張文襄公全集》〈奏議〉63頁6-15），此文經《上海時報》轉載後傳誦一時，而朝廷對此摺的回應卻只有淡淡一句：「硃批該衙門知道，欽此。」（頁15）

　　張所言甚屬：「……臣二月間由京回鄂，精琪久已在漢口相候，約期晤談，必欲一見。嗣經接晤兩次，該洋員一切議論諸多支離，臣層層駁詰，該洋員亦不能分條辨析，切實答復。……今臣閱其開送中國圜法條議及條議詮解、續送條議各篇，種種虛誕、種種患害，不禁為之寒心，敢敬為我皇太后、皇上披瀝陳之。」張的論點明確，其說甚辯，以下摘要並略加評述。

　　第一是貨幣改革主導權的問題。「今精琪條議為第一條云：中國設立圜法，其措置以賠款國之多數能滿意為準。……第十七條：正司泉官及各國代表人，準為中國政府提舉整頓財政之事。跡其所云，直欲舉中華全國之財政，盡歸其所謂正司泉洋員一手把持，不復稍留餘地。而又恐各國之議其後，故一則曰使賠款國之多數能滿意，再則曰賠款國之代

表人可以查看賬目，而不復問主權之何屬。其悍然不顧，乃至此極，實出情理之外。」此點頗能引起國人共鳴。

第二是銀金比價的問題。精琪提議32:1，其用意與功能已在上文略述，但張未必明白虛金制的精神，對32:1之說甚異。「強定為準三十二換之金價，佟然謂鑄頭出息，可獲二分厚之重利，冀以歆動中國。」如前所述，32:1的設計用意，不是要替中國政府謀鑄錢之厚利，而是日後國際銀價若有起伏，中國銀幣的國際報價都維持在32:1的匯率。目的在使中國對國際銀價的波動，免於產生預期心理，並協助各界對中國幣值具有信心；另一項目的，是訂出中國幣的國際標準價格。1904年時的國際銀金比價為35.7:1，張看到國際行情為35.7:1，就想到若能依32:1來償付各國的賠款與債務，中國必然可省下大筆支出（每兩黃金的債務可省下3.7兩的白銀），所以他說：「夫使所定三十二換之金價中外可以通行，中國即可以此價拆算，兌付各國賠款，誠屬兩得其平之計。」

張明白沒有這等美事：「乃精琪所定此項三十二換之銀幣，其限制只能在中國通行；而在外國買票購金，則價值須由正司泉官臨時定奪。」所謂的臨時定奪，就是依當時的國際匯率行事，而非32:1。張明白32:1只是虛設，真正支付國際債務時32:1根本沒用。他把真正的利弊分析得很清楚：「至其續送條議，則明言此銀幣在本國支付款項，即作三十二換銷用，若用銀元付外國款項，則須按生銀價銷用，即四十換之譜等語。是其法不過使中國商民，以值市價四十換之金一兩，納諸政府祇抵銀三十二兩。而外國持銀三十二兩，一入中國即可得金一兩之用。及以中國之銀抵付外國之金，則仍須以銀四十兩抵金一兩。」簡言之，32:1的設定對洋人百利，對國人未見一利：「無論求利太貪，立法太橫，民必不遵，法必不行。即使強迫行之，亦惟罔內地商民之資財，以入之政府。而又括中國政府之利益，以傾瀉於外洋而已。」

第三是新幣制對國內可能產生的影響：「勒令民間以新幣還舊債一節，尤為橫暴無理。夫按新幣硬抬之高價以還新債，恐虛頭太多，勢難

持久。已患不能通行，況勒還舊債乎。此令一行，必致中國各省商民借貸絕路，追賬倒賬，搶奪紛爭。各行商賈概行歇業，貧民固窮，富民亦窮，大亂立見。是不惟無二分之利，且恐有十分之害矣。」張的主張是不要採取空假的虛金本位，只要能確切地把銀本位做好就很夠了：「果能全國皆用銀幣出納，一律開辦，前廿年內鑄數既多，餘利亦成鉅款。此乃國家權力應有之利，明白無欺之事，切實和平之辦法，並不須用外人主持，亦不須行以罔民病民之政。」

他認為虛金本位根本不適合國情：「中國則不然，民貧物賤，工役獲利微，庶民食用儉。故日用率以錢計，其貧民每人一日口食僅止一二十文，中人一日口食僅止六七十文。其沿海沿江通商大埠，尚參用生銀銀圓，而內地土貨無論鉅細買賣，皆用銅錢積算。……計中國全國仍是銀銅並用，而用銅之地十倍於用銀之地。……論目前中國情形，若欲行用金幣，不但少金可鑄，即有金可鑄，亦非所宜。況精琪之議，並不自鑄金幣，虛懸一金價以抬新鑄之銀幣，……蓋無實之幣，無實之票，必然擁滯不行，跌價私售。……國家必受大累，一旦立形不支，實屬萬分危險，尤不可輕於嘗試。」張的具體建議是：「竊謂此時惟有先從銀銅二幣入手，求劃一暢行之策，然後酌定銀錢相準之價，每銀一兩，限定值錢若干。……俟通國幣制統歸一律，銀銅二幣悉遵定價，生銀之用漸廢，服用糜金之禁漸行。……彼時體察情形，果需參用金幣，再行斟酌試辦亦未為遲。」一世紀之後重讀此奏摺，還能深切地感受到張對民間實情的了解，頗能洞察虛金制對國際收支和國內經濟的利弊，要點俱在，甚有見地。

以上是張從貨幣與經濟的角度，來看虛金制對中國的弊害。列強提議此制當然也有政治上的考量，張對這個面向的見解是：「若精琪之議啗我以虛無鑄頭之利，而奪我實在財政之權，其計至毒、其害至顯。」他對虛金制的可行性相當果決：「惟外人圖攬中國財政者正復不一其人，即中國震於外國用金之說，勤襲附和妄思嘗試以徼大利者，竊恐亦

復不少。臣之此奏不僅爲精琪一人,並不僅爲金幣一事,此後儻再有以行空票作金幣之說進者,或外人餌我以重利,實圖攬我利權、絕我利源者,擬請敕下外務部、財政處、戶部,開誠布公,正言駁拒,勿受其愚。……」

　　當時和張同樣持反對意見者不少,試舉兩例。一是總辦江南商務局的劉世珩,他在精琪案提出時(2月)就發表了《銀價駁議》,分成兩部分:一是〈中國圜法條議〉,對精琪所提的17條逐條駁斥;二是〈中國新圜法條議註解〉,對精琪所論的十章內容逐章批駁;最後還寫了一項附錄〈通商進出相差與創設支兌金貨爲平準圜法之關係論〉,用意在解說國際匯兌的基本原理。這兩篇長文收錄在《中國近代貨幣史資料》第一輯頁1160-88。他的寫法是逐條、逐章的批評,論點詳細明確。此文的知名度比不上張之洞奏摺所引發的迴響,原因有3:(1)張的名氣大,奏摺文刊登在報章上,讀者人數較多;(2)張的文筆簡潔有力,要點俱在,很可能是把劉的論點消化納入(張的奏摺是8月呈的),把文章寫得簡要高超;(3)2月時精琪剛發表17條圜法,國內各界尚未作出回應,半年之後各方意見俱出,張的奏摺以集大成的方式,代表了反對方的綜合見解,引起相當的共鳴,也因而蓋過劉的析論。其實劉的論點確切,唯稍冗長以致力道略弱。

　　在劉、張兩文之間,還有蘇松太道袁樹勳所呈的〈上海錢業商業對於精琪銀價條議的意見〉。此文發表在《南洋官報》1904年6月,現收入《中國近代貨幣史資料》第1輯頁1194-5。這項短摺的用意,是要表達上海錢業與商業對此案的反對意見,所訴求的立場和劉、張的宏觀官方見解不同:「該董等老於商務,會計頗精,所陳各情,是否有當,理合具稟聲覆。」袁的論點和張類似,但說法不同。第一,改用金幣之害是:「至於豪家積貲,商賈轉運,向皆用銀,一旦驟然改用金幣,金價更昂,銀價必賤,受虧更爲不淺。……若改用金幣,誠於泰西各國洵稱利便,於中國難免更受其虧,非但毫無裨益,反恐禍亂叢生。」第二,

對中國的匯兌收支未必有利：「若繩以日本因改用金幣遂見富強之說，似非確論。聞日本改用金幣，暗虧非細，印度受虧尤鉅。……中國不比泰西各國，將來作偽多端，高低不一，其害更有不甚設想者，於國於民於商皆無益有弊耳，不如不改之為良也。」第三，中國的貨幣與銀行體系尚無行虛金制的實力：「國家若概用金幣，必先整頓各省銀價銅價相輔而行。……為今之計，改用金幣，非先設國家銀行不可，欲設國家銀行，非有外洋倫敦、紐約、商埠之分行，與各國交通匯兌不可。……」

1.4　贊成意見

　　贊成虛金本位者有兩項共同的特徵，一是從「鎊虧」的角度來陳述銀本位之害：國際銀價長貶，中國在國際收支、賠款、外債上所受的虧損過鉅。二是這些人較具國際視野，或是駐外使節，或是辦理洋務，或是關心國際世局對中國的影響者。前述赫德、精琪等人的提議，是在列強授意之下的作為，但在中國也有不少人向朝廷建議改採金本位，這些建議與朝廷的答覆，收錄在《中國近代貨幣史資料》第1輯頁1222-49，舉3例如下。

　　出使俄國大臣胡惟德在1903年9月26日「請改幣制」（頁1222-9），朝廷對此項長奏議的硃批是：「財政處、戶部知道。片併發。」（10月26日）戶部在1904年（無月日）由尚書鹿傳霖對此議簡要回應，但只說明狀況而無執行方案。1906年12月15日出使英國的大臣汪大燮上一摺奏行用金幣（頁1229-34），朝廷在1907年3月初1對這篇長摺的回應是：「度支部議奏。欽此。」度支部的回應相當用心，在1907年3月28日寫了相當長的覆議文（頁1234-41）；同年7月內閣各部院摺也會議此案，建議「有必應照辦者三，有難照辦者二，有宜詳慎酌辦者一。」（頁1241-3）到了宣統3年（1911）3月5日，出使美、墨、秘、古的大臣張蔭棠，再度建議行用金本位制（頁1243-9），他的主要4項建議是：首定金銀本位、確定金銀比例價格、略定補助貨（幣）之限制、妥籌本位金之預備；此外

他還擬了「新幣制一覽表」，詳列主幣、輔幣、金銀比價等具體規範。此時已是清朝最後一年，遂無下文。

綜觀上述幾項主張行（虛）金本位制的建議，在出發點與具體建議上可以說是大同小異，但都無法落實的原因，除了上小節反對者所說的諸項意見外，還有一項根本性的原因：中國沒有足夠數量的黃金來改行虛金制。解決此障礙之道，是向列強借款改革幣制，這種借款稱爲「幣制借款」。記載幣制借款的相關文獻不少，可在《中國近代貨幣史資料》第1輯頁1204-21內見到一些原始文獻。向外借款來改革幣制之議，到了民國6年（1917）梁啓超任財政總長時，也曾打算向日本求援，但未果，此事會在第3.3小節內詳述。

贊成虛金制的提議，到了民國之後還是沒放棄。民國元年（未具月日）財政總長陳錦濤，向大總統「條陳整頓幣制本位計劃併檢呈幣制綱要六條」（《中華民國貨幣史資料》第1輯頁1-6），其中的第一條明示：「中華民國幣制用匯兌本位制」（即虛金本位制）。同年秋間，財政部設置幣制委員會研究此事，發表一項報告書（全文另見同書頁67-71），分兩部分：一論銀本位之利弊，二論虛金本位實施之問題。此項報告的立場是傾向於採虛金制，在結論中所陳述的理由是：「要而言之，我國改革幣制，與其用銀本位或金本位，不如用金匯兌本位（即虛金制）。至金匯兌本位之主要問題，則以輕值銀幣代表金單位，似比銀行兌換券較易實行。金準備之數目，須足以應付匯兌並償還外債及國際清算之負差，方爲穩固而無意外之虞。金銀比例，則須僞造與熔化雙方兼顧。銀價抬高，既不宜太大，亦不宜太小。此討論之大略也。」

這項結論雖然主張採虛金制，但所表達出來的諸多困難與遲疑語氣，讓人覺得此事不易落實。這是一項報告書，而非政策性的宣示。翌年春再議此事，主要有3說：一主精琪之金匯兌本位，一主金本位與銀本位暫時並用，一主沿用銀本位（即張之洞派的意見）。結果是：「秋間委員會撤，移其議于國務院會議，卒定純銀本位之制，此即民國三年二

月八日所頒之〈國幣條例〉及施行細則是也。」（頁55）

　　從1903-4年赫德與精琪的虛金制提議起，經過10年在多方的爭議下，終於在1913年決定中國要採銀本位制，放棄虛金制的提議，張之洞派的主張最後獲勝。看過對此事的正反意見後，現在回來看梁的立場、主張與政策。

1.5　梁的立場

　　梁先後寫了兩篇長文擁護虛金本位制，第一篇是〈中國貨幣問題〉（1904，16：98-124）。他寫第一篇文章的基本立場是：(1)中國貨幣體制不得不改革，若要改革則當以虛金制為尚，「所爭者，改革之權在我與在人耳。」（16：99)(2)他主要的駁斥對象，是以張之洞為代表的見解：「又頃見《上海時報》載有鄂督張氏駁斥精琪案一摺。其論權限問題，吾固表同情，若其論原案之缺點，則未達生計學學理，一派門外漢語。……讀者試兩勘之，勿徒為讕言所蔽也。」（16：124)又：「文中引張文襄說而折駁之，非為揭文襄之短，但借其言以反示真理而已。蓋文襄之言，實代表國中大多數人之意見，至今猶然。而此等謬想不除，則良法恐無實行之日。吾非好辯，不得已也。」（22：29）

　　梁寫〈中國貨幣問題〉的動機，是因為「精琪氏至北京，為中國貨幣問題有所策畫，草定條議十七則，附以解說數萬言[8]。……顧其所根據之學理頗深邃，非研究斯學者驟讀竟難索解。雖有漢譯本，然詰鞠為病，偽謬至多，讀之更墜五里霧矣。乃撮譯其大意，附以鄙見，旁參近世生計學者所發明之原理，博引各國改革貨幣之故實，以證其立案之所由。……幸勿以其艱深遼遠而置之。」（16：98-9)若連梁都覺得譯本難讀、學理頗深邃，恐怕中國境內能充分掌握者亦不多。梁的這篇長文，

8　Jenks（1903）的漢譯本可參見《中國近代貨幣史資料》第1輯頁1128-59：精琪
　　所著之〈中國新圜法條議〉和〈中國新圜法案詮解〉。

兼具解說與辯駁，對非專業讀者應有相當的助益與說服力，但他的論點也有可駁辯者。

此文分3章，第1章析述問題之起因與精琪原案之內容，第2章對此案作補充說明；這兩章各佔3、4頁，是背景與解說性的文字。全文要點在第3章，是對原案的批評，內又分5大節細論本案的重要議題。在此不擬摘引背景與說明性的文字（即前兩章），而把要點放在梁個人的論點上（即第3章5大節的內容）。唯第1章內有一項明顯的錯誤應指出。此章的內容是梁「照原文直譯」精琪草擬的圜法條議17條，梁的第6條譯文是：「中國應亟鑄銀幣若干圓，通流本國。該銀幣應有相當之模範，其大小約照墨西哥洋圓，其與彼單位貨幣之比價定爲三十二，設法維持。……」(16：100)墨西哥洋圓亦是銀幣，中國銀幣無與之維持32:1之理，這是明顯的誤譯，正確的說法是如第2章內第六條所說的：「政府當設法維持金銀定價，使常爲金一銀三十二之比例。」(16：103)

梁贊成中國採虛金本位的基本論點相當奇特，是從幣材的進化觀來立論。「歷覽數千年來貨幣史之變遷，大率由鐵本位進爲銅本位，復進爲銀銅複本位，復進爲銀本位，復進爲金銀本位，而歸宿於金本位，此其大較也。」(16：105)這種觀點是從金屬價值的排序（金銀銅鐵）來看，但卻違反了幾項基本事實。第一，歷史上雖有鐵錢，但出現的時期比銅錢晚，存在期也比銅錢短，並不是如梁所說的「由鐵本位進爲銅本位」。第二，人類幣制的變化，也不是如梁所說的，由銅本位進爲銀銅複本位，復進爲銀本位，再進爲金銀複本位。要採哪種本位，端視何種貴重金屬的可獲得量而定，世界上有多少文明的幣制，是沿著梁所說的路線來演變？梁的要點其實很簡單，他要說服國人：金本位是比較文明的幣制，中國現有的銀銅本位已經落伍了。他借用生物學上的演化論來支持他的金本位論：「自齊太公迄今垂三千年，猶濡滯於銅本位時代而不能自拔。嗟夫！吾羞言之。」(16：106)

而中國若要採虛金本位，最基本的困難是如何取得所需的黃金：巧

婦難爲無米之炊。德國當初要改行金本位時，所靠的是普法戰爭後的法國賠款；日本也是在甲午戰後，靠中國賠款之助才得以改行金本位。若這兩國尚需外援，中國何以能獨力而成？第二項困難，是「內地細民每日庸率不過銅錢數十，易銅而銀猶懼不適，而況於金。」（16：107）張之洞主張在此時期應先確立中國爲銀本位（在此之前銀銅雜用，幣制混亂，無本位制可言），但梁的反駁亦有理：「今日幣制問題之動機，本以銀價低落迭受虧累爲之原，改制而仍用銀，則奚救焉。」（16：107）

用銀本位的好處是：銀價既貶，外人用金來買國貨則廉，有利出口。缺點在進口成本會因貶值而增加，此其一；較嚴重的問題是如梁所指出的：「以金銀比價漲落無定之故，故致從事國際貿易者，皆有所憚而裹足不前，……兩害相形取其輕，用銀之利不足以償其害明矣。」（16：107）若金銀皆不可單獨用爲本位，是否可採金銀複本位制？世界潮流已棄此複本位而採金本位，中國有何條件逆行？再說，中國已窮敝，何處得金來行金銀複本位？此議不可行明矣。銀本位、金本位、複本位既然皆不可行，精琪爲中國所擬的幣制有何新意？顯然，梁在1904年撰此文解說虛金制的特點時，對此制的精要並不夠理解。

1.6 理解不足

「精琪氏此案，則亦金本位、亦銀本位、亦複本位，非金本位、非銀本位、非複本位，一奇形怪狀不可思議之幣制也。……金銀雙存，以法律之力，強定金一銀三十二之比價，故曰亦複本位。雙存而不並行，絕無受格里森原則之影響，致正貨流出國外之患，故曰非複本位。準是以談，則精琪氏此案，所以斟酌於三種本位之間，可謂良工心苦。」（16：108-9）梁這段解說，不但沒說清楚虛金本位的本質與特點，反而展現了兩項認知上的不足。

第一，虛金本位制的特性，是在於對外行金本位，對內仍行原有的貨幣體制（不論是貝殼或是銅銀），定義很明確，不是梁所說的「一奇形

怪狀不可思議之幣制也。」其次，中國境內金銀幣值之比，精琪建議定為32:1(1904年時的國際市場行情是35.7:1)，目的是在定為32:1之後，不論銀價漲跌，金價和中國銀幣的價值一律以32:1折算。這項比例是否恰當是另一回事，但這是一個換算上的關係，不能因而稱之為本位制，所以梁所謂的「以法律之力，強定金一銀三十二之比價，故日亦複本位」，是誤解了。

再回來談32:1比例的問題。梁因為理解不足，而在之後的幾頁間(例如16：113)，反覆討論一個問題：如果銀價再跌，跌到40:1，既然法律規定32:1，所以民眾可持一兩黃金到市場換40兩白銀，然後拿32兩去向政府換1兩黃金，豈不大賺？政府怎堪賠累？正確的解說仍是：虛金本位制在中國的情況，是對外用金對內用銀，兩者之間的法定比價是32:1。這是用黃金來計算中國銀幣價值的方法，是一個虛懸的標準，政府無義務像實行金本位或銀本位的國家一樣，在金銀之間有相互兌換的義務。梁的疑慮是只看到字面而誤解實意所致，這項誤解耗掉梁好幾頁的篇幅。接著來看32:1是否恰當的問題。國際銀價在1900年代變動很大，精琪在1904年定此比例是依當時的行情，梁的文章中也說「日本現行之制為一與三十二之比例，精氏從之，庶為近矣。」(16：114)所以這基本上是在反映國際行情，可爭議之處不多。

虛金制的基本原理並不複雜，只是梁初見此制，又無內行者為他解說，所以難免誤解。他花了相當的篇幅，向讀者解說其中的主要概念，以及國際匯兌的往來原理，而他也不隱瞞他在某些理解上的困惑，在態度上是誠實的。他對精琪的提案，雖然有理解上的失誤，但基本主場是主張中國採此新幣制。他最主要的保留，是執行此制的主導權問題：「其司泉官所以必用外國人，……則以此事於賠款問題有關涉，不可不求諸國之同意也。……綜觀五端，則其職權之重大何如，是不啻舉戶部及各省藩司之權而握其半也。……就此點觀之，謂精琪之造此案與各國之贊成此案，非有野心存乎其間焉？吾所不能信也。」(16：120-2)

1.7　極力主張

　　梁在這篇文章的結尾提出3項結論：第一，「中國不改革幣制，則生計界永無發達之期。……蚤一日得一日之益，遲一日則受一日之敝。」其次，「中國不改革幣制則已，苟改革，則其大體勢必採用精氏原案。……而其爭辯者乃在虛定金價之一著。此則印度行之、荷蘭行之、日本行之，皆無所礙，而豈其中國而獨異是？故精氏案之必可行，吾保證之。」第三項談主權問題，在此不引。第一項是原則問題，應無人反對。要點在第二項：(1)梁在此文內並未確切說明「勢必採用精氏原案」的理由，而突然下此結論，說服力不強。(2)何以印度、荷蘭、日本可行(其實只有印度行虛金本位，荷、日所行的是金本位)？印度有大英帝國支撐，而中國幣制混亂，改革困難，不知梁根據哪些條件，保證精琪的提案在中國可行？

　　中國是否要採虛金本位制，正反意見都有，相持不下。此時國際銀價回升，倫敦每盎司白銀在1903年時是24.75便士，1904年漲到26.38便士，1905年27.81便士，1906年30.88便士，1907年30.19便士。過去是因為銀價下跌才有採虛金制之議，現在危險暫時解除，清廷決議不採精琪的提案。1907年9月，光緒帝下諭令：「……中國財政紊淆，幣制亟宜釐定。欲以實金為本，則鉅本難籌；若定虛金為本位，則危險可慮。自應先將銀幣整齊畫一，然後穩慎籌措，徐圖進步，將來行用金幣，可望妥實無弊。」(引自卓遵宏1987：69-70)這項諭令等於宣佈中國要採銀本位，而這正是梁所最反對的。

　　1908年起，銀價又開始大跌到每盎司24.38便士，1909年23.69便士，1910年24.63便士，過去的危機又重現了。梁在1910年寫了另一篇長文〈幣制條議〉(22：1-29)，主張應急頒新幣制。他先用10頁的篇幅(22：1-10)說明這項理由，內容相當雜瑣。其實更重要的訊息，是他用了20頁的篇幅(22：10-29)，重申他的虛金制主張，論點和6年前的〈中

國貨幣問題〉相仿，主要的差別是在1910年的這篇文章中，梁確切深入地說明了他極力主張虛金制的兩項主要理由。

（1）「夫國於今日之世界，萬不能復行銀本位制，至易見也。……吾所主張，實爲度支部前此所擬定之虛金本位制。……凡行虛金本位制之國，其國際匯兌雖以金計算，而國內所行用，仍以銀代金。……且欲行虛金本位制，仍必須於施行前之數年，先立銀本位以爲之基礎。」（22：4-5）梁對虛金本位制的基本觀念，在幾年之後終於有正確的認知了。既要先行銀本位（因爲中國對外雖號稱行銀本位，其實仍是銀銅幣混雜，且無全國通用的統一標準幣值），就要先確定銀幣每枚的重量。梁對此事著墨甚多（22：4-10），因與虛金制本身的關係較間接，不細論。

（2）中國不能採銀本位的原因：「銀價日落，其購買力日減，物價緣由日騰，……加以各種外債總額凡十餘萬萬皆以金計，年年須輦巨萬以償本息。銀價益落，『鎊虧』歲增，其博禍又爲人所共見者。」（22：11）至於行金本位，困難有三：一，人民生活程度尚低下，無法用金；二，由銅銀幣躍而用金，有調適上的困難；三，中國的金存量不足以行金本位。「吾所主張者，一方面爲虛金本位之預備，一方面確立銀本位。蓋金本位爲其目的，銀本位則爲達此目的之一手段。……故行虛金本位之國，必以本位銀幣爲其中堅。此無他，以彼國中本絕少金幣，而惟有多量之本位銀幣故耳。……泰西生計學家常言，虛金本位制者，貧弱國之續命湯也。何以故？以其不必蓄多金而能收用金之利故。」（22：14）這是漂亮的解說，他終於把問題弄清楚了，而且說得簡潔有力。

說清楚虛金制的特點之後，梁用相當長的篇幅（22：15-29）再度駁斥張之洞的反對意見。篇幅長的原因，是梁過度詳細解說各項國際匯兌的基本原理。梁反駁的論點主要有兩項。第一，「昔精琪初建議時，張文襄公嘗上疏力詆之。大指謂金銀漲落，時價自有行情，人人共知，政府何能強爲定價。……一時耳食之輩咸附和之，以至此議久梗。……今

不避詞費，次第說明之。」(22：15)其實張之洞的懷疑既合情又合理：
當初有虛金制之議，純是國際銀價下跌，精琪設32:1之比，在實務上尚
稱合理，但若日後銀價再大跌，則勢必要調整。所以32:1並非不能更動
的鐵價，而只是初擬時的比例。1904年起銀價回升，虛金之議自然中
止，32:1或40:1的問題已不存在。

　　第二，「國中人士明其性質者絕少，即現在度支部及幣制調查局中
人員，亦什九未能了解，以故或生異議而沮其成，……所以遷延不辦之
故當由於此。」(22：15)梁抓住張之洞等人對32:1定價的質疑，反覆解
說爭辯，好似中國未能採虛金制是一大遺憾，而此憾中最大的干擾，是
張之洞等人對國際匯兌的性質不理解，「生異議而沮其成」。其實1904
年精琪的議案在中國不能行，除了國際銀價回升暫時緩解了外在的危
機，另有一項要點是梁在兩篇文章內都未提到的：中國境內幣制混亂，
單是銀幣的種類就不下數十種，各地的銀兩重量不一；在銅幣方面更是
如此，尤其清末各省濫鑄銅元，貨幣市場更是混亂。要把全國貨幣統一
起來，所需的行政費用不知幾何；要把地方的抗拒力擺平，也不知要耗
用多少心力。要先統一幣制之後才能確立銀本位，才能以此作為對內行
銀本位，對外行金本位的虛金本位制。改革幣制和統一貨幣的困擾，比
32:1是否恰當之爭既大且煩，梁若要支持虛金制，應當先說明如何解決
這項大問題。

　　整體而言，梁在1904年主張採虛金制時，對此制的本質認識不足，
論點集中在中國因長期的「鎊虧」壓力太大，但因實力不足而無法行金
本位，所以只好退而求其次行虛金制。1905年起銀價回升，危機解除，
虛金之議止；1910年起銀價又回跌，梁重議虛金制之可行與必行性，此
次他對虛金制的本質理解甚對，但在批評反對者之論時，只集中在32:1
的法定兌換率上，而忽略了國內幣制改革的諸多困難，未免見小遺大。
梁在1910年時主張「金匯兌本位制〔即虛金制〕其為我國所必當采，殆
無疑義」(22：25)，然而若銀價在幾年內像1904-7年間一樣地回升，是

否仍「必當采」？

梁對虛金制的見解，在1914年3-12月間擔任幣制局總裁時，因為需要作實務上的決策而有了相當的轉變。「鄙人疇昔固主張行金匯兌本位，而於極短之期間內以銀本位為過渡者也。及民國初建，政府有借外債六千萬鎊之議，吾在海外不知實情，以為可成，乃主張遂行完全之金本位。……及此項借款不成，吾已不敢復持斯說，則還歸於數年前所主而已。〔就任幣制局總裁〕一年以來，頗聞國中人士或相責備，謂何故不主張用金，而徇俗用銀為苟且之計。……此種苟且一時之銀本位制，今尚成為紙上政策，……我國今日非有莫大之金借款，則從何處得金者？……今我財政狀況若此，而曰咄嗟得成金本位，鄙人不敏，不得不驚怖其言以為河漢無極也。……」（32：39-40）

梁的這番改變，是在1914年任幣制局時因親見實際的困難而退縮了。其實行虛金制的最大困難，就是「非有莫大之金借款，則從何處得金者？」這是張之洞一開始就看清楚的事情，而梁要等到執政時才能真正體會。然而，到了1917年機會又來了：段祺瑞內閣任命他為財政總長，負責幣制改革和財政金融的決策。當時正值第一次世界大戰，國際金價大跌，梁認為這是大筆購入黃金改行虛金本位的好機會。但當時軍閥們正需錢孔急，把這筆款項提取他用，「這個千載一時的機會便失之交臂」（43：17）。

1.8 後見之明

大體而言，梁過度強調虛金制之利，忽略了改革幣制的內在昂貴成本；此外，還有兩項大問題是他當時所未能預見的。第一，1918年第一次世界大戰之後，國際間的金本位制開始動搖，英國曾一度脫離金本位，到了1925年才在爭議中返回金本位。如果中國在1917年梁任財政總長時，以九牛二虎之力行虛金制，3年之後，在1920年代初期國際金本位開始動搖，中國行虛金制的好處已不多，而可見的缺點與成本卻不

少，此時又應如何？是堅持下去或速返回銀本位？這個觀點可以從另一個角度來看：1912年起國際銀價大漲，從每盎司28.03便士（1912）漲到61.50便士（1920），不知當時尚健在的梁（時年48歲），是否仍堅持中國應採虛金制？

其次，1929年10月發生了世界經濟大恐慌（梁於同年元月病故，56歲）。何以有此次的世界性恐慌？原因之一是列強皆採金本位制，貨幣價值皆釘住黃金價格。當時美國的經濟實力已足以影響國際金融，這隻大象得了重病，在跌倒的同時也把英法德諸強一併拖倒，原因何在？列強同採金本位，猶如共同穿一條金褲子，或被一條金腳鐐銬綁在一起，其中一人出狀況，其他「黃金俱樂部」的成員必皆受波及。中國在1929年時若已行虛金制，受列強波及的程度或許會比採金本位輕，但對外部門所受的打擊仍然會相當直接。有些經濟史學者認為，中國在1929年國際經濟大恐慌中之所以能未應聲而倒，原因之一是未加入黃金俱樂部。也就是說，銀本位發揮了防火牆的功能，此說亦不無道理[9]。

所以中國在1931年之前是否應採虛金制，須視3大要件：一是國際銀價的起伏是否真的對中國不利，二是國際金本位制的穩定性是否可靠，三是國內幣制改革的高昂成本是否有能力應付。後者是可預見的大困難，前兩者是無人能逆料之事，這3大要件中國都無法滿足或應付。梁大力主張虛金制，事後觀之，幸未成。

9　Friedman and Schwartz(1963: 134)說中國因為「是採銀本位，所以幾乎完全避免了世界性大蕭條頭兩年的惡果。」他們說：「中國因為是銀本位而非金本位，所以相對於金本位國家（等於是採固定匯率），中國等於是採浮動匯率。……所得到的效果是把中國的內部經濟，隔絕於世界性的蕭條之外。」（頁361-2）Eichengreen(1992: xi)對金本位制的缺點也有類似的見解：「1920年代的金本位制，替1930年代的大恐慌佈下了舞台，因為金本位制把國際金融體系弄得脆弱了。美國經濟的不穩定，透過金本位的傳遞機制，把這股衝擊傳到了世界各地。金本位制也擴大了當初不穩定的衝擊效果。」這種見解表示，中國採銀本位反而是一種免於（或降緩）世界大蕭條衝擊的一道防火牆。

2 推行國幣

清末民初幣制混亂，改革之議雜多，各式金融體系與機構此起彼落。這些複雜的情事，在中國近代貨幣史的著作內已有許多分析，較綜合性的史料匯集有兩項：一是《中國近代貨幣史資料》（第1輯：1840-1911），二是《中華民國貨幣史資料》（第1輯：1912-1927）。梁所論及的國幣改革，只是這段紛雜歷史的片斷。他在1910-5年間，寫過8篇關於如何整理官鈔和推行國幣的文章，其中有3篇是1914年任幣制局總裁內任寫的，一篇是在1915年卸任之後寫的回顧性評述。這些文章中常有大篇幅細辯諸項技術問題，本節的主旨是評論梁的基本動機、政策方向與執行措施，以問題的特性為主軸而略其技術性細節。

2.1 銅元泛濫

梁寫〈各省濫鑄銅元小史〉（1910，21：13-23)的用意，是要顯示中國民間貨幣體制的混亂現象。這是一篇歷史背景與現狀解說性的文章，涵蓋的時段以光緒的最後十年間為主。晚清銀賤錢荒與銅元泛濫的諸種問題，魏建猷(1955第8章)有簡明的概觀性綜述，何漢威(1993)也有相當詳細的解說。相形之下，以現在的觀點來看，梁的這篇小史只觸及了全盤問題的一小部分。

問題的大背景和上一節的虛金本位制一樣，都是1870年代列強改採金本位之後，由於國際銀價長期大幅下跌，銀子既廉且豐。過去飽受缺銀之苦的中國各省，開始大量鑄造銀幣[10]，使得銀兩和銅錢之間的比價

10　張家驤(1925)第2篇頁9-17表列解說各省在光緒、宣統年間所鑄銀元的各種重
　　量與成色，由此可以看到各地所鑄的銀幣，不論在外觀上、重量上、含銀量
　　上都有相當大的差異。更複雜的是還有外國銀元混雜其中，可見晚清銀幣的
　　嚴重混亂情形。

下跌，銅幣的價值相對於白銀就急速上漲，市面的良質銅幣因價值高、民間惜用而日少。各省見鼓鑄銅幣有利可圖，紛紛設局鑄造，追求鑄幣之利潤；競鑄的結果造成銅幣成色不一，同時也因過度鼓鑄而價值貶跌。銅錢是民間生活的基本貨幣，銅幣既貶，各省又濫鑄，成色益劣，正如梁在此文開頭所說的：「近數年來，以各省濫發銅元之故，致物價騰貴，民生凋敝，實爲全國人民切膚之痛。朝野議者亦漸知之，而亟謀補救。」(21：14)

梁先分析百文銅錢的重量，在乾隆至光緒期間，從每百文重12.19安士(ounce)跌到每百文重6.80安士，將近輕了一半。最大的原因是：「戰亂頻仍，帑藏竭，政府始藉鑄錢爲籌款之一法門。質日劣，量日輕，私鑄日多，而錢價日落。……任各督撫之自營其私，安有畫一之理。……而行政機關不整，又無術以坊之，以故惡錢日滋，……凡良幣在勢必爲惡幣所驅逐。……幣制之靡爛，自是不可收拾矣。」(21：15-6)除了解說這些大背景之外，梁的文章有兩條主軸，所用的資料相當詳細，解說也很清晰。

首先，表列同治9年(1870)至光緒30年(1904)間，海關銀1兩兌換制錢的文數；以及上海銀一兩在歷年間可兌換的制錢文數，兩者顯示都是長期下跌：白銀貶，制錢貴(21：16-8)。其次，梁解說銅元之濫鑄始於光緒28年，時袁世凱任直隸總督，天津市因銀根緊而起恐慌；袁謂此由錢荒所致，於是始鑄銅元(銅元與制錢銅幣在外觀上的主要差別，在於銅元中央無孔)。袁在3個月內鑄出千萬枚，獲利百數十萬，於是各省競倣，廣設銅元局。光緒31年爲全盛時期，12省15局的鑄錢機共達846具。若全數開工，每年可製出銅元164億多枚，中國4億人口平均每年每人可分得40多枚，安能不大貶。

光緒30-4年間，實際鑄出的銅元共124億多枚，在5年之間每人平均得30多枚(21：21。何漢威1993：419註147對這些數字有不同的意見)。

光緒31年(1905)12月由商業會議所上書於領事團,再轉各國公使團[11]。清政府初猶漠然置之,幾經交涉,於翌年5月命各省銅元局悉行閉止。但兩月之後,命廣東等5局復開,欲將前此鑄幣之公利攫歸中央,但此時銅元價值已大貶(光緒28-9年間,80銅元可換銀1元,宣統元年[1909]底已跌至180銅元一換),政府所能牟之利有限(21:21-2)[12]。

梁在同年另有一篇短文〈論幣制頒定之遲速繫國家之存亡〉(1910,21:106-10),再論濫鑄銅元之害。他新提出的要點,是貨幣學上的格里森法則:劣幣驅逐良幣。這個現象在上一篇論濫鑄銅元時已稍點出,但未用到此概念來解說貨幣現象:成色佳、含銅量高的銅元,民間會因質佳而惜用;在市面上流通的銅元因競鑄逐利,結果是愈鑄愈劣,劣錢一多,好錢就更少(被窖藏或熔化以重鑄更多的錢)。這是劣幣驅良幣的原理,梁以兩頁多的篇幅用實例解說此原則(21:106-8)。這是銅幣的部分。

另一項禍端是各省大量印行紙鈔。1909年6月估算,3年內各省已發紙鈔3千萬兩(21:108),雖然號稱這些紙鈔可以隨時兌換現錢,但卻少實現。梁寫此短文的目的,是在指出銅元與鈔幣在中國已過度浮濫,若不再節制或整理幣制,則國中所資為交易之媒者,皆為碎銅廢紙,終必導致「民餒凍離散而國亡。……所謂百年暴君專制之害,不如一次惡貨幣之甚者,豈不信哉!今日中國應辦之事不一端,而莫急於頒定幣制。……」(21:109)[13]梁這兩篇論銅元的文字,是屬於時事議論的文

---

11 洋商對銅元問題的異議,在《中國近代貨幣史資料》第1輯頁1094-5有當時在報章上刊載的文字。

12 光緒26年李鴻章倣鑄英仙士銅錢開始,以致各省競鑄的經過,這許多觸目驚心的細節,在張家驤(1925第2編頁22-34)內有詳細記載。《中國近代貨幣史資料》第1輯內也有非常豐富的文獻錄載(頁872-985)。

13 魏建猷(1955:158-73)對此事有詳細的說明,詳列了光緒31年到宣統3年間各地銀行所發行的紙幣數,以及各地銀錢行號發行紙幣的情況表,很可以補充梁的這篇短論。

體，類似的見解在當時人的論述，以及近代中國貨幣史的著作內已多論及，特殊之點不多。

2.2　幣改評議

　　梁有兩篇評論幣制改革的文章，其一是〈讀幣制則例及度支部籌辦諸摺書後〉（1910，25上：97-106），這是他在日本時對清末幣改的評議，是屬於時事評論性的文字。宣統2年4月，度支部奏釐定幣制，有則例24條，附則13條，目的是要重新制訂國幣的單位、成色、發行機構、監督單位等等，這些條文與背景在《中國近代貨幣史資料》頁784-9有詳錄。梁對這項時事有3項評論：(1)國幣的成色與價格單位；(2)輔幣鑄造與行用之限制；(3)舊幣暫照市價行用之問題。他所評論的內容，大都是具體執行上的不同見解，屬於國幣推行技術方面的問題，甚少有政策方向、體制理念方面的辯說，可論之處有限。

　　民國元年(1912)6月，「中華帝國憲政會」改名為國民黨（這和由同盟會等改組而成的國民黨不同），康有為與梁兩人任會長（《年譜長編》頁386），梁寫了一篇〈吾黨對於不換紙幣之意見〉（1912，28：3-12）。所謂的不換紙幣，就是現代所謂的不兌換紙幣：在兌換紙幣制度下，例在1973年之前的美國，任何人持35美元就可以向聯邦銀行換取1盎司黃金，所以當時稱之為美金；在不兌換紙幣制度下，人民沒有以紙幣兌取金銀之權利，政府亦無償付紙幣之義務。在政府財力足夠時，兌換制最能穩定幣值；現代大多數國家採用不兌換制，所以在發行額度與準備金方面，須受民間和國際金融機構的監督。

　　民國元年時的問題不同：「比緣財政困難，外債決裂，於是『國民捐』議與『不換紙幣』議，交興於國中。……若不換紙幣者，則各國當危急存亡之際，皆以此為一種救急之良法，……雖然，吾黨細按國中情實，覺不換紙幣驟難實施，強欲施行，弊且立見。」(28：3)國家在這種狀態下行不兌換幣制，確是高空走索。梁的反對理由是：「今中國發

行不換紙幣，其所代表者爲何物乎？市面上之生銀及各種輔幣、外幣、舊鈔既已凌亂不堪，⋯⋯今益以不換紙幣，徒使市面添一種比價以擾人腦耳。⋯⋯不換紙幣則本身有何價値乎？⋯⋯若紙幣與硬幣之間，忽生出變動無常之比價，則紙幣之基礎全崩壞矣！然在我國今日而發不換紙幣，在勢固不得不聽其與市面上之生銀及各種舊幣、外幣，隨時互爲比價者。不換紙幣所最忌之原則，而我先犯之。⋯⋯吾見其以不換紙幣殺人耳。⋯⋯」(28：4-9)

這些都是行家皆知之論，梁消極反對，於事何補？何不積極建議如何可拯救中國脫此困境？梁現今反對不兌換紙弊，猶如明知山有虎，卻無良策以對。他所能做的，也只有一再叮嚀行不兌換制應注意之事，此文的建設性不高。

2.3　發行公債

若要整理官鈔推行國幣，必須先有確實的發行準備金、有統一發行鈔幣的機關，才能建立兌換紙幣制度。梁的基本構想，是要大清銀行擔任中央銀行和推行國幣的機構，集發行貨幣與銀行的管轄權於一身[14]。而發行紙幣所需的資金，梁建議由大清銀行承募公債5千萬元，以此款收回各省官錢局所發行的舊鈔。

這項構想表現在兩篇文章內：〈發行公債整理官鈔推行國幣說帖〉(1910，21：1-10)，這是在日本居留時寫的；〈整理濫發紙幣與利用公債〉(1914，32：12-26)，這是擔任幣制局總裁時寫的。在1910年的文章內，他提出9項辦法，附10項理由詳細說明各項要點。在辦法方面，只有簡單的條文，列舉公債的金額、票面、利率、目的、償還方式與年限，等等。因爲這是建言書，所以比較有趣的是梁所列的10項理由

14　大清銀行是依光緒34年(1908)由度支部所奏定的24條則例成立的。有關此銀行的設立經過，以及這些條則例的內容，參閱張家驤第2篇頁106-16。

說明。

（1）何以實施新幣制必須發行可兌換紙幣。工商業發達與人口眾多之國，不能徒恃硬幣，尤其中國在新舊幣制青黃不接之頃，尤需賴可兌換紙幣來銜接。他以日本5千萬人口在明治42年時，全國流通的硬幣紙幣共5億多元為例，估計平均每人約需有10元國幣。中國人口約4億，應需40億元才夠。就算只發行一半，若全都靠金屬硬幣，則非國庫能力所及。現若欲整理幣制，則應以採紙幣為樞紐；若要人民對新幣具信心，則須採可兌換制，由大清銀行的發行準備金，來保證紙鈔可以兌換成等值的貴重金屬。一旦兌換紙鈔通行，政府即禁止人民用舊幣、外幣、生銀，同時也禁止外國的鈔票與銀幣流通。

（2）推行紙幣必須先立保證準備額。這是中央銀行發鈔的基本條件，一般是以發鈔額的五成為準備金，可用黃金、白銀和有價證券充任。問題是大清銀行如何能籌到發行20億所需的準備金（10億）？梁認為此數既不可得，最低亦不應低於3億。但這3億要從何處來？他並未說明。

（3）保證準備必賴發行公債。梁的算盤是：既然大清銀行有3億元的保證發行能力（但從何處來？），則可用其六分之一的力量發行公債5千萬元，將來辦有成效，可續辦第二次公債及自治團體之地方公債。然而，這是雞生蛋、蛋生雞的問題：大清銀行若有3億準備金，何必發行5千萬元的公債，用以收回各省舊鈔？若這3億的來源不定，何人敢買此項公債？

之後所列的7項理由，都是發行技術上的說明，例如（4）發行公債宜委諸大清銀行之理由，（8）公債所以定6釐息率之理由，這些都不是推行國幣政策的要點，在此不細論。綜觀這項提議，可行性並不高，也未見當時有人應和。梁有這項倡議，是因為他看到當時歐美日各國發行公債的制度，幫助各國政府解決了財政上的困境，所以想推介給國人。清末國人對公債之事，有過「息借商款」（1894）和「昭信股票」（1898）等幾

次的慘痛經驗，自然對梁這種「異想天開」的構思反應冷淡。中國既無發行公債的觀念，又無相配合的金融體系，梁這篇文章是屬於概念性的開導，並無實施的可能性。

過了4年，他初任幣制局總裁時，再度倡議利用公債整理市面上流通的浮濫紙幣。當時的問題是：「今日財政之困橫不一端，而紙幣價格之墜落，其最可怖也。……各省受濫紙幣之病者，情形各各不同，……今之言整理紙幣者，略有四法。第一法：迅籌的款，著手兌現。第二法：改換票樣，定期兌現。第三法：廣鑄銅元，易銀紙幣為銅紙幣，以銅元兌現。第四法：募集公債，吸收現款，次第兌現。」（32：12）梁認為第一法最正當，但非國力所許，必須仰給外債。若欲求外債，則須忍受種種苛酷條件，金融權恐亦將旁落。第二法最省事，但各地政府能力恐無法達成。第三法已有湖北等一、二省試行，但此銅元政策為各省之獨立政策，甲乙兩省之銅元票互不相流通，已無國幣之實可言。梁認為此時可行者惟第四法：利用公債來整理紙幣。

他的方法是「將紙幣之一部分變為公債，前此國家應負隨時兌現之義務者，今則改為負定期償還之義務。……此法之美善人所共知。」（23：14）問題是：人民對紙幣已無信心，為何現在強以公債替代就能喚回信心？如此而得的公債又如何確保其價值？此外，當時中國尚無能配合發行公債所需的金融體系來執行此項政策。梁以幣制局總裁之尊而出此議，只訴求目標而未能明示具體辦法，就可預知推行國幣成功的機率了。

2.4 國幣匯兌券

1914年初梁就任幣制局總裁後，因「歐戰蔓延，影響波及，關稅驟絀，磅價驟騰，商務既已滯停，借款且復斷絕。……今者硬幣既極紛紛，紙幣尤苦充斥，……各省收入折閱餘半，不亟改絃，惟有坐斃。……此尤啓超職守所在，憂駭皇汗而不能一刻安者也。……求萬死

一生之計，惟有發行國幣匯兌券一萬萬元，既可以拯目前財政之艱難，
又可以樹將來幣制之基礎。」(32：26-7)

　　當時尙無全國統一的國幣，梁初就任一時間也無法立即推出國幣，
所以提議發行國幣匯兌券。此券的性質介於銀行匯兌券與不兌換紙幣之
間，這種匯兌券的特色是：本身並不是兌換性貨幣(不可持之向政府銀
行要求等值金銀)，但在全國各地之間的價值相同(如同國幣)。也就是
說，它既有國幣所具備的「全國同價」性質，但卻又是梁一向反對的
「不兌換紙幣」。梁的用意是發行此券當作國幣之前身，藉以吸收生銀
和舊幣。

　　這是一篇說帖，目的在徵求政界、商業與民間的支持，所以梁列了
12條草案、7條施行細則和6條資金運用規則。在此暫且不看這些條文，
先來考慮實施此新制的諸項外在條件，以及各界的可能反應。此時國際
間戰爭正熱，國內也是兵刀水火，這些結構上的問題在短期內若無法改
變，而只在幣制上亟思改革又有何意義？就算可能有意義，梁所提的匯
兌券新意何在？主要的障礙有幾點。第一，此券既非國幣，又非可兌換
紙幣，不易看出吸引力何在。第二，既無根本上之新意，推出新幣制也
只徒增行政費用，在市面上多一項干擾性的貨幣而已。第三，雖是不兌
換制，但總不能完全無發行準備金，也不能無行政費用，而在財政困難
之下，這些經費從何處來？簡言之，徒見此議之弊而未見其顯利。

　　以梁之才思和歷年研討中國幣制的心得，何以就任幣制局總裁之後
竟出此下策？若他當時在野，或此策出於他人，不知梁會有哪些議論？
梁在此項說帖末段，道出他的心境與期望：「今各省紙幣既水深火熱，
斷不容更爲坐視。繞室旁皇，思索累日，覺拯救之計舍此末由。……則
可以不借一錢而成改革幣制之大業，且經此戰亂，而財政基礎不爲動
搖，一舉而數善備，斯之謂矣。一得之見，是否有當，伏祈鈞裁。」
(32：28)這是誠實肯切的衷心之言，但上述的3項主要困難仍梗然。對
梁的這項樂觀說帖，若吾人有贊一詞之席，雖同情梁之旁皇憂駭，但亦

唯有「緩議」一語以對。

3 英雄試劍

3.1 兩次入閣

　　1913年9月熊希齡內閣成立，梁任司法總長。翌年2月12日熊辭職後，梁數次請辭，袁世凱大總統慰留。2月18日梁再堅辭，袁於次日先令梁為新設的幣制局總裁，20日准梁辭司法總長。梁辭司法總長的原因複雜，他在《申報》上說：「我國司法因上年進行太速，致生出無限之阻力，近來各省幾至全然辦不動，……」（《年譜長編》頁429）幣制局於1914年3月10日開設，梁同日就職，與財政總長共擬幣制局簡章7條，呈奉大總統批准公布。

　　就職之後的狀況，依同年10月30日《申報》的刊載：「梁任公前在司法總長任內，已任幣制局總裁之命令下，不數日而辭司法之職，遂專任幣制之事。當時中外屬望，以此事非任公莫能辦，任公亦自以研究有素，任之不辭。不料歐戰以來，幣制借款之事，暫時既無可談判之餘地，任公所研究之政策及其設施之次第，又為時勢所迫不能實行，于是此局遂同虛設。任公不欲虛應故事，故數日以來數辭總裁之職，奈經總統再三慰留，不允所請。……」12月27日梁的辭職始准，當日袁氏的命令是：「幣制局總裁梁啓超迭請辭職，情辭懇切，出於至誠。梁啓超准免本職，此令。」（《年譜長編》頁440-1）

　　梁在10個月不到的總裁任內，積極擬議過下列事項：「(1)六月：幣制條例[15]。(2)七月：擬參采國民銀行制度以整頓商票維持金融辦法。(3)七月：擬整理東三省紙幣辦法大綱。(4)八月：擬鑄造鎳幣辦

15　此事會在下面的3.2小節內詳述。

法。(5)八月：擬處分舊幣施行新幣辦法。(6)九月：擬推行國幣簡易辦法[16]。(7)十月：整理造幣廠計畫綱要。(8)十月：擬發行國幣匯兌券說帖(附國幣匯兌條例)。以上各項計畫和辦法有經總統批准者，有尚未批准命交財政部審議者。」[17](《年譜長編》頁442)

　　他對這次短暫的任期，有下列的反省。1915年元月，中華書局創辦《大中華》雜誌，邀梁爲主任撰述。梁在第1卷3-4期寫一篇〈余之幣制金融政策〉(32：37-66)，在「附言」內說「吾著此論，時爲〔民國〕四年一月十日，距辭職後半月也。」(32：66)他對幣制局之職位有如下的解說：「未幾承乏幣局，頗奮然思有所以自效。……竊自謂所孜孜規畫，尚不謬於學理，不遠於情實。雖然，吾竟一無所設施，以至自劾而去，而局亦隨之而撤，吾之政策適成爲紙上政策而已。若問曷爲不能設施，則吾良不知所對，吾惟知吾才力之不逮已耳。……」(32：38)

　　民國6年(1917)7月段祺瑞內閣成立，任梁爲財政總長，主掌財政與貨幣改革。在貨幣改革方面，他最想做的是利用緩付的賠款和幣制借款，來徹底改革幣制。梁在財政總長任內，對幣制改革和財政金融屢思有所作爲。但4個月之後，政府因在川、湘軍事失利，且有秘密向日本軍械借款的傳說，輿論對段內閣不滿。段與內閣全體於11月15日連帶請辭，均經總統慰留。但梁辭意已決，於18日第二次辭職：「……查中央財政各種困難皆臻極端，啓超受任以來，竭智盡力以謀挽救，雖規畫略具，而實行維艱。現在軍事方殷，非得有軍界尊宿或與軍事關係之人管

16　這是梁任幣制局總裁時呈給大總統的一項計劃書：〈臚陳鑄幣計劃〉。他想在兩年內將幣制改革完畢，主幣的部分他在〈國幣條例理由書〉內已細說(見3.2小節的解說)，此處他要析述的是輔幣部分。他擬了一項說帖，分4項要點：(1)新輔幣鑄數及其種類之分配，(2)新主幣鑄數及兌換券之比例，(3)新幣鑄本與舊幣改鑄費，(4)籌措鑄本之辦法。這項說帖的全文輯錄在《中華民國貨幣史資料》第1輯頁111-5。

17　這些事項中，目前的資料只知道其中第(1)和(6)項的內容(如上兩註)，其餘事項可能要在當時的幣制局檔案中找尋。

領度支，未易收指臂之效。啓超再三考察，實無餘力足以負荷。除將財政詳細內容另行密呈外，理合具呈懇請准予即日免去財政總長本職，以省愆尤，而免貽誤，不勝迫切待命之至。謹呈大總統。」（《年譜長編》頁539-40）[18]

梁在4個月的任期中提議過一項幣制大綱，說明他的幣改可分成3個步驟：一是劃一銀幣，二是整理紙幣，三是採用金匯兌本位（即虛金制）。他同時另擬「現擬著手之事」10項，都是行政上的事情，例如（2）造幣廠聘外國總技師1人，（5）稽查爐房，等等，這些都可在張家驤（1925）第3編頁69-70內查索。梁兩次入閣，任幣制局總裁9個多月，任財政總長4個月不到，在幣制改革方面雖有諸多理想，但皆壯志未酬。其中留下最多記錄、也最值得一提的，是下兩小節的主題：一是在幣制局總裁任內的國幣條例，二是在財政總長任內的幣制借款問題。

3.2　國幣條例

熊希齡內閣在1913年9月執政後，主張沿用銀本位制來改革幣制：「希齡等雖認金本位爲合於世界大勢，將懸爲最後之鵠，然目前不易辦到，故暫沿舊習慣，用銀本位以謀統一。」（《中華民國貨幣史資料》第1輯頁85-6）梁既爲此內閣的一員，在政策上也只好暫時按住虛金制的主張。翌年（1914）元月17日國務院討論「國幣及施行條例與理由」，此事自然引起國際銀行團的注意，各方因而與熊希齡交換各種的見解（往來文件收錄在上述史料輯的頁86-8）。在各方交換意見之後，於2月8日公布〈國幣條例〉13條及施行細則11條，此外還附了7項「理由書」來解說制訂這些條例的背景與諸項考慮（頁88-97）。

梁此時在內閣的職務是司法總長，所以這些條例、細則、理由書不是以他的名義發表，目前只能猜測熊應該知道梁對幣制的研究與主張，

18　梁兩次入閣的經過，參見李喜所、元青（1993：230-4, 428-36）的解說。

也應該會徵詢他對此事的意見。這些條例與細則不是此處的要點，我們要看的是那7項理由，以及梁在3月10日任幣制局總裁之後，對這7項理由的補充說明。

這7項理由書的內容是：(1)用銀本位之理由，(2)用6錢4分8厘爲價格單位之理由，(3)各輔幣重量成色減輕之理由，(4)主幣准自由鑄造且收鑄費之理由，(5)從前官局所鑄1元銀幣暫准作國幣之理由，(6)舊輔幣暫以市價通用之理由，(7)施行地域分次第之理由。梁任幣制局總裁之後，知道各界對國幣條例仍有疑慮，所以在上任後發表了〈幣制條例理由書〉。這篇文字未曾在刊物發表過，現在收入《飲冰室文集》(32：1-8)，是由梁口述，李猶龍筆記。這篇短文的性質是在補充說明2月中公佈的7項理由書，共有6項要點，析述如下。

第一項是改革幣制無需巨款。晚清擬幣改之議時，有舉外債1億元專辦此事之說，而後幣改未行，外債機失。十餘年後的現在又倡幣改，梁此處的用意，是在糾正幣改需巨款的觀念。過去議改爲虛金本位時，確實需要巨款作爲準備金，但1億應仍不足；現今已傾向暫用銀本位，何以仍需此巨款？因爲論者認爲，若要行銀本位則必先鑄足夠之新銀幣，一部分供市場流通，一部分貯於庫內準備緊急之需，所以無巨款則不敢語幣改。

梁不同意這種想法的理由有二。一是以中國人口之眾，市場需錢量之鉅，若要有此巨款的發行準備才能幣改，則永無改革之日。二是今日市面上各種貨幣已多，若要再鑄大量銀幣流入市場則會有兩項惡果：(1)當時國際銀價已大跌，若中國採銀本位，各國必將多餘的白銀傾倒入中國；(2)中國政府因確定採銀本位，必鑄大量銀幣，流入市場後必增白銀流通量，銀幣將因而更貶值，原已混亂的貨幣市場將更滋擾亂。梁的政策是採行「國幣兌換券」，用以「吸收市面之生金銀及廢幣，隨時改鑄，故費可省而功易集也。……明夫此義，則知改革幣制亦絕非如世人所擬議之必須爾許巨款矣。」(32：2)梁樂觀地認爲，這項國幣匯兌券

計劃只要有一千萬元即可著手，有三千萬則綽綽有餘，「故吾決言改革幣制無須過巨之款也。」(32：2)執行這項計劃匯兌券的諸項困難，在2.4小節內已析述，梁在此處的論點說服力有限：歷史上從未聽聞過幣改的費用可以如此低廉，尤其在當時的經濟社會環境裡，民間信心的低落與抵制性才是更大的阻礙。梁以總裁之尊，不知為何立此單純之論。

梁的第二項訴求是主張行銀本位制，他對此議只有半頁1段的簡要論說：銀本位已是落後的幣制，複本位在各國已證明失敗，而中國的黃金存量向不足以行金本位或虛金本位，所以暫以銀本位為過渡時期的幣制。梁說明此事的用意，是在解說他執政期間的目標：「暫以銀本位為入手整理之法，故國幣法及銀行條例，皆本此意以施行之也。」(32：3)也就是說，他要暫時放棄過去極力主張的虛金制，順應潮流採取張之洞派所主張的銀本位制。第3至第6項理由，是對下列4項具體問題解說，並無政策方向上的問題，在此不論：(1)國幣的單位；(2)輔幣的重量與成色；(3)主幣准許自由鑄造，收鑄費6釐；(4)舊鑄1元銀幣，暫許作國幣；舊輔幣暫許以市價通用。

3.3　幣制借款

幣制借款的基本用意，是向列強貸款來改革中國幣制，是專款專用的性質，和鐵路借款相近。列強願意貸款的動機很明顯：第一，主導中國的幣制改革，進而深一層地掌握經濟與財政命脈；第二，中國的幣值不穩，會影響列強與中國各項經濟往來的不確定性。1903-4年間赫德與精琪的虛金制提議，就是以這兩項目的為出發點；而中國也有意願的原因很明顯，一是幣制上的：國幣確實需要統一明確化，以便利國內外的經濟交易；二是財政上的：若得列強幣制借款，可稍紓緩財政上的窘困。晚清的幣改借款，以英、法、德、美為主，稱為「四國銀行團」。張之洞等人的反對，主要是看清了列強的侵入性動機，同時也認為就算中國的幣制需要改革，並非必採列強的虛金制不可，只要走好適合國情

的銀本位就夠了。相對地，主張採虛金制者，除了強調此制的國際性經濟優點之外，也理解這種貸款可以有效地協助幣制改革。梁是屬於這條路線的主要人物之一。

1914年3月梁掌幣制局後，就有幣制借款的構想，可是當時歐戰爆發（第一次世界大戰，1914-8），此事因而無法進行。梁於同年10月去職，幣制局裁撤。歐洲列強知道中國仍有幣制借款的意願，但被大戰牽扯而無心全力進行，此時日本趁機進入角逐這塊大餅。1916年秋，寺內組閣以對華經濟發展為一大政綱，這可從當時外相本野的聲明中看出：「帝國希望在華發展，故希望與中國親善，中國為發達其將來而圖改革，帝國不惜予以援助，帝國政府為使中國信任帝國，當講最善之方法。」（《中華民國貨幣史資料》第1輯頁373，以下所引頁碼除另聲明外，皆同。）

著名的西原借款案[19]，和中國改採金本位也有密切的關係：「具體地說：在滿洲、山東以及其他地方敷設鐵路，在全中國裝置電信設備，以謀其交通的現代化；開發吉林和黑龍江的豐富的森林；採掘黃金，以所獲得的黃金為基礎，來改革極端紊亂的中國幣制，確立金本位制度。中國實施金本位制，其最快的道路首先是在鐵路方面的收支使用金本位。所以鐵路網之敷設、交通銀行之整理，這些都是沿著在中國確立金本位制度的建設意圖。六、七筆借款決不是孤立的、彼此無關的，而是在這個統一目的下簽訂的。」（頁373-4）日本對華的經濟動機，以及和改採金本位制的關係，在此充分展現。

以上是梁在1917年7月任財政總長之前的日方策略，寺田內閣的財政大臣勝田主計，在1918年對梁的幣制借款作為有如下的評論。「去年夏間（民國6年），梁啟超氏為財政總長時，希望改革中國幣制，欲從各

19　有關西原借款的背景、經過、詳細內容與諸項條款，見劉秉麟（1964，第2編第5章）的整體性分析；另見裴長洪（1988）的長文（尤其是頁117-23, 141-8）分析。

國借款二萬萬元，並示此意於日本。同時梁財政總長，附加中國幣制改革案文體，亦暗中通告於各國。梁氏此提案，大體能得各國之贊成，……日本以外之各國，因在大戰之際，不能確定，故實行幣制借款時，最初以借一萬萬元爲必要，在北京之各國代表，對於梁氏之改革方法，認爲無誤時，始得決定此借款。然在各代表之研究中途，梁氏去職，於是幣制改革之議，亦受一頓挫矣。但各國希望中國從速改革幣制，而中國方面希望實行改革其幣制之意，均依然存在也。」（頁384）

這是梁任內與幣制借款相關案的大要，以下進一步說明幾項主要的經過。何以梁既打算向日本借款，而又「暗中通知於各國」？原因很明白：要從各國的角力中得取有利的借款條件。此事源於1911年英美法德4國曾與清廷簽訂幣制借款，這就是Vissering（衛斯林）在1912年來華推行虛金制的背後動力。但如前所述，中國在翌年確定爲銀本位，虛金制遂止議。雖然此事已定，但列強在借款條約到期時，照例向中國政府要求延期，中國政府也大都同意，基本的原因是國際金銀價格還在波動，不知銀價何時再貶，若有改採虛金制必要時，仍需靠列強的借款來進行幣改。另一項原因，還是想透過此項借款，來緩和國家財政上的窘困。

梁在1917年7月上任後，歐戰已打了3年。「當時金價大跌，……確是整理外債及改換金本位的好機會，本人確有野心來整理財政，所以去幹財政總長。中國既加入參戰，德、奧二國賠款立即取消，對於其他各國賠款均展限五年。……」（43：16-7）梁見時機大好，可以翻案實行他計議已久的虛金制，所以積極向外借款幣改。日本未受歐戰影響，對此事相當積極；英、法、德諸國雖受歐戰牽連，但對此事則透過所共組的銀行團來與日本角力。以下先看梁與日方的接觸，再看歐美銀行團的反應。

1917年8月7日，梁與日本公使林權助談1千萬鎊幣借款的問題。日方打算以中國的田賦收入作爲借款擔保，梁出示的計劃內容有8項（頁386-7），其中的第7項說明反對此事者多，以田賦擔保之事目下絕不可

能。另一要點是梁打算聘日人阪谷男爵爲顧問，任「幣制改革局會辦」，但須經4國銀團同意，此事爭議較小。過了1星期（8月14日），梁向日方表示1千萬鎊數目太少，打算改爲2千萬鎊，其中1千5百萬鎊用來幣改，其餘用來歸還各項借款等諸項用途。梁爲了促成此事，在8月23日給犬養毅的信內表示：「……幣制改革可以增進貿易，刷新財政，爲啓超夙昔所懷抱。以爲此策而行，不獨日本目前資金可以輸出，而國際貿易獲益尤大，故此次有幣制借款之提議。現貴國朝野方對於此事加以考量，倘荷贊同，使此舉得以實現，豈獨敝國蒙庥，而於親善之義尤有大益也。……」（《年譜長編》頁529）

9月初，梁擬了一項幣制改革辦法大綱（頁392），對改採金匯兌本位（即虛金制）的目標加了1項附注：「俟歐戰終了後再定。」他同時擬了10項「現擬著手之事」，其中的第10項是：「以海外金準備爲擔保，發行國內公債，充整理各省濫發紙幣之用。」前總理熊希齡於9月12日致函梁，表達對此事的憂慮：「公雖熱心幣制，欲乘此時機達其屢年籌畫金匯兌之目的。無如金價低落，借款雖成，損失太巨。即使設法留存外國銀行，而本國苟無能現銀鑄造法貨，則幣制亦難實行。何況目前英法等國正值戰爭之際，必難發行債票，勢必均於日本招募。幸而成功，以如此金價日落之勢，其利害損益，亦當熟思而審計也。……」（《年譜長編》頁530）

英國對此事的態度也不樂觀：「九月十三日四國銀團代表開會，……英國代表認爲中國發行內債，收回各省紙幣，當然可以。但爲此而想提出如此巨額之金幣借款，其意何在，殊難理解。……即使中國銀行此番由於這筆借款，得到準備金的補充，但難保將來必要時又要發出無準備金的銀行紙幣。總之，財政總長的提案是不切實際的。」（頁393）相對地，日本對梁的大綱「完全表示贊同」（頁394）。外相本野在21日發密電指示日本駐英大使珍田，說日本政府「認爲應接受中國政府所提之要求，進行借款談判」，並指示大使「迅即向英國當局交

涉，……促使本借款談判的進展。」（頁395）

美國也積極介入了此事。美駐華公使芮恩施在8月6日致國務卿的電文中說：「……日本現在控制著國際銀團。美國進入銀團較其他任何行動都更能恢復均勢，並爲中國的眞正獨立作出貢獻。……再者，由於大部分需要的資金最終都要來自美國，因此美國最好在這件事上插一手。」（頁396）他的用意在9月16日的另一項電文說得很清楚：「……參加這次貸款的價值，在於抵銷日本在銀團中的優勢，因爲日本正在極力剝奪中國財政上的獨立自主。……如果美國政府有任何墊款的話，都必取得這樣一些諒解，……和保證美國在中國領土上有同等的經濟和商業機會。」（頁398）

幣改借款的事至此膠著。1917年11月22日馮國璋迫使段祺瑞下台，30日馮任命王士珍爲國務總理，梁同日辭職，由王克敏繼任。王在此之前任中國銀行總裁，時常參與梁的策劃。王任財政總長之後，繼續與日本交涉借款（頁423-5）。此事仍有複雜的後續情事，因與梁無干，不擬續論[20]。

3.4　回顧檢討

1926年梁53歲，12月以病體漸瘥，再度恢復忙碌生活，並常爲學術講演。其中有一場是在清華大學經濟系講〈民國初年之幣制改革〉（43：11-7），由孫碧奇筆記，刊於《清華周刊》第394期（12月17日）。他說：「講起中國的幣制改革，這也是一段傷心嘔氣之事。我個人從前關於幣制的工作甚多，但現在幾乎破壞無遺了。……我要講的是我個人兩次的經歷：第一是民二上半年在國務院幣制委員會中，及民二下半年以後在幣制總裁任內所作事〔案：幣制總裁是在民國3年而非2年〕。第

20　《中華民國貨幣史資料》第1輯頁425-64還有許多相關的資料，記載此事的細節與後續發展，並參見許毅（1996：606-26）與宓汝成（1996）的詳細解說。

二是民六在財政總長任內所作事。此中共有大小問題十餘項，現在分兩類來說。第一類爲根本的、全部的問題：第一是改正單位重量，第二是採用金本位或虛金本位，第三是統一紙幣發行權。第二類爲臨時的、局部的問題，其中包含甚廣，……」(43：11)講演的時間是在梁逝前3年，內容是回顧他的貨幣改革政策與成果。從下列的4項反思，甚可見政治與軍事因素對幣制改革的干擾。

(1)廢兩改元(即取消規圓改用國幣)不能徹底辦到。中國歷來流通的貨幣大都是有孔的銅錢，此外也用銀子，但因未鑄成法定形式，只依重量計算，結果生出許多弊病。幣改的第一步是鑄造國幣，廢除銀元，全國通用國幣。廢兩改元的歷史背景與各界的不同見解，在魏建猷(1955：174-8)和《中華民國貨幣史資料》第1輯(頁104-5，713-7)都有詳細析述，因爲梁是主要的當事者之一，他的說法很有代表性：「自從〈國幣條例〉頒發之後，政府各項預算均按國幣估計，各機關衙門收入支出一律改用銀元，市場社會亦然。今日除上海、天津諸地仍有一部襲用銀兩外(上海用規元，天津用行化)，全國貿易幾已盡改國幣。何以廢兩改元不能徹底辦到呢？此事從表面上看來，總說商民習慣一時不易改革，其實最重要的原因，乃是海關不願取消，……關稅是財政上的大宗收入，……他既不願廢兩改元，困難於是就多了。關稅的存放，本在匯豐(英)、匯理(法)、德華(德)、正金(日)、道勝(俄)五行，五銀行團因恐改元後不能再以銀兩操縱金融，所以連結海關及外交界的要人來反抗我們的政策。我們受了帝國主義的壓迫，以致不能完全達到改元廢兩之目的。」(43：12)

(2)整理銅元另創十進輔幣。清末各省自鑄的銀幣與輔幣種類繁多，成色不一，銀輔幣與大銀元之間並無明確的比價，其實在光緒末就屢有十進化之議，但皆未行。與此事相關的文獻，輯錄在《中華民國貨幣史資料》第1輯頁310-21內。梁也是主要當事者之一，他的觀感是：「……市面銅元充斥，物價騰貴，小民生計日感困難。因之，我們要想

法處分銅元，並且另創十進的輔幣。……因當時中央政府尚有權力，濫鑄之弊可以禁止。不料洪憲以後，事遂中止。民六回到財部，因爲任期很短，未能整理，而當時幣制局的人員又是一種性質，與前不同。從前幣制局人少事多，非常辛苦。後來各處鑄造貨幣來局呈報時，局中只要一筆報效便不深究，所以幣制局的事遂成一個肥缺，而辦事精神完全鬆懈，以致今天銅元充斥的狀況比從前更甚。我們從前一年多的樂觀，都雲散煙消了。」(43：13)

(3)集中造幣廠。此事屬於幣制行政方面的問題，而非貨幣性的政策。張家驤(1925)第4編頁3-112詳述各地造幣機構與造幣廠的沿革概要，資料相當詳細，梁的反省很能說明整件事情的始末與性質。「民國二、三年的時候，全國的造幣廠大小共有十六個，……所以集中造幣廠也是我的政策之一。我把造幣廠集中在三個沿海的口岸，一是天津，一是上海，一是廣州，其餘一律裁撤。……可是在裁廠的時候，因爲與別人的飯碗問題有關，所以麻煩極了。外面造謠的也有，恫嚇的也有，……但到了後來，各地軍閥要籌款，便找造幣廠，將造幣廠當作他們的搖錢樹。因此造幣廠愈開愈多，今天已不知增加了多少。從前集中的功夫又算白費了。」(43：13-4)

(4)採用金本位或虛金本位。虛金制的背景、正反意見以及梁的立場，已在第1節內詳述，現在來看梁晚年對財政總長時期議改虛金制事件的回顧。「採用金本位是我多年的懷抱，但是籌備之先須買許多金子。當時國家財政困苦，不易舉辦。後來……歐戰，當時世界金價大跌，……確是整理外債及改換金本位的好機會。……當時我做得有很詳細的計劃書和統計表，預計三年之中外債可清，金本位也可從容不迫的立穩了。當時我便下令給總稅務司，叫他將應付未付之賠款提出，匯往外國購買金子。但是此時軍閥們正無錢用，見有此存蓄都想染指，所以百計破壞，將磅盈提用，這個千載一時的機會便失之交臂。」(43：16-7)

這4項是梁兩次入閣時期較重要的作爲，前3項是屬於體制內的改革

或行政上的措施，在那個變亂的時代狀況下，他所遭遇的障礙很能理解。眞正重要的是他想把銀本位改爲虛金本位，此事的影響是全面性的。但如第1節末的結論所說，梁歷次主張改採虛金制雖未能成功，到了晚年也屢以爲恨，但以現在的眼光重新理解此事，反而要慶幸他的主張沒能成功。

4　結論

清末民初的貨幣問題錯綜複雜，有國際性的因素，例如國際銀價長貶、外債、戰爭賠款等等。有國內幣制的問題，例如各地銀兩、銅元的成色不一，對幣改的抗拒心隨地而異。也有政治上的干擾，例如辛亥革命前後政局的動盪，以及各省對中央貨幣政策的服從度不一，等等。還有社會方面的因素，例如鄉村（傳統）和城市（現代）兩部門，對改革幣制的反應不一，士農工商各業也各自有不同的立場與心聲。在這些龐雜的諸多問題與面向中，本章只考慮國際金融與國內貨幣制度這兩項因素，政治與社會性的面向無法在此詳述。

本章以梁歷年來對幣制改革的言論，和擔任兩次閣員時的行政決策爲主軸，佐以相關的史實和論點，作爲旁證性的解說。在虛金本位問題方面（第1節），先解說國際銀價長貶對中國的衝擊，梁對此事的意見，以及各界所提出的各種對策。梁從赴日之前到1917年任財政總長時，一直都主張虛金制是中國對抗國際銀價長貶的良策，但各界對此制也有不同的意見，反對陣營中以張之洞最具代表性，而梁是屬於極力贊同派內的要角。第1節除了對比正反雙方的意見之外，也解說了梁對虛金制的認知在1904年時並不夠正確，有些違背學理之處，到了1910年時他才對虛金制有正確的理解。

本節的另一項重點是：雖然梁在1917年時，念念不忘要把中國的幣制改爲虛金制，但從現代的眼光來看，若中國當時眞的改成虛金制，恐

怕在1929年的世界經濟大恐慌中，會被金本位國家（英法美德）拖下水，產生「金腳鐐的溺斃效果」。再說，英國在1931年脫離金本位之後，國際金本位制度隨即崩垮，中國若在1917年費了九牛二虎之力加入黃金俱樂部，在十多年後又如何應變？所以中國不採梁所主張的虛金制，而停留在原來的銀本位制，事後看來並非錯事。梁當時的主張與見解都不錯，只是日後國際金融局勢的變化，是他當時所未能預見的。

第2節的內容與國際金融無涉，純是國內幣制改革的錢鈔與銀行問題。梁對晚清銅元泛濫、幣制混亂的弊害甚感痛心，寫了好幾篇議論性的文章，都甚有見地。他受到日本運用公債來整理幣制成功的啓發，提議中國傚行；但鑑於清末幾次公債失敗的例子，民間對梁的提議並無熱烈回應。他在1914年就任幣制局總裁時，也提議過要發行國幣匯兌券，但此議在新義上、行政費用上、可行性上都有很大的困難。這些子題在第2節內都已詳述，結論是：梁對推行國幣改革的諸項提議，主意雖佳但都難以落實。

梁在1914年和1917年兩次入閣，先任幣制局總裁，後任財政總長，但任期都很短（10個月、4個月）。兩次擔任閣員期間，他力圖有所作為，例如制訂國幣條例、積極向列強貸款以進行幣制改革、要把中國帶上虛金制的軌道上。此外，他也積極地做了一些改革性的工作，例如廢兩改元、整理銅元、創十進輔幣、集中管理造幣廠，等等，但這些努力後來都沒能成功。他晚年回顧這些改革失敗的原因，認為在國際政治方面，主要是列強不願配合，干涉幣改政策；在國內政治方面，主要是政局動盪，人事更迭，行政人員不夠積極任事；在軍事方面，民國初年的軍閥割據，把造幣廠當作搖錢樹，破壞了貨幣發行的管理制度。

整體而言，梁在清末民初對中國幣改的問題下過許多工夫，有過不少政策性的提議；在兩次閣員任內也極思振作，但被國內外政治和軍事因素的干擾，這些努力都沒能成功。

附論：格里森法則

　　梁在〈格里森貨幣原則說略〉（1910, 21：110-3)中所談的，是現代貨幣銀行學的基本原理之一：劣幣驅逐良幣(bad money drives out good)。這是英國商人和官員Sir Thomas Gresham(1519-79)所提出的見解，梁一開始就把它的意義界定得很好：「凡有兩種或兩種以上之貨幣並行於市場，其法價同而實價異者，則良幣必為惡幣所驅逐而漸滅以盡。」他舉了6個中國的例子來說明這個道理，第一例最簡明，抄錄如下，但其他5例亦值得參照，才能展現此法則的多面向性：「昔康熙通寶、乾隆通寶等制錢，分兩凝重、肉好完整，且所含銅質亦極純良。及咸豐、同治等錢出，一切不如彼，而每枚法價彼此相等，故康、乾等良幣為咸、同等惡幣所驅逐，漸絕其跡。此格里森原則之作用也。唐、宋以來之錢幣，所有謂短陌者，皆由於此。」(21：110)

　　梁寫此文的目的，是清末屢有改革幣制之議，他要提醒國人說：「我國前此及現行之幣制，其犯此原則而導其作用者不一而足。」導致「圓法旋立旋壞，終無持久之效」，「數千年來幣則所以糾紛而不可理者，皆不明此原則之作用使然。」其實在中國貨幣史裡，很早就明白這個現象（梁所舉的6例是眾所週知的事），但未曾賦與固定名稱，也未析述其中的運作原理。梁的優勢是參考日文的貨幣銀行學著作，依西洋經濟分析的手法，先界定此法則的意義，然後舉6個中國實例，之後再依貨幣學書籍，舉出8項會觸犯此法則的禁忌，以及此法則運作之後的4項禍害。以下各舉一例說明梁所謂的禁忌與禍害。禁忌3：「國家既定某種金屬若干重量，為本位貨幣一枚之定量，而後此鑄幣時，或官吏舞弊或國家欲借此為籌款之一手段，而續鑄之幣有減低其成色者，則此原則之作用必起。」禍害3：「良幣日流出國外，金融紊亂，國家遂漸成中乾。」

　　這3頁多的短文，簡要地說，是把當時貨幣銀行學教科書內的基本
道理，以生動條列的方式，提醒倡議改革貨幣者要注意古今中外都存在
的現象。梁用6個例子、8大禁忌、4項禍害的寫作方式，清楚明白，簡
潔有力。然而梁在此處以及其他文章中，舉例說明此法則時，都犯了一
項基本認知上的錯誤。以〈論幣制頒定之遲速繫國家之存亡〉（21：
106-10）爲例，他說各省濫鑄銅元，會產生格里森法則惡幣驅逐良幣的
現象，使得市面上的銅元成色愈來愈差，終致只有劣錢流通，民間大受
其害。這個例子是正確的，但他進而推論說，劣質銅元會進而把銀金等
「良幣」也驅逐出境，「不及數年，而格里森原則之作用起，全國之富
力銷溢於外，國民悉爲餓殍。」（21：107）梁顯然過度推論了。金銀會
外流，主要是國際收支逆差造成的，不是被劣質銅元逐出去的。若硬要
拉上關係也可以，但較曲折：銅元泛濫造成中國幣值不穩，國幣貶值會
造成進口成本增高，但也會幫助出口成長。若進口值超過出口值，就會
產生逆差，金銀外流，但這已不是格里森法則的原意了。

第3章
財稅與預算

　　進入主題之前，先談一本相關的著作。梁在1910年曾說過要寫一本百餘萬言的《財政原論》：「兩年以來，廢百業以著成一編，名曰《財政原論》，百餘萬言，以卷帙太繁，……殺青問世，尚當期數月以後，將擷其要節先刊布之，冀以為浸灌常識之一助焉。」(21：13)他在論〈公債政策之先決問題〉(1910)的附言裡，也說「但限於篇幅，猶苦言未能盡，別於拙著《財政原論》中更詳之也。」(21：54)據《年譜長編》(頁296-7)的記載：「是年(1909)先生以意態蕭索，生活困窘，專以讀書著述為業。三月成《管子傳》一書，四月著《財政原論》。……據該書目次，知全書共分五編十八章，先生在例言中自謂『所論皆歸宿於我國，博徵過去之歷史，詳寫現在之情形，以示將來之方策。……所擬組織租稅系統私案諸種，租稅法私案及公債政策論、地方財政論，皆數年來所懷抱，幾經研索，嘔心而成。自若見施行，可以起宗邦於久衰，拯民生於塗炭。』可見先生年來對於財政學用功之深，懷抱之大，惜全書迄未完成。」

　　1910年2月梁寫信給徐佛蘇時，曾提及此書：「若舊稿則惟《財政博議》稿存有三十餘萬言，但其體裁不適於登報，且弟稍籌得款，便當付印，恐不足以應公之需。」(《年譜長編》頁311)翌年4月14日，商務印書館張元濟寫信給梁說：「《財政原論》既為公數年心血所寄，若能印行，必於國民大有裨益。數日前接到是書目錄一冊，展閱一過，實為今日救亡拯急之書，既年內可脫稿，鄙意可不必分次出版，全書字數現

恐尙難預計，至少總有五十萬，就敝處營業情形而論，最好用租賃版權
辦法，附去本利預算清單暨章程各一紙，伏祈察核。如尊意以爲不便，
則全然讓與，亦無不可，即祈核示價值，以便商辦。至欲取回若干部數
饋贈朋好，亦乞擬定見示。總之公所委託，苟力所能及，斷不敢稍有推
諉也。」(《年譜長編》頁334)

　　對此書既然有過這些明確的討論，但何以日後卻無下文？在梁的
「殘稿存目」內，也未見此書之存稿目次，這30餘(或50)萬言的稿件下
落何處？現在較可知的是，他在1927年發表的〈中國改革財政私案〉
(8：1-59)，大概是取材自此稿。佐證之一是梁在此文末的後記說：
「門人徐良得此稿於冷攤中，……顧不能記爲何年作。大抵清廷派五大
臣赴歐美考察憲政時，有過橫濱而問政者，輒拉雜以告之耶？此稿未經
印行，他日當錄副存之。」(8：59)前述的引文說他在1909年4月著此書
分5編18章，所以大致可推論〈私案〉是1908-9年之間寫的，原本打算
作爲《財政原論》的部分，但後因此書未能出版，所以1927年才以〈私
案〉的形式刊出一部分。至於此書稿內的18章，是否曾分別另以單篇的
形式刊出，則尙難確認。另一項佐證是李國俊(1986)《梁啓超著述繫
年》(頁109)說，〈私案〉此文「手稿1909年」。所以〈私案〉(59頁，
約4萬字)，大概就是《財政原論》稿(30餘萬或50萬言)中的一部分。

1　晚清狀況

　　在論述梁的財政改革之前，先大略解說晚清財政的狀況與運作方
式[1]。清朝末期的財政衰敗眾所皆知，尤其是在光緒(1875-1908)和宣統
(1909-11)兩朝。宣統期短，是強弩之末，可論之處不多。其實在光緒
朝的前20年(1875-94，即甲午之前)，雖然財政已現窘狀，但尙能應

1　晚清財政的狀況與運作方式，詳見周育民(2000)的系統解說。

付。甲午戰敗賠款2億兩給日本(此時向外國舉債3億多兩),之後國力大損,進而外債不斷。1900年拳亂之後的庚子賠款更高達4.5億兩,從此中國財政一蹶不振。羅玉東(1932)對光緒朝的財政結構變遷,以及諸多相關問題和補救方策,做了很深入的研究(83頁的長文)。他認為光緒朝的財政趨勢,可以分成3期:甲午(1894)之前以節流為對策;甲午至庚子之間(1895-1900)的特徵是「出入平衡的長期破壞」,開源與節流並重;庚子之後(1900-09)情況嚴重,以重歛為補救之方策。梁所批評的財政狀況以及他在這方面的建議與作為,基本上是甲午到民初(1894-1917)之間,屬於羅玉東所研究的第2、3期,以及梁在民國6年任財政總長的期間。

甲午之後的國家財政窘狀,可以從御史熙麟在1899年的奏摺中,看出造成困境的主要因素:「甲午以後,每年陡增息債償款兩千餘萬,……而每年出入相權,實仍虧短至一千數百餘萬。……伏查近今之大費有三:曰軍餉,曰洋務,曰息債。……統此三項已七千餘萬矣。此外國用經常,則京餉、旗兵餉需及內務府經費,……又各省地方經費,……邊防及黃河、運河、海塘各工經費,……統此常經,亦幾三千萬。」(轉引自羅玉東1932:230)

這項結構性的問題,要用較長期的統計數字才看得更清楚。晚清的國家財政收支,可參閱《光緒會計錄》(1896)和《光緒會計表》(1901)內的詳細數字(1885-94),但這兩項史料內的項目複雜,需另有專文或專書作詳細的分析。表3-1是一項簡明的替代統計,這是羅玉東在《中國釐金史》(1936)內整理出來的總支出結構變動(1874-1903);最後一欄以銀兩表示,其他諸欄內的數字,則是佔此金額的百分比數。此表簡明易讀,只需指出一點:軍需在歷年的比例都佔一半以上;而甲午(1894)之後軍費比例的降低,是因為歸還外債(與賠款)的比例大升而下拉;也就是說,受到甲午之後賠款與外債比例的大幅上升,使得表3-1內其他項目的比例都被拉低了。

表3-1　11省國用款占總支出之百分比：1874-1903

	解戶部款	皇室用費	歸還外債	協款	軍費	其他各費	合計	總計銀兩
1874	6.77	3.81	0.61	12.87	73.73	2.22	100.00	11,700,645
1875	8.56	3.70	--	9.76	75.41	2.56	100.00	11,173,564
1877	4.87	8.33	2.14	13.08	69.12	2.46	100.00	10,584,671
1878	5.24	8.62	1.70	14.07	67.62	2.76	100.00	10,331,785
1883	12.56	1.74	1.71	11.67	68.56	3.75	100.00	10,303,916
1884	8.66	1.45	1.64	10.19	77.63	0.42	100.00	10,708,494
1891	17.25	2.21	--	3.33	74.23	2.98	100.00	11,595,633
1892	16.56	3.27	--	3.37	74.93	1.87	100.00	11,632,645
1894	14.57	7.69	0.53	2.94	71.96	2.31	100.00	11,276,378
1895	13.54	2.80	2.26	2.63	76.50	2.27	100.00	12,416,133
1897	13.97	3.18	8.92	3.42	68.67	1.84	100.00	12,307,364
1898	10.99	1.55	17.99	2.52	65.10	1.84	100.00	12,081,533
1901	8.61	1.02	33.20	1.67	54.18	1.32	100.00	12,639,019
1902	5.97	1.55	32.85	2.20	53.03	4.40	100.00	13,767,565
1903	5.72	0.89	34.89	2.57	52.17	3.77	100.00	12,820,524

資料來源：羅玉東(1936)《中國釐金史》，頁483-4。

除了財務上的困境，財政系統也相當紊亂。清代延用明制，各省置總督巡撫(督撫)，「綜治軍民，統轄文武，考核官吏，修飭封疆」，權力既大且廣。而各省內又設布政使(即藩司)，掌管民政與財政。在制度未變質以前，各省民政由朝廷的吏部主管，財政則由戶部轄管[2]，督撫居於督率地位無得干預。太平天國後，督撫既是一省最高長官，又有軍權在握，各省的布政使司在權力上已無法與督撫對抗，或甚至淪落為督撫的幕僚；各省的財政大權已不在布政使司手中，而在督撫掌中。太平天國時期，布政使司大致只能管到傳統的稅項(地丁錢糧與雜稅)，許多

2　清代戶部的職掌與功能，尤其在19世紀的這個階段，詳見(孫任以都)Sun(1962-3)長文的解析說明。

新設立的稅項，如釐金、勸捐、土藥等等，各自有主管機構，督撫總攬於上；太平軍被鎮壓後，這個型態就確定下來了。

此外，各省練兵的軍需，也由督撫主持，朝廷因仰靠各省分攤鉅額的外債與賠款，所以更縱容各省督撫；結果是各省的財政逐漸獨立化，戶部的掌控力衰微。度支部（由戶部在1906年9月改制）在1908年底的奏摺中，沈痛地指出失控情況：「乃近年各省關涉財政之件，……常有巨款出納，日久竟不報部，莫可究詰，……並不咨商，逕行其奏，……迨閱邸抄，而臣部始知有其事。」（轉引自彭雨新1947：88）

晚清中央與各省財政關係錯綜複雜，需要稍加解說。太平天國期間，因各地練兵籌餉之需，而導致各省財政實權逐漸自主化；中央政府無力承擔沈重的財政壓力，更需仰靠各省籌款解繳，後來因各省推諉，變成中央責成各省分攤諸項財政負擔，形成「攤派」的局面，這是咸豐3年（1853）前後的事。財政收入由各省自行運用的部分，稱為「存留」；繳交中央的部分，稱為「起運」（也稱為「解餉」或「解款」），這是沿用明朝的制度。若中央指示某省撥付某些款項，到某鄰省或某地做特定用途，稱為「協款」（或協餉）；所以各省與中央的財政關係，合起來可以用「解款、協款制度」來描述。

這種制度的主旨，是在調劑各省收支的盈虧，統籌分配各地的稅收。各省的財政狀況分成3類：僅敷（不解不協）、不足（由鄰省協濟）、有餘（協濟鄰省，餘款解京）。在這種制度下，各省的存留額基本上雖有「定數」，但「起運」額則依中央的指示而異，所以各省無法自行量入為出或量出為入，對各年度的歲入也無從預估，甚是煩擾。各省的布政使司，每年要求下屬的機構造「草冊」呈送，然後核造該省的總冊，內分起運、存留、撥用、剩餘，送該省督撫覆核，然後呈戶部。戶部在駁查審議後，才奏給朝廷核定各省的財政收支額[3]。

3　何烈（1981）對咸豐、同治年間的財政問題有詳細解說。

這種方式運作已久，但甲午之後財政的危機(詳見周育民2000第5章的解說)，導致有改革中央與各省財政關係之議。1908年5月御史趙炳麟奏議統一財政權，其中有5項原則性的要點，來規範中央與各省的財權關係。(1)各省財政事宜，由各省藩司隨報該管督撫，逕行報戶部，嚴行考核。(2)財政事件非先行咨部籌商，概不准行。(3)奏銷按時造送，有任意逾限以致預算、決算[4]無從準備者，由部參奏。(4)各省官銀號無論舊設新設，將開設年月及資本實數，現發出紙票若干，準備金若干等事項，限六個月內列表送部稽核。(5)外債借還歸度支部經理，以前各省所借之外債，應於國地稅劃分之前由該督撫籌還[5]。

這項建議經會政務處討論後，認為度支部未必明瞭各省的財政狀況，所訂的劃分標準恐窒礙難行，建議俟各省財政清理告一段落後，方宜釐訂國家與地方稅的項目。以各省在自然資源與產物狀況差異之大，各地的稅目必然複雜奇零，若硬要全國統一劃分出國家稅與地方稅的精確項目，必有諸多困難之處。以宣統初年的《河南財政說明書》為例，所列應屬地方稅的有56項，甘肅省更有66項之多，可見各地的紛歧複雜狀況(「性雜款繁」)，以及全國劃一上的困難(「萬難卒定」)。

再來看財政組織上的變更。光緒末期各省財政逐漸獨立化，籌餉練兵之權也逐一地方化，而這兩項權力幾乎都集中在督撫手中。清廷在軍權方面開始加強中央集權化，在財政權方面也做了制度上的變革。最上層的改革，是1906年9月把戶部改為度支部。主要原因是甲午之後賠款與外債大幅增加，戶部一方面在籌款上的壓力大增，二方面是掌管了許多新事務(新創立的銀行、造幣廠等等)，更重要的是戶部本身權威不足，無權稽核各省財政。

---

4   預算(豫算)是指預先編下年度各項財政收支的計畫書。決算是指會計年度結束後，對預算執行所做的會計報告，用以審查上年度預算的執行情況。

5   趙炳麟的奏摺載於《東華續錄》卷216頁12，詳見羅玉東(1932：259)的引文，以及彭雨新(1947：105)的綜述。

再說，朝廷的各項支用不足時(如建造頤和園的經費)，就向戶部索取；此外，海軍與練兵之餉費，大都直接奏行，不經戶部擬議；還有，朝廷又另設財政處與稅務處，各由王大臣主事。其實財政與稅務都是戶部體制內的一支業務，現又另立機構，造成相互衝突牽制的狀況[6]。為了統合各路的財政業務，戶部在1906年改為度支部，把財政處併入；原先依14行省分司(即依行政區)管轄的制度，現改為依職掌區分為10司：田賦、漕倉、稅課、筦榷、通阜、庫藏、廉俸、軍餉、制用、會計。這10司各自掌管全國的各項財經業務，目的是要把強大的地方財政權收回中央主管化。

從1906年起，各省的財政機構組織都有不同的調整，但仍無統一的體制可循。例如吉林在1907年改省後，把原先的戶司改為度支司，其下設稅務處，把原先的餉捐局、山海稅局、煙酒木稅局、糧餉處等等都裁撤，併歸於稅務處。奉天在1905年就設立財政局，山西在1906年改設財政局綜管全省財務，陝西在1908年才把原有的善後、釐稅、糧務3局併為財務局。4年後(1910)，朝廷下令統一各省的財政機構，但效果不佳。

依《各省財政說明書》所示，各地在改併財政機構之後，體系仍然不一，茲舉廣東與江西為例。廣東省在宣統2年(1910)，把原有的釐務局、清佃局、稅契局、善後局次第裁撤，設財政公所，分內總務、賦稅、會計、編制、餉需等5科，下設15股。江西省在同年裁併稅務、賑捐、田賦、稅契諸局，成立布政公所，設總務、詮敘、田賦、稅務、制用、會計等6科。單從這兩省的例子，就可推知其他省的狀況如何歧異；其餘情況，可參閱彭雨新(1947：104)所列舉的各省裁併財政機構狀況表。

6　此事的背後用意之一，在於切斷總稅務司赫德和外交機構的干預，目的是要以稅務處取代原本由外交機構所管轄的海關，要把海關的管轄權轉為由中國主導。

最後來看清末如何增加稅源。各省的內外負擔這麼沈重，只好在省內自行籌款，增加稅源的方法可謂各顯神通，除了各種雜稅，較重要且具共通性的有4項。(1)鹽稅加價。甲午之前各省已有藉鹽斤加價來籌款之事，但基本上還是要由戶部奏准，一律徵收，或由各省督撫奏准，由該省單獨徵收。鹽稅是歷代重要稅項，但1908年度支部通令，各省的鹽稅一半留省支用，一半解部作練兵經費。因為有一半可留省支用，各省常以籌款為藉口，稅率輕重不一，民情因而苦樂不均。以江西為例，就有6種鹽稅：淮鹽加價(6次合計每斤共16文)、零鹽加價(內容不詳)、浙鹽加價(4文)、粵鹽加價(4文)、浙商認繳津貼(每年1萬2千兩)、粵鹽口捐(內容不詳)。單是江西1省的鹽稅就這麼繁雜，可見一斑；其餘情況另詳見彭雨新(1947：93)對廣東等10省狀況的表列說明。

(2)釐金創辦於1853(咸豐3年)，在同治、光緒年間逐漸在各省推行，是一種內地貨物稅。內容錯綜複雜，大致可分為3類：通過地釐金、銷售地釐金、出產地釐金。原先各省的釐稅約1%-2%，有些地方後來高到20%以上；通行的法定稅率約在4%-10%之間，但實際的徵收額都較高。釐金的課稅對象既細又廣，以廣西為例，就分29類稅，內含1,942項貨品。此外，重複課稅(在原料、成品、銷售時都課徵)是另一項困商病民的缺點。若要有效課徵，就必須在各地廣設關卡，以1904年為例，內地12省共計有總局23處，主要分局790處，附屬分局有1,446處，相關稅務人員至少2.5萬人。在這種「流刺網」型的稅制下，可想見民間商家所受的騷擾、各地商品稅源所受的侵蝕。釐金可以說是各省壯大自身財源的重要稅制，此制度的複雜內容，詳見羅玉東(1936)的專書分析(此書第3章有諸多圖表解析，簡明扼要)。

(3)鴉片稅。國產鴉片稱為「土藥」(課釐稅，基本上屬地方)，進口者為「洋藥」(課海關稅，屬中央)。1905-6年間，土藥每年的產銷量約14萬擔，各省的稅率不一(江西每百斤課43兩，廣西課12兩)；稅項也不同(福建與陝西按畝徵稅)；此外，各省又徵落地稅(出產稅)、過境

稅、販運稅，時而出現爭執的局面。1908年協調土藥稅銀撥還各省，各省所分得的具體數額，狀況複雜，難以一一解說。開辦1年後，中央政府從930萬兩的土藥稅中，取得其中的3成左右。

(4)截留國稅。各省的財政收入，額定支出後的餘款應繳解中央，若不繳解此項餘額，或是各省自行動用有特定用途的國稅(例如關稅)，稱為各省的「截留」款。但從1906年起各省逐漸自行截留，朝廷嚴禁：「……倘不俟部覆擅自動解，除將所動之款照數提還外，仍由臣部指名嚴參，以重庫儲。」但兩廣總督提出異議，朝廷也無力約束。到了1909年，度支部還奏諭電知各省：「各省應解款項……關係緊要，無論何項用款不得挪移，嗣後凡動撥款項，應統由度支部奏咨核定。」(轉引自彭雨新1947：96-7)從這裡可以看出各省截留的嚴重性，這種狀況沿續到民國初期還都未能解決。

近年來研究晚清中央與各省財政關係的文章漸多，其中以何漢威(2001)的百頁長文最完整深入。他認為甲午戰爭後到清亡前夕：

(1)清政府與各省之間，藉著硬性攤派措施，還是能從各省抽提到為數不菲的收入；攤派的運作有賴列強的支持，因為大多數的解款被指定用作償付洋債和賠款；中央對各省因而仍能維持若干程度的掌控。

(2)列強也幫助清政府掌控省財政，例如1898年英德續借款，議定以江蘇等5省部分區域的鹽、貨厘為海關接管，江蘇等5省因失去為數可觀的財源而陷於困窘。

(3)撥解省分因而盡先解送財稅到中央，邊遠而稅入不足的省分如廣西、雲南、貴州、甘肅及新疆等，遂遭受打擊，破壞了「區域間補償」及「超區域整合」的原則。

(4)過去在分析中央和各省財政關係時，大多強調在督撫主導下新生財政機構所出現的脫序，而對各方所作的整合努力則甚忽略。事實上，在宣統元年之前，不單中央對省的財政機構有所

整合，類似的情況也見於省政府與州縣的互動，但因主客觀條件不同而成績高下有別。

(5)清政府既無能力，也無勇氣對稅制(特別是田賦)整頓，省當局只好採取阻力較少的方式，諸如鹽斤加價、成色低下銀銅幣的濫鑄，雜稅中酒稅和契稅的課徵，以至鴉片稽徵來開闢稅源。但因種種因素的掣肘，仿如強弩之末難以爲繼。

(6)清末中央和各省的財政關係錯綜複雜：省當局既無能力也無意願專擅自主，並沒有獨立於中央政府之外，然而也未受中央有效的行政掌控；督撫也大大失去監督管理省財政的能力，財權大受其屬吏所制約。(以上6點引自何漢威2001長文的摘要)

2 財政改革

有了上述的歷史背景，現在來看梁所提的改革方案。〈中國改革財政私案〉(8：1-59)內分10節，縱論10大改革方向與目標：(1)改正田賦，(2)整頓鹽課，(3)應增之新稅目，(4)應裁之舊稅目，(5)租稅以外的國家收入，(6)改革後歲入預算之大概，(7)舉辦公債之法，(8)貨幣政策，(9)銀行政策，(10)改革財務行政。此外有兩項附錄：(1)地方財政，(2)八旗生計問題。綜觀此長文，梁所論的事項大體能掌握要點，也可以感受到他對各項題材的弊端有清晰地理解，但對改革的效果過度樂觀。若眞的要落實這些方案，必然會遇到許多阻礙。以下析述梁的改革方案要點，以及他所議論事項的特性。

(1)改正田賦

田賦是中國財政最大宗的稅入來源，歷代所產生的問題很多，梁的用意是要「如何乘預備立憲之始，爲一勞永逸之計乎。」他對田賦問題的特質說得很好：「改正田賦，其事最繁難，且辦理稍有失宜，動招人民怨謗，此誠今日所未易輕言者也。……且負擔太不公平，其病農亦

甚。故爲國家財政起見，爲國民生計起見，無論遲早總需經一次之大改革。」(8：2)這種改革田賦的主張，讓人聯想到明代張居正時期的清丈田畝。歷代隱報田畝面積逃稅是眾所共知的事，根據何炳棣(1995：125-7)的研究：「清代開國主要戰役結束之後，即以萬曆末丈量前的額田爲原額。……乾隆1753到咸豐1851這百年間的土地數字完全不能反映國史上空前的人口爆炸、長期的超省際的移民和大量的開山墾荒。」所以在概念上梁是對的：「然苟能綜覈而釐析之，則不必增加賦率，而所入可數倍於今日。」(8：2)

梁所建議的新辦法，是日本的「土地臺帳法」：「先調查全國之土地，推算各地一畝所獲之米麥等能得若干，復合以數年來米麥平均之價所得銀若干，然後在此數內除去牛種、肥料及人工之費若干，以其餘爲土地所出之利益，而徵其百分之若干。其立法最詳密周備者，莫如普魯士國。我國若欲實行，可譯取以爲模範。」他舉日本在臺灣實施此制度的成效爲例：「查日本初得臺灣時，其田賦不過八十六萬餘圓。後經一次調查，製成臺帳。其各地稅率，視前此我國所收有增有減，然什九皆仍其舊，而所收之稅，已增至二百九十餘萬元，蓋緣前此匿稅之地實過半也。」(8：3)

梁的訊息很清楚：(1)清丈土地和重訂稅率，是改正田賦的基本方法。(2)日本的土地臺帳法可做行，且在臺灣已有成效。中國歷史上一向不缺乏改革田賦的建議，但幾乎都是因爲地方勢力的阻擋而失敗。以張居正當國時的威勢，尚且遇到強力抵抗，新立憲政府若能掃除此項障礙，梁的改正田賦之議才有意義。日本在臺灣施行有成效，原因之一，是因爲日本對殖民地有武力上的優勢，但這一點在清末的中國卻不同：中央政府的權威不足以掌控各地，地方的割據性強，再好的建議恐怕也無法免除「每丈必反」的惡夢。後來國民政府的土地改革，也只能在江蘇等少數省份短暫施行，基本的困難從明朝到民國大致類同。

梁也知道中國在這方面的積弊，他的解決方式是：「人民向來耕種

之田以多報少者，前事悉不追究，仍歸舊業主掌管；惟將前此匿稅之部分，令其從新印契。」(8：5)梁推算田賦改正的結果：「苟辦理得宜，……則全國田賦每年收入當在三萬萬兩以上。」(8：5-6)而「考現在全國田賦，……實收銀又不過二千八百餘萬兩。」(8：2)若推行梁的新法成功，中國田賦可增十倍以上：「以我國之地大物博，得此鉅額殊不爲奇。」(8：6)

若果眞有此神效，則先從調查全國土地(即淸丈)開始。日本調查臺灣土地，約費5百餘萬圓，梁估算中國18省面積約20倍於臺灣(其實應不止)，約需費1億兩。以晚淸賠款和外債的壓力，如何籌此鉅款？梁說放心：「即印契稅一項所入，已償此數而有餘乎。況充公地之賣價，且數倍於此也。而此後年年國庫之增加，又無論矣。」(8：6)以晚淸財源之涸竭，諸項稅收已無所不用其極，怎會有如此肥沃的稅源而尚未搾取？梁對調查土地所需之鉅款，若不能詳細說明來源，必難說服此事的可行性。就算可得鉅款進行此事，以歷史上每丈必反的經驗看來，除非中央的行政實力堅強，可以掃除各地障礙，否則梁的建議恐怕仍是畫餅。

(2)整頓鹽課

1910年3月，梁在《國風報》第1年第5、6兩號連載〈改鹽法議〉。這篇文章的內容，有一大半和〈改革財政私案〉的第2節「整頓鹽課之法」(8：7-15)相同(第5號頁17-19，第6號頁9-20)，所以此文未再重複收入《文集》內是對的。以下討論此問題時，也把《國風報》那篇文章的內容一併析述。

鹽稅在歷史上一直都是歲入的一大宗，梁提議整頓鹽法的目的，是要「能使民間鹽價視今日不加騰，而國帑所入視今日且數倍。……欲奏此效，必須將現在制度改弦而更張之。」(8：7)他說中國各省的鹽稅總和1年不出2千萬兩[7]，以中國人口之眾，鹽稅的收入竟然只和德法意諸

7　據張謇和周慶雲《鹽法通志》的估算，1910年前後的鹽稅總收入約4,745萬

國相差不多。這樣的對比其實並無多大意義，一因各國物價水準不同；二因中國鹽貴(相對於一般民生必需品)，私鹽泛濫，稅收不實；三因各國的食鹽稅率不同。

中國鹽稅總收入應該有多少才恰當？梁說意大利每百斤稅17元，法國稅3元，日本稅1.5元，德國最輕，每千斤稅4元(8：8)。「我國若折其中，每百斤約稅一兩五錢，最為適當。若依此推算，每年鹽稅可至八千四百餘萬兩。」(8：8)我們可以從幾點來評論上列的敘述：(1)西歐諸國的鹽稅真的差異這麼大？梁的資料可靠嗎？幣值的換算正確嗎？到底各國的鹽稅率多高？為何不以百分比直接表明？中國若百斤稅1兩5錢，是抽百分之多少的稅？為何最為恰當？這種模糊的諸國相對比較，並無明確的經濟意義。(2)各省長官都知道鹽稅甚肥，一再壓榨也只抽到2千萬兩，梁何以有把握可得8千4百餘萬兩？

他認為這6千萬兩的落差，「皆為私鹽所蝕，盡人知之。」(8：8)有3項因素造成私鹽過盛：(1)稅率太高，苛捐太多，以致官鹽成本太重。(2)行鹽地各分疆界，助私鹽流行之勢。(3)鹽商壟斷權，販鹽不能普及。梁對這3大弊端提出8項改革要點，主要的精神在第1項(要把全國的鹽收歸政府專賣)，其餘7項都是業務性的說明(8：10-1)。鹽專賣後，全國製鹽者皆有執照，販賣權全歸國家。這項原則是好，但不知何以清政府不如此做？新國家建設之後，如何才能從鹽商手中收回販賣權，以及如何打破根柢固的諸多舊制？這幾項要點梁都未觸及。

國家專賣的觀點簡單明確，不需細談，梁另有一項搭配性的建議。過去鹽商以現金作保證來向官賒鹽，梁希望將來能發行公債以豐富國家財政，但恐民間不應，他因而提議：鹽商若以公債作為保證金者，可賒同值的鹽3個月或半年，屆期才繳現金。如此，鹽商一方面可以有半年的周轉期，二方面也可以從公債得到利息收入；對政府而言，這也是推

(續)────────────
　　兩；梁的估算少了一半以上。

銷公債的好管道。此計聽來甚妙，從前行鹽權在民間時，此策或許有激勵之用，現在若要改收爲國家專賣，鹽商的利潤空間有限，還有誰願意出大資本投入此行業？鹽若爲國家專賣，一般雜貨店就可批售，何需透過大鹽商？大鹽商若獲利空間小，誰去花大錢買公債？梁既想消滅大鹽商，又希望鹽商大筆購買公債，這是要馬兒好又要馬兒不吃草的構想。

(3)應增刪之稅目

梁認爲國稅有10項即足，其中田賦、鹽稅、海關稅3項早已有之，另加的7項是：(1)酒稅，(2)煙稅，(3)糖稅，(4)登錄稅，(5)印花稅，(6)遺產稅，(7)通行稅。此外，所得稅雖是財政學家共認的良稅，但在當時的環境下尚辦不到，故不論。另有兩種稅也應增，但屬於地方性的財源，不在國稅內論：(1)家產稅，(2)營業稅。至於應裁撤的稅項則有：(1)釐金；(2)常關稅(「其性質在海關稅與釐金之間，……實與釐卡無異，所異者其稅率有輕重耳」，8：20)；(3)茶稅；(4)賭博稅[8]；(5)其他諸雜稅。梁認爲若能廢除這些惡稅，在良稅上雖徵稍重，而民猶安之。此外，國家還有其他的歲入來源：(1)國有土地，(2)國有森林，(3)郵政電報，(4)官辦鐵路。

這些名目和梁的相關說明，都有濃厚的日本味道，大概是根據日文的財政學著作整理出來的。較有意思的，是看他如何估算增刪各項稅目之後，將來國家可能的歲入情形。根據他的對照表(8：25-6)，當時全國歲入約1億3千萬兩，改革後的收入額可達7億兩：「驟聞之似覺夸張失實。然按諸實際，則殊不然。……則所謂七萬萬兩者，全係從最少之數立案，若實行之後，只有增多，斷無減少。……十年以後，中國之富強，可甲於天下也。」(8：26-7)這是過度樂觀的豪語。

8　以清末的廣東爲例，賭稅超過400萬兩(1911)，佔全省稅收的第3位。詳見何漢威(1995、1996)的深入探討。

(4)八旗公債

在此要評論的是他的另一項建議：發行八旗生計公債，以解決八旗滿人的生計問題。這個題材雖以公債為名，但具有濃厚的財政色彩，所以在此析論。

這是一項巧妙的提議，基本的構想來自日本。明治之前，日本的藩侯各有封地，其藩士各有常祿。明治維新之後廢藩，但藩侯與藩士的權利已有數百年，一旦強奪恐生大亂，而政府又無財力供養這些冗員。應對之策是在明治初年，發行秩祿公債券1億7千萬元。當時日本政府基礎未固，信用甚薄，人民不知公債為何物，政府的策略是：公布法令准許人民設立銀行，得以秩祿公債券為發行鈔票之準備金，所發行的鈔票總值與所抵押的公債券值相同。也就是說，在政府的保證下，秩祿公債在法律上與各銀行所發行的鈔票等值。於是人民爭購此公債券，銀行所發行的鈔票在市場上也逐漸被接受，這是一石二鳥的良策。

梁得此案例之啟發，屢次建議中國也發行公債，作為中央銀行發行鈔票之準備金，現在他又想把公債作為改善八旗生計的基金。這項建議是倣照秩祿公債給養藩侯、藩士的做法，梁提議「先辦八旗生計公債五千萬圓，同時頒布銀行條例，凡以公債抵押於政府者，許出鈔票。一面運動旗人之受此債券者，組織一有限公司以開銀行，以此券抵押出鈔票，政府立許可之。一面又運動旗人以外之人，組織一公司向旗人購買此債券抵之於政府，以求開銀行出鈔票，而政府又立許可之。此兩銀行必獲大利，於是人人嚮風爭欲效之，而購買諸債券者必日多矣。……此項八旗生計債券，其價必逐日飛漲，可斷言也。」(8：30)

日本的秩祿公債並不如梁所說的那麼成功，其過程、細節與諸項障礙梁皆未提及；明治維新之後日本國力大增，才能解決藩侯與藩士問題[9]。相對地，旗人問題複雜，中國國力正在衰退，甲午之戰又敗於

9　梁只說了故事的光明面，困難處與陰暗面則諱而不談。明治初年發給藩主及

日本，內憂外患急迫，外債賠款沈重，政府債信財力薄弱，向強盛者所引借的富裕之策，未必能有效地施用於衰弱者身上。

現在來看八旗問題的性質：「八旗生計問題起於康熙中葉，相沿二百餘年未能解決。直至今日，時勢變遷，國家不藉旗兵以爲用，徒歲糜巨餉以養窳惰之民，財政愈加竭蹶。而旗人亦以久隸兵籍之故，不能獨立營生，窮無所告，公私交困。加以近年革命邪說蔓延國內，非消融旗漢之名目，使天下一體，不足以靖民心而固國本。」(8：53)他建議的事項有：(1)調查各級將官兵丁人數，以及所領之俸餉。(2)做日本給與藩士秩祿公債之法，按照各人應領俸餉之總額發以公債券，每80兩給1百元之債券1張。(3)做日本模式，政府同意銀行可以用此公債作爲發行鈔票的準備金，持公債者可用這些公債投資銀行生息；再如日本之例，也可持此公債投資鐵道開發，獲利應當豐盛。(4)銀行、鐵路兩者交相爲用，則旗民得此債券應有長遠利益；況且開發鐵路需要大量各種人員，旗民既可投資又可就業，一舉解決就業與生計問題。「故解決八旗生計問題，無更善於此者矣。」(8：54-7)

若從國家財政負擔的角度來看，原先每年支付八旗的餉額約在1千萬兩左右；依梁的算法，國家發行八旗公債雖需支付利息，但裁旗之後可省去巨額俸餉，又可以把旗人的莊田收回國有，旗民一方面可取得免費公債，用以投資或另尋生計，這是一舉數得之策。

(續)————————————————————————

　　武士的秩祿，1871年時佔政府歲出的38%，1876年仍有29%。在支付方面，1874年以秩祿公債(年利7%)的形式，大量發給約40萬家的藩主及武士。因發行量過大，利息相對較低，這些公債就猶如國民政府在1950年代初期，因實行土地改革而發給臺灣地主的農林工礦股票一樣，每一易手就大幅貶值。1878年的秩祿公債額高達1.74億元，日本政府同年修改銀行條例，准以此公債作爲發行鈔票的準備金(高達8成)。1876-80年間，日本的銀行數目因而從4家劇增至148家，通貨發行額從1878年的1.5億元激增至1879年的164.4億元。這對民間物價與政府財政的壓力可想而知。到了1881年10月，松方正義任大藏相(財政部長)，施行4年的緊縮措施，才把局面穩下來。以上的說明，承某位博學熱心的審閱者提供，謹此致謝。

　　當時朝野也有「募債裁旗」和「改債爲餉」之議，在精神上和梁的建議相通。但問題在於：國家財政早已困窘，如何籌出所需之資金來發行這5千萬元的公債？況且當時民眾對公債素無概念，旗人是否樂於接受這些公債亦難預測。若要舉外債來發行公債，則要支付沈重的利息給外國貸款者和國內公債購買者，政府有此實力否？梁說發行此項公債可助銀行業務發達，鐵路也可因而廣爲建設，「此策一利國家，二利旗人，三利全體國民，所謂一舉而三善備也。」(8：59)此文原作於1909年，但在1927年才刊登，所以旗人未必在1909年時就知曉此議。1927年發表此文時，民國早已成立，時空環境已轉換到北伐問題。此時已無旗人生計的政策問題，也未聞梁對八旗公債之議有進一步的論說。

　　此外，在1912年的〈蒞北京公民會八旗生計會聯合歡迎會演說辭〉(1912，29：30-2)中，他並未提到這項八旗公債的事。這篇演說辭全文1頁不到，但有特殊意義。梁於民國元年9月歸國後，各方熱烈迎接，「以至一日四度演說」(《年譜長編》頁411)，這篇講辭應是同年11月30日所作。梁曾經批評興中會是「排滿家」團體，以種族革命爲號召，主張驅逐滿人。他對滿人所持的立場，以及八旗生計會何以會邀他演說，在此篇講辭的編者前言內解說得很清晰：「梁任公爲建設之政治家，主張國中人民對政治上之權利義務一切平等。旗人宿爲軍人，一切自由盡被束縛，此次革命後還我自由。去年革命以來，旗人死於鋒鏑凍餓者當復不少，此即我旗人所出之共和代價也。先生愛國愛民，八旗生計問題之解決，先生當必藎謀偉畫，此所以歡迎今後之梁任公也云云。」(29：31)爲何八旗人士對梁有這麼高的期許？除了不主張排滿，梁替旗人生計籌劃之事也早爲人所週知。故民國成立梁歸國之後，當時雖尚未任要職，而旗人已把希望寄託在他身上。因爲當時「一日四度演說」，所以這篇講辭幾乎是形式意義大於實質內容，梁對八旗生計的主張，還是應以1909年那篇〈私案〉爲主。

　　民國成立後不久，發生二次革命、復辟、軍閥等政治上的動亂，經

濟局勢不穩，內外債激增，梁的這項構想當然無法實現。然而八旗俸餉是一件急迫的問題，在有限的財力下政府如何因應？目前對這個問題的整體認知與解決方法所知有限，只能列舉下列數字當作參考：民國5年度的中央財政費的經常費是36,220,618元，其中有「八旗俸餉」6,378,676元(佔17%)；以及「八旗米折」2,866,819元(佔7.9%)，合計佔了25%左右(參見賈士毅1917第3編頁190-1)。同年的蒙藏費是987,230元(另外編列，見表3-3)，只有上述八旗兩項經費總額的10.68%，可見八旗生計對民初中央經費的負擔程度。

(5)其他建議

〈私案〉的第8、9兩節論貨幣政策與銀行政策，主要的內容與精神大抵在本書第2章論幣制改革時已析述過，不贅。梁所論的這兩項議題，精神上和前述的公債政策類似：(1)甚受日本經驗之啓發，擬議倣效；(2)過度樂觀預期施行之後的成效，忽略現實環境的諸多障礙，甚至略而不談。

另一項議題是財政行政上的具體問題。梁批評中國無預算制度，各部會的經費未相互協調，各擁資源互不支援，且互爭鹽稅、爭釐金，國家財政既窮且亂。此外，晚清稅務行政紊亂，多採包徵包解制，拙劣多弊。梁對這類具體的問題提出一些意見(8：47-53)，但這類弊端是人所共見，梁並無新創見。

3　預算論衡

中國歷史上並無現代的政府預算觀念，基本上是以量入為出為原則。雖然中央可知各級政府、各地軍隊、各項固定開支的大略數字，但因天災人禍等變數難以掌控，再加上皇帝個人英明與否、是否節用愛民等因素，所以實在不容易有現代意義的預算制度。歷代歲入歲出確實都有大略的估算，這在郭道揚(1982-8)《中國會計史稿》內已有詳細解

說；賴建誠(1994)大致解說宋明清三個朝代會計錄的大體內容，並析述《萬曆會計錄》各卷的內容與旨要。以明代為例，在兩百多年間只編了三次會計錄(洪武、弘治、萬曆年間)，每次間隔半世紀或1世紀以上；清朝也只知道有《光緒會計錄》流傳，可見中國歷史上並沒有現代西方意義的常年政府預算。清末民初的政府預算制度，在賈士毅(1917)第5篇第3章(頁10-33)有簡要的綜述。

3.1　簡史

從雍正3年起，規定每年冬季各省督撫預估下年度應支俸餉，造冊送戶部，稱為「冬估」；中央批准後，每年在春秋2季撥款給各省運用，稱為「春秋撥」。為了更能掌握全國的財政收支狀況，盛宣懷在1899年10月奏請預定1年的國家收支會計，請戶部將來年實在進出的各款項額預先籌議，「開繕清單，並刊行各省，使人民周知財政公開，苟有所取，必見諒於民」(11月11日硃批戶部摺，轉引自羅玉東1932:231註123)。這是在建議國家試行預算制度，戶部於是擬出兩張1900年的預算表。一是部庫出入款數，內分(1)中央入款(有6項)，總計1,876.5萬兩；(2)各省入款(內有5項)，總計7,950萬兩；全國合計約9,826.5萬兩。二是出款部分，內分(1)中央出款(6項)，2,303.62萬兩；(2)各省出款(6項)，9,200萬兩；全國合計11,503.62萬兩(細項請見羅玉東1932:216表6)。兩者相抵，赤字約1,670餘萬兩。但這項預算的內容，因戶部未作具體說明而引起許多質疑，尤其在入款項方面有高估的傾向。

這個預算表除了不夠精確外，戶部的態度更為可議。其實戶部並未盡心籌劃，反而顯示了勉強的態度：「近時泰西各國，每年由該國度支大臣預將來歲用款開示議政院，以為賦稅準則，說者謂其量入為出，頗得《周官‧王制》遺意。而實則泰西之法，量出以為入，與中國古先聖王之所謂量入為出者相似，仍屬相反。中西政體不能強同，類如是也。」(1899年11月11日硃批戶部摺，轉引自羅玉東1932：232)以這種

抗拒心態所編製的出入款預算表，完全無法應對盛宣懷的初旨。但反過來說，當時各地的財政狀況，中央並無法得知，甚至連戶部內的可動用款項也未必能切實掌握。在承平時期所編列的預算尚且有許多可議之處[10]，我們怎能對衰亡之際所製作預算表寄予期望？

光緒32年（1906）12月，御史趙炳麟奏請制訂預算、決算，以整財政而端治本（全文見《光緒政要》卷32末）。此奏奉旨交度支部函告各省，兩年內各省皆未置覆，在反應不佳的情況下，清理各省財政之議又起。1908年12月，度支部奏擬「清理財政」35條，建議調查全國出入確數為預算、決算之預備。各出入款在1907年底止視為「舊案」，1908-10年底止為「現行案」，1911（宣統3年）起作為「新案」，同年2月試辦全國預算：「……本年正月十四日，已由臣部將暫行章程奏明在案，查各省出入款目，悉於預算報告冊內臚列。自本年起各省辦理春秋撥冊，應行奏明停止，以省文牘。」（度支部奏稿，引自彭雨新1947：84註2）

然而真正執行時，又遇到權責不明的老問題，資政院預算股長劉澤熙說：「一切重要政務並非中央政府直接執行，而執行者實為各省督撫。……故言司法經費，法部不能估定之，……資政院審查預算既無商權督撫之必要，而督撫特派員又無到會發言之時機，……督撫既能確定經費而不能與聞預算，且不須執行職務，故可置之不理，內外隔閡如此其極。……於編製預算時，視為某稅應增若干，某稅應減若干，一一電督撫，督撫以為可則加之，以為不可減則減之，……或竟無回覆明文，而於預算內懸而未決。……至於撥補釐金等款，更屬紙上空談，全部預算必致為此等款項動搖。」（轉引自彭雨新1947：109）由此可見宣統初年的清理財政和辦理預算，仍是一紙空談，但也不是全無收穫：(1)這是中國財政管理觀念上的突破；(2)各省清理冊的內容雖然素質不一，

10　試想現代的預算制度仍有不少問題，或《萬曆會計錄》裡所表現的諸多嚴重缺失（詳見賴建誠1994）。

但總算弄出個基本的面貌。

3.2 預算評議

用梁的話來說，西方「各國之製預算案也，各部大臣先將其部所屬事各一年應需之費列爲一表，移交度支部。乃按本歲入之總數而分配之，在各部無不各欲得多款，……其權固經內閣會決定後，向度支部大臣執行之，各部不能自專也。我國不然，部與部不相聯屬，彼部此部各自請旨撥款，但得俞允，即據爲己有。別法能籌得進項者，尤視若私產。……故有十部則不啻成爲十國。……今我國無所謂中央財政也，恃各省分其餘瀝以潤中央之涸輮而已。」（8：47-8）「今世諸立憲國，……皆以編製預算案爲第一大事，政府與議院之激爭恒於是，……實我國大多數人所不了解也。使如我國現在編製中之預算案，僅將本年出入之項目照樣謄寫一通。」（22：37）

從上述兩段簡要的解說，大概可以知曉清末政府預算的運作方式。梁對此問題寫了4篇簡短的評論：〈續譯列國歲計政要敍〉（1897，2：59-61）；〈亙古未聞之豫算案〉（1910，25上：158-61）；〈讀度支部奏定試辦豫算大概情形摺及冊式書後〉（1910，25上：70-4）；〈爲籌製宣統四年預算案事敬告部臣及疆吏〉（1911，25下：28-31）。以下析述這4篇的要義。

1873年（癸酉）製造局譯《列國歲計政要》[11]，梁說此書出後「齊州之士寶焉」（2：59）。此後20年間未有類似的書出版，直到1897年5月，「知新報館乃始得取去歲所著錄者，譯成中文附印於報末，乞敍。」（2：59）那時梁才25歲，尚未出國，他寫的這篇短序，基本上是在解說書中所列各國各部門（民部、學部、兵部、海部、戶部、商部）的預算

---

11 梁在〈讀書分月課程〉（1892）的「西學書」內列了7本西書，其中包括這本；他把此書列在「讀書次第表」的第6月讀書進度。

額，說明從此書可知各國財政的強弱狀況，以及各部門所分配到的經費
比例。從經費增長的角度來看，「區區之日本，昔之文部省歲費不過十
三萬餘圓者，今且增至二百五十三萬八千餘圓。」(2：60)從列國對各
部門預算編列額的變動，梁指出一項事實：「戶口之表，中國等恒居
一，疆域之表，中國等居四，國用、商務、工藝、輪船、鐵路、兵力諸
表，中國等恒居十五以下，或乃至無足比數焉。」(2：61)他的用意很
清楚：讀者可以從此書知曉各國的興衰狀況，以及各地和平或戰爭可能
性之大小(看軍費預算即可知)。簡言之，這是一篇介紹性的文字。

　　政府預算既為世界潮流，1910年清政府規定各省試辦，由度支部編
訂例式。此項冊式大抵根據日本的模式，內有預算例言22條，之後分成
下列項目：(1)總則，(2)在京各衙門預算，(3)各省預算，(4)編訂預算
方法，(5)附則三項。之下有「各省試辦預算報告總冊」，內分(1)歲入
經常門，(2)歲入臨時門，(3)歲出經常門，(4)歲出臨時門，(5)地方行
政經費經常門，(6)地方行政經費臨時門。此6門之下各分若干類，每類
之下又分若干款，每款復分若干項，再分若干目(25上：70)。因為這是
試辦性質，所以廣徵各方意見以備修改[12]。

　　梁寫此文的目的，是要對這項冊式的內容提出修正意見。大體而
言，此文的內容都是具體技術問題的討論，事過境遷無需評引。此文的
意義，在於顯示梁對清末的政府預算行政改革，在此時懷有相當的期
望：同一年中央政府向資政院提出預算案，資政院審查修正後即將付諸
議決。就形式看來，此事儼然有立憲國的做法，但梁細看此項預算案後
大感失望：「而其最奇怪不可思議者，則收支之不適合是也。……據其
所知者，則入不敷出之額約五千萬兩。……此可謂之決算案耳，不能謂
之豫算案。此可謂之歲費概算書耳，不能謂之豫算案。此可謂之財政報
告書耳。……若在他國有此等四不像之預算案出現於議場，……斷不肯

12　周育民(2000：415-22)對宣統3、4年間的財政預算案，有簡要的說明。

無益費精神以爲之討議。」（25上：159-60）

　　梁對1910年預算案的評語是：「內容鹵莽滅裂，貽薄海內外以笑柄。且各部臣、疆臣視同無物，紛紛請變棄。」去年的事情既已無法追補，梁建議下列諸項原則，供籌製宣統4年預算案時參考。(1)收支宜必求均衡，(2)編製之事宜由行政官擔任，(3)編製權宜集中於度支部，(4)編製宜以春間著手，(5)體例格式宜釐定(25下：28-30)。這幾項原則當然都沒有實現，因爲宣統3年10月清廷被推翻，民國成立了(1912)[13]。梁對預算問題有這麼好的認知，但他在1917年任財政總長時，卻沒有編列預算的作爲，或許是因爲任職期過短(4個月)而未能一酬壯志。

3.3　試擬預算

　　1912年5、6月間，梁在日本寫了一篇長稿〈治標財政策〉，分上下篇，析述中國歲出、歲入的諸項內容與經費額度，手法上幾乎是在編列、解說中國政府的年度預算，此文到了年底才發表(29：51-82)。梁在此文刊布時寫了一小段附語，說他的目的是在提出一個大綱，作爲他日政府編列預算、整理歲計的基礎。這是一篇綱要性的文字，他希望讀者不必拘泥於具體的數字，而應在整體精神上體會他的用意。

　　爲何取名〈治標財政策〉？大概是因爲當時已推翻滿清，所以梁積極提出國家的預算大綱供讀者討論：「吾昔常言，處今日中國而言理財，非補苴罅漏所能有功，必須立一根本的大計劃焉。……一面估算本年可得之歲入實數幾何，當以何法徵收之；一面估算本年萬不可缺之歲出實數幾何，當以何法撙節之。……然後中國財政竭蹶之程度若何？……原因安在？乃可得而察也。」這是原則性的宣稱，應無人反對。他眞正的用意，是針對當時的國務總理：「唐氏紹儀報告本年財政

13　宣統2年到民國4年間的預算沿革，以及其中的諸項困難，在賈士毅(1917)第5篇第3章頁11-33有詳細的剖析。

現狀，比附前清宣統三年預算案，更任意虛構……而國民亦熟視無睹。……夫我國過去、現在之財政狀況，無確實統計可供參考，……以吾研究，則豈惟無所謂歲計不足云爾，實及適得其反，而贏餘可至二萬萬元內外。……固已足以支持危局以待將來之進取焉矣。吾故名之曰治標的財政政策也。」(29：52)

此文分上下篇，上篇論歲出，篇幅較長(29：53-77)；下篇論歲入，較短(29：77-82)。梁把重點放在上篇的原因是：「我國財政竭蹶之原因，其緣歲入穀薄而生者不過十之二三，其緣歲出冒濫而生者實居十之七八。」(29：53)梁先析述目前各項歲出入的項目與經費額度，然後批評其中的弊端，之後依自己的見解，來估算合理的項目與額度，最後評比兩者在性質上的差異，以及額度上的差距。在歲出方面，梁分中央政費與各省政費兩層來解說，但在歲入方面則只有中央級的說明，沒有省級的分析。在中央歲出方面，梁分10項析述：(1)中央公署費，(2)外交費，(3)內務費，(4)財務行政費，(5)教育費，(6)國防費，(7)司法費，(8)實業費，(9)交通費，(10)拓殖費。在這10項當中，梁對(1)中央公署費(29：53-8)和(6)國防費(29：61-4)著墨最多，對(5)教育費(29：60-1共3行)、(8)實業費(29：65，共兩行)和(10)拓殖費(29：66，一行半)著墨最少。以下舉(1)和(8)為例。

中央公署費需要長篇幅討論的原因，是由於前清的舊衙門因政體變更，他認為可以廢撤者有34處，例如軍機處、翰林院、宗人府等等。此外，他也主張裁併海軍部，把理藩部裁併內務部，因為梁認為其中的政費浮濫，冗缺冗員過多：「據言庚子以後外務部，其真辦事之司員不及十人，餘皆伴食耳。而此十人者，每日辦事又不過二小時。……外務素稱繁部猶且如此，他部可知。」(29：60)他所羅列的各署人員編制和經費預算，到底應各為多少才是合理，其實難有定論，他心中所訂的標準是「請比附日本以為標準可乎。」(29：55)依照這項標準，他擬議的中央公署內，每部所需的員數是76人(從總長到額外司員)，經費11萬4千

元。地大物博的中國，一個中央級部會的編制這麼小，未免過儉。依梁的盤算：「總統府費、國務院各部費、國會兩院費、審計費、平政院費合計約需六百餘萬元。今以優待前清皇室費四百萬元，實共需一千萬元。」(29：58)這樣的預算相當有趣：掌管全國主要行政的總統府、國務院等等諸多大型的業務機構，其經費總額竟然只比已無功能的前清皇室優待費多2百萬元！梁對此事的本末輕重竟有如此判斷，讓人意外[14]。

在(8)實業費方面，梁只有兩行說明：「宣統預算案報農工商部經費110萬1,590兩有奇。除部員領薪水外，不知所辦何事。今除部費外，一時實無他種特別職務可指，暫可全撤，或置十萬元為預備費可耳。」(29：65)梁對掌管全國實業(工商)的最高主管機構有這種見解，用這種草率的態度來處理，讓人懷疑他對此部的理解有限，讀者對這樣的預算議案怎麼會有信心？此文刊出後，各方的評論頗多，梁寫了一篇〈軍費問題答客難〉(30：5-7)，辯解其中的「國防費」部分。梁原先的論點是：全國陸軍的編制以二十師為適，他也計劃把海軍部併於陸軍：「以上海陸軍經費……合計約共需四千二百餘萬，視宣統預算案約可節省一萬四千餘萬元。」(29：64)當時輿論對此項軍費預算的說法有許多評論，梁不得不出面解說。他一方面承認自己「於軍事上之智識缺乏殊甚」，但也質疑「現在國中號稱軍隊者六、七十師，其足以對外者有幾？恐雖軍事當局亦無以為對也。」他認為廿師已足夠的基本理由是：「夫既名之曰國防費，而其實泰半不足以供國防之用，……斯等於濫費耳。……吾以為今日理財之要義，莫急於節減行政費，綜覈名實，汰除冒濫，此實死中求活之唯一法門。」(30：6-7)

從上述的例子可以看出，梁編製此預算書的基本精神，是往裁撤冗

14　從這段分析中，大概可以知道並非梁所寫的數字排印錯誤，而是他的判斷過於急燥隨意，這種文字對他的聲譽只有負面效果。

員與節省經費的方向著手；在基本人數與額度方面，又以日本的現行狀況爲基準。梁的新估算結果相當驚人：「今茲所擬，以較度支部案，所裁過半；現以較資政院案，所裁亦將及半矣。」(29：72)這種所裁過半的預算，一方面反映前清預算編列之浮濫，大筆裁刪固然令人痛快，但另一方面也有引人憂懼者：(1)過去根深柢固之體系，現在雖然有新政權替代，是否能無阻礙地一鏟而除？梁對各部、各地、各級行政體系的反彈力量完全未估算到。(2)新興國家之建設，需另有大刀闊斧之處，今刪裁過半，節儉有餘，但是否足夠開拓必要的新建設？

以上的例子與評論，是針對梁的「中央政費」一節而發。他另有長篇幅解說「各省政費」與「全國歲入」，在手法與精神上大體類似，差異點多是在項目與業務性質方面的解說，在此不擬細述。此處的要點，還是回到梁對國家預算的基本認知：「使吾此文所計算不甚謬，則雖不借一文外債，……用以維持現狀，且略從事於進取建設，猶綽綽有餘。夫何至舉國大驚小怪，坐愁行歎，……絕望如今日耶。」(29：81)這是梁個人的自信，對錯與否一試便知。可惜梁在1917年任財政總長時，因任期太短、政治環境惡劣，所以無從判斷。以今日的理解來推斷，梁所編列的這份預算書，恐怕有過度樂觀與簡化事實的傾向。

4　實際狀況

前兩節的主要內容，是梁對財政改革和預算制度的諸多批評，以及他所提出的各項改革方案。其實財政收支和預算是相關聯的面向(視收入之多少才能做各項支出的預算)，所以本節一方面把財政和預算這兩個面向結合起來，二方面列舉清末民初的實際狀況(用統計數字來表達)，來和梁的改革方案相對比，以顯示梁的財政方案與所試擬的預算，有哪些可議之處。

4.1 歲入歲出

　　中國眞正有現代形式的年度預算，始於宣統3年(1911)，這項預算表有歲入與歲出兩項，收錄在賈士毅(1917：25-31)。這項有用的資料，照理應和表3-2、表3-3並列合觀，但不能這麼做的原因是：(1)所列舉的項目名稱不一，表3-2內有11項歲入名稱，但宣統3年的歲入預算只有9項，也無較細分的項目可知其具體內容。(2)相對地，宣統3年的歲出門相當詳盡，而表3-3的數字則顯得簡要。(3)宣統3年的預算表有另一項特色，就是分爲「原案」和「修正案」兩欄，大概是因爲：(a)此年的政治與經濟情勢變動甚大，所以需要大幅調整；(b)資政院對預算有刪汰權。以歲入來說，修正後的數額比原案多出4百多萬元；在歲出方面，修正後要減少8千3百多萬元。若從歲入歲出相抵的角度來看，在原案內歲出超過歲入8千4百多萬元，在修正案內則相反，歲入要比歲出多350多萬元。

表3-2　歷年歲入預算表：1911-1916(單位：元)

款　目	宣統4年	民國2年	民國3年	民國5年
(1)收益稅	82,244,981 (23.45%)	87,505,247 (15.71%)	83,786,532 (21.9%)	134,061,678 (28.4%)
1　田賦	78,953,862	82,403,612	79,227,809	120,437,191
2　牙稅	957,128	621,003	946,039	9,435,485
3　當稅	1,125,617	696,394	620,619	768,900
4　菸牌照稅		2,175,000	1,927,400	2,012,852
5　礦稅	1,208,374	1,609,238	1,064,665	1,407,250
(2)行爲稅	15,267,264 (4.35%)	18,379,659 (3.30%)	35,785,035 (9.36%)	23,921,734 (5.07%)
1　契稅	15,174,077	12,223,184	16,213,435	15,315,034
2　驗契費		5,446,475	15,905,000	2,935,300
3　印花稅	93,187	710,000	3,666,600	5,671,400

款 目	宣統4年	民國2年	民國3年	民國5年
(3)所得稅		2,175,000 (0.39%)	990,000 (0.26%)	2,835,000 (0.6%)
(4)消費稅	83,535,816 (23.81%)	88,927,072 (15.96%)	101,669,102 (26.58%)	123,732,305 (26.2%)
1 鹽稅	71,363,229	77,565,534	84,879,873	84,771,365
2 茶稅	1,313,031	666,229	1,754,174	2,107,424
3 菸酒稅	9,040,405	10,449,648	13,719,897	25,831,328
4 糖稅	431,234	214,194	702,057	759,716
5 牲畜及屠宰稅	1,387,917	31,467	613,101	10,262,472
(5)貨物稅	36,584,005 (10.43%)	36,882,877 (6.62%)	34,186,047 (8.94%)	46,400,084 (9.83%)
(6)關稅	67,120,582 (19.13%)	68,224,283 (12.25%)	79,403,057 (20.76%)	72,346,314 (15.32%)
1 海關稅	56,747,607	57,468,604	67,354,462	59,171,219
2 常關稅	10,372,975	10,755,679	12,048,595	13,175,095
(7)雜稅	6,093,681 (1.73%)	2,603,287 (0.47%)	1,298,307 (0.34%)	3,744,097 (0.79%)
(8)雜捐	6,377,841 (1.81%)	2,856,942 (0.51%)	3,137,751 (0.82%)	15,132,602 (3.2%)
(9)官有產業	20,916,046 (6%)	8,483,741 (1.52%)	4,427,504 (1.16%)	19,689,772 (4.17%)
1 官業收入	20,916,046	8,483,741	4,427,504	2,637,964
2 官產收入				17,051,808
(10)雜收入	32,637,186 (9.3%)	17,623,128 (3.16%)	12,735,455 (3.33%)	10,261,109 (2.17%)
(11)國債		223,370,000 (40.1%)	25,082,398 (6.56%)	20,000,000 (4.24%)
1 內債		15,000,000	24,000,000	20,000,000
2 外債		208,370,000	1,082,398	
總 計	350,777,402	557,031,236	382,501,188	472,124,695

資料來源：賈士毅(1917)《民國財政史》第2編頁618-21。

表3-3 歷年歲出預算表：1911-1916(單位：元)

款　　目	宣統4年	民國2年	民國3年	民國5年
(1)憲法費	15,790,459 (4.43%)	12,823,201 (2%)	8,388,441 (2.35%)	7,180,528 (1.52%)
元首費	15,370,461	9,823,201	7,381,041	6,506,128
議會費	419,998	3,000,000	1,007,400	674,400
(2)行政費	161,796,226 (45.4%)	250,323,082 (39%)	197,619,922 (55.35%)	241,697,792 (51.26%)
1 外交費	4,344,685	4,306,338	4,229,529	4,102,818
2 內務費	6,306,003	43,882,009	42,672,290	51,759,846
3 國防費	120,691,324	172,747,907	135,970,643	159,457,250
陸軍費	102,402,180	163,775,012	131,158,083	142,252,713
海軍費	18,289,144	8,972,895	4,812,560	17,204,537
4 司法費	10,468,535	15,042,137	7,258,459	7,711,344
5 教育費	7,406,620	6,908,850	3,276,904	12,837,307
6 經濟行政費	12,579,059	7,435,841	4,212,097	5,829,227
農商費	7,915,524	6,043,121	2,276,537	4,139,036
交通費	4,663,535	1,392,720	1,935,560	1,690,191
(3)財政費	178,774,922 (50.26%)	379,090,593 (59%)	151,015,667 (42.3%)	222,641,116 (47.22%)
1 財政費	103,743,509	76,979,174	51,385,530	83,970,359
2 國債費	73,135,881	300,738,407	98,564,793	137,683,527
3 蒙藏費	1,895,532	1,373,012	1,065,344	987,230
總　　計	356,361,607	642,236,876	357,024,030	471,519,436

資料來源：賈士毅(1917)《民國財政史》第2編頁207-9。

　　各國政府的預算會有估計上的誤差，原本是可以理解的事，但清末民初的情況另有特點：中央政府與地方政府的收入，並無明確的權利與義務劃分。各地政府有相當的財政自主性，中央政府從各省所能取得的資源，端視主政者是否足夠強勢而異。若地方不據實上報，中央就難以

掌握可運用的財源；或是上報，但不按時全額繳納，則中央空編預算也無執行的可能。這項特質是理解諸表的重要前提。

　　表3-2和表3-3是宣統4年(即民國元年，1912)，和民國2、3、5年的歲入歲出預算資料。先看歲入的部分。宣統4年時，國內稅收中的(1)收益稅(23.45%)和(4)消費稅(23.81%)佔了將近一半(47.26%)。這兩項稅源內，分別以田賦和鹽稅為最大宗。其次是關稅(19.13%)、貨物稅(10.43%)和雜稅(9.3%)，其餘的稅源比重較低。宣統4年和其他3個年份的歲入有一項大差別：沒有國債，原因是此年正值辛亥革命，在政權交替時外國政府不肯借債是正常的；而新政府尚未底定，沒能發行內債也合常理。

　　相對地，民國2年的國債佔歲入比例甚高(40.1%)，其中又以外債為主(高達內債的14倍)。原因是新政府剛成立，可借得的內債有限，只好大舉外債來挹注。這項國債所佔的比例，在民國3年(6.56%)和4年(4.24%)都大幅下跌；另一項特徵是外債額銳減，在民國5年時甚至沒有這項預算。整體而言，國債在清末民初的幾年間，佔政府預算的比重大幅起落，不能當作可靠的財源。最可靠的財源還是穩定的老項目：(1)收益稅內的田賦和礦稅、(2)消費稅內的鹽稅、(6)關稅。其餘項目則各年起伏甚大，例如印花稅、所得稅等[15]。也就是說，愈陳老的稅項愈穩，愈新式的愈不可靠。

　　再來看表3-3歲出的部分。宣統4年的行政費(45.4%)和財政費(50.26%)就超過了95%。其中超過1億的有國防費和財政費兩項，國防費中以陸軍費的耗費最大，而財政費的細項則未明。其次以國債費最高，達7千3百萬。民國成立後，元首費的總額大幅減少而且逐年遞減，

15　表3-2中的(3)所得稅只佔0.26%到0.6%。民國3年元月周學熙任財政總長時，倣日本所得稅法頒布〈所得稅條例〉27條，又於民國4年8月頒布施行細則16條，但都未能付諸實施。詳見林美莉(2001：301-7)的分析，印花稅的部分見同文頁287-92。

那是因為宣統4年的元首預算費內，有一項大開支是民國政府所沒有的：清皇室費（約1千5百萬），民國之後此項目改稱為「清室優待費及東西陵費」，額度分別是8,035,073（民2）、5,034,032（民3）、4,240,626（民5）。有關這項元首費的細部資料，可參見賈士毅（1917）第3編頁4的表，我們也可以從此處看到，梁在宣統4年（1912）所試擬的「優待前清皇室費四百萬元」（29：58），其實要比上述的皇室費少多了。在歲出項內大幅增加的是議會費，這是從皇朝轉為內閣議會制的特點。另一項大幅支出是國債費，民國2年時幾乎是宣統4年的4倍。

　　表3-2和表3-3是個概觀性的預算結構，每個項目都還可以再分細項討論，但這不是此處的要點。這些年的歲入足夠歲出嗎？稍為對比表3-2和表3-3就可以看出：宣統4年的預算赤字約600萬，民國2年的赤字約8500萬（有大額國債時尚如此）；但民國3年則有盈餘2500萬（正好是國債的約額），民國5年有6百多萬盈餘（但有國債2000萬）。所以若無國債支撐，民國初年的歲入仍不敷歲出。如果這項統計可靠的話，那麼這項差額對新政府而言並不嚴重。一般人對清末經濟有殘敗的看法，對民初的政局也有不穩的印象，何以表3-2和表3-3卻提供一個差強人意的數字？如果這兩個表可靠，為何梁在1917年的財政總長任期撐不到4個月？為何在短短的15年間（1912辛亥到1927北伐），總共更換了23位財政總長？這些疑問會在第5節析述。

4.2　稅收與預算

　　第2節析述梁的財政改革私案，第3節綜述他所試擬的政府預算，現在要做的是：根據表3-2和表3-3以及相關的財政史研究，用清末民初的「實際狀況」，來對比梁的「理想狀態」。以下所要探討的項目，順序上和梁在〈財政改革私案〉中的提議事項（見第2節）相同，以便在數字上相互查對比較。

(1)改正田賦

依照梁的新辦法，「苟辦理得宜，……則全國田賦每年收入當在三萬萬兩(即3億兩)以上」，中國的田賦歲入可增10倍，「以我國之地大物博，得此鉅款殊不爲奇。」(8：5-6)這是梁在1909年的構想。從表3-2可以看到，在1912-4年間(宣統4年到民國3年)的田賦收入都只在8000萬元上下，距離梁的預期相當遠。爲什麼會有這麼大的差距？根本原因還是梁所說的：田畝實際面積清丈不實，這可以從賈士毅(1917)第2編的敘述得到證實：「民國以來，時事多故，各省田賦報銷，大率未能遵行。欲考全國田額之確數，苦無冊報可據。」(頁6)不僅田畝數依舊，田賦稅率亦同：「民國以來，各省田賦稅率，仍沿前清原定科則。」(頁16)民國5年之前各省的賦稅畝數與歲賦額，在賈士毅(1917)第2編第1節「田賦」內(頁1-100)有詳細的記載，很值得參閱。

問題的關鍵仍在清丈田畝。前面說過梁建議倣行日本的土地臺帳法，他的用意雖佳，但淺視了中國有每丈必反的社會背景。再來看賈士毅(1917)的見解：「康、乾之際，雖屢有清丈之議，迄未實行。即行矣，亦未遍舉。各縣賦額沿襲已久，漸失其眞。官則視此爲考成，未敢議增，尤未便議減。……民國以還，朝野人士咸以清丈爲切要之圖，……三年十二月奉令設經界局，……」(第2編頁90-1)清丈田畝所需的人力物力極鉅，更重要的是政局穩定與領導者的意志堅強。民國初年的清丈之議並無良果，原因很清楚：北洋政府更迭不穩、各地軍閥割據對峙、中央財源不足、軍費支出過鉅，無法做這種長時期才會見到效果的基礎性清查工作。

英人赫德(Sir Robert Hart, 1835-1911)曾主管中國海關總稅務司，對中國財政問題有重要的介入，曾於1904年元月提議中國改正田賦，以增國家稅收並練兵自強，這是清廷很聽得入耳的建議。他的提議可用來和梁的構想相對比。赫德的論點是：「……蓋中國土地……面積約1,600萬方里，每方里約計540畝，……應得80億畝，每畝地租賦課銅錢2百

文，以1千文作銀一兩，則80億畝應得稅銀8億兩[16]。……然猶曰年有豐凶，地有肥瘠，……以半數計算，亦應得4億兩。一日有此土地，即一日有此稅額，較之他項歲入，其確實永久，可不言而喻矣。」（轉引自羅玉東1932：254）這是原則性的政策方向，具體的做法大略有3點：（1）以縣爲單位，1年內推至1省；1年改正1省，2年6省，3年完成內地18省。（2）人民往縣署登記田證，確定所有權，每年10月攜納稅告知書繳稅。（3）一切田地每畝課稅200文，此外不得苛索。

　　清廷接此提議後，令各省督撫議奏此案的可行性，目前僅知有兩江總督魏光燾、湖廣總督張之洞的負面評價，直隸總督袁世凱亦另有奏文回覆。魏的要點較簡明，簡述即可；張的論點強硬務實，可稍多說明。魏認爲赫德對中國的田畝數，比戶部所載各省的田地742萬餘頃高出5倍以上[17]；就算民間匿賦不納，升科不報，也無如此大的差異。雙方對中國耕地面積的估算有這麼大差異，這是個重要的大問題。但何炳棣（1995第5章）提醒我們一點：戶部所說的耕地面積，在性質上屬於「納稅畝」，而非實際的耕地面積，赫德所說的正好相反，雙方的基本差異應該出在這裡。1980年代利用衛星遙感照片推算，中國的耕地面積約在22億畝左右（何炳棣1995：138），所以赫德說有80億畝，就算他在1904所用的單位畝面積稍小，也還是明顯高估了；而魏據戶部的資料，把納稅畝當作耕地畝，低估了實際的耕地總面積。此外，魏認爲赫德不分田土豐瘠，一律每畝課200文，會使「上田科薄賦，瘠壤予重懲」；這種齊頭式的平等，固然方便政府的納稅行政作業，但對民間並不公平。

　　張在半年多之後（1904年8月16日）才回覆赫德的提議，全文收在《張之洞全集》卷63奏議63（頁1625-9）：〈核議赫德條陳籌餉節略礙難

16　若每畝課200文，1千文作1兩，則5畝可課得1兩。若全國有80億畝，則應可課得16億兩，而非「應得稅銀8億兩」。

17　上引赫德計算中國田畝之數爲80億畝，若1頃爲百畝，則80億畝應爲8000萬頃，是742萬餘頃的10倍以上，而非5倍。

行摺〉。魏的批評張也大都提到，但措辭更嚴厲：「無如該總稅務司係按呆板地圖開方計里，但憑虛空鳥道計算，……歷朝屢次清查丈量，豈有隱匿之數轉十倍於清丈之數，……一縣之地非一兩年不能竣事，……勞費無窮，……益少費多，得不償失，而使舉國騷動。……乃該總稅務司之意，方欲盡罷通國之關稅、鹽課，縱令百姓貿易自由，其爲中國之民計乎？抑爲外國來華之商計乎？如其所議，則舉每年國家四萬萬兩之用款，盡取諸服田力穡之農，而一切工商反不須納絲毫之稅，事之不平，莫此爲甚。……從古至今，持論未有如此之顛倒怪謬者也。……殆欲將中國田賦，盡歸其一手把持而後已，抑何設詞之巧而計之工也。……至赫德此議，以外恐遠方之人窺我理財方亟，創爲不根之論，設爲動聽之策，以冀攬我利權，誤我國計者，正復不少。……」

張的奏文厲言赫德之策「虛誕太甚」，「伏望聖明遇事詳審，拒之勿聽，天下幸甚。」他並附言說直隸總督袁世凱已另行具奏（在此不具引），此事在3位大臣的極力反對下，恐怕無法試行。合觀梁與赫德的提議，再對照魏與張的反駁論點，應可明白清末議行改正田賦，應是如張所說的：「得不償失，而使舉國騷動，人人有不安其生之意，……伏念國家當多故之秋，尤以固結民心爲要義。」

(2)整頓鹽課

光緒朝的鹽斤加價可分爲舊案（1884-94，甲午之前），與新案（甲午之後）兩階段。在舊案階段，每年的鹽斤加價收銀約50餘萬兩，甲午之後大約增加3倍，約156萬兩。3年後（1898）清廷因編練新軍，要求戶部再籌鹽斤加價，但官鹽價若高，私鹽必起，反而減少官鹽的稅收。結果總共只有5處奏准加價，但僅知川鹽每年約得50萬兩，其中12萬兩留用，可見鹽斤加價的空間已到頂端，成效有限（羅玉東1932：227）。

從表3-2可以看到，民初幾年間的鹽稅額和田賦額相當接近，約在8千萬元上下，民國3年的鹽稅收入甚至還超過田賦，這對一個農業國家而言是項警訊：農業稅已成爲次要的稅源。梁卻還認爲中國各省的鹽稅

總額目前1年不出2千萬（銀）兩（8：7-8），這是認知上的錯誤。鹽稅如此
肥沃，自然是各方勢力爭奪的要點。賈士毅（1917）第2編頁268-311詳述
民初各鹽區的狀況、稅率則表、鹽款狀況、各區水陸緝私機關及其配
備，這是相當詳盡的敘述性史料。民初鹽稅的問題，不僅如梁所說的私
鹽侵蝕稅源，更嚴重的是因為政局不穩所帶來的禍害：各地軍閥不按中
央規定的稅率徵收，還任意截留鹽稅，1925年時被各省截留的鹽稅，高
達總稅額9,885萬元的45.5%（參見孫翊剛、董慶錚1987：326）。

　　然而所截留的鹽稅仍不夠各地軍閥支出，所以又開徵各種鹽的附加
稅：中央附加、外債附加、地方附加（教育費、築路費等等），名目繁
多。這些附加費在民國初年還不到正稅的0.7%，但到了1926年時就增
到3%左右（詳見孫翊剛、董慶錚1987：327表10-3）。一直增收附加稅的
結果，是官鹽價日高，這就給了私鹽更多的活動空間（私鹽無需繳附加
稅）。這麼一來又掉入梁先前所說的惡性循環：官鹽價高，國家的鹽稅
收入被私鹽侵蝕。整頓鹽課和改正田賦這類賦稅改革的措施，前提條件
都是政治穩定和公權力伸張，梁的改革方案是在清末所提出的構想，他
沒想到民國之後的政治局面，反而比清末更混亂。

（3）增刪之稅目

　　梁認為國稅有10項即足（參見本章第2.3小節），他說國家還可以有
其他4項歲入：（11）國有土地，（12）國有森林，（13）郵政電報，（14）官
辦鐵路。以這14項歲入來源和表3-2對比，可以看出只有（9）遺產稅是梁
所主張而當時所無者，此項數額的大小以及佔總稅額的比例，目前難以
猜測。梁主張應廢除的稅有：（1）釐金（不知表3-2內的（5）貨物稅是否屬
於此項，暫且假定是）；（2）常關稅（見表3-2（6）關稅內的第2項）；（3）茶
稅（表3-2（4）消費稅內的第2項）；（4）賭博稅（表3-2無此項）；（5）其他雜
諸稅（表3-2第10項）。

　　我們對比表3-2和表3-3，知道歲入已不足歲出，若依梁的建議再刪
除上述5項，那豈不赤字得更嚴重？梁的建議若要成功需有兩項前提：

田賦和鹽稅須依他的計劃各自增收10倍和3倍以上。而我們也看到，在民國之後的情況是事與願違。其實中國稅收中最關鍵的就是田賦和鹽稅，如果這兩項能做好，從徵收的行政效率來看，其他稅收的執行成果也應該不錯；再從稅入的角度來看，如果田賦和鹽稅收入能達到預期的額度，基本國用也就能大致穩定，梁所建議增刪的5項稅目，就顯得次要了。

(4)實際預算

第2節析述梁所試擬的政府預算，分歲入與歲出篇。他所列舉的各種項目與額度，其實只要和表3-2、表3-3相對照，就可以知道理想與實際的差距。產生這些誤差的原因大致有兩項：(1)梁的樂觀態度與對各項經費的主觀認知(例如陸軍之編制大小與總經費)；(2)民初的政治軍事情勢，反而要比清末動盪；梁所試擬的預算是給承平建設時期用的，自然會和民初(表3-2、表3-3)的實際狀況有很大差距。單是這第(2)項原因，就足以否決梁在1912年所試擬的預算。

5 財政總長

梁對中國的財政問題素來用心，對諸項弊端也有眾多批評，對國家各級業務之預算亦曾親手試編。以他在政治上之號召力、在社會上的影響力、對財政問題的深入理解，段祺瑞內閣在1917年7月邀他擔任財政總長確是一步好棋。以下的資料可以顯示梁任此職時，在財政問題方面所遇到的實際困難；由此也可稍知梁在主政後，對自己從前所寫的諸項財政評議，應有深刻的感觸。

1917年11月初旬，梁為請示財政支絀辦法呈總統、總揆文：「竊數月以來，軍費驟增，財政深受影響，上月本部提議中央十個月概算，勉強支配，收支尚能適合。近則支出日有增加，中央開支已屬不敷，乃各省復以軍隊增加之故，非請截留解部款，即請中央撥款接濟，……若再

將中央款項截留不解，則財政何由整理，中央何以支持？……國家財力只有此數，各省截留之款愈多，則中央收入之款愈少。目前緩付賠款，既未成議，交還關餘，亦難如期，而工賑之款浩繁，短期外債應付均尚絲毫無著，不求救濟之方，將有難支之。仰屋興嗟，旁皇無策，謹將各省截留中央款項及請中央撥給之款，並各省增加軍費數目分別開單，呈請鑒核，應如何辦理之處，伏候鈞裁。」

　　11月中旬密呈總統、總理：「謹密呈陳者：啓超以軍事未已，財政益困，任重才輕，深懼貽誤，業已具呈大總統請予辭職。茲將財政困難情形，為我大總統、總理瀝陳之。竊啓超遭逢時會，備位閣員，忝掌財政。就職之時，適值復辟政變之後，舉凡軍隊之收束，金融之整頓，以及其他庶政之善後，在在需款。加以各省解款，或早透支，或久虧短，而請款者方興未已，中央軍政費出入相抵所短甚鉅。啓超惄焉憂之，以為目前財政之患，在於入不敷出，救濟之術，即在量入為出。……困難亦實達極點，……以啓超私意言之，將來欲籌有救濟之方，惟有以軍界耆宿，或與軍界密切能指揮之人掌理財政，取其能洞悉軍事用費內容，令出法隨，庶可以收指臂之效。為補牢之計，舍此殆無他途希望，啓超則自非引辭不可。……即請迅簡賢能，儘日內接替，俾免貽誤大局，於國於私，兩蒙厚賜。謹披瀝上陳，伏乞鑒察。」（以上兩段出自《年譜長編》頁534-7）

　　從這兩段懇切沈痛的表白，可以知道梁的最大困擾來自軍方：各地軍費擴增過大，無餘款可上繳中央，而梁與軍界的淵源不深，深感無力扭轉劣勢而請辭。民國初年的財政，承續清末的脆弱底子，再加上各地軍閥割據、相互爭戰，財政狀況必然困窘。以下用兩項統計數字來說明此事：(1)民初中央與各省之間爭奪財源的狀況，(2)歷年軍事開支所佔的比例。看了表3-4和表3-5之後，就更能體會梁的困難與處境。

表3-4　1913-1921年各省派款及解撥情況

年份	派款省數	派款數額（千元）	解款數額（千元）	占派款的百分數	撥款數額（千元）	占派款的百分數
1913	不詳	32,419	5,600	17%	不詳	—
1914	不詳	29,737	14,000	47%	不詳	—
1915	12	21,680	11,791	54%	7,227	33%
1916	14	26,040	5,455	21%	13,420	52%
1917	16	28,017	969	3%	13,636	49%
1918	12	12,520	0	0%	6,043	48%
1919	3	6,563	0	0%	6,554	100%
1920	3	3,850	0	0%	4,917	128%
1921	2	3,660	0	0%	2,959	81%

資料來源：楊蔭薄(1985)《民國財政史》，頁10。

表3-5　1913-1925年軍事費和債務費(占歲出總額的百分數)

年份	歲出總額(百萬元)	軍事費(百萬元)	債務費(百萬元)	其他(百萬元)
1913	642.2	172.7(27%)	300.7(46%)	168.8(27%)
1914	357.0	142.4(40%)	98.6(28%)	116.0(32%)
1916	472.8	175.5(37%)	137.7(29%)	159.6(34%)
1919	495.8	217.2(44%)	128.0(26%)	150.6(30%)
1925	634.4	297.7(47%)	166.5(26%)	170.2(27%)
平均	520.4	201.1(39%)	166.3(32%)	153.0(29%)

資料來源：楊蔭薄(1985)《民國財政史》，頁13。

　　清末中央政府的財源有限，主要是靠地方政府繳款給中央，民國成立後的初期，各省形同獨立，應給中央的解款中斷。袁世凱主政後，中央勢力集中，各省解款稍復，但中央的財源仍捉襟見肘。1916年各地軍閥對峙，中央的權力衰退，各省的解款意願又出現頑抗。從表3-4可以清晰地看出，中央政府能派款的省數最多是16省(1917年)，1919-21年

間更是只能控制2、3個省分。再來看各省眞正的解款額：最高的是1915年，12省總共上解了54%的派款額；1918-21年間這項解款已完全停頓（0%）。另一項反映中央權力遞減的指標，是各省的派款額逐年遞減：1913年有32,419千元，到了1921年幾乎只剩十分之一：3,660千元。

表3-4最後一欄的「撥款額」，其實是各省應向中央繳解，但並未執行而存留在各地運用的款項，這種變相的截留，美其名爲「中央撥款」。這項撥款額逐年提升，正可突顯出解款額的執行成果逐年低落。梁在這種狀態下任財政總長(1917年)，當然困難重重。再來看軍費支出的比重。1912-22年間各地軍閥的爭戰不下百次，表3-5顯示：1917年梁任財政總長時，軍費支出約在37% 和44%之間。單從這項數字就可以理解梁所說的：「惟有以軍界尊宿，或與軍界密切能指揮之人掌理財政，取其能洞悉軍事費用內容，……舍此殆無他途希望，……」

以梁的才幹和他在政治圈的影響力，都還有這麼嚴重的挫折感，這應當是環境結構性的困難，而非個人因素。這一點可以從賈士毅（1967：47-54）的說法得到佐證，也可以從此書理解到當時環境的複雜性：1912到1927年間總共更換過33位財政總長。梁的任期雖然只有4個月，但還不是最短的：張勳復辟時的張鎭芳，以及黎元洪總統時期的羅文榦，都僅任職十多天；黃郛攝政時期的王正廷在職23天[18]。

6 局限與評價

從實際政治作爲的角度來看，梁也有他的局限。根據惠隱的觀察：「任公蒞部，即命設一財政討論會，部中高級員司，均爲會員；並於部外聘請對於財政研究有素者數人參加。一似今日大權在握，可施展其抱

負然！不料到任多時，一籌莫展。直不如一泛泛理財家，用熟識之情形按部就班。任公則挾書生之見，動輒乖舛；新法既窒礙難行，舊例又諸多未習，登台以來，毫無成績可言。乃知空論與實行，截然為二。……前任財長與京師金融界素有聯絡，商借零星小款，尚可以聊應急需，勉強度日。任公本是一介書生，與金融家格格不相入。財部權力所及，只有一中國銀行；雖到任後將陳錦濤所用之中國銀行總裁徐恩元、副總裁俞鳳韶撤職，另易親信。孰知該行金庫，亦空空如也。所發行之鈔票，久不兌現，市面上僅以六折使用，誠自救之不暇，烏有餘款，以資浥注。……妙手空空，而日坐此針氈，非任公所堪，不及半年廢然求退，宜也。」（夏曉虹1997：255-7）

再來看周善培的評語：「任公有極熱烈的政治思想、極縱橫的政治理論，卻沒有一點政治辦法，尤其沒有政治家的魄力。他在司法總長任內，沒有作過一件受輿論稱頌的事；在財政總長任內，卻有一件小事可以證明他既無辦法、又無魄力。……任公財政部下台之後，我常常舉出以上這段談話問他：『你講了一生政治，你有幾天是愉快的？』他只有長嘆一聲來答覆我。『……如果做一趟官，留不下一件事使人回憶，這只能叫作官，不能叫作事，更說不上政治家。』他憤然地答覆我：『你難道不曉得今天不能辦事嗎？』我笑著答道：『你難道早不知道今天不能辦事嗎？』他最後也只有拿長嘆一聲來答覆我了。袁死後，我勸他莫問政治，他冷靜不下來；財政部下台後，不待我勸他，他就自然地冷靜下來，講起學來了。」（夏曉虹1997：159-61）[19]

綜觀梁對中國財政制度改革的諸項建言，以及他對清末預算制度的諸多批評，很可以看出他對這兩項主題（其實是一體的兩面）的深切關注。從他的論述裡，我們看到他時常有過度樂觀的傾向，也有不少可說是不切實際的估算與計劃。他對清末的財政行政效率，以及預算編列方

19　同書頁249-54另有賈士毅的文章，記載梁任財政部長時的事蹟。

面的缺失，一直有相當嚴厲的批評。然而，民國6年擔任財政總長時，才切身體會財政制度的缺失以及預算編列上的困難，甚至比清末的情況還更複雜棘手。

　　梁對清末財政與預算的批評，屬於海外政評性的文章，是個人意見的發揮，不應視之爲深入研究之後，所提出的整體配套性政策建議；所以有時會出現顧東不顧西，內在邏輯不完整或甚至相衝突的狀況。再說，他所提議的各項方案也無多少學理基礎，甚至可以說是「隨意」性的。對後世的研究者而言，很難把這種政論式的財經言論，納入一個學理性的架構，分析成首尾相連貫的深度性文章，反而常常會因爲材料的特殊性質，而被限制在「解說」性的層次上。更一般性地說，梁的經濟論述大都有此特性，研究者不易深入探研，也不易條理化或概念化或學說化，但又不能忽略梁個人的重要性，以及他的議論所產生的影響。這是一項兩難，也是一項困擾。

附論：中國的財政學

　　1915年12月號的《大中華》雜誌，刊載〈論中國財政學不發達之因及古代財政學說之一斑〉（1915，33：90-4)這篇4頁不到的短文，原因是：「僕即將赴美，無以應《大中華》閱者諸君之求，良用歉然，爰取舊作若干，付大中華社刊之。」這大概是取自他的未刊書稿《財政原論》（1910，見本章首頁的解說），文分3節：(1)「財政學所以發達極遲之故」，梁用1頁1整段分6點說明其原因；(2)「中國古代之財政學說」，以兩整頁的篇幅說明先秦諸子的財政觀與課稅論；(3)「秦漢以後之財政學說」，以一整段半頁的篇幅論說秦漢以後除了《鹽鐵論》外，談論「關於財政者雖不少，要不足以成爲學說。」以下略述他的論點。

　　財政學影響社會全體之厲害，而「我國則至尚今無一人〔列爲學

官〕焉，原因是：(1)「古代學者侈談道義而恥言功利，故凡屬以貨財爲主體之學問，不喜治之……」(2)「古代歷史爭亂相續，人民罕得安堵以從事生產，……其間無復秩序規則足資披討……」(3)「民業簡單專務農本，……故國家之取諸民者亦專注此一途，無甚奧衍繁賾之學理，……」(4)「幣制未確立，……國家財政無從得正確之會計，緣此而所研究之對象無所附麗……」(5)「國家之觀念未能確定……在此等國家之下，財政實無研究之價值……」(6)「交通之利未開，故國家之職務不繁，……財政之大問題無自發生，斯學之所以不昌，……」。

在2頁篇幅內所綜述的先秦財政學說，梁對比了下列事項：(1)墨子以「節用爲理財之不二法門」；(2)「許行之徒……而誤以君主之財用與國家之財用併爲一談者也」；(3)儒家孟子、荀子主張單稅論(土地稅)；(4)法家持干涉論，「以鹽鐵歸國家專賣，而盡蠲一切租稅，專恃此爲供給政費之一大財源。」(33：92-3)他的結論是：「自秦漢以後，斯學中絕，惟《鹽鐵論》一書十餘萬言，其爭辯財政政策之得失甚悉。……自茲以往愈式微，……然皆摭拾小節，不足以成學理也。……自餘歷代章奏及私家著述，其片辭單義關於財政者雖不少，要不足以成爲學說，雖謂我國財政學說自秦漢後而中絕可也。其所以中絕之故，雖不敢具爲武斷，大率不出於前所舉六因者近是也。」

在這簡要的4頁內，梁非常有效率地綜述了先秦財政學說的特色，以及秦漢以後財政學說中絕之因。以今日中國財政思想史的知識看來，他的論斷基本上成立，而且也抓住了大多數的特質，是一針見血之作。

第4章
外債與內債

1 背景與結構

　　近年來研究中國近代外債史的文獻相當不少，有些是重建原始檔案，例如(1)徐義生(1962)編《中國近代外債史統計資料，1853-1927》，(2)許毅(1988)編《清代外債史資料》，(3)《中國清代外債史資料，1853-1911》(1991，參見陳爭平在《中國經濟史研究》1993年第4期頁145-7的評論)。研究性的專著，有劉秉麟(1962)《近代中國外債史稿》、許毅(1996)等著《清代外債史論》；此外還有許多相關的文獻，在吳景平(1997)〈關於近代中國外債史研究對象的若干思考〉內，有全盤性的綜述與評估。

　　相對地，研究公債(內債)的文獻較少，例如千家駒編的《舊中國公債史資料，1895-1949》(1984)。賈士毅(1917)第4編分7章論晚清民初的各種內外債，內容詳盡，統計表格完備，這是理解內外債結構和各項償還計劃的基本史料。這些文獻和研究，對內外債問題的理解已比梁在寫這些文章時深入許多。所以本章一方面查對梁所述及的各項統計數字(因為現在已有更新更好的經濟統計可用)，但主要的重點仍放在梁對內外債問題的見解上，來看他是在怎樣的環境下，做出具有哪些特色的建議與作為。本章以梁的見解為主軸，借用其他學者的研究成果，作為輔助性的解說與對照性的論點。

　　在探究梁的外債論點之前，我們先借用現代學者的研究成果，來理

解晚清外債的背景與結構。根據許毅（1996：5，40-2，653-67，672）的詳細列表統計，清廷在1853-1911年間總共向外舉借208筆外債，債務總額1,305,888,297兩（13億多庫平銀）。依據他的分類，這些外債的用途可分成5項：(1)鎮壓起義和革命的外債（35筆，佔總額的1%）；(2)賠款借款或賠款轉化為外債（6筆，61%）；(3)海防、塞防與抵禦外侮借款（23筆，6%）；(4)各種實業借款（85筆，29%）；(5)行政經費借款（59筆，3%）。這208筆外債中，用來發展經濟的是上述的第(4)項，其內容是：鐵路（37筆，24.46%）、礦業（26筆，2.7%）、交通郵電（15筆，1.01%）、其他（7筆，0.64%）。

這裡所謂的外債是廣義的，包括清中央政府各種欠款、借款、賠款，以及地方政府或個人名義向外舉借的總額。雖然借款者的名義不同，舉借的內容不一，但若有償還困難時，最終的債務人仍是國家，所以寬鬆地說，這些向外借款都是屬於清政府的外債。結構性地說，清廷的外債可以用1895年的甲午賠款為分界，分為兩個階段。1894之前的外債共有69筆，債額約9.6百萬兩，主要的內容是：(1)廣東商行在商業上的「行欠」，(2)各地方政府向外國購買洋槍炮、洋船艦的費用，(3)各地海防、塞防的建設，(4)中法戰爭過程中的諸項借款，等等。1895之後是大規模舉外債的階段，共有139筆，總額超過12億兩，主要的用途是：(1)甲午賠款（2億兩），(2)庚子賠款（4.5億兩），(3)大規模築鐵路，(4)開礦熱潮。

主要的債權國有哪些？甲午之前英國大約佔總借款額的85%，最重要的來源是匯豐銀行（佔62%）。德、美、法、俄4國佔12%，其他國家佔3%。甲午之後情勢逆轉，英國只佔28%，德國（22%）、俄（17%）、法（13%）、日（7%）、比（5%）、美（5%）、其他（3%）。

從外債的成本來看，除了償還本金之外，還有(1)回扣，(2)利息，(3)鎊虧的負擔。每次借款都有折扣，清政府實際入手的大約是80-85%左右；此外還要付出諸項費用，要以各種關稅（海關、釐金）、鐵路、礦

山抵押。在利息方面，當時國際行情年息約4-5%，而清政府所付最低的年息是5%，最高的還接近10%。這些借款原先都是以白銀計算，但從1880年代起列強改採金本位，白銀的世界價格大跌，清政府在償款時，因為列強只肯收等值的黃金，所以中國還要補足金銀的差價；因為當時的英鎊釘住黃金，又是世界性的領導貨幣，所以稱這筆金銀差價為鎊虧。由於金銀差價月月不同，不易估算這些外債的鎊虧總額，但若把上述的回扣、利息、鎊虧加在本金之上，則清政府的總負擔，至少多出了30%（參見吳景平1997：64-7對這些問題的綜述與解說）。

俞建國（1988：48表2）提供理解清末外債結構的另一種觀察角度：依中央政府和地方政府的外債來區分。清代中央與地方的財政並無嚴格的界限，因為清代基本上實行國家稅，中央和省共用相同的稅源，沒有中央稅和地方稅的區隔；基本上是中央委託省來經理稅收，在各省所徵得的稅款，須依中央指示上繳（解款）。在甲午到辛亥（1911）年間，中央政府共有76筆外債，總金額是1,166,094,208庫平兩，包含3個要項：（1）財政借款9筆，佔總額的67.1%；（2）實業借款61筆，佔總額的29.3%；（3）軍事借款6筆，佔總額的0.5%。地方政府的借款共36筆，總額是37,731,245兩，只佔1895-1911年間全國外債總額的3.1%。主要的兩項財政打擊，是甲午（1895）的鉅額賠款（2億兩），5年之後（1900）又有更大的庚子賠款（4.5億兩）。清廷無力承擔，大量動用（或超用）各省的解款。以福建為例，1900年起歲入不過220萬兩左右，但解款額卻達到250萬兩。

在這種過度解款的情況下，各省財政陷入困境，官民兩窮，只好靠外債來緩解。清末各省的外債，大部分經過中央同意，但也有少數是自行決定。1895-1911年間，至少有湖北、廣東、福建、奉天（東三省）、直隸、江蘇、新疆、雲南等8省向國外舉債，因各省的外債數額、條件、用途不一，內容龐雜，在此僅就幾項基本特點解說。以湖北為例，在1900-11年間共向英日俄及四國銀行團借了625萬兩（共9筆），年息平

均爲8%，期限爲5-10年。這些錢用在「借款充餉」、購軍火、建炮兵營、彌補虧空，可說全是軍政用途，而非生產性的投資。廣東在甲午之前已有6次舉外債的經驗，在1900-11年間有4筆外債（約538萬兩），但用途與各項細節尚不明白，因爲在名義上都是「兩廣總督借款」、「兩廣匯豐借款」、「廣東善後借款」這類含糊性的統稱，基本來源是英德兩國。同一時期福建有7筆外債，總額約170萬兩，年利在6.5-10.8%之間；其中有6筆是由日本的臺灣銀行放款，另一筆是英國的匯豐銀行（詳見許毅1996：563-84的解說）。

整體而言，清末各省的外債，主要是因爲國家鉅額的戰爭賠款，把各省的財源過度擠壓到中央，所造成的地方性財政困窘，而不得不各自向外國舉債挹注。此外也有各種水旱、天災、兵亂，尤其是各省練兵購械的軍需費用，更是外債用途的要項。舉債的各省，多以本身的稅源（如釐金）或礦產或各項收益性的產業爲抵押。從各省的立場來看，既要應付中央的過度攤派，又要應付省內捉襟見肘的諸多財政需求，舉外債度日又要承擔沈重的利息，基本上是一種難以消解的惡性循環。

2 外債平議

「門前債主雁行立，屋裡醉人魚貫眠」，這是梁在《中國國債史》（上海：廣智書局，1904）這本小冊子內自敘的首句。他寫這本小書的目的，是要綜觀析述近廿多年來的國債問題，希望能喚醒睡夢中的國人。這個問題自鴉片戰爭後，一連串的戰爭、賠款、國際銀價長貶、內亂、天災，使得這個問題沈重到了臨界點。梁在這本小冊子後面附了一篇〈埃及國債史〉，用以對比這兩個文明古國的共同苦難。這篇附錄是從日本柴四郎所著《埃及近世史》第12章譯寫過來的。這本小冊子也可以視爲一篇40頁的長文，另一篇更長的文章是〈外債平議〉（1910，22：41-94，55頁），這兩篇長文構成了理解梁對外債問題認知的基架：《中

國國債史》偏向具體史實、各項統計數字、償還計劃表；〈外債平議〉著重原理性的解說，分析外債之利弊得失，適合與不適舉借債之項目，等等。梁還有6篇論外債的短文，其中的3篇析論如何籌還國債，另3篇批評政府的外債政策。以下分4個子題來析述梁對外債的諸項觀點。

2.1　血淚痛史

為什麼清廷要向外借鉅款？「政府所必需之款既驟增於前，而無術以取給，勢不得不加賦稅，賦稅驟加則民驚擾，……有外債以調劑之，則可以攤年籌償，易整數為畸零，易直接為間接，……故民遂與之相忘，而怨擾不至太甚。甲午以還，今政府所以得尚延殘喘以逮今日者，皆恃此也。」(25：1)梁作了一個統計表(25：1-2)，列舉光緒4-28年間的11項借款、軍費、賠款、贖遼東半島費用，本息共計約250兆兩(即25億兩)左右(25：3)。這筆天文數字如何籌償尚且不知，但緊接而來的問題，是列強爭著要貸款給中國償債。清政府原先欲派總稅務司英人赫德專理償款事項，但俄、法抗議不許，美國各大銀行也組織一個公司，遣人來華承攬此事。之後英、德公使介入，列強之間竟以貸款給中國之事相持不下，相互掣肘[1]。中國既受列強的實質侵擾，賠款時又惹起諸多的外交爭紛，更糟的是當時國際銀價大貶，中國對外行銀本位，在償付諸項借款與賠款時，還要支付一大筆鎊虧。以上是梁對中國欠款、列強互爭、國際金融局勢對中國不利的解說大要。

梁的第2個表(25：9-12)做得很仔細，他把戊戌之前的諸項外債列成一表，分析這些舊債在光緒25年(1899)到1943年之間(共45年)，逐年應攤還的本息。這是個一目瞭然的好表格，也是個觸目驚心的統計表，顯示這個貧弱的政府，要在那麼長的期間內，每年需要償付那麼高的數

1　英、法、日、德、俄諸國爭奪貸款給中國的相關文獻相當豐富，參見《中國清代外債史資料》頁169-222。

額。這是戊戌之前的舊債部分，後來發生了義和團事件，辛丑和約應賠
列強45兆兩（即4億5千萬兩）。梁以相當的篇幅(25：13-25)，詳細解說
這筆鉅款在1902-40（共39年）之間：(1)每年應攤還多少本息才夠，(2)
各國所分配到的賠款各自有多少，(3)19省分擔義和團事件的償金額
度。從這些項目看來，中國實在難以承受。雪上加霜的是鎊虧問題：梁
列了一個表(25：26-7)，說明光緒30年各省與各海關分擔的鎊虧額，總
數達1,080萬兩（見本章表4-1第3項）[2]。

各省本已困窘，如今要再分承鎊虧與賠款，只好新闢財源，或成立
銅元局鑄幣謀利，或開設彩票、米捐、煙捐、鹽斤加價，省省不同，縣
縣不同，名目不下百數十。更嚴重的是，外債原本是中央政府與外國之
間的借貸關係，如今事態惡化，已有好幾個省份自行向外舉債。例如光
緒13、14年間，山東巡撫張曜因墊發欠餉，向上海德商泰來洋行借銀20
萬兩，又借上海德華銀行40萬兩；光緒27年，張之洞以湖廣總督名義向
匯豐銀行借50萬兩。此例一開，各省競相效尤。從此可見各省在競相借
款，以解決眼前的財政困擾，同時也顯示全國的財政行政已各行其是，
無統一規範可言[3]。

以上是外力性的因素，雖無奈亦無良法。梁另有兩點不滿，是屬於
內政性的。一是在此窮困之際，頤和園的續修工程每年耗費3百萬兩；
皇太后的吉地工程和七旬萬壽慶典，也耗掉數千萬兩(25：36)。二是向
外所借之款，除了償債之外，餘款的去向交待不清，梁不斷地強烈表
達：「願我國民要求政府予我以決算之報告，不得勿休也。」(25：9，
25，36，39)他的主要訴求是：「不得財政監督權，不納公債額派之本

2　清廷曾為鎊虧的事向外借款，稱為「鎊虧借款」，《中國清代外債史資料》
　　頁772-5錄載相關的官方文件，以及1895-1914年間海關兩對外匯價變動的情
　　況，由此可看出鎊虧問題的嚴重情形與變動趨勢。

3　地方各省軍政借款，以及清政府各部的借款，在《中國清代外債史資料》頁
　　657-790有非常豐富的細部文獻可參閱。

息。」(25：39)

　　析述這些嚴重的病徵之後，梁提出了哪些具體的對策？他在自己的表2和表3所分述的，是這些外債若要在幾十年內償還，則各年所需分擔的本利總額個別有多少，至於如何籌出以及從哪些地方籌來，他則沒有說明，也沒有具體的提議。如果說他有所建議的話，那是他在文中分述各國發行公債的狀況，以及公債制度的優點(25：31-5)。他另在表7列舉法、英、俄、奧等19國在1713、1870、1901年間的公債發行額，然後對比各國平均每個國民的公債負擔額，藉以說明中國目前每個國民的公債平均負擔額不過2兩，是此表內19國中最低者，所以應該還有擴大發展的空間。

　　他舉澳洲的維多利亞省為例，說明發行公債可用來築鐵路、興水利、開工業，可以從這些生利事業的收入來支付公債利息，「雖重而毫不苦其重也」(25：33)。之後他根據日本田尻稻次郎《公債論》的第1章，列舉7項國家應募集公債的原因，強調中國應該發行公債來應付當前的窘境。讀者見到梁在此之前所列的外債負擔數額表、各省分派數額表、各省力榨的諸項稅源表，然後見到這項提議時，或許會反問：歐美各國政府發行公債時，都有各種實物或稅入來擔保，現今中國外債壓身、鎊虧嚴重、政局不穩、民間信心不足，公債之說如何才能具體落實？梁對公債之議有診斷、有藥方而無藥材，神醫亦難為無藥之療也。梁在此是建議舉內債(即公債)來償外債，這項議題在下一節另有細論，目前還是先回到外債問題上。

　　《中國國債史》有兩項特色。第一是統計數字龐雜：歷年諸項外債之金額、債主、用途、攤還期限與本息金額、各省分攤額、鎊虧額與分攤額，都有簡明的數字。第二是梁的解說清晰，論證有力：政府何以陷入此泥淖、如何週旋於列強的壓力之間、如何攤派諸項外債給各省、各省如何應付(增新稅、向外人借款)、清廷如何浪費外債、國民應如何監督外債的運用狀況，都有讓人印象深刻的解說。這本小冊子的寫作方

式，是屬於總體宏觀式的陳述：列舉歷年來的各項外債類別與數目，以及在哪些年限內要償還哪些國家多少金額？這些要償付的款項分別出自哪些地區與哪些稅源？這些相關的問題，現代經濟史的研究已有較完整的統計，對相關的各項子題也有更好的理解。我們可以用這些新資料，來對照梁所提出的數據是否正確，論點是否合理，所提的方案是否可行。梁所談的問題是1904年之前的狀況，我們可以用《中國清代外債史資料，1853-1911》（1991）內的資料，來查證梁的論點。

以歷年的各項外債為例，這項《資料》在頁136-40詳列1853-88年間，各項外債的借款者、貸款人、外債額、幣別、利息、期限、折合庫平銀的兩數等資料；頁315列舉1896-1900（甲午至辛丑）年間的外債統計；頁842-9列舉1900-11年間的各項外債統計與細部條件。這些資料都比梁當時所能見到的更完整也更可靠，此處不需重述這些細項，只需看晚清50年間幾項宏觀性的統計數據即可。

表4-1　晚清外債的類別與分攤狀況：1853-1911

(1)用途分類統計表

用　　途	金　　額	
鎮壓內亂用的外債	22,874,906兩	(1.71%)
中法戰爭的外債	21,935,786兩	(1.64%)
其他軍政費外債	12,381,292兩	(0.93%)
甲午中日戰爭的外債	380,775,866兩	(28.48%)
鐵路外債	348,010,118兩	(26.03%)
工礦外債	33,552,561兩	(2.51%)
實業外債	7,435,858兩	(0.56%)
各省督府借債	37,677,604兩	(2.82%)
清政府各部借債	22,158,384兩	(1.66%)
庚子賠款外債	450,000,000兩	(33.66%)

總計1,336,802,375兩

(2)各省每年應上解賠款和債款數額

東三省	31,250兩	(0.07%)	湖南	1,407,400兩	(3.00%)
直隸	1,841,000兩	(3.92%)	四川	3,928,000兩	(8.36%)
江蘇	7,931,250兩	(16.88%)	廣東	7,319,000兩	(15.58%)
安徽	2,531,500兩	(5.39%)	廣西	647,500兩	(1.38%)
山東	1,505,500兩	(3.20%)	雲南	417,000兩	(0.89%)
山西	1,618,500兩	(3.44%)	貴州	206,000兩	(0.44%)
河南	1,999,600兩	(4.26%)	福建	2,250,000兩	(4.79%)
陝西	999,000兩	(2.13%)	浙江	4,047,000兩	(8.61%)
甘肅	350,000兩	(0.74%)	江西	3,443,000兩	(7.33%)
新疆	460,000兩	(0.98%)	湖北	4,059,000兩	(8.64%)

統計共銀46,991,500兩

(3)光緒30年補還鎊虧分攤款額表(單位：關平兩)

直隸	500,000兩	(4.63%)	湖南	600,000兩	(5.56%)
江寧	800,000兩	(7.41%)	福建	500,000兩	(4.63%)
江蘇	800,000兩	(7.41%)	廣東	700,000兩	(6.48%)
安徽	500,000兩	(4.63%)	江海關	500,000兩	(4.63%)
江西	800,000兩	(7.41%)	津海關	200,000兩	(1.85%)
山東	600,000兩	(5.56%)	江漢關	200,000兩	(1.85%)
山西	600,000兩	(5.56%)	蕪湖關	100,000兩	(0.93%)
河南	500,000兩	(4.63%)	閩海關	200,000兩	(1.85%)
四川	700,000兩	(6.48%)	東海關	100,000兩	(0.93%)
浙江	700,000兩	(6.48%)	粵海關	300,000兩	(2.78%)
湖北	900,000兩	(8.33%)			

合計10,800,000兩

資料來源：《中國清代外債史資料：1853-1911》頁1015-32。本表第(3)項的數
字源自梁(25：27)的表6。

　　表4-1內有3項統計，分別顯示這段期間（1853-1911），外債的（1）總
額與各項用途的比例；（2）各省每年應負擔的數額；（3）舉例說明光緒30
年時各省分攤的鎊虧數額。表4-1的第1項綜述1853-1911年間的10類外
債、其數額、所佔的百分比。這10類外債的內容（共計208筆），以及相
關事件的發展過程與解決方式，都可在許毅（1996）等著的《清代外債史
論》內找到很詳盡的解說[4]。表4-1第（1）欄內的第2項是「中法戰爭外
債」，這和第4項的甲午戰爭外債，以及第10項的庚子賠款外債，有一
點基本的差異。甲午與庚子都是戰敗的賠款，而中法戰爭之後所簽訂的
中法天津條約內，並無賠款的條文。這筆兩千多萬兩的外債，其實是
1883年9月至1885年5月中法戰爭期間，爲了加強海防和充實軍需而向外
舉借的債務，計有神機營借款、廣東海防借款（4次）、福建海防借款，
等等。許毅的〈中法戰爭與外債〉（1996：309-52），對這些借款的內容
與過程有詳細解說，同時也可參閱湯象龍（1935：664-72）和羅玉東
（1932：197-202）對中法戰爭期間借款的細項說明。

　　1895年4月簽訂的中日馬關條約，要求賠償日本軍費2億兩庫平銀，
這個數額是清政府2年半的財政收入，是日本政府4年半的財政收入。中
國無力償此鉅款，先後向俄、法、英、德舉了3次大借款，總額達3億
兩。甲午賠款的複雜過程，以及國際間的諸多交涉經過，學界已有很充
分的析述，也可詳見許毅（1996：353-452）以百頁篇幅所作的析述。庚
子賠款的總額，以及各國的要求額及其各佔的百分比數，詳見許毅
（1996：459）表9，以及頁453-71的綜合性敘述。若依用途來看，表4-1

　　4　這本文集（內含26篇文章）是在許毅（1988）編的《清代外債史資料》（上中下3
　　　　冊）基礎上，所做的延伸性與個案深入性探討，可說是這個領域的代表性專
　　　　書。此書的3項附錄非常有用：（1）依債項名稱、起債時間、債權者、款額、
　　　　利率5項，表列208筆外債債項；（2）依不同的外債用途，分類表列上述208筆
　　　　的不同用途屬性；（3）逐年列舉銀元、庫平兩、海關兩、英鎊、日元、美
　　　　元、法郎等外幣之間的兌換比例。可另見《中國社會經濟史研究》1997年第
　　　　3期頁95-7歐陽宗書對此書的評論。

的總額項內，以對外戰爭性的負擔最大：中法、甲午、庚子3項合計達63.78%；其次是實業性的外債：鐵路、工礦、實業3項合計29.1%；行政與軍費性的債務比例反而不高：鎮壓暴亂、軍政費、各省督府借債、清廷各部借債合計7.12%。

　　若以表4-1的第1項來和梁的表1(25：1-2)相對照，會有幾項對比上的困難。首先，梁的表格只列光緒4-28年(1878-1902)間的資料，而表4-1的時段較長(1853-1911)，這是後人在資料上的充分，不能據以指責梁的解說不完整。其次，梁的統計項目未必完整，他只列出11項外債的數額，表4-1雖然未詳細列舉各項外債的細節，但如前面所引述的細部資料來源顯示，表4-1的統計範圍、完整性與精確性，應該都比梁的數字可靠。第三，梁引用的單位複雜，有馬克、有英鎊、有中國銀兩，而表4-1的數額概用中國兩(但未說明是否爲海關兩或關平兩)；在貨幣單位不一的狀況下，不知梁如何算出「以上統計，償款並利息共計二百十一兆兩有奇」(25：3)？在表4-1內看到的外債總額是13億多銀兩，梁所引用的數字，在表達上會引起現代讀者的一些疑問。

　　梁在他的表1內，所用的幣值單位不一，不知他如何換算出戊戌前舊債總額約「四千九百萬(英)磅」(25：9)。在這項數字的基礎上，他在表2內推算這筆總額要在光緒25-69年的45年之間才能攤還完畢。他是根據表1內的各項外債額，以及不同外債項目的不同折扣，和不同利率基礎來計算的，他雖然沒有詳細說明是如何計算的，但他的表2主旨是要傳達一項訊息：戊戌之前的外債，以當前的償債條件來看，要半世紀左右才能償清。至於何以每年的清償額都不同，那是因爲各項外債的數額、年限、利率都不一，最高的年份是光緒27年(將近2500萬兩白銀)，最低的是光緒69年(10萬兩白銀)。這項統計尚未包括4億5000萬兩的庚子賠款在內。

　　這些鉅額的外債，當然超過朝廷的償付能力，所以各省也都被攤派負擔額。本章表4-1的第2項雖未註明是哪些年份間的事，但大體上可以

看出江蘇(16.88%)、廣東(15.58%)、四川(8.36%)3省的分攤額最沈重。表4-1的第3項內，各省分攤的鎊虧額比例，和表4-1的第2項不同，例如江蘇在此處就只分擔7.4%；此外，有好幾個河海關也分攤了鎊虧額(共約15%)。

清廷要求各省分攤外債的文獻，在《中國清代外債史資料》頁222-46，947-1013內有非常豐富的記載，在此只需舉出1895年5月26日戶部的一項奏摺，就可以看出問題的本質：「中國常年進項，地丁之外，以厘金、洋稅爲大宗。此次償還本息，並舉專指洋稅一項，恐尙不足以供；又況通商口岸加增機器改造土貨，內地厘金必致減色，是出款所增甚巨，而進款所損愈多。臣等仰屋紓籌，點金乏術，目前之補苴非易，將來之籌措更難。……臣等籌思至再，實乏良圖，惟有請旨飭下大學士、六部九卿，暨各直省將軍、督撫通盤籌畫，如有可興之利，可裁之費，于國有益，于民無損，勿畏繁難，勿避嫌怨，勿拘成法，勿狃近功，務令各抒所見，詳晰奏聞，伏候聖明采擇，以資集思廣益之助，俾臣部異日籌款有所折衷。」(頁223)這是甲午賠款之後1個月時的窘境，後來又有了4.5億兩的庚子賠款，各省的分攤必然會更加嚴重。梁(25：29)略舉各省的新財源中，包括了彩票、鹽斤加價、賭稅在內[5]，眞是做到了「勿避嫌怨、勿拘成法」的程度。

表4-1的第(2)、(3)兩項，涉及兩項清代財政制度的特點，一是解款，二是攤款，須稍加解說。從雍正3年(1725)起實行的「解款協款」制度，到了光緒朝時因中央已無法掌控各省的收支，所以原先由中央調控的「春秋撥」和「解協款」就無法推行，改採「攤款」方式：不問各省實際的收支盈餘，而視各省的大略財政能力，指派各省以「定額」的

5　1902年3月浙江巡撫任道鎔報告該省的加稅項目：(1)糧捐(每兩加收錢500文)，(2)鹽斤加價(每斤加錢4文)，(3)鹽引加課(每引加銀4錢)，(4)房捐(值百抽十)，(5)膏捐(售銀一兩收錢20文)，(6)酒捐(各式)。見羅玉東(1932：247表10)說明諸省加稅的狀況。

方式解款給中央，或協款給鄰省；即由原先的「估」與「撥」，改為硬性的「攤」派（「改撥為攤」）。攤款額一經中央指定，各省即應照額繳納，若地方財力不逮，則設法自籌。

　　彭雨新(1947：91)有一個統計表，對比甲午前後各省派定解款額的差異。甲午之前(未說明共幾年之間)，各省攤派的解款總額是1,017萬兩，主要的內容以京餉(638萬)、邊防經費(154萬)、籌備餉需(114萬)為主；各關口的攤派額是359萬兩，內容的比重順序如上所述。在甲午到庚子賠款的6年之間(1895-1901)，各省的攤派總額高達5,098萬兩(增了五倍)，其中最大的一項是庚子賠款的攤款(1,880萬)，其次是甲午賠款與各項債款；也就是說，各省在這6年之間，光為了甲午、庚子、債款這3項就被攤派了3,600萬兩的重擔。同時期各關口卡的攤派額是871萬兩，主要是負擔各項外債(包括用作甲午賠款者)，但卻未承擔庚子賠款的部分。反過來說，若沒有這種硬性強迫各省承擔的攤派制度，清廷的財政早已破產，所以攤派是不得已之下的救命制度。

　　以上所說是甲午前後的對比，平均各省的攤派額多出了6倍；但就各省而言，又有高低之差。山東、山西諸省較少，只多出3、4倍；高者如廣東(8倍)、直隸(10倍)。有些較貧瘠的省份，如廣西、雲南、貴州、新疆，在甲午之前並未被攤派，但之後就都難以避免。在清朝最後的幾年(宣統的3年間)，江蘇被攤派的解繳款高達870餘萬兩，廣東有7百多萬兩，黑龍江最少，只在宣統元年攤解海軍經費1萬元(詳見彭雨新1947：92)。

　　以甲午賠款為例，來說明這類事情的運作方式。為了償付對日賠款(2億兩)，清廷向外舉借3.8億兩，「首以俄法、英德兩項借款為大宗，……應還本息二者歲共需銀1.2千萬兩上下。……將何以應之？此非各省機關與臣部(即戶部)分任其難不可。」從羅玉東(1932：221)的詳細表格可以看出，戶部、15省、15關在1896年時，對俄法、德英借款的攤還數額。(1)俄法款方面：戶部撥1百萬兩，15省地丁、鹽課等稅項

撥205萬兩，江海等15關從各項關稅之下撥202萬兩；3者合計年撥507萬兩。(2)英法款方面：戶部撥109萬兩，15省撥295萬兩，15關撥295萬兩，合計699萬兩。單是這兩項借款，在一年度內就要由中央、15省、15關共同分攤1,206萬兩的本息。所幸在1898年就清償了對日的2億賠款，但除此之外還有多項外債與隨之而來的鎊虧，也大都靠這種硬性攤派的模式來清償。

再來看攤派庚款的方式。庚子拳亂後1年(1901)，與列強議定賠款4.5億兩，前9年(1902-10)每年攤還18,829,500兩；另需再付利息，每年支出本息合計21,829,500兩；以後每年遞增，數額在2至3千萬兩之間。甲午賠款的債權國只有日本，所以可向列強借款償還；庚子賠款的債權者為8國列強，所以中國告貸無門，必須自己籌還。清廷無力自償，只好又硬攤給各省。以1902年份的款額為例，21,829,500兩內的300萬兩，由戶部從各項中央入款內撥，其餘1,880萬兩由19省攤負：江蘇最高(250萬兩)，安徽第7高(100萬兩)，貴州最低(20萬兩)，合計1,880萬兩[6]。

此外還有練軍籌餉的攤派。甲午與庚子鉅額賠款的各省攤派法既然行之有效，緊接著在1903年有練兵之議時就擬倣此法。時袁世凱任直隸總督，抽收煙酒稅歲入80餘萬兩，所以朝廷在1903年11月下令18省以煙酒稅為名，共同攤派練餉費562萬兩：直隸與奉天最高，各80萬兩；甘肅與新疆最低，各6萬兩。當時國際銀價低落，白銀的購買力下跌，從煙酒稅得來的562萬兩並不夠用，所以清廷在同年同月另有一諭，命16省再以丁漕田房稅契項，共攤派320萬兩：江蘇與廣東最高(各35萬兩)，山西、陝西、雲南、廣西、福建五省最低(各10萬兩)。這兩項練兵款總額每年882萬兩，但因性質非為賠款，急迫性較低，各省籌解的狀況並不踴躍(詳見羅玉東1932：249-50表11-12)。

6 　詳見羅玉東1932：243表9及頁243-9詳細説明戶部與各省如何裁減軍費、官員俸餉、增收稅項來籌攤此鉅款。

2.2　外債原理

有了上述較寬廣的背景，現在轉回來看梁對外債的論點。這麼強大的外債壓力，當然會引起朝野的各種反應。某些人士視外債如蛇蝎，排外債論者「意氣橫決，欲以暴力排異論」；另有一派人視外債爲救命丹，屢倡借款論。梁寫〈外債平議〉（1910, 22：41-94）這篇長文用意，是要析其衷以作平議，明其學理，解說史實，辯明外債之利與弊。這是一篇說理性的文字，在架構上和學理解說上都很穩當，大概是梁根據日本財政學的相關著作，綜述財政學理諸說，佐以中外史實，再加上他個人的觀點而成。將近一世紀之後重讀，仍可感受到此文的體系精密，是外債學理與問題綜述的佳作；此外也旁及歐美俄諸國與日本的外債史實，持論平穩，可讀性很高。

這篇55頁的長文分13節，前兩節論公債的作用與用途。在一篇論外債的文章內先談公債，對當時的讀者而言似乎唐突，但現在回顧梁的論述，可以看出有兩項原因。一是他在1910年前後，大力提倡中國應做日本與歐美諸國發行公債，以減緩內外債的壓力，這篇〈外債平議〉正好是在那時寫的，所以把論公債的事放在首兩節是可以理解的。第二，如前所述，他在1904年寫《中國國債史》時，提到公債之利以及中國公債制度仍不夠發達，但那時只是順便一提，到了1910年再論外債時，他舊話重提，把公債之說放在論外債文章的頭兩節，用以彰顯他提倡發行公債來緩解外債的論點。這兩節論公債的內容淺明，多重複《中國國債史》內已說過的道理，只是文字更有條理，語氣更平緩，但也幾乎無新論點可言。梁亦自知此弊，所以在第二節末加了一句附言：「以上兩段本在本題範圍以外，徒以吾國人於財政上常識多未具備，並此至淺近之原則而猶不解者甚多，故不憚詞費，述之以爲立論之基礎。」（22：46）

第3節論外債的性質與功用，在這3頁之內可述的要點不多，其實應視之爲此文之導論，因爲上兩節是論公債，與本章的主旨不直接相干，

所以正文的導論實始於此節。第4節分述歐美日諸國舉外債之利弊，以及造成各種利弊的因素。第5節從財政與國計民生這兩個角度，分析中國宜借外債的原因。第6節從同樣角度但不同的觀點，論中國不宜借外債的理由。第7節列舉16項要借外債必須先解決的問題。第8節是最具體的建議，解說當今中國可以利用，以及不宜利用外債的項目。第9至13節是較技術性的解說：應如何選擇債權者、應如何擬定募集的條件、舊債與新債之間應如何銜接、國債與地方債和公司債3種應各持哪些原則辦理，等等。在這些龐雜的主題內，較有論證力量的是第4至第6節以及第8節，因為第7節論舉外債應先具備的16項要點，是各國皆適用的通則，很可能是梁從日文專著內摘要出來的，但全文內他都未提及所參考的著作或相關的作者。同樣地，第9到11節所談的，也都是各國都適用的普遍性原則，而非他的獨特見解，在此可以不論。梁並非專業財經學者，在短期間內能寫出這麼具有完整性與籠罩性的觀點，大概需要根據他人的研究成果與體系性的論著才有可能。以下把焦點放在第4、5、6、8、12等5節上，來看他對外債問題的獨特意見。

第4節論各國利用外債的利弊狀況與原因。在9頁的篇幅裡(22：49-57)，梁的論點可以分成兩條對立性的主軸。第一是歐、美、俄與日本等先進國家，一般說來甚受外債之助：「若意人(意大利)則謂之純食外債之賜焉可也，蓋彼以外債之故，將全國鐵路開通，國中增設無數之工藝廠，又改良土壤使農業大進於昔，……苟非藉外債之力，……決無術能致也。」(22：50)實情或許如此，但以經濟史的常識看來，這未免過於神奇，意大利在19世紀中葉受外債之助的真正效果，需另參考專業性的研究才能作公允的判斷。梁對俄、日兩國受外債之助，也有很正面的看法：「然使非藉外債，則俄國各種政治機關、生計機關安得有今日之整備，……故俄國之外債，利餘於弊，不可誣也。……則日本受賜於外債，抑已多矣。」(22：51-2)

第2條主軸，是論開發中國家未受外債之利反受其大害。「埃(及)

民生計能力缺乏，其所借外債悉以供揮霍，而不能爲社會殖分毫之
利，……揮霍既罄而償還無著，埃及國命自茲遂絕。……使全國土地什
九歸歐人手，前後僅二十年間，以區區金錢細故，遂至君俘社屋，舉國
之人泰半宛轉就死，慘酷之狀，有史以來未之聞也。」（25：53-4）相對
於意大利和日本的例子，梁對埃及的狀況描述是另一種極端。此外，他
舉波斯、阿根廷等國之例，說明外債對這些貧弱國家所帶來的深切病
害。舉了這些實例之後，梁整理出7項外債有害於國民生計的原因（22：
55-7，在此不擬重述），他的綜合結論是：「故平心論之，外債之本質
非有病也，即有之，其病亦微，而非不可治。天下事弊恆與利相緣，豈
惟外債；而外債之特以病聞者，則政治上之病而已。」（22：57）

　　這項外債有利有弊的觀點，可視爲第5、6兩節論述中國宜借與不宜
借外債之說的基礎。從財政的觀點來看，近來中國每年的國計歲入與歲
出額約差1億，「苟得外債始蘇此困，此財政上宜借外債者一也。」現
以財政窘困，「官俸兵餉動致延欠，……非得外債則無以救死亡，此財
政上宜借外債者二也。」「現在入不敷出之數，政府固終不得不取盈於
民，……則惡租惡稅……等必紛起，……資外債爲挹注，……或稍可減
殺，此財政上宜借外債者三也。」（22：57-8）在這段簡短的論述裡，梁
所說的3項論點其實是一體的三面：國家財政入不敷出，外債可以用來
緩解諸多惡果。他在第6節中另舉3點相反意見，說明從財政的角度來
看，不宜借外債的原因：若以歲入不足而仰債度日，易養成「恃舉債以
爲彌補之道」；其次，「乃若現政府者，則愈借債愈以益其浪費，而政
務之腐敗及愈甚……」；復次，「今若贊成政府借債之議，則所借得之
債必以泰半投諸軍事，……爲外國槍砲廠增無量數之大宗生意，使經手
周旋人多一可沾之餘瀝而已。」（22：60-2）這3點反對意見，其實都在
論說一點：外債易得，必然浪費，對國家無益。

　　從國民生計的觀點來看，宜借外債的原因很簡單：中國地大物博、
人力豐沛，但缺乏開發資金，若能得外債而地盡其力、物盡其用、貨暢

其流，則地租收入必增(土地開發利用之結果)、工資收入提高(減少失業，增加就業人口)、贏利增高(開發經營產業獲利)，「由此言之，生今日之中國而侈言拒外債，雖謂之病狂焉可也。」(22：60)此外，借來的外債可以用來整理舊債、改革行政、建設交通、確立金融，「於拒款之俗說不敢貿然附和者，蓋以此也。」(22：60)但若從弊病的角度來看，中國即使有外債之助，但是否有足夠的企業能力來運用？有無健全的企業體制與金融體系可配合？有無進步的法律環境來監督？這些條件中國都尚難提供，徒有外(債)資湧入，恐怕投入實業界者少，轉入投機事業者多，如此將造成奢靡之風、物價高漲、外貨侵入的惡果，未受其利反受其害。

析述了這些應考慮的因素之後，梁在第八節提出幾項業務，說明它們何以「決不宜」或「最宜」利用外債。決不宜利用者有兩項：(1)用以補現在行政費用之不足者；(2)用以擴張軍備者。最宜利用外債的項目有6：(1)用以為銀行準備金，以確立兌換制度；(2)用以設立大清銀行支店於外國，而實行虛金本位之幣制；(3)用以整理舊債；(4)用以改正田賦及整理他種稅法；(5)用以開移民銀行及農業銀行；(6)用以大築鐵路(22：72-9)。

最後一項議題，是論應否借外債以紓國困，或是以發行不兌換紙幣來替代外債較佳(第12節，22：90-1)。梁說明他的立場是：「吾既為歡迎外債論者之一人，同時亦為反對外債論者之一人，而歡迎與反對，要以政治組織能否改革為斷。以現政府而舉外債，吾所認為百害而無一利者也。即使政治組織能改革，而當財政基礎未定，人民企業能力未充之時，則巨額之外債吾猶不敢漫然遽贊。」(22：90)梁既反對外債，而國用窘困，他有何對策？「則吾以為與其借外債，毋寧發行不(兌)換紙幣之為禍較淺也。」(22：90)讀者必疑：梁明知國用不足、外債與賠款壓身、鎊虧之害猶如雪上加霜、民間企業能力不足、政府效率難倚，在這些客觀障礙未除之前，在一個沿用金屬貨幣兩、三千年的經濟體系內，

驟然發行不兌換紙幣，民間何以會對此新幣有信心？政府如何擔保紙幣價值穩定？梁有4項要點答辯(22：91)。

第一，「外債非徒須還本也，且須納息。若收回溢額之不(兌)換紙幣，則不需息，遞年之負擔較輕。」這是從成本的觀點來看：發行紙鈔政府可以不必支付利息。第二，「不換紙幣有流弊時，欲整理之，僅收溢額之一部分而已足。其他部分仍可改爲兌換券，外債則必須償金額。」現在我們知道事情不可能如此簡易，政府的掌控也不可能這麼如意，只要看1940年代所發行的金圓券，就可以知道梁的見解過度樂觀。第三，「不換紙幣即至無力收回之時，仍可以法律強制改爲內債。若外債無力償還，則救濟之法惟有更借新外債，債愈重則危險程度愈甚。」同樣地，這也是過度樂觀之言：不知世界上有何國何時曾能把無力收回之紙幣，以法律強改爲內債？第四點的見解也是過度樂觀，無引述與批評的必要。

綜觀梁此議甚是天眞：外債雖毒，但具有國際間的實質購買力(向英國借得之款在各國皆可購物)；而中國在此弱勢下所發行的不兌換紙幣，除了強迫國民接受外，國際間有何人肯收受？梁在此長文的前11節內說理清晰，優劣點論說分明，然而在提議新政策時，卻見樹不見林，以他的才智而出此下策，恐怕是棋局已定，徒作無力回天之舉。

這篇〈外債平議〉在1910年10月13日和11月2日的《國風報》(第25、27期)刊出後，有上海某報館批評此事，謂梁作此文的目的是在反對向美國借債，說梁是受日本之賄而替日本遊說反對此項借款。梁事後對此事寫了兩頁多的附言(22：92-4)，激辯此事之謗諛。現在重讀，仍可感受到當時對應舉外債與否、應向何國借款較適的問題，都顯現出多方利益之糾纏，以及各國政治角力的濃厚火藥味。

2.3　外債糾紛

梁在1910-1年間寫了3篇批評清廷濫舉外債的短文：一是〈評一萬

萬圓之新外債〉（1910，25上：153-7）；二是「新外債之將來」（1910，
25上：189-90），這是他在一篇長文〈將來百論〉（在《國風報》第1、
3、5、6、15期刊載）內的1節；三是〈論政府違法借債之罪〉（1911，25
下：31-4），此文原題〈論政府違法借債委過君上之罪〉，刊於《國風
報》5月9日第10期。

梁在《國風報》發表〈外債平議〉（1910）後，被上海某報批評是在
替日本說話，目的是反對向美借債，此事大要已在前面述及。但此文刊
出後不久，「據道路所傳言，則契約已彼此盡諾矣。」（25上：153）梁
既因寫〈外債平議〉而受批評，心中不滿，又聞此項貸款已定，立刻寫
了這篇〈評一萬萬圓之新外債〉，刊在11月12日第28期的《國風報》
上。梁未明言此項外債的名稱與內容，但在文末有《國風報》的編輯附
識：「而此一萬萬圓之債權，由美英德法4國公同引受，則借款主動之
美國人士德列士，在倫敦已經畫押，此消息殆必確矣。且聞其約款中尚
有將來凡有中國借款，皆須四國均霑等語。嗚呼！著者竟不幸言中。」
（25上：157）根據這些訊息，翻查《中國清代外債史資料》（頁792-
802），在1910年10月前後與美英德法4國相關的貸款事項，應該是清政
府與美英德法4國銀行團談判幣制借款的事。

此事源自1903年10月唐紹儀專使赴美所訂的商務條約，其中的第13
款是：「中國同意採取必要步驟，以劃一全國鑄幣。中國臣民及美國公
民，得在中國全境內，以該法償鑄幣繳稅及清償其他債務，惟關稅之收
繳，仍按關平銀兩計算。」（頁792）中美雙方的這項約定，引起歐洲列
強的不滿。1909年7月6日，英、法、德3國銀行在倫敦達成協議，規定
締約一方之銀行，在沒有締約他方銀行參加或聯合簽署下，不可與中國
單獨商洽借款並簽押合同。1910年5月24日，英、法、德3國銀團在巴黎
會商，邀請美國參加對華貸款的4國協定，美國至此已無法與中國單獨
簽訂貸款事項。

1910年9月22日美國在華公使嘉樂恆（Calhoun）致美國國務卿諾克斯

(Knox)電，報告盛宣懷面詢借款改革幣制之事。盛「詢及美國銀行是否願意承借五千萬兩，以便進行幣制改革。借款將以採抵押過之關稅及厘金擔保，估計每年約可徵五百萬至六百萬兩。」(頁795-6)同月27日度支部呈「借美款先訂草合同請旨核遵」(頁798)，主要內容是：「竊臣部前奏，整頓財政，必先統一幣制，必須預籌鑄本，曾經會商樞臣。……臣等當即與北京花旗銀行會議，借款總數不逾美金五千萬元，利息周年五厘，每一百元准扣五元。已由美國資本家摩根公司、昆勒貝公司、第一國立銀行、國立城市銀行四家聯合承辦。該公司等公派在京花旗銀行總辦梅諾克，臣部即派左丞陳宗嬀、右丞傅蘭泰于九月二十五日簽字，各執一份。」這就是梁所批評一萬萬圓(美金五千萬)新外債的大致經過與內容大要。

　　1910年10月31日，美國代理國務卿艾迪致美國駐法大使電，表達美國與中國借款之事歡迎有關各國支持：「中國當局業與美國銀團簽訂了借款五千萬美元的草合同。借款大部分將用于中國履行其對美國、英國及日本所承擔之條約義務而進行之幣制改革。本國政府深信，擬議中之幣制改革，對與中國有廣泛商務關係各國，對中國本身，以及其他與中國有條約關係諸國，都具有重大意義。爲促進此項改革之實現，本國政府歡迎有關各國誠摯的支持。」(頁800-1)這項訊息表明美國無意獨吞此項合同，據此，美、英、法、德4國銀行團在11月10日簽署一項協定，同意對中國一切有關財政的運用都共同參加，這就是《國風報》編者所附識的要點。

　　略知此事的緣由與經過後，現在來看梁從3個角度(政治上、法律上、外交政策上)對此事的評論要點。根據合約的內容，此項外債將用來改革幣制(行虛金本位)，這正是梁一向主張之事，但他的疑慮在於：雖然號稱幣改借款，但「今政府借債之目的未嘗宣明，吾又烏知其果爲此事之用否耶？即宣明矣，誰又敢保其不以一部分挪用於他項耶？」(25上：154)梁原則上贊同幣改借款，但以清廷過去在借款方面的作

爲，又讓他有上述的疑慮。此外，他還有一項執行幣改能力方面的質疑：「即不挪用矣，而現在辦理幣制之人，果有公忠奉國之心，而不至聚而咕嗶此款耶？即有此心矣，而其智識才能果足以善其事，而不至擲款於虛牝耶？」

四國銀團貸款的事情後來發生變化，這牽涉到中美雙方協調上的問題，也有日、俄強烈反對的國際外交問題。據《北華捷報》1911年2月10日的報導，5000萬美元協議的簽字一再展期，原因有3點：(1)清政府不願聘用美籍財政顧問，(2)美方要求的利率太高，(3)借款發起人與歐洲銀行團對債券發行辦法尚未有具體的決定。在外交方面，俄駐美代辦在1911年7月11日致函美國務卿，表達此項幣改貸款將會妨害俄國在東三省的利益；日本駐法大使在同日提出口頭聲明，嚴重反對「借款合同給予財團在借款上享有廣泛(金融、實業及商業)之優先權。」雖然中國的度支部與外務部，已在1911年3月17日擬好四國銀團的借款合同共21款，而且同年7月4國銀團也在倫敦開過會，商討未來的發行事宜，但同年10月10日辛亥革命爆發，中國的信用完全動搖，幣改之議因而中止，所訂的借款合同僅交40萬鎊，作爲東三省經費[7]。

以上是幣改借款的經過與日後的結局，現在回來看梁在1910年對此事所作的評論。在經驗上，他有理由懷疑清廷的眞正借款動機；在技術上，也有理由懷疑中國執行幣改的能力；但日後梁在兩次入閣時(1914、1917)，不也是積極向外國借款幣改，還引發過不同的批評，最後不也是失敗收場嗎？所以幣改借款之事對中國是否合宜，應該不是清廷或梁個人操守或能力的問題。現在我們可以比較客觀地理解，在那種情境之下的主事者，都會有幣改借款的意願，但恐怕也都難以達成目標，原因很簡明：內憂外患，百廢待舉，孤臣實無力回天。

7　《中國清代外債史資料》頁805-20；另見宓汝成(1996)對國際銀團和善後借款的解說。

梁的第二點批評，是說此項借款的程序，違反了資政院章程第14條第3項的規定：「凡公債事件，資政院應行議決。」(25上：154)梁謂外債雖非公債，但也不應毫無法律之監督：「而試問此次借債之案，果曾提出院中而經議決乎？……明明視欽定法律為無物，苟有不便於己，則蹂躪之如草芥也。」話是有理，但此時已在辛亥之前2年，沈船之前要求船長依海事法逐一行事，未免不饒人。

第三點批評是此項借款將更陷中國於外交弱勢：「謂此次借債無須抵押。其種種條件亦比較的於我有利，……無抵押以貸諸我，恐其所以為抵押者別有在耳。……今我固乞憐於美(國)而不屑乞憐於他國，而他國遂許美(國)以獨為君子乎？苟紛紛憐我而周我，則政府之財固不可勝用，恐國命自此而斬耳。」(25上：155)

梁在同年與翌年所寫的另外兩篇評論：「新外債之將來」與〈論政府違法借債之罪〉，所論的事項大抵相同，主要的意見已在上一篇評論內俱出，只是在詞語上更不加約束：「政府犯此一重大罪，……忽焉欲委罪於君上，則又罪上加罪焉。……則是謗皇上為不孝，……公等勿謂可以假上諭以狡卸汝罪也。……當知我皇上為我國立憲之第一代君主，惟有神聖而已，決不能為惡。……」(25下：33)這段話之後尚有不少情緒過激的文字，不知梁當時何以激動至此。

綜觀這3篇評述，梁並不是反對向外舉債：「外債之本無善無惡，而其結果則有善有惡。善惡之機，惟在舉債用債之政府。」(25上：156)雖然從政治上、法律上、外交上來看，這筆外債都有可議之處，但在國家傾覆之時，作此得理不饒人之論亦略過苛。數年後梁入閣掌幣政與財政時，若以子之矛攻子之盾，梁當作何感想？梁又有何上策與善果乎？

2.4 籌還外債

庚子賠款的負擔沈重，1905年在京師曾辦過一次國民捐以清償外債，但到了1908年4月僅得41萬3千餘兩，相對於4.5億的賠款於事無

補。度支部准原捐者領回或改存於儲蓄銀行(羅玉東1932：257)。1910年間又有了另一項籌還國債的運動,「不數日而全國所至,……莫不銖錙貯蓄,競割舍其所以自娛養之具以應國家之急。」(21：68)梁對此事寫了3篇短文：〈國民籌還國債問題〉(1910,21：60-70);〈再論籌還國債〉(1910,21：70-8);〈償還國債意見書〉(1916,21：78-92)。他對此事的基本態度是：「吾乃汲此冷水以澆彼熱腸,……吾正以國民愛國心不可以挫折也,故其愛國心之所寄,不可以不審慎。苟漫然寄於不可成之事,或成矣而效果反於其所期,……毋寧先事而犯顏諍之。」(21：69)梁為何反對此事?籌還國債會是由直隸商業研究所和天津商會發起的,官商學諸界也有支持的意思。中國的外債十多億兩,除鐵路債、工礦債、實業債之外,大都為不生產性的債務(詳見表4-1),每年所攤還的本息,幾乎去掉政府歲入泰半,若再加上鎊虧,還不止此數。全國若能奮起償債,列強必驚於國民心之強烈而莫敢侮,所以附和此議者日多。

外債的項目繁多,而籌還國債會的計劃,卻以甲午和庚子兩項賠款為限。他們提議依各府廳州縣的貧富程度分等級,以人口的比例來分擔。此外並勸富民代貧民分擔,捐多者奏請給與勳章等優獎。梁認為這種做法幾乎等於是國民捐,雖曰勸捐,但實際的做法卻是攤派;捐是道德性的善舉,而攤派則近乎租稅。籌還國債會的做法,是要倣效法國人在普法戰爭之後,向社會募款以償戰敗賠款。梁指出法國的情況與中國不同：(1)法國是以發行公債的辦法募資而非義捐。購買公債者將來有利息可得,故眾人有意願承購;而捐款只有勳章獎狀,並無經濟價值,誘因自然不大。如此長期、龐大、牽涉諸國的外債,豈能靠社會的一時熱情來解決?(2)巴黎的債券市場發達,各國資金往來活躍,有公債發行就自然會有國際資金來收購,並不全靠法國人民之資金;相對地,中國並無此資本市場,只能靠所得低下的國人,在愛國心的驅使下點滴匯集。

甲午與庚子賠款的外債總額超過8億兩(見表4-1，梁說將近7億兩，不確)，以中國4億人口計，平均每人約分擔2兩，看來事小，應可達成目標。但換個角度來看，當時的平均國民所得水準不高，加上幣值不穩，銀賤錢荒，各項雜苛不堪其擾，政府尚且需要向外舉債付餉，若只靠民間捐募，如何得出此鉅款？就算能勉力湊出，此8億兩流出國外償債後，國內的可用資金必大受影響，生產和投資所需的資本將從何處來？若為償今日之外債而不顧明日之生活豈是上策？同樣的道理，8億兩流出後，政府稅收的來源豈不也受影響？愛國心誠可佩，但此事可行與否是一大問題；若果真成功，必然會引發出其他大問題。梁所舉的理由中肯切實，雖是冷水澆熱腸，但並無惡意。這是從能否、應否由民間籌還外債的觀點來看。

另一個問題是：這些外債的形式是屬於哪些類型？答案也是不利的。梁表列8項外債和賠款的數額與償還條件(21：71)，說明這些外債都是屬於定期、定額型。也就是說：就算國家財政有餘裕，也不能提前償還；就算當時利率已降低，也不能借新款來償舊債。籌還國債會所努力的目標，都是屬於這一類型的外債，這種外債的償還年分與每年應償的金額，在條約上一一載明，不能更改移動。若硬要先還，則每百鎊另加價2、3鎊。這些拙笨不合理的限制，籌還會也應考慮，並非單純意氣激動地湊錢還債而已。若此議不行，彼議困難，梁自己又有何上策？他在〈償還國債意見書〉(1910，21：78-92)內獻上一策，名曰償債基金法，基本原理如下：由政府撥款若干以為基金，以此金向市場購入公債來收息，之後以利息所得再投入購買公債。也就是用複利的觀念，子母再生，以利滾利。此法盛行於18世紀末19世紀初的歐洲各國，之後漸廢不用。梁有此議，是見日俄戰役時日本因財政薄弱，後因採此策而事成。

梁提議的辦法是向外借債6億元，分20年撥買內債與外債，他擬了兩個表(21：85-90)，說明外債如何在42年內可以還清本息，內債可以

在20年內清償。梁認為若依此計劃，「則四十二年間，國家除派息外，不費一錢而能掃還六萬萬之外債，而此六萬萬之老本，尚有五萬萬存貯銀行而未動也。且所派之息，又大半仍落於本國人手也，則生產效力之大，豈有過此者哉。」(21：82-3)後人讀此償債計劃書會得到一項感覺：梁在批評籌還會的計劃時，所說的理由冷靜合情，而自己獻策時卻又淨打如意算盤。若中國借6億外債，單靠複利運作就有此效果，世上豈有貧國與窮人？梁的算盤是手中有了6億之後應可如何如何，但他未說明在外債重壓的狀況下，如何可借得這6億新債？梁尚不知母雞何在，卻已在盤算將來如何生雞蛋、再生雞、再生蛋的美夢。

1910年的這項國民籌還國債運動，事後的結果大概不理想，因為過了兩年不到，黎元洪又倡議用國民捐來解決外債問題。「民國成立，倏忽半年，一切建設僅具模型。財政恐慌，窮於羅掘，軍需繁重，譁潰堪危。……頃以國民捐倡發……未及兼旬，全國響應，政界削薪，軍人縮餉，……遙望前途，轉悲為喜。……」有關這項議論國民捐的文獻，《民國經世文編》(財政六，頁66-76)收錄了兩篇黎元洪的文章、一篇周自齊〈致各省論外債國民捐之利弊〉、一篇署名「共和建設討論會」的〈對國民捐之意見〉(其中的第70-1兩頁，內容與梁1910，21：62-3的幾段文字完全一樣，但尚難以據而判斷是梁所作，但論點確與梁的1910，21：60-70相符)、一篇龔子揚的〈論國民捐〉。這5篇文章都未注明出處與年份，從文字上看來都是在批判黎元洪的國民捐償債說，應該都是在1912-3間所作。

黎也知道「況捐事性質，譬若曇花」，難以用來解決沈痾，所以他倡議「外債國民捐并進」，想用這兩項來源來解決國家的財政困難(頁66-7)。此議引起全國注意，贊成國民捐者與主張外債論者，雙方各自立論爭執不下。周自齊的觀點是：「借債危險，人所共知。……民生凋敝，……東西各省已捐不一捐，西北各省，又捐無可捐。……故勸以輕外債則可，恃捐以力拒借債即不可。……以借外債為過渡，以國民

〔捐〕及內地公債爲後盾。」(頁67)「共和建設討論會」的文章最長(頁68-72)，析論最條理，基本觀點和梁反對「籌還國債運動」的意見類近：「要之，……國民捐無論如何激勸督促，終不能多得，……故以之供目前小費，雖未始不可，……則僅此涓滴之國民捐，亦胡濟於事者。……固又不必爲此涓滴以擾民耳。」(頁72)

龔子揚反對國民捐的原因，簡要有力：「國民捐徵收，使果出聽民隨願樂助之一途，必無望矣。而言者挾其卞躁之情，……勢必施其專制之淫威，藉政府之壓力，按民資產之高下而強派、而勒捐。此其事之不可以行，與行之而必召莫大之禍。」(頁74)從下一節析述清末民初幾次公債的經驗來看，政府從民間取款的方式，確實沒有跳脫「強派、勒捐」的模式。

3　公債政策

梁對公債制度甚有興趣，主要是他見到日本受公債之益甚大，所以積極地介紹給國人。他在論外債問題時，屢屢提到要如何運用公債來償還外債(專集25：31-5、22：41-6，92)；在論土地國有化問題時，也提到公債之功用(18：49-50)。他的基本觀點是：「而當今之世，無論何國，苟非有公債券以爲投資之目的物，則一國金融未能有活潑者。」(22：92)除了在不同的文章中零散地論及公債外，他有4篇專論公債的短文，首篇是較說理的文字〈公債政策之先決問題〉(1910，21：40-54)，之後有兩篇論國內公債問題：〈論直隸、湖北、安徽之地方公債〉(1910，21：93-106)和〈讀農工商部籌借勸業富籤公債摺書後〉(1910，25上：26-35)。以上3篇是在日本時寫的，屬於評論性的文字。第4篇是他在1914年任司法總長時寫的〈上總統書〉(財政問題)，是屬於政策建議的性質(1914，31：14-7)，只有短短3頁，在文體上和前面3篇的生動尖銳筆鋒完全不同。

3.1　幾次經驗

　　先看清末發行公債的幾次經驗，以作爲理解梁這幾篇評論的背景。
清末最主要的兩次公債經驗是「息借商款」和「昭信股票」，已有3項
研究做了很好的解說：一是胡憲立與郭熙生(1994)，二是朱英(1993)，
三是千家駒(1984)的綜述(代序)。梁在前3篇文章內，也提到農工部和
郵傳部式的全國性公債，以及袁世凱式的地方性公債(21:41)，這些內
債的性質與問題，在析論梁的評議時會另外述及。此處先看息借商款與
昭信股票這兩件事，因爲它們的影響較廣泛，同時也很可以顯示出清末
政府財政問題的性質。

　　「息借商款」(1894年9月)雖然沒有現代公債的形式，但這是中國
首次以政府的名義向國人舉債，除了資助國用外，更重要的目的是籌集
甲午的軍費(「海防吃緊，需餉浩繁」)。戶部的6項辦法中並未擬出舉
債總額，只說以6個月爲1期分兩年半還付本息，月息7厘。借款的對象
是各省的官紳商民，借款額在1萬兩以上者，「給以虛銜封典，以示鼓
勵」。此次借銀的成績不佳，共得1,102萬兩(廣東500萬兩、江蘇181萬
餘兩，等等)。所得不多卻引發不少弊端與不滿，基本的原因是行政部
門把借款變成了官紳的變相捐輸，以及對民間的變相勒索。戶部也承認
「吏胥之婪索，……捐借不分，……借捐並舉，悉索何堪，……不獨刻
剝商民，亦恐瑣屑失體。」翌年五月宣佈：「未收者一律飭停，毋庸再
行議借。」

　　3年多後(1898年1月)清廷發行第2次內債，原因是馬關條約的第4期
賠款即將到期。清廷本想借外債來償付，沒想到列強「爭欲抵借」，反
而造成莫大困擾，因而決定發行內債，名曰昭信股票。戶部訂了17款章
程，規定發行的總額是1萬萬兩(1億兩)，年息5厘，以田賦和鹽稅爲擔
保，20年還清；股票准許抵押售賣，但應報戶部昭信局立案。一時間，
王公大臣、將軍督撫、大小文武、侯補侯選官員「領票繳銀，以爲商民

倡」。既以內債為本質，又何以名之為股票？因為「中國集股之舉，慣於失信，人皆望而畏之，即鐵路、銀行、開礦諸大端，獲利亦無把握，收效未卜何時，故信從者少。……因國計自強派股，皇上昭示大信，一年見利，既速且準，自非尋常股票可比。」此次的成果不比「息借商款」好，以最富庶的江蘇省為例，僅得120萬餘兩（上次得181萬餘兩）。

御史徐道焜在奏摺中分析3項主因：(1)銀號錢鋪倒閉。「中國市面流通之銀，至多不過數千萬兩，乃聞各省股票必索現銀，民所存銀票紛紛向銀號錢鋪兌取，該鋪號猝無以應，勢必至於倒閉，一家倒閉，闔市為之騷然。」(2)借端勒索，商民賄囑求免。「此次辦理股票，雖奉御旨嚴禁勒索，而督撫下其事于州縣，州縣授其權於吏役，力僅足賣一票，則以十勒之，力僅足買十票，則以百勒之，商民懼為所害，惟有賄囑以求免求減，以致買票之人，所費數倍於股票，即未買票之人，所費亦等於買票。」(3)官紳吏役視發行股票為利藪，需索資川解費。「商民既已允借，於是州縣索解費委員索川資、藩司衙門索鋪堂等費，或妄稱銀色不足，另行傾瀉，每百金已耗去十之二、三。」昭信股票因流弊叢生，難以繼續發行，到戊戌變法時遂行停止，實際發行數額約2千萬兩（原訂1億兩）[8]。此外，清廷於宣統2年（1910）又發行「愛國公債」，定額3千萬元，年息6厘，期限9年；發行不滿1千2百萬元，清朝就被推翻了（1911）。以上是清末幾次發行公債的大略，相關的官方文件，在千家駒（1984：1-31）內都可查閱到。

整體而言，清末尚無發行內債的經濟和社會基礎，也沒有可相支應的金融體系，發行者與受買者大都視之為另一種「報效」與「捐輸」，

8　羅玉東（1932：225）另有一說：「總計至是年八月停止時所得不過一千餘萬兩，故結果仍賴外債償付。」（甲午賠款第四期）李允俊（2000：1231）對昭信股票於1898、1899、1903、1905年間在各地所造成的風波，有許多細節記載可供查索。舉例來說，李允俊（2000：942）記載，到了1905年6月16日「清廷據署盛京將軍廷杰等奏，奉省昭信股票請獎限滿，仍未完結，懇再展期限，以昭大信。下部知之。」可見此事之餘波在多年後仍不易善了。

這和西洋公債的「權利、義務」精神完全不符。再加上政治風氣不佳，公債成為各級官吏勒索商民的機會，「各省辦理此事，名為勸借，實則勒索追催，騷擾閭閻」，造成怨聲載道。

3.2 基本問題

有了上述的背景，現在來看梁對清政府發行內債問題的診判。「若夫國家之財政，其險狀既為天下所共見，……國家歲入一萬三千萬，曾不足以當歲出三分之二，而各省之不敷出者，無省不在一二百萬以上，其多者乃至四五百萬也。問中央政府何術以免破產？惟有簡書嚴屬，責各省以貢獻而已。……問各省何術以免破產，惟有仰首哀鳴求中央之撥補、鄰省之協助而已。……舉債而民莫應也，則設為種種新式以自欺欺人，於是有昭信股票式公債，其實則賣官也。有農工商部式之公債，其實則賭博也。……袁世凱式之公債，則遞增息率以誘民，遺其負擔於後，而供其一時之揮霍也。……吾得正告袞袞諸公曰：公籌而欲舉債以救死耶？則當知欲辦公債之前，有種種先決問題，苟此先決問題有一不舉者，則公等其毋望一文之公債也。」（21：40-1）

在這個前題下，他寫了〈公債政策之先決問題〉（21：40-54）。此文只有兩節，先是論「非國家財政上之信用見孚於民則公債不能發生」（21：41-4），這類的問題並無多大可爭辯的空間，梁的主要論點是：「……夫惟財政之基礎穩固，予天下以共見，人民知國家萬無破產之患，而貸母取子，其可恃莫過於國家，則不待勸而共趨矣。東西各國，所以每募債一次，而應者恆數倍乃至十數倍，凡以此也。而不然者，財政紊亂之狀已暴著於天下，此如式微之家，其子弟飲博無賴，而欲稱貸於人，雖有抵押品而自愛者決不肯與之交涉明矣。」（21：42）第2節的主題是「非廣開公債利用之途則公債不能發生」（21：44-54），這也是沒人會有異議的命題。梁列舉4綱23目來解說，只需看這4綱就可以知道他的論述方向。雖然從現代知識的觀點來看，這4綱大抵淺顯，但那時

(1910)國人對公債所知有限,梁寫此文的目的是以介紹新知為主兼作評議。這4綱是:(1)公債最適於為保證金之代用品也,(2)公債最適用於為借貸之抵押品也,(3)公債最適為公積金之用也,(4)公債最適於安放游資之用也。

感覺上,這篇文章可能是從日文財政學著作譯寫過來的,語氣與論點皆是規範性的(應如何、應如何)。他也知道這種訴諸理念的文字,對火燒眉髮的決策者無效:「吾固知袞袞諸公,斷無一人有閑心閑日以讀吾此文也。吾又知其雖讀吾此文,而吾所主張之政策,斷非彼等所能辦到也。顧吾不能已於言者,欲灌輸常識於我國民而已。」(21:41)梁所列舉的諸項先決問題,樣樣都是中國所沒有的,只需舉兩項簡例:一曰確立完善適宜之租稅系統,二曰確認國會監督財政之權。換句話說,中國尚無實行公債政策的行政體系,公債原是西方的體制,中國政府襲用外國的公債制度,但只流於表面技術性的引進,基礎性的監督系統皆未能顧及,這是無奈的事實。

梁寫此文的另一項目的,是藉此批評清政府公債政策的草率。「今我國既無國會,而租稅則更鹵莽滅裂,絕無所謂系統。公債之募作何用,人民毫無所知。所知者惟政府年年歲入不足,藉此以彌補已耳。其所告我以派息償本之款,皆挖肉補瘡已耳。以此而欲人民之樂於應募,能耶否耶?」(21:44)再來看梁心目中的理想狀況:「夫以吾所計畫,使能整備行政機關,確立財政信用,而復以種種法門廣開公債利用之途;以中國之大,數萬萬圓之公債,殊不足以供市場之求,朝募集而夕滿額必矣。」(21:54)歐美諸國的政府,大概也不敢有如此的把握吧!

3.3 現實狀況

1910年梁在日本時寫了兩篇文章,評述國內實施公債的狀況,一是〈論直隸、湖北、安徽之地方公債〉(21:93-108),二是〈讀農工商部籌備勸業富籤公債摺書後〉(25上:26-35)。梁說在1894年中日戰爭之

前因財政窘迫，戶部擬借商款1千萬兩（應爲1億兩），月息7釐，8年還清；國人因不知公債爲何物，反應不熱烈。政府既勸募不成，改用傳統方法，勒令鹽商報効3百萬兩，北京4大錢鋪報効2百萬兩，官吏廉俸各報効3成。但仍不足，翌年在各省強募，終於超過千萬兩，這件事就是前述的「息借商款」事件。之後有幾次勸募公債，但反應都不佳，政府只好採取勒令和移獎官階(售官爵)的方式，雖有成效但已與公債的性質大異(21：93-4)。

1904年袁世凱任直隸總督，1905年因擴練三鎮新軍急需經費，而直隸財政困難，逐奏朝廷准以直隸每年籌款120萬兩爲擔保，創募公債480萬兩。袁除了說明直隸在財政上的窘困，也說明若要向國外舉債，會受到高利剝削與難以逆料的鎊虧，且尙需提供各項擔保，窒礙諸多。他一方面說明西洋諸國常有發行公債以籌軍費之事，二方面也說明「息借商款」和「昭信股票」的失敗，主要是官吏的知識不足、準備不週、言而無信，才導致民間失望觀望。除了指陳過去做法的弊失外，袁的立場是公家要嚴守信義，使民間利便通行，才能示大信於天下，挽回民心恢張國力[9]。

袁主張發行公債的示信之道，是在預先籌備「的款」（相關的預備資金），以償付利息昭信；他擬定詳細的公債章程，朝廷很快就批准了。1905年3月直隸公債正式發行，總發行額爲庫平兩480萬兩，債票分100兩與10兩，期限6年。採遞增性計息：1906年爲7%，每年遞增1%，到1911年增爲12%。償付公債本息的來源是：直隸省歲入30萬兩、長蘆鹽場課徵每年50萬兩、直隸銅元局餘利40萬兩，合計每年120萬兩。也就是說，在6年之後的本息共要支付720萬兩，以換取1906年的480萬兩。沒想到袁親自邀集天津富豪捧場，但僅得十餘萬兩。袁只好重施故

9　《光緒政要》卷30(1904年8月)的「諭直督袁世凱奏請試辦直隸公債票事宜」，說明朝廷批准此事的背景與要求。此事於1905年元月23日正式奏准(李允俊2000：931)。

技，強令大縣認購2萬4千兩，中縣1萬8千兩，小縣1萬2千兩。當時直隸
各縣正在庚子拳亂災後，無力應命，最後仍募不及百萬兩。袁無奈，只
好找日本橫濱正金銀行買下3百萬兩的公債(此部分因而轉變為外債)，
再令上海招商局與電報總局承擔尾數(21：95)。

　　以袁當時的政治威望，在直隸尚且如此狼狽，原因其實很明白：政
府和民間早已涸竭，再刮有限。其餘諸省募集公債的狀況可想而知：湖
廣總督在宣統元年(1909)奏准借公債240萬兩，用以償還已屆期的華洋
商款300萬兩；安徽奏准借公債120萬兩，以償付因海陸軍費及各種政務
歲出之虧額(21：96)[10]。這3省的例子都在說明同一件事：借公債的目
的是用來償舊債和補漏洞，而不是用在新建設和開發新資源上。梁說得
對：「今者內而中央政府外而各省，何一非窮空極匱，羅雀掘鼠。」
(21：105)雖美名曰公債，但實質上是另一種強制性的稅收。

　　在這種特異的環境下，梁認為出現了一些怪異的狀況。(1)「此種
為定期定額償還公債，而無據置年限，此一奇也。」(21：98)其實這些
公債都有明確的年限規定：直隸公債的償還項下說「自光緒31年起，每
年帶還本利，6年還訖」(21：94)；湖北公債自宣統2年至7年間還訖
(21：96-7)；安徽公債自宣統3年至8年間還訖(21：97-8)。(2)「內債
而指定財源，以為擔保，此又一奇也。」(21：99)政府財政能力不足，
以諸項財源為擔保昭信，雖與歐美狀況不同，但何足為怪？(3)「公債
票可以為完納租稅之用，此又一大奇也。」(21：99)依據直隸公債規
定：「凡本省之田賦、關稅、釐金、鹽課、捐款，皆得以滿期之債票繳
納。」(21：95)這是激勵性的措施，梁認為公債票的性質與公司的股票
相同(此點可議)，而與貨幣絕異，直隸公債竟可當鈔票用來繳稅，「要
之為萬國所無也」。梁苛求矣！(4)「公債之息率每年遞增，此則奇中

10　直隸、湖北、安徽諸省的公債，以及各省的地方性公債和外債，賈士毅
　　(1917)編4頁104-12有詳細的統計數字與背景解說。另見許毅(1996：594-
　　605)對直隸、湖北、安徽、湖南、京漢鐵路諸項公債轉為外債的解說。

之最奇者也。」(21：100)梁舉英、意兩國創行公債利息遞減之法，讚歎此舉能直接減輕國庫之負擔，間接減輕國民之負擔。而袁的公債做法適反：「第一年七釐，以後每年遞增，最後三年增至一分二釐。」(21：94)英、意之公債是建設性與擴張性的用途，是用於營利之途，民間信任且勇於認購，在需求殷切之下，公債利息雖遞減而募集者不懼。反觀中國的公債，在利率上雖6年而倍其舊，但民間信心不足且資金涸竭，利率再高也乏人應募。

梁認為上述4項特點，可名之為「袁世凱式公債」，他認為這種袁式公債還有4項技術性的缺失。(1)額面太小：日本額面最少之公債為25圓，學者多議其非，今小債票每張10兩，則更小矣，蓋收息不便也。(2)派息太疏也：各國公債每年派息總在兩次以上，此僅一次。(3)償還之定期定額也：公債以永息者為最善，有期者次之，定期定額償還者無伸縮力，最下。(4)償額之不用抽籤法也：各國皆同，惟此無之(21：100)[11]。

綜觀這4項缺點，可以說梁是以歐美諸強在最佳狀況時的條件，來對比中國各省募集公債時的各種窘況。歐美正值興盛期，殖民地擴張，工商業發達，金融市場健全流暢，梁何必以富壯者的作為，來對照貧弱窘迫者的慘狀？梁毫不保留地譏評袁的公債作為：「殊不知為彼畫策之人，殆不過一知半解之新學小子，於生計學、財政學之大原理曾無所識，以至演此笑柄。笑柄猶可言也，而遂展轉效尤，流毒無已。袁世凱所謂利國便民之政，轉為誤國病民之階者，彼自當之矣。……袁世凱之在直隸，其時全國練兵費咸集北洋，恣其揮霍。其募債似非出於窮，無復之之計，度不過為功名心所驅，欲舉前人所不能舉之業以自伐耳。」(21：104)日後梁有機會入袁世凱政府，民國6年也曾任財政總長，當家

---

11 《中國清代外債史資料》頁706-11有3項原始資料可參考：(1)直隸總督袁世凱摺：擬募公債480萬兩以應軍需(附上諭)；(2)直隸公債之真相；(3)核明(直隸)公債項下動支各款。

之後才知缸底無米，非不爲也，實不能也。

　　此外，農工商部於1910年10月5日曾上摺奏請籌借「勸業富籤公債」1000萬元。方法是製票1000萬張，每張售1元，略倣籤捐票辦法，以3百萬元爲獎金，年給官息2釐，60年爲止，不還本。此款用來資辦實業，鼓舞公債，債息由大清銀行作保(25上：27)。此項公債的辦法確實怪異，尤其以年給官息2釐、長達60年而不還本最爲奇特。梁寫了好幾點批評，大都在評論具體辦法的規定，尚稱公平：(1)既是公債而有3百萬獎金，實已把公債與彩券合一，以迎合國人賭博彩票之風習。(2)所欲興辦之實業目的未明，恐託名欺人榨款而已。此議後來由侍御黃瑞麒參劾，旨交部覆議，同年12月奉諭諻辦。梁的批評中肯，此事確實不當。

3.4　書生報國

　　1914年3月時正值袁世凱當國(大總統)，梁任熊希齡內閣的幣制局總裁，「啓超自奉職以來，目睹財政艱窘情形，憂心如擣。徒以官守攸分，未敢越俎建議，……」(31：14)，但他還是忍不住寫了3頁的〈上總統書〉(「論財政問題」，31：14-6)，旨在建議新的公債策略。「啓超嘗詳考其導民利用之法，……苟能實行，則1萬萬元之內債決非難致，而目前財政之險象，亦可以昭蘇矣。」(31：15)前述清末兩次公債失敗的經驗，以及袁在直隸的公債成績，總計亦未超過1億元，梁有何高明之策要獻給袁總統？

　　他所提議的鍊金術其實很簡單，也很樂觀。他要求下列4項金額皆以公債爲交付之手段，而此4項所需之公債數額，約1億3、4千萬，所以他認爲要募集1億元公債「決非難致」。(1)「請令凡掌司出納之官吏，皆須繳保證金，而其保證金得以公債代之。」(2)「請令凡販鹽售賣者，納公債作保，許賒稅價若干用。」(3)「請速頒定國民銀行條例，令人民欲辦此種銀行者，得用公債作保，發行兌換券。」(4)「令中國

銀行所發行兌換券，須以公債為準備。」(31：15-6)[12] 前兩項的要
點，是把公債當作保證金來運用。保證金原應以國幣繳納，而梁建議改
用公債，等於是把公債當作鈔票使用，而這正是他批評袁辦直隸公債時
的一大缺點：「公債票可以為完納租稅之用，此又一大奇也。」(21：
99)依梁之見，把公債當作保證金抵押品，則日後政府不必償付這些公
債本息(自己發行、自己收受)，此項公債既可賣錢又可不必償付，一舉
兩得。

　　主要的問題在於後兩項：以中國財政之困窘，所發行的公債已少有
人敢買，如何據以為銀行發行國幣之準備金？再說，中國幣制混亂，銀
幣價值尚且起伏不定，現在要發行紙幣形式的銀行兌換券，民間何以有
信心？就算勉強有，但一見到發行的準備，竟是財政窘困政府所發行的
公債，信心恐又失去大半矣。梁「竊謂今日救國大計，無逾於此，……
若蒙嘉許，當更而陳詳細辦法也。」(31：17)袁以過去在直隸勸募公債
的慘痛經驗，豈會輕信這種樂觀的建議？袁應該還記得梁曾嚴辭批評直
隸公債之四大奇事，但恐礙於身分不便反譏爾[13]。

　　梁寫此項建議時是1914年，李達嘉(1997)的研究(第4節「財政措施
與商人的反應」，頁117-25)很能解說此時的狀況。袁在民國成立後財
政困窘的主因有2，一是清廷所欠的外債仍需由民國政府償還，二是民
國之後各省自顧不暇，不但不將解款繳交中央，反而要求接濟。袁在內
外交迫的情況下，對外繼續舉債(善後借款)，對內則整頓舊稅(鹽稅、
田賦、關稅、釐金)、另加新稅(印花稅、煙酒稅、所得稅、特種營業稅
等等)，這些苛捐雜稅使得商民的負擔更為沈重，抗稅抗捐的風潮層出

12　梁在1910年曾建議用公債來整頓鹽課和改善八旗生計。
13　梁與袁的政治關係有過相當複雜的長期變化過程。從維新運動時期，到辛亥
　　革命前，到民國初年、護國戰爭期間，梁對袁有過批判、依附、合作、衝
　　突、反袁的多重關係，詳見李喜所、元青(1993)第12-14章、林家有(1994)、
　　潘日波(1996)的分析。在梁的《年譜長編》裡，也有許多詳盡的記錄。

不窮。

　　在公債方面，袁於1913年2月頒布「民國元年六釐公債條例」（詳細的16條文見千家駒1984：37-8），預定發行2億元，但不久後因爲得了善後大借款而未發行（詳細內容見宓汝成［1996］）。1914年第一次世界大戰爆發，各國無力貸款給中國，所以梁在此時獻上發行公債的新政策。梁的建議雖未落實執行，但綜觀1914-6年間，袁政府一共發行過3次公債：第一次（1914年8月）定額1,600萬元，因在3個月內收款超過定額，於是增加債額800萬元，前後實收2,500餘萬元。第二次（1915年4月）的公債定額2,400萬元，同年9月時已收2,600餘萬元。第三次（1916年3月）發行公債定額2,000萬元，後因護國戰爭爆發，到6月底只收到30餘萬元。這3次發行的公債中，有兩次超過目標，成果斐然。中央設公債局以梁士詒總其事，各省將軍、巡按使、財政廳、中國和交通兩銀行[14]的各地分行皆負協助勸募之責。此外，各省富商也是主要的勸募對象，各行各業的領袖，皆以顧問或諮議的頭銜協力勸辦[15]。另一種方式，是中央依各省的貧富狀況，訂定數額攤派給各省，各省財政廳依類似原則往各縣市攤派。

　　袁政府的公債兼採自由認募、強行派銷、省縣分攤的手法，這和他在直隸總督任內的手法類似。只是當了總統之後，募集的範圍更擴大，

14　王業鍵（1981：77，80）說：「中國自辦銀行的最大利潤來源，當推購買公債及經常給予政府墊款和透支。中國銀行的發展，更和中央財政息息相關。……〔1918年〕政府發行短期公債4,800萬元，中國、交通二行各得其半，……這樣年復一年，銀行業乃在政府龐大的財政赤字卵翼之下成長起來。……據估計國民政府發行的公債，有50%左右握在上海27家銀行手中。……抗戰前十年間，政府內債數額如此龐大，利息如此優厚，公債因此成爲刺激銀行業發達的最強的興奮劑。」

15　民國元年到11年之間所發行的14種公債，賈士毅（1968：59-61）有一表詳列其名稱、原募債額、現負債額、利率、折扣、擔保品、起債日期、還本終期、備註事項，相當簡明。此外，楊蔭溥（1985：21-5）的兩項表格，也簡要地列舉1912-26年間的公債發行額。

縱深更可觀，可以說是用政治壓力來解決部分財政問題。此外，政府的
銀行體系（如中國和交通銀行），更是袁政府推展公債的支應金融體系；
相對於清末直隸時的狀況，袁多了一項現代金融的管道。相對地，梁的
四項建議基本上還是屬於經濟手法，只是輔以行政上的配套性約束，屬
於半強制性的公債發行法[16]。

4　回顧省思

　　沈重的外債壓力，是清末經濟的一大問題。梁身在日本，以感性的
訴求和理性的計算，析述此事的來龍去脈，並提出償還的計劃書。他的
論述清晰條理，佐以日本的成功實例，來鼓舞國人解決此事的信心。然
而清末外債的清償，不只是單純的債務問題。一方面是中國的償債能力
有限，人民的賦稅負擔已經過重，而課稅的新名目仍一再添增；更複雜
的，是列強之間為了貸款給中國清償外債，而引發了外交上的緊張與衝
突。民間雖有籌還國債之心，政府也有以國民捐來償國債之議，但最後
都不了了之。

　　梁最倡議的方式，是由政府發行內債，用以籌措幣制改革的資金，
並作為償還外債的基金。然而清末的幾次公債發行經驗，最後都淪為民
間的報効與捐輸，所以袁世凱主政時所發行的公債效果都不理想，還被
梁嚴辭批評。整體而言，在1901-11年間（所謂的「新政」期間），直
隸、湖北、安徽、湖南、郵傳部先後發行5次公債，總額達1,690萬兩。

16　梁在1914年2-12月間任幣制局總裁，他的公債政策建議在其任內並未能落
　　實。翌年（1915）所創立的領券制度，現在雖然未能見到梁對此事的意見與評
　　論，但或許和他在幣制局任內所訂的決策相關：「中國銀行為了鼓勵那些資
　　力不厚的銀行放棄發行，同時推廣它所發行的鈔票，乃於1915年創立領券制
　　度。在領券制度下，中國各銀行可具備現金七成和公債三成（後改為六成及
　　四成）繳交中國銀行，而向後者領取十成的鈔票。所繳現金部分並可獲得利
　　息。這個制度逐漸推廣，一九二四年，並擴及錢莊。」（王業鍵1981：84）

由於政府債信不佳，民間觀望不前，結果是這批公債有78%左右（約1,324萬兩），被外國的銀行和洋行收購，原先的內債竟轉變為外債：日本佔了約45%、英國約有50%，德國約5%；也就是說，列強透過各省的公債發行，把經濟與政治控制力滲透到深層的命脈裡。

到了辛亥革命時（1911），各地都有治安或軍事上的危機，中央與各省更積極地擴充軍備、整軍增兵，也因而舉過20多次外債，但多數未能成功。主要原因是列強對清廷的經濟能力與治理狀況已失去信心，常以保持中立為藉口拒絕貸款。這些未成功的外債交涉過程，並不在梁的議論範圍，所以本章不擬觸及，請參閱許毅（1996：643-52）的概觀性解說。民國3年梁任幣制局總裁時，正式提議發行公債，後因1914年歐戰爆發而未能落實執行，但同時期袁總統所發行的公債，最後還是以強行攤派、省縣分攤的手法進行，和清末的做法並無多大差異。

梁並非專業的財經人士，他在海外縱筆為文析述中國外債的窘境，譏評清廷的內外債政策與措施。本章從他當時所寫的諸多議論，綜述出他的基本立場、觀點、見解，可以感受到他從日文的財政與公債著作內，吸收到不少基本的內外債學理，解說給中國讀者理解；同時也能介紹歐美諸國如何運用內外債的優點，來解決國家經濟的困境，或甚至因而提升國民經濟的水平；他也說明了內外債如何使落後國家（如埃及）陷入悲慘的狀態。我們可以說，在內外債的學理與各國經驗上，對當時在這方面所知有限的中國知識界與部分官員，梁提供了相當有用的訊息。

但這些訊息的層次是「現買現賣」型的，談不上真知灼見的程度，也無所謂的「學理代表性」。基本上梁是針對中國的現實問題，去找相關的書刊，飾以筆鋒與譏評。在這種狀況下，他對內外債的見解是屬於報章雜誌型的議論，當時能做這類層次評議的人必定不少，只要翻查同時期的報紙，就可看到許多類似的見解與評論。我們可以說，梁對內外債的見解，並無特殊深入之處，也無遠超儕輩之議論，只是他有一支比別人更能「攪動社會」的利筆，因而更引人注目。

　　從現在的眼光來看，以清末民初政府財政窘迫的狀況，再加上政局的動盪，清政府和袁世凱式的公債，依歐美的標準來看當然可笑。梁身在日本，持歐美諸國富貴人家的眼光，譏評處於屋漏牆傾狀態下清末政府的狼狽與低劣手法，說得頭頭是道；但一朝入閣主政，捆手綁腳，難以施展，所獻之策亦未見高明。清末民初的公債問題，是整體性的政治、社會、經濟問題，而非個人能力高低的問題。再從政策的影響性來看，梁對內外債的議論雖然慷慨激昂、頭頭是道，但對當時政府的財經政策有無實質的影響？他的意見有無落實的可能？從前面幾節的內容看來，答案都是負面的。

第5章

工商實業

梁論述工商實業的文章相當少,其中態度較嚴肅的只有早期的〈史記貨殖列傳今義〉(1897,2:35-46)和〈二十世紀之巨靈托辣斯〉(1903,14:33-61)兩篇。本章第1節概述梁對工商實業的諸項見解,第2節析辯他介紹美國托拉斯制度的動機與論點,並評論梁的基本認知與盲點。

1 基本態度

1.1 貨殖列傳今義

梁寫這篇以古諭今的文章,目的在倡議商業救國論,這可由此文的最後一段看得很清楚:「若以治今日之中國,拯目前之塗炭,則白圭、計然眞救時之良哉。」他寫這篇文章時才25歲(1897,戊戌政變前一年),尚未接觸到現代的經濟學,嚴復譯的《原富》(1902)也還未出版,所以還沒能夠運用經濟學的觀念和詞語來表達。在這種狀況下,他用古語今解的方式,從《史記・貨殖列傳》內挑出某些段落,解說今日重新閱讀這篇文獻的意義,目的在於「苟昌明其義而申理其業,中國商務可以起衰。前哲精意,千年湮沒,致可悼也。作今義。」(2:36)

他的表達手法相當公式化:舉一段司馬遷的原文,解說此文的基本意義,之後舉西洋之例說明西人如何實踐,最後再說國人應可如何。以

下引一段較短但也具有代表性的例子。「故曰:倉廩實而知禮節,衣服
足而知榮辱,禮有而廢於無。故君子富好行其德,小人富以適其力。淵
深而魚生之,山深而獸往之,人富而仁義附焉。啓超謹案:周禮有保富
之義,泰西尤視富人為國之元氣,何以故?國有富人,彼必出其資本興
製造等事,以求大利。製造既興,則舉國貧民皆可以仰餬口於工廠。地
面地中之貨,賴以盡出,一國之貨財賴以流通,故君子重之。輓近西國
好善之風日益盛,富人之捐百數十萬以興學堂醫院等事者,無地不有,
無歲不聞,豈其性獨異人哉?毋亦保富之明效也,故曰人富而仁義附
焉。俄羅斯苛待猶太人(猶太人最富),而國日以貧,高麗臣子無私蓄,
而國日以削。太史公之重富人其有意乎!以明此義,無惑夫世之辟儒,
從而非笑之也。」(2:39-40)

這篇文章內含這類的段落共計15處,各段的內容雖不一,但手法類
似,目的齊一:以西洋史例釋司馬遷古文之今義,說明司馬遷之言不但
古今中外相通,對今日中國也有振衰起敝之用。若以梁所選的文字段
落,來和〈貨殖列傳〉的全文相對比,很快地就可以感受到:在手法上
梁是以他所知道的現代事例,去找〈貨殖列傳〉內意理相通的段落,然
後把兩邊串聯起來。這麼做的用意很可以理解:他要附著在國人所熟知
的文獻上,來傳達工商救國論。

1.2 工商實業論

第2篇相關的文章是〈敬告國中之談實業者〉(1910,21:113-
22),劉仁坤(1996)對此文曾做過一般性的解說。梁寫此文的立意,是
由於「今日舉國上下蘧蘧然患貧,叩其所以救貧者,則皆曰振興實
業。……上之則政府設立農工商部,設立勸業道,紛紛派員奔走各國考
察實業。……下之則舉辦勸業會、共進會,……其呈部注冊者亦不下千
家。……乃夷考其實,則不惟未興者不能興,而已舉者且盡廢。……不
惟當局施政不思改轍,……吾實痛之,乃述所懷以為此文,所宜陳者萬

端，此不過一二耳。」(21：113)振興實業，指的是發展新式企業。舊式企業以家族為基幹，雇用人數少；新式企業集社會之資，「資本恆自數萬以迄數千萬，……所用人少者以百數，至多乃至萬也。……故其組織當取機關合議之體，……與舊式之專由一二人獨裁者有異。」(21：113-4)

說明了新舊企業本質上的差異之後，梁的主要論點是：要振興中國的實業，必須先發達股份有限公司制，而今日中國的政治環境與社會現象，卻與股份有限公司的性質最不相容；若不排除這項障礙，中國的實業永無能興之期。他分4點論證：(1)股份公司必須在強有力的法治國家才能生存，中國則不知法治為何物也。(2)須有責任心強固之國民，才能行股份公司制而寡弊，中國人則不知有對於公眾之責任也。(3)股份公司需種種機關相輔，而中國則此種機關全缺。(4)股份公司需有健全的企業能力才能辦理有效，而中國太缺乏專業管理人才。這幾項論點，對熟知晚清工商業的人士，都是耳熟能詳的大弊。

梁說這4點是直接原因，是與企業本身直接相關的因素。此外尚有間接的原因，是整體大環境性的因素。間接的因素很多，其中問題最大的是全國資本涸竭。缺資本，猶如巧婦無米，如何逼煎亦無大效。當時最樂道的紓解方式是向外借款，然外債之弊有數端：(1)借外債必然牽動政治因素，外人伺機滲入中國命脈；(2)外資通常僅入少數人手中，不易由全體國人共享，易造成少數人奢靡，擴大貧富差距；(3)企業能力不足，若經營不善，益陷國家於貧困。外資既非萬靈丹，梁有何良策？他對工商實業界並沒有直接具體的建議，只是客觀地指出中國實業界的結構性弊病。

他所開列的處方是間接的，綜論應如何改善大環境：(1)「確立憲政體，舉法治國之實，使國民咸要習於法律狀況」；(2)「立教育方針，養成國民公德，使責任心日以發達」；(3)與企業發展相關之機構，一一整備使之無缺；(4)用種種方法，隨時掖進國民企業能力。

「四者有一不舉，而曉曉然言振興實業，皆夢囈之言也。」(21：121)
推想當日拜讀此文的實業家，對此文所析之弊應覺中肯切題；而讀到這
4點振興實業的政策建議時，難免哂然：誰不知曉？誰能做到？套用梁
常說的一句話「作無責任之言語」而已。

　　梁另有兩篇與商業相關的簡短演說辭，都可確見他對商業界與金融
界的本質有相當掌握。一是〈蒞北京商會歡迎會演說辭〉(1912，29：
25-30)，二是〈蒞山西票商歡迎會演說辭〉(1912，29：34-8)，這兩場
演講都是民國元年11月30日在北京所作。梁的《年譜長編》頁410-1引
述他給女兒令嫻的長信說：「尤奇者，則佛教會及山西票莊、北京商會
等，吾既定本日出京，前日各團爭時刻，以至一日四度演說，……」這
兩篇演說辭即出自該日。

　　北京商會的演說，是上午9時在西珠市口該會館，各縣代表到者百
餘人，歷兩小時。梁的演說內容無奇，是泛論性的，有幾項要點。一是
今日各國間的競爭，不僅限於軍事；經濟競爭的重要性日增，而中國在
這兩方面都遠遜於列強。他先舉英國的產業革命為例，說明此事對大英
帝國之助益與影響，之後對比中國衰敗落後之慘狀，並從租稅、交通、
貨幣銀行3個角度，來析述日後改革之方向。對熟知梁經濟論述的讀者
而言，這些論點平淡無奇，是屬於應酬式的場面話。

　　對山西票商歡迎會的演說辭，同日下午7時在北京德昌飯店舉行，
由山西票莊大德玉等22家聯合舉辦。聽眾大多是金融學者，梁的演說集
中在他對此業的理解，論點相當內行：論中國人的商業觀、歐洲金融業
史略、中國將來的貨幣金融制度與政策。此文長約4頁，綜論上述3大題
材，雖屬泛論，當時在場者應印象深刻：以舊學為底的梁，在文學、政
治、軍事、外交諸方面都有洞見，沒想到對金融業也有如此廣博的知識
與見解。

　　朱英(1998)告訴我們，梁在同年10-11月間作過13場演講。其中有
一場是應工商部召開的臨時工商會議而作，但講詞並未收入梁的各式文

集內，所以一直未受到應有的注意。這篇4千多字的講詞，後來刊在
1913年10月出版的《中國商會聯合會報》創刊號，題爲〈工商會議開會
來賓梁啓超君演說〉。此文的內容在朱英文章內已有詳細解說，在此只
作簡要的摘述。梁認爲要改良實業，必須先解決3大問題：(1)資力問
題，即資本缺乏的難題；(2)企業(尤其是大型實業公司)的組織與管理
問題；(3)經營人才問題。其次，他談到實業發展與政治改良的密切關
係，主張(1)要切實施行法治，實業才能有健全發展的環境；(2)工商界
應積極參與政治活動，這是因爲清末的商會大都迴避政治，甚至在會章
上表明，「如事非關礙商業利益者，概不干涉。」這篇講詞的內容，和
前述的幾次演講，以及他對工商業問題所發表的文章，在層次上大致類
似，新意不多。

2　美國的托拉斯

〈二十世紀之巨靈托辣斯〉(1903，14：33-61)這篇長文有幾項主
要的訊息。(1)梁在美國游歷，初見聞這種獨特的經濟組織Trust(意義
與沿革詳見下文)，他急切地想要向國人介紹這種「生計界新飛躍之一
魔王」(14：34)。(2)他受到嚴復譯《天演論》內物競天擇觀念的影
響，認爲托拉斯是經濟上的新強勢組織，若依目前的擴張趨勢，則「不
及五十年，全世界之生計界將僅餘數十大公司(適者生存)。」(14：
33)(3)托拉斯對中國的影響，是「不及十年，將披靡於我中國。……抑
我國中天產重要品，若絲若茶若皮貨，其製造之重要品，若磁器若織
物，苟以托辣斯之法行之，安見不可以使歐美產業界瞠然變色也。」然
而他也知道這只是理想：「而惜乎我國民之竟不足以語於是也，吾介紹
托辣斯於我國，吾有餘痛焉耳。」(14：61)

此長文分10節：發端、發生之原因、意義與沿革、獨盛於美國之原
因、托拉斯之利、之弊、與庸率(工資)之關係、國家對托拉斯之政策、

與帝國主義之關係、結論。其中背景解說性的篇幅不少，此處不擬摘述，把要點放在析論梁對各項問題的見解[1]。

2.1　意義與沿革

梁對trust(托拉斯)這個名詞的解說是：「蓋多數之有限公司，互相聯合，而以全權委諸少數之人為眾所信用者，故得其名(西律凡承受遺產之人未成年或有疾不能自理事者，則任託一人為之代理，其人亦名托辣斯梯)。」(14：37)這樣的界定，用現代的眼光讀來，忽略了幾項重要的特質。

第一，並不是任意幾家公司結合在一起，委託某些人經營，就可稱為托拉斯。組成托拉斯的基本目的，是要獨佔或寡佔或大幅擴張市場佔有率，使廠商能因而得到更大的利潤(或減低成本)，使公司的產品在生產與行銷方面更具主導性。在手法上又可分為水平性的結合(同類產品之間的聯結，例如汽車業之間、家電業之間)，以及垂直性的結合(例如從上游的石油裂解結合到下游的油品販賣)。另有一種是多角性的結合，例如日本的三菱公司，在重工、貿易等諸方面的經營，都有舉足輕的地位。

第二，梁在括弧裡所說的，是在說明信託人(truster)把所有權委託給特定的代理人(trustee)之間的法律關係，這和經濟學上的托拉斯完全是兩回事。經濟上的托拉斯，不一定要把經營權委託給他方，只要是在經營上相互結合，以追求更高的市場掌控度者，都可稱為托拉斯行為。也就是說，單單把經營權或所有權委託他人，在法律上雖名之為信託

1　他在《新大陸遊記節錄》的第9節，以10頁篇幅記載與托拉斯相關的具體事實，主要有3項。(1)1899年元月以後所設立的大型公司(資本額1千萬美金以上者)共有81家，分別說明其設立年度與資本額；(2)分12點說明托拉斯之利，以10點說其弊；(3)與托拉斯相關的政府調查報告，以及民間的相關著述。此節所記多為所見的事實，較少個人的觀感與評論。

(trust)，但並不足以稱之為托拉斯，要點是廠商在相互結合之後的經濟影響力，已觸犯法律規定的最高限度，此時就可用反托拉斯法(或公平交易法)來處置。若依梁的定義，則看不出何以需要有反托拉斯法的存在。

從這兩點看來，梁在(14：37-8)所舉的4種托拉斯組織方法，都是屬於把企業權委託他人經營的性質，這和經濟學上可用「反托拉斯法」處置的企業結合壟斷行為完全無關。這是因為梁當時的經濟學認知有限，而他所參閱日文的著作，大概是先用法律的觀點來解說此詞，而未直接進入析論企業的水平與垂直結合，而誤導了梁的基本認知。

上海辭書出版社的《經濟大辭典》(1992年，頁695-6)，對托拉斯有如下的解說，可用來對比梁的誤解：「資本主義壟斷組織的一種高級形式。生產同類產品或在生產上互有聯繫的大企業縱向或橫向合併組成的壟斷組織。旨在壟斷某些產品的生產和銷售，攫取高額壟斷利潤。全部活動由一些最大的股東組成的董事會加以控制，參加企業成為這個大壟斷組織的股東，在法律上和產銷上完全喪失獨立性，只按投入資本額取得股權和分享利潤。主要有兩種類型：以金融控制為基礎的托拉斯和以企業合併為基礎的托拉斯。前者的參加者保持形式上的獨立，實際上則從屬於類似持股公司的總公司，大股東通過股票控制額以控制整個壟斷企業。後者是由類企業合併組成，或由實力強大的企業吞併較弱的同類企業組成。托拉斯是比卡特爾和辛迪加更加穩定的壟斷組織。美國是最早出現托拉斯的國家。」

梁的另一項誤解，是為何托拉斯這種組織會在西洋經濟體制內出現。他用3頁多的篇幅(14：34-7)，來解說托拉斯發生的歷史背景，他的見解相當獨特：「此近世貧富兩級之人，所以日日衝突而社會問題所由起也。於斯時也，乃舉天下厭倦自由，而復謳歌干涉，故於學理上而生產出所謂社會主義者，於事實上而產出所謂托辣斯者。社會主義者，自由競爭反動之結果；托辣斯者，自由競爭反動之過渡也。」(14：36)

這是很讓人費解的論點。資本主義因主張自由競爭，而造成社會階級分化、貧富懸殊、社會不公等弊病，所以會有在立場上和它對立的社會主義產生，目標是要消除因資本主義制度而起的弊病。而托拉斯制度，尤其是在美國產生者，從歷史過程的角度來看，正好是資本主義自由市場經濟體制發展的一個極致：大企業間為了追求更高的市場佔有率、更高的利潤率，因而有水平與垂直的整合，這是自由競爭的極端化結果，而不是梁所說的「自由競爭反動之過渡也」。若托拉斯只是過渡，那麼過渡之後的階段是什麼呢？梁說：「曷云托辣斯為反動之過渡也？托辣斯者，實『自由合意的干涉』也。」(14：36)這又是一項難以理解的說法。

　　另一項更難理解的，是梁所認知的托拉斯產生之原因。梁分8項說明「非有大資本者，不能優勝於競爭」，「所謂大食小、大復食大者，於是而第二等之工業亦將全敗。於斯時也，生計界之恐慌不可思議，而社會必受其病，故非有所以聯合之而調和之，則流弊遂不知所屆。此托辣斯之所由起也。」(14：36-7)照此段文義看來，托拉斯是因工商產業之間有弱肉強食、以大吃小的現象，為了防制此項流弊，所以才會產生托拉斯。這樣的見解和一般的理解正好相反：托拉斯是廠商藉著水平與垂直的結合，來追求更高的市場佔有率和更高的利潤；同樣地，為了防托拉斯所帶來的弊端，所以美國政府才會執行反托拉斯法。

　　再舉《經濟大辭典》的例子，來說明托拉斯之害以及梁對此事的誤解：「1882年，洛克菲勒家族的俄亥俄孚石油公司吞併14家大石油公司成立的美孚石油托拉斯組織，是世界上第一個托拉斯組織，資本額雖僅1.1億美元，卻控制著美國精煉油總產量的85%和出口量的90%。1900年以後，食糖、製鋼、石油、製鋁、鐵路、電氣設備、榨油、火柴、煙草等行業均普遍成立了托拉斯組織，共有185個。它們掌握了30餘億美元資金，占全國製造投資的三分之一。第一次世界大戰後，德國、英國和其他西歐國家也相繼出現許多托拉斯組織。由於托拉斯任意操縱價格、

排斥競爭，造成大量中小企業破產並不斷發生侵吞土地、營私舞弊、行賄等不法行徑，引起各階層人士的普遍反對。因此，美國國會後通過了一系列反托拉斯法律，如謝爾曼法、克萊頓法和聯邦貿易委員會法等以施加限制。在此壓力之下，標準石油托拉斯於1911年由美國最高法院裁決予以解散。」

梁對托拉斯的基本誤解，在一段自問自答中再度顯現：「問者曰：子言托辣斯所以救自由競爭之極敝。今若此，是以更大之資本，與彼次大之資本相競爭耳，而何救之可云？曰：是其性質不同。……故托辣斯者，和平之戰爭，而合意之干涉也。」（14：38）此段文義難解，但問題的根本，還是在於梁弄錯了托拉斯的基本定義與目的：托拉斯本身是自由競爭的極致，所以才需要有反托拉斯法來制衡（梁在14：39-42詳列美國在1882-1900年間的各項反托拉斯法案）；托拉斯這種組織不是用來「救自由競爭之極敝」的，托拉斯不是救命者，而是要被限制的對象。

2.2　利弊

梁用3節的篇幅（14：43-54），說明托拉斯獨盛於美國之原因、托拉斯之利與弊。他根據日本農商務省4年前之報告（1899），譯錄5大因素，說明何以托拉斯在美國獨盛。這些因素已是眾所皆知，不必細引，但其中第五條說「美國之鐵路如蛛網然，貫通全國而往往有秘密減價之事，是亦導起托辣斯之一原因也。」（14：44）美國鐵至今日仍未蛛網然，這是事實。若已蛛網，則經營者必多，也必相互競價，不必秘密減價。

梁列舉托拉斯的12利（14：45-51），並以表列方式陳現，甚簡明，但亦有可辯者。他分3項來說明：（1）本公司之利（內分消極的與積極的）、（2）消費者之利、（3）全國民之利。若托拉斯對消費者有利（他分列3項：物價低廉、供給確實、運費節省），對全國民有利（亦分3項：節制生產維持物價、交換智識獎勵發明、蓄養內力與他國外競），則美國何以需要反托拉斯法？

他另用10條說明托拉斯之弊（14：51-4），全文過長不便細引，重要的訊息是：梁對這些弊端與批評所採取的態度是辯護性的，舉一例爲證。「第三，以其爲本業之獨占也，無競爭之刺激，故生產技術之改良進步日益怠。以此與自由競爭之國民相遇，不久必至退步劣敗，誠如是也。則前此種種之利益，皆不足以相償矣。」（14：52)這是常見的合理論點，梁在同段內的辯解是：「雖然，據過去現在之托辣斯實情以審判之，此流弊似尙未見。」若眞是如此，那何以會有此批評且爲經濟學界所共識？

梁既知美國在1882-1900年間屢有反托拉斯法案，又詳知各主要托拉斯公司之業務與合併狀況（14：39-41)，照理應說明爲何美國司法界屢有此類反對性的作爲，但縱觀全文，他的傾向卻是在支持托拉斯制度。例如他在第7節（14：54-7）從勞動者的角度來看，說有人批評自由競爭過度，會導致資本家利潤降低，勞動者的收入因而受影響，梁以3個表格來證明：不同層級的員工在托拉斯成立之後，薪資不降反高，「此托辣斯有益於勞傭而無害，其證一也。」（14：56)之後他又舉統計數字說明：「托辣斯成立以後，雇傭之人數與受庸之金率，相緣且增，而且其增加率甚大，至易見也。托辣斯有益於勞傭而無害，其證二也」；「托辣斯者，亦調和資本家與勞力者之爭鬩一法門也。」（14：57)

梁何以有這種見解或心態？動機之一是他希望能把托拉斯的概念介紹給國人。因爲中國的企業太小太弱太散，他期盼能透過這種組織，把中國的工商業結合成幾十個大企業，一方面增加產能，二方面提高在國際市場上的競爭性：「抑我國中天產之重要品，……苟以托辣斯之法行之，安見不可以使歐美產業界瞠然變色也。」（14：61)

理解這項基本動機之後，我們只能惋惜地說：梁誤解了美國托拉斯的基本性質，誤估了它對國計民生的利弊。美國的托拉斯是大企業之間的再度結合，不論是水平的或垂直的，目的是在進一步控制市場和提高利潤。梁所希望的，是中國的中小企業結合起來，達到一個稍有規模的

企業體，不論是水平的或垂直的，目的是要能在國際市場上稍有競爭對抗的能力，以「使歐美產業界瞠然變色」。在這項動機下，他表列了托拉斯的諸項優點（14：50-1），而替托拉斯的諸項弊端作了勉強的辯護：「似尚未見」、「亦不必深慮也」、「若是不足以相詬病也」（14：52-3）。

2.3　評價

　　梁的動機，猶若一位體弱的中國男子，初見美國重量級舉重選手體魄強壯，艷羨之餘，亦思採相同之環境與訓練方式以求強健對抗。醫者示曰：此類選手刻意訓練，日後恐得某病，身體某處恐老後反受其苦，故法律禁止過度傷勞也。但此人只思強壯，對曰：此弊不必深慮、不足以詬病也。這種顧前不顧後的衝動，梁並非特例，嚴復亦犯此病。亞當史密斯的《國富論》，是英國執世界經濟牛耳時期的作品，史密斯主張自由放任、自由競爭，對弱小諸國（如18世紀之德國）而言，猶如超級柔道或拳擊選手主張比賽不必分等級，只要放任自由競爭即可。嚴復在清末譯此書時，向國人介紹這幾項英國經濟強盛時的政策，希望中國亦能倣效直追。他的目的和梁一樣：希望因而「可以使歐美產界瞠然變色」。自由放任和托拉斯一樣，都是英美經濟發展長期累積出來的「自然」產物，都是強盛時期的特殊產物，梁與嚴兩人極思中國經濟能倣行，但徒見其利而不見其病。

　　現代的經濟學知識，對托拉斯已有較正確、較完整的理解，我們不必對梁這篇基本認知錯誤的文章過度批評。對美國托拉斯與反托拉斯運動有興的讀者，可以參見下列的相關文獻 [2]。

2　（1）Oliver Williamson（1987）: Antitrust policy, *The New Palgrave: a Dictionary of Economics*, London: Macmillan, 第1冊頁95-8。（2）韓毅（1994）〈論19世紀末20世紀初美國的托拉斯立法運動〉，《中國社會科學院研究生院學報》，5：55-61。（3）張附孫（1994）〈美國的反托拉斯運動〉，《雲南教育學院學報》4：43-9。

第6章
社會主義與土地國有論

1 時空環境

　　1898年梁啓超26歲時，因戊戌變法事敗在8月逃到日本。康、梁抵日後不久，有日方人士居間調停，希望能和興中會孫中山等人聯合起來共同救國，但雙方的立場和主張有不少歧異。孫曾訪康，但康匿不見。康稱奉清帝衣帶詔，以帝師自命，意氣甚盛，視孫一派爲叛徒。犬養毅等人在革命黨與保皇黨之間斡旋，但兩派之間歧見日深，勢同水火（《梁任公年譜長編》頁83-4）。1899年康離日赴加拿大，孫與梁往來日密，梁對孫「異常傾倒，大有相見恨晚之慨」，雙方合作聲浪日高，計劃以孫爲會長，梁爲副會長。梁甚至在給康的信中說：「吾師春秋已高，大可息影林泉，自娛晚景。」康甚怒，令梁赴檀香山辦理保皇會之事。梁行前與孫「矢言合作到底，至死不渝」，孫「作書爲介紹於其兄德彰及諸友」，但梁抵檀後仍從事保皇會活動，創夏威夷維新會，雙方交惡。1900年梁自檀函孫表示分道揚鑣，自此雙方在海外開始激烈的衝突。[1]

1　詳見張朋園（1964：119-38）、亓冰峰（1966第2章）以及Chong（1986）對兩黨合作始末變化的詳細解說；另見《年譜長編》頁89-90與1899-1900年的相關記載。然而梁在晚年對康、孫、梁的關係卻另有一番說法。據他的學生吳其昌記載，梁親口說：「不然。中山（先師如此稱）與我甚厚，在橫濱，有一短時間，每宵共榻，此世人頗有知之者。……最初，南海不甚了解中山確係事實，……犬養翁漢學甚深，道德甚高，爲南海與中山二人所共欽。經彼之解

1.1　論戰始末

　　這些衝突是眾所週知的事，但較有系統且形諸文字的，是在梁辦《新民叢報》(1902-7，半月刊，6年間共發行96期)和孫派辦《民報》(1905-10，不定期，4年內共發行26期)的時期[2]。雙方針鋒相對的事項很多，大都以政治方面的議題為主。與經濟事務相關者主要有兩項：一是中國日後是否應採社會主義的經濟路線，二是應否採土地國有化與實施單一土地稅的問題。雙方對這兩項主題的爭論過程大致如下。《叢報》對《民報》的排滿革命論屢有意見，《民報》在第4、5兩期(1906年)有汪精衛、縣解(朱執信)、辨姦(胡漢民)的激烈答覆(如〈斥《新民叢報》之謬妄〉)。梁不甘示弱，在《叢報》第84-86號(1906年)3期連載長文〈雜答某報〉，前4節的內容主要是政治方面的議題，互辯經濟路線的論點出現在第5節：「社會革命果為今日中國所必要乎？」(《叢報》第4年14號〔總號86〕頁5-52)。《民報》在12期(1907年3月)刊出署名「民意」(這是胡漢民與汪精衛合用的筆名)的長文：〈告非難民生主義者〉，副題是：「駁《新民叢報》第14號社會主義論」。此文甚長，超過百頁(12：45-155)。這兩篇辯駁性的長文，主要是在爭論中國將來是否可以採用社會主義的經濟路線，在學理與實際執行上各有哪些強弱之處。

　　《叢報》在1906年90-92號刊出梁的長文〈再駁某報之土地國有論〉，分39點駁斥《民報》。此文收入《飲冰室文集》18：1-55，但原刊在《叢報》92號的第3節「就社會問題上正土地國有論之謬」(92：1-

(續)―――――――――――――――――――――――――――――

　　釋介紹，二人俱已渙然互信。……康孫最後破裂，聞在馬尼剌。孫屈己謁康，康亦欣然出迎，聞下至樓梯之半，有人阻康云：孫攜有凶器，此來實行刺也。康驚駭上樓，孫大怒而出。此事我非目睹，亦得之傳聞，大體或不謬也。犬養木堂聞此訊長嘆，況在吾輩！然康實無輕視孫之意也。」(夏曉虹 1997：404)

　2　《民報》諸期內並無孫中山的親筆文章(朱浤源1985：44)。

22)，卻遺漏未收。此外，92：22的第39點之後說此文「未完」，但查《叢報》93號之後，梁就未發表過論說文，只在95號上寫了一篇詩話，而96號是《叢報》的最後期，所以這篇文章到此應該就結束了。

　　《民報》15-16號(1907年7月–9月)有朱執信(署名縣解)的反駁〈土地國有與財政(再駁《新民叢報》之非難土地國有政策)〉，以及第17號署名太邱(不知何人)的〈斥《新民叢報》駁土地國有之謬〉。這幾篇辯駁的主題都是土地國有論，雖然在順序上接著前述的社會主義經濟路線問題，但一因這兩個題材的性質可以獨立處理，二因這兩個題材各自牽扯到不同的論述領域，所以在以下的兩節內分別處理。但整體而言，這兩項題材應相互參照，才能理解雙方在1906-7年間對經濟問題大爭辯的全貌。1907年10月《叢報》停刊，1910年2月《民報》停刊，雙方正式爭辯經濟路線的文獻也就止於上述幾篇[3]。

1.2　相關研究

　　本章的主題設限在兩個經濟問題上，但整個辯論的背景和社會主義這項大主題是密切相聯結的。本章把焦點界定在經濟議題內，是一種局部性的分析方式，會有見樹不見林的缺陷；較完整的全面性解析，至少還應該包含幾個面向。(1)孫文與《民報》派的人士，他們所主張的社會主義，和其他眾多的社會主義主張，有哪些異同？他們的特點何在？(2)同樣的問題，也可以用來問梁的情況：他心目中的社會主義是什麼？他為什麼反對這條路線？為什麼他和孫派人士會有這麼歧異的見解？(3)土地國有論既是孫派人士的主幟，這個問題在他們所主張的社

3　李喜所、元青(1993：245-9)說，《叢報》在1906年11月曾向《民報》表示：「可與《民報》相商，以後和平發言，不互相攻擊可也。」但革命黨人士卻「皆不以為然」，《叢報》「不得不單方面停火了」。同書頁289-90說，1906年章太炎主持《民報》後，感到胡漢民、汪精衛對梁的批判「辭近詬誶」，便降低調子，「持論稍平」。

會主義路線中，是居於一個怎樣的地位？此派人士對土地國有的意見有
何異同處？

這些都是背景性的大問題，在大陸已有許多相關的研究，能提供相
當清晰的答案。我推介皮明庥(1991)這本綜述性的著作，讀者可以從此
書的第3、5、7、8、9、12、15、17諸章，得到上述3個問題的相關答
案。這本書還有一項文獻上的優點：腳注所附的相關研究書目齊備，在
書後的附錄裡，詳列1871-1923年間中國「介紹和研討馬克思主義、社
會主義論著要目」，這是很方便研究者的資料整理。臺灣學界對中國社
會主義學說史的研究也不少，較具代表性的，是蕭公權(1980)等人編著
的文集：其中有甘友蘭分述中國社會主義運動，有黃順二析論梁任公的
社會思想，有6篇論孫中山的社會主義觀，在附錄裡也有相關的推薦書
目。這是到1980年代初期的主要文獻，之後的期刊論文，也可以在臺北
的國家圖書館網站上，查詢期刊索引。

從梁的《合集》裡，也可以看到他在不同時期，針對不同議題，與
不同派別的人士對社會主義做過不少激烈的爭辯[4]。他們所辯論的主
題，是從整個體制的角度來看：社會主義的基本性質為何？在歐美的落
實情形有何障礙與優勢？歐洲式的社會主義，對當前與日後的中國，在
本質上有何落差？這些爭辯是屬於政治性的議題，雖然其中也難免提到
經濟問題(如生產、分配、福利等等)，但都不是對單一經濟問題的深入
爭辯。從這種宏觀性的角度，來觀察梁對社會主義觀點的長期變化，已
有許多文章析論過：例如在1995-6年間就有應學犁(1995)、劉聖宜
(1996)、董方奎(1996)，由此也可以推想這類論梁啓超與社會主義文章
的數量。整體而言，中文學界對孫、梁的社會主義觀點，已有相當好的

4　例如〈復張東蓀書論社會主義運動〉(1921，36：1-12)，以及為吳仲遙的
　　《社會主義論》所寫的序(1907，20：1-2)。梁對社會主義與馬克思主義的一
　　般性觀點，在李喜所、元青(1993：240-5，461-9)以及羅檢秋(1999：146-
　　55)內都有詳細的評述。

理解，但尚未見到有專文把焦點集中在《民報》與《叢報》的經濟爭辯上，尤少見到以經濟專業的觀點，來評比雙方論點的內在邏輯。

　　國外對這兩項主題的相關研究，在社會主義經濟路線爭論上的析述較少，以Scalapino and Schiffrin(1959)和Bernal(1976)為主；在土地國有論方面的研究較多，如Schiffrin(1957), Schiffrin and Sohn(1959), Lin(1974), Lindholm and Lin(1977), Trescott(1994)。這些作者各自側重的面向不同：有些注重社會主義的思潮，有些注重亨利·喬治(Henry George, 1839-97)學說引入中國的過程與反應。這些作者的論點繁複，在篇幅的限制下，不擬在此綜述比較。

　　臺灣學界對對《叢報》與《民報》之間這項大爭辯，有3項較完整的分析：一是張朋園(1964)第7章(頁207-52)析論「梁啟超與革命黨論戰的影響」；二是亓冰峰(1966)第5章(頁145-234)論「民報與新民叢報的大論戰」；三是朱浤源(1985)第4章(頁155-226)論「社會革命論」。以這3項研究為例，他們的視角較廣，把政治、社會、經濟3個面向都合併考察。高橋勇治(1943)的寫法也類近：在單篇論文內，綜述了這個議題的民族、民權、民生3個層面。這種寫法的優點是，問題處理得較平衡，然而缺點是，以經濟面向為例，辯論雙方有許多需要較專業深入解說與評比的子題，就處理得較平面，篇幅也明顯不足，甚至放過了某些重要的論點。本章因而把著重的角度，放在析述孫、梁雙方辯論的經濟論點及其內在邏輯，並評判各個論點的強弱優劣。希望這種從經濟史角度的單題深入析述，可和上述歷史專業人士的相關著作互補。

2　社會主義經濟路線

　　有了上述的背景理解之後，現在進入主題，來看梁與孫派《民報》之間的對立狀況與辯論要點。

2.1 基本立場

梁在〈雜答某報〉第5節「社會革命果為今日中國所需要乎？」(86：5-52)內，前半部旨在列舉3大項理由，說明何以中國「不必行、不可行、不能行」社會革命；後半部(86：24-54)旨在批駁《民報》第10號所刊的孫文演說辭。綜觀全文，梁的第1項論點是反對《民報》的革命論，他的要點是：「吾以為歐美今日之經濟社會，殆陷於不能不革命之窮境，而中國之經濟社會，則惟當稍加補苴之力，使循軌道以發達進化，而危險之革命手段非所適用也。」(《叢報》86：6)梁的第2項論點是關於中國將來的經濟路線問題：如何獎勵資本家、採取保護主義以免他國資本勢力充滿國中、如何保護勞動者、何以所得分配問題並非首要，等等。

此節文長近50頁，廣徵博引，詞繁不殺，且常有人身攻擊的文字：「於是鹵莽滅烈，盜取其主義之一節以為旗，冀以欺天下之無識。」(86：24)「孫文之民生主義正此類也。孫文乎！苟欲言民生主義，再伏案數年其可也。」(86：35)「若孫文，則頭腦稀亂，自論自駁，無一路之可通。」(86：42)「此等四不像之民生主義，亦以吠影吠聲之結果，儼然若有勢力於一時。」(86：52)文中所牽扯到的經濟問題繁多，有物價、工農商諸業、國際貿易、經濟階級、社會福利、國際競爭、土地國有論、單一稅制、社會主義之優缺點。但各項說法大都點到為止，也時常數項主題併談，這是筆仗性的文字，不患言辭之激昂。

這節的文字毫無遮掩地顯現出梁的主要訴求：「今日欲救中國，惟有昌國家主義，其他民族主義、社會主義，皆當詘於國家主義之下。聞吾此論而不寤，必謂其非真愛國也。」(86：52)梁的國家主義論，就經濟面向而言，正是他所主張的：「吾以為策中國今日經濟界之前途，當以獎勵資本家為第一義，而以保護勞動者為第二義。」(86：16-17)也就是要排除外國資本在中國的力量，因為「但使他國資本勢力充滿於我

國中之時，即我四萬萬同胞爲馬牛以終古之日。」（86：18-19）

　　由此可以明白梁的《叢報》與孫的《民報》，對將來中國要走的經濟路線有基本認知上的差異：梁主張保護政策式的國家主義，先發展工商業，可暫時不顧慮所得分配不均的問題；孫主張生產設備公有、土地國有、歡迎國外資本、強調注重所得分配的社會主義。

2.2　梁的論點

　　梁以3大項論點來反對社會革命（其實主要目標是孫文的民生主義），但論說歧雜冗長，以下以簡要方式重述他的論點，並稍加評述。

　　梁認爲中國「不必行」社會革命的主要論點是：「彼歐人之經濟社會所以積成今日之狀態，全由革命而來也。中國可以避前度之革命，是故不必爲再度之革命。」（86：6）他摘述西洋近代社會經濟的史實，給對這方面較少接觸的中國讀者當作背景知識[5]。梁認爲中國不宜做西歐採社會革命的原因是：中國的經濟社會組織與西洋不同，「中產之家多而特別豪富之家少」。

　　這有幾項歷史根源：（1）中國無貴族制；（2）中國採眾子繼承制，「歐洲各國舊俗大率行長子相續」，長子繼承制有助於財富聚累；（3）中國賦稅較歐洲輕：歐洲有貴族和教會「重重壓制」，且「侯伯僧侶不負納稅之義務」，中國無此弊端。歐洲各國在各時期的狀況不一，梁所說的這三點是否成立是另一個問題，因爲這不是此處的主題，不擬深辯。晚清在政治、社會、經濟等諸多面向皆弱廢，朝廷內也多有興革之議（例如百日維新），在野人士也時常有所主張。孫文的社會主義式革命

5　梁所依據的腳本，是美國經濟學者Robert T. Ely（1854-1943）的 *Outlines of Economics*（1893）。Ely 在1895年創立美國經濟學會，此學會從1963年起，每年邀請一位傑出學者擔任Ely講座，刊登一篇講座論文。他在19世紀末的美國經濟學界相當有影響力，是一位社會主義者，但晚年趨向保守（詳見*The New Palgrave: A Dictionary of Economics*, 1987, II:129-30）。

雖然不一定是最好的方式，但梁上述的三點理由對孫派人士而言不夠說服力，後人觀之也多有簡化史實之處。綜觀之，梁的第1項論點較弱。

他的第2項論點是中國「不可行」社會（主義）革命：「社會革命論以分配之趨均為期。質言之，則抑資本家之專橫，謀勞動者之利益也。此在歐美誠醫群之聖藥，而施諸今日之中國，恐利不足以償其病也。吾以為策中國今日經濟界之前途，當以獎勵資本家為第一義，而以保護勞動者為第二義。」(86：16-7)這個論點說明，雙方的共同點都是要謀勞動者的利益，此點可以不必細說。雙方的差異在於對資本家的態度：社會主義的首要敵人是資本家，這是歐洲歷史的教訓；梁認為西歐之病中國並無，何必以他人之聖藥來醫己病？

梁提出一項對立性的論點：這是一個國際資本相互競爭的時代，國際資本會因為逐利而遷移（「故擁資本者常以戀遷於租〔地租〕庸〔工資〕兩薄之地」，86：17），西洋諸國資金較中國雄厚、科技較發達，「我中國若無大資本家出現，則將有他國之大資本家入而代之；而彼大資本家既占勢力，以後則凡無資本者或有資本而不大，只能宛轉廄死於其腳下，而永無復蘇生之日。」(86：18)他主張「我國民於斯時也苟能結合資本，假泰西文明利器（機器），利用我固有之薄租薄庸以求贏〔利潤〕，則國富可以驟進十年，以往天下莫禦矣。」(86：18)他認為這樣才能「從各方面以抵擋外競之潮流，庶或有濟。雖作始數年間，稍犧牲他部分人之利益，然為國家計，所不辭也。」(86：19)

簡言之，他主張採國家主義路線，行保護政策以抵擋外資侵入；同時獎勵本國資本家，運用西洋的新式生產設備，以求在國際市場上競爭。在追求擴展時，難免出現所得不均的狀況（資本家與工商業變富，農業部門的資金則被擠壓），這是必然會出現但也是應該容忍的初期犧牲。他繼而批評《民報》的見解：「囂倡此與國家全體利害相反之社會革命論，以排斥資本家為務。寖假而國民信從其教，日煽惑勞動者以要求減少時間，要求增加庸率，不則同盟罷工以挾之。資本家蒙此損失，

不復能與他國之同業競，而因以倒斃，……坐聽外國資本勢力駸駸然淹
沒我全國之市場，欲抵抗已失其時，……全國人民乃不得不帖服於異族
鞭箠之下，以糊其口。」(86：19-20)

　　對現代讀者而言，若從資本主義、世界體系、國際分工的角度來
看，梁的主張比孫更能符合此潮流，他認為要這麼做才能迎頭趕上。若
行社會主義，視分配平均為首要，則最多也只能達到「均貧」而已，不
如先求富之後再求均。至於中國當時能否累積出足夠的資本，且能在國
際上競爭，仍是一項假設性的大問題。

　　第3項論中國「不能行」社會主義革命的理由很簡單：「雖然歐美
現在之程度，更歷百年後猶未必能行之，而現在之中國更無論也。」
(86：21)梁在1906年寫此句時，俄國的1917年革命尚未發生，國際共黨
尚未得勢，史實證明半世紀不到，在1940年代末期，社會主義就統治了
蘇俄集團、東歐、中國、非洲、拉丁美洲的許多地區；之後再40多年，
在1990年代初期又大半崩垮，此則非梁所能預見。

　　梁在1906年時的論點很清楚：中國若要行社會主義，當時世界上有
哪個國家曾經有過成功的例子可傚效？同樣的問題，也可以用在《民
報》所主張的土地國有論上。簡言之，梁一方面認為中國無實行這兩項
經濟政策的條件，先進諸國在當時也無一成例可傚效。然而歷史的反
諷，是半世紀之後，中國都有了社會主義和土地國有化這兩件事，此事
在第5節內會再申論。

2.3　《民報》的反擊

　　《民報》12期(1907年3月6日)的〈告非難民生主義者〉，是胡漢民
和汪精衛合寫(署名「民意」)的長文(12：45-155，共111頁)，內含20
條批駁。寫作的手法是先引上述梁文的某些段落，然後逐點駁斥。前15
條分在3節內(依梁的「不必行」、「不可行」、「不能行」順序)，後5
條在駁斥梁對孫的批評。整體而言，這是一篇強有力的作品，在《民

報》內少見這種論述經濟問題的佳作。缺點是冗長雜蕪，論點不夠集中，小辮子式的糾纏過多，大問題所用的篇幅反而不夠；此外，常有人身攻擊的文字，例如批評梁的「經濟觀念之謬誤」8大項（12：51-2），以及說梁是文抄公（12：54，88）。另一項特色是在文末（12：147-55）表列梁文的12項矛與盾，此表雖然醒目，但其中約有半數不易看出有何明顯的矛盾。若此文能刪縮一半，精彩與份量當不遜於梁文。

對中國「不必行」社會主義的說法，梁的見解是因為歐洲有階級問題，有革命的傳統，有不公平的稅制。《民報》的批駁是：梁只舉歐洲之例來說明中國的狀況不同，是「其謂中國不必行社會革命之惟一依據也」，「而於美洲則無一字道及」（12：53）。如果美洲（應指北美）行社會主義成功而梁一字不提，那是梁的大弱點；然而北美非但不行社會主義路線，走的還是梁所傾向的資本、競爭、保護等路線。《民報》的第一項反擊無功。

第2個論點是依Ely的書中所言，「美國社會進步之後，其分配之不均尤甚劇也。」（12：55）美國在19世紀中葉後逐漸發展工商業，有鐵路、鋼鐵、石油等大王，所得不均化是有目共睹的事，而梁也說過，若中國採工商業資本化路線，必然會犧牲某些人的分配公平性。這一點是清楚明白的事，不知《民報》的反駁如何能「有足以正梁氏之謬失」？同一問題的另一項批評是對的：梁認為中國無貴族制度、採諸子繼承制、賦稅極輕，所以財富分配問題不會比歐洲嚴重，將來也不會是個大問題。《民報》舉例反駁：美國亦無此三問題，但所得分配仍會惡化（托拉斯式的產業集團是原因之一），可見梁的論點不充分（12：57-8）。

針對財富分配的問題，梁另有一項認知上的錯誤：他以為公司股份化之後，一般市民可以投資持股，大公司的利益就可以由社會分享，「亦即我國將來經濟社會均善之朕兆也。」（12：60）這是他在19世末初見股份公司制時過度樂觀的看法。相對地，《民報》（12：61）對此問題的見解相當成熟：佔10股以下的小股東人數再多也無用，一因股票可以

隨時轉售他人；二因小股東不易結合，不易產生足夠的影響力；三是大股東可以收買股份來壟斷公司決策。要言之，在尚未見到股份公司制度有助於分配平均化之前，已有實例見其自肥之弊。以今日經驗證之，梁的見解較粗淺。

接下來是中國「不可行」社會主義的問題，要點是批評梁的主張：獎勵本國資本家、排斥外資的國家主義式保護政策。《民報》的論點值得考慮：何必拒外資？能共榮共享豈不更佳？「則外國資本其能輸借於中國，……我寧歡迎之不暇。……梁氏勿疑經濟的國際競爭為一如武力的戰爭，……其能商於我國而獲贏，大抵其能有利於我，而非朘我以自肥也」（12：69-70）。作者舉日本煤油礦與美國斯坦達（Standard）公司合作互利為證，來批評梁的閉關保護政策：若萬一無法扶植本國強有力的資本家成功，則中國在國際競爭上必無勝理。《民報》以梁的語氣反諷：「故梁氏排抵外資之政策，求之各國無其類例。」（12：74）

接著批評梁的保護主義。《民報》（12：73-4）的論點是漂亮有力的自由貿易論：有行保護主義也有行自由貿易的國家，「各持學說相攻難，至今無定論」（這是實話）。《民報》對此事並無創說，只是提醒說：在保護政策之下，企業易有依賴心，怠於改良進步；行自由經濟政策則可鼓勵國人「從事於其貿易上最適宜之生產」。這個問題幾乎在世界各國都辯論過，這是個永無結論的爭辯，因為利弊得失會隨著經濟環境而變遷，固守著某條路線皆非上策。至於清末的中國應採保護主義或自由政策，這也是一個難有定論的爭辯，因為這兩條路線都有強力的擁護者，雙方所持之論也都有事實依據，所以對這個問題無法判斷雙方何是何非。

雖然梁反對社會主義，但他也贊成「以累進率行所得稅及遺產稅，……制定工場條例、制定各種產業組合法者，……」（12：74）《民報》說梁「於其論分配問題時崇拜社會主義，而於論生產問題時則反對之，此其所以為大矛盾也。」（12：77）《民報》的理論分析較梁的見解

深入：「分配含有二義，其一爲關於個人財產貧富之問題，其二則爲庸銀〔工資〕與租〔地租〕息〔利息〕贏〔利潤〕之問題。」這是根據Ely著作的說法，即所得可分兩種：一是個人財富，二是生產要素之所得(勞力得工資、資本得利息、經營得利潤)分配，也可以說是勞動階級和資本階級之間的分配。他們批評梁「惟知從事於生產，而不計社會個人貧富之家」(12：78)，結果會再度陷入西歐諸國的階級矛盾。這是有力的批評。

第3節駁中國「不能行」社會主義之說。梁的基本意思是：中國在當時具有哪些條件，來實行西洋先進諸國尚無法達成的社會主義理想？《民報》對此問題的回答不切要點，只抓住梁的語病，說他們要做的並不是梁所認爲的「圓滿之社會革命」：「吾人所主張爲非圓滿之社會革命也。」(12：90)這是無力的論點：中國要實行的是「多不圓滿」的社會主義？若很不美滿，那又何必？若只是有一些不圓滿，也要確切說明程度才能服眾。《民報》捨此要點，轉而強調土地國有之優越性，批評梁對土地國有的誤解，之後再轉向土地國有的理論性說明，似乎土地國有是民生主義的唯一要務。其實《民報》可以就社會福利、保障就業、衛生醫療、基礎教育等具體生活項目來答辯，反而較能引人關切。此節除了辯解土地國有的優越性外，並未回答何以中國不能行社會主義的質疑。

最後一點是《民報》要給民生主義擬一個英文名稱，以示它與社會主義之區別：「民生主義一名詞當爲Demosology而不爲Socialism。」(12：126)此字可拆成Demo(民主)和sology兩字，sology又可拆爲so(代表有一點socialism)和-ology(代表「學」)而非「主義」。這是把西洋的社會主義改變名稱，以納入中國情境的一種作法，被梁譏爲「四不像」。最後的附錄是在答辯梁對孫文演說的批評，內容要點在前面已多提過，只是換另一套詞辭，佐以不同史實。這個附錄少見新意，不如刪去來得簡潔有力。

3　土地國有論

　　上一節的社會主義經濟路線問題，基本上是原則性的爭論，具體執行的問題較少。本節的土地國有化論爭，雖然也有原則性的問題，但主要的爭辯環繞在如何把這項主張在中國落實。社會主義和土地國有是《民報》的兩大經濟主張，也是孫文路線的鮮明標幟，所以梁在〈雜答某報〉內，把兩者視爲一體之兩面，行文時並未刻意區隔，《民報》在答辯時也是把兩者混在一起。梁寫〈再駁某報之土地國有論〉時，就把焦點集中在國有化的問題上，不再談社會主義的面向，《民報》在隨後的幾篇回答，也是集中在土地問題上。

3.1　梁的批評

　　梁在〈雜答某報〉內論說何以中國「不能行」社會（主義）革命時，批評：「今排滿家〔即孫文與《民報》〕之言社會革命，以土地國有爲唯一之藥，不知土地國有者，社會革命中之一條件，而非其全體也。……如今排滿家所倡社會革命者之言，謂歐美所以不能解決社會問題，因爲未能解決土地問題。一若但解決土地問題，則社會問題即全部解決者然，是由未識社會主義之爲何物也。」（《叢報》86：21）

　　梁的論點是：歐美經濟社會分配不均的主因，是在資本問題而不在土地問題。這是有道理的說法：試想馬克思爲何寫《資本論》而不寫《土地論》？梁的推理是：孫文說地價與地租之所以騰漲，是都會發達的結果。但都會何以發達？根源還是在「資本膨脹之結果而已。彼歐洲當工業革命以前，……土地之利用不廣，雖擁之猶石田也。及資本之所殖益，則土地之價值隨益騰，地主所占勢力於生產界者，食資本之賜也。……又況彼資本家常能以賤價買收未發達之土地，而自以資本之力發達之，以兩收其利，是又以資本之力支配土地也。……要之，欲解決

社會問題，當以解決資本問題為第一義，以解決土地問題為第二義，且土地問題雖謂資本問題之附屬可也。」（《叢報》86：22）

這是合理的論點：今日東京、紐約、倫敦、巴黎、臺北地價之高，固然是都會發達之結果，但若這幾國的經濟不走資本主義路線，豈有今日之狀？反之，在行社會主義的國家，都會即使發達，地價漲幅仍有限，因無資本之煽動力也。同一文章的附錄（86：24-52）是梁批評孫文的演說，他在（86：26）重複了上述資本為主、土地為屬的說法，並舉上海、香港之例為證，說明「使資本家永不出現，則地價其永不增加矣。」

接下來的批評，是針對孫文講辭（86：28-9）內的幾項土地國有化相關要點。(1)漲價歸公法：「兄弟所最信的是定地價的方法。比方地主有價值一千元，可定價為一千，或至多兩千，就算那地將來因交通發達漲價值一萬，地主應得兩千，已屬有益無損；贏利八千，當歸國家……少數富人把持壟斷的弊竇，自然永絕。」(2)在外國難行，在中國易行：「歐美各國地價已漲至極點，就算要定地價，苦於沒有標準，故此難行。至於地價未漲的地方，恰存急行此法。所以德國在膠州、荷蘭在爪哇已有實效。中國內地文明沒有進步，地價沒有增長，倘若倣行起來，一定容易。兄弟剛才所說，社會革命在外國難，在中國易，就是為此。」(3)國有化的效果：「行了這法之後，文明越進，國家越富，一切財政問題斷不至難辦。現今苛捐盡數蠲除，物價也便宜了，人民也漸富足了，把幾千年捐輸的弊政永遠斷絕。」(4)單一稅：「中國行了社會革命之後，私人永遠不納稅，但收地租一項，已成地球上最富的國家。這社會的國家，決非他國所能及。……」

梁對這4點的駁斥較務實，但他的駁文冗長雜漫（《叢報》86：29-44），簡要解說如下。

(1)漲價歸公法。(a)既是土地將歸國有，又何必另有訂價法？定價之後民間是否可以自由買賣？(b)政府是在定地價時隨即買收，或日後

才買？(c)政府收買後，既已為國有，就應不准買賣。既然將來無土地交易，怎麼會有將來漲至一萬贏利八千的事？(d)若日後才由國家收買，何必現在訂價？若預先訂價而日後才買，土地價格還是會波動起落，必起爭紛。(e)政府的財政能力，是否足以負擔在全國各處購地之費用？

　　(2)在外國難行，在本國易行。(a)「孫文又謂歐美各國地價已漲極點，就算要定地價，苦於沒標準，故此難行。……吾國現在之地價，……吾粵新寧香山之地價，則漲於二十年前多多。若因其漲而其無標準，則我國亦何從覓標準耶？」(b)德國在膠州、荷蘭在爪哇行之有實效，中國亦可傚行。在殖民政府的強權下，執行此事有何困難？中國政府有傚行的條件嗎？

　　(3)國有化的效果。(a)國有化之後需向國家承租土地耕作或為工廠。若此，有資本者或有官商關係者，能租得廣大面積與位置良好之地，小資本者與平民仍「跼蹐於磽确之一隅也。」土地國有如何能避免富益富、貧益貧之結果？最多也只能免除因土地而暴富之可能，究其實質，也只是以國家為地主，取代過去的私人地主而已。(b)各行各業所需土地的面積不同：林牧兩業所需之地必多於農工，商業與服務業所需之地較小。各業所租之地，地點是自由申請或由政府指定？面積大小又如何分配？是以營業額或資本額或用其他標準來判斷？萬一日後需求增多或經營不善，土地面積又應如何增刪或改換地點？政府處理這些事務需用許多人力和費用，必然繁雜且不效率。(c)原租者如為農民，過世後土地可否由子女繼續承租？(d)土地國有化之後，地租會降低；成本當然會稍減，但影響物價的因素眾多(有氣候、金融、世界經濟、國際收支、匯率變動等諸多變數)，單靠土地國有，如何保證物價必定便宜，人民會漸富？

　　(4)單一稅。若只收地租一項，如何能使中國成為地球上最富之國？(a)地租是依收買土地時的價值比率訂定，或是依收租時的地價來

決定？(b)若有官民之間的舞弊，地租的評定會有低報之事，地租的實收額恐會不足。(c)若日後人口增加、福利支出增加、國防支出增加，而土地已因國有化而無行無市，況且土地面積不會隨日而增，此法行數十年後，是否仍足全國財政之需？

以上是梁的駁論要點，梁亦不忘攻擊性的說辭：「孫文之土地國有論，則嫫母傅粉而自以爲西施也」、「吾反覆讀孫文之演說，惟見其一字不通耳」、「以其語語外行，噴飯」、「四不像的民生主義」（《叢報》86：41-9）。

3.2　《民報》的反駁

《民報》12號的長文，有一半的篇幅在辯解土地國有論之正當性與可行性，行文的架構仍是依梁在《叢報》86號的論點順序，有原理性的辯解，也有執行實務問題的解說。以下所述的是較有辯駁性的論點，文中有不少瑣碎或無力的反駁，在此不論。

《民報》的基本主張是：「故吾以爲欲解決社會問題，必先解決土地問題；解決土地問題，則不外土地國有，使其不得入於少數人之手也。」（12：59-60）這項主張的背後推理是：美國「南北太平洋鐵道，其敷設時，由國家獎勵，而與之以軌道兩旁各六十英里至百餘英里之地。如是之類，故美之土地亦入少數人之手，而資本亦附屬焉。」（12：59）以美國土地之廣大，鐵路密度之稀鬆，甚難理解會因鐵路所經而使美國土地入少數人手中；近一世紀之後，也尚未見此現象。另一項邏輯上問題是：何以能因而說明「而資本亦附屬（於土地）焉」？築鐵路需要鉅額資本，鐵路經過之地價會因而更漲，所以如梁所言，應是土地附屬於資本才對。就中國的例子而言，富人多買地產，出外經商發達後回鄉買地是常見之事，所以在大部分的情形下，是土地附屬於資本，《民報》的推理難以服人。

第2個論點是：「惟用土地國有主義，使全國土地歸於國有，即全

國大資本亦歸於國有。蓋用吾人之政策，則不必獎勵資本家，尤不必望
國中絕大之資本家出現。惟以國家為大地主，即以國家為大資本家。」
（12：74-5）他們的推理是單一稅的觀點：「夫今日之中國所謀於民之地
稅，為其租之二十分之一而已。其取諸民而達諸中央政府，不知經幾度
之吞蝕偷減，而中央政府每歲收入猶有四千萬之總額。……經國家核定
其價額之後，以新中國文明發達之趨勢，則不待十年而全國之土地，其
地代〔即地租〕進率不止一倍。而此一倍八十萬萬之加增，實為國有。
國家舉八十萬萬之歲入，以從事於鐵道、礦山、郵便、電信、自來水等
之一切事業，而不虞其不足。即其後之數年，地租之漲價，或不及此
數，而有是可億收之巨額。……則全國之富源廣闊，……則自身之資本
彌滿充實於全國而有餘。此殆自然之進步為之，而非恃獎勵資本家政策
所能望。」（12：75-6）對這麼樂觀的估算，一世紀之後讀之，對革命家
的「熱誠」不得不佩服。

　　第3個論點是：「且土地國有之制行，國中之生產業必大進。何
者？既無坐食分利之地主，而無業廢耕者，國家又不令其久擁虛地，則
皆盡力於生產事業也。」（12：86）他們沒有提出理由，說明何以會有這
麼自動的結果，但從這樣的邏輯看來，是主觀認定的程度遠多於事實的
推理：產業之大進主要是由於生產技術、流通管道、國際市場之競爭力
等項目，單憑土地國有應無此神效。證諸二次大戰後行土地國有制的蘇
聯與中共，生產反而大退。此說難成立。

　　第4個論點在反駁資本不是造成地價上漲之主因。「地價之貴其重
要直接原因有三，而資本之勢力不與焉。一曰土地之性質，……其使用
收益不同，其價值不同也。二曰土地之位置，其位置便於交通者貴，不
便於交通者賤也。三曰人口之增力。……凡此皆非資本所能居首功，梁
氏……都會發達由資本膨脹之結果則謬也。……是所謂倒果為因者耳。
且梁氏意以為一般資本增殖而地價始騰貴乎？抑必資本家投資其地，而
地價始騰貴乎？」（12：93-5）這是個漂亮的論點。持平而論，地價上漲

的因素中，也有因為資本流入炒作而人為高漲者，雙方各自持理，這些論點可互補而不悖。

　　第5個論點是在描繪土地國有的功能與效果：「土地國有則國家為惟一之地主，而以地代之收入，即同時得為大資本家，因而舉一切自然獨占之事業而經營之。其餘之生產事業，則不為私人靳也。蓋社會主義者非惡其人民之富也，惡其富量在少數人，而生社會不平之階級也。……如是而可期分配之趨均者有六事焉。土地既不能私有，則社會中將無有為地主，以坐食土地之利，占優勢於生產界，一也。資本家不能持雙利器以制勞動者之命，則資本之勢力為之大殺，二也。無土地私有之制，則資本皆用於生利的事業，而不用於分利的事業，社會之資本日益增，無供不應求之患，三也。」(12：100-1)這3點都是相當有吸引力的說法，合情合理，是新中國所需要的。而以下的論點，則不易看出與土地國有制有何直接關聯：「土地國有，其餘獨占事業亦隨之。其可競爭的事業，則任私人經營，既無他障之因，而一視其企業之才為得利之厚薄，社會自無不平之感，四也。勞動者有田可耕，於工業之供給無過多之慮，則資本家益不能制勞動者之命，五也。小民之恆情視自耕為樂，而工役為苦，故庸銀亦不得視耕者所獲為絀。其他勞動者之利益皆準於是，六也。」(12：101)第五、六兩點的意義是在保障勞動者與農民的基本權益，這只需立法保障即可，與土地國有制何干？

　　第6個論點是：「社會革命但以土地國有為重要，從而國家為惟一之大資本家，……吾人將來之中國土地國有，大資本國有。土地國有，法定而歸諸國有者也。大資本國有，土地為國家所有，資本亦為國家所有也。何以言土地而不及資本？以土地現時已在私人手，而資本家則未出世也。何以土地必法定而盡歸諸國有，資本不必然者？以土地有獨占的性質，而資本不如是也。」(12：103)這一點是宣稱性的，若說實踐是檢驗真理的較佳方法，這個論點在世界各國經濟史上尚無實例可以支持。

　　綜觀上述6項論點，以第4項最有說服力，第5項的前3點也可以接受，其餘4點則可議之處甚多。

3.3　梁的駁斥

　　針對《民報》12號的長文，梁在《叢報》1906年第90-92號發表一篇連載3期的長文：〈再駁某報之土地國有論〉。文分3節，分別從財政、經濟、社會問題來批判國有論的不可行、不能行、不必行。梁的目的是要駁斥「簡單偏狹的土地國有論」：「本報既認掃蕩魔說爲一種之義務，故不惜再糾正之。」（見全文導言）此文在3節內，條列39項反對土地國有的理由；第1節寫得簡潔有力，2、3節較拉雜牽扯，焦點不聚、力道不足。這39點分成3大主題：第1節是財政角度，內有15條；第2節是經濟角度，有18條；第3節是社會角度，有6條。一因其中某些論點在〈雜答某報〉內已出現過，二因不是每個論點都精彩，以下只舉較有論辯力者爲例，並稍加評論。此文的前兩節已收入《飲冰室文集》18：1-54，第3節則遺漏未收。

　　財政角度

　　(1)國有論者主張單一稅而排斥複稅制度，「此其語於財政原則一無所知，且與事實大相刺謬。」(18：2)土地單一稅是說，全國只課土地稅(即地租)一種；複稅制則包含消費、營業、所得、財產等諸稅。梁列舉各種統計數字來推算中國的歲入，並與日、英兩國比較，認爲單靠國有地租一項，實難以支付繁雜龐大的國防、司法、內務、外交、文教、經濟等費用。日後人口增加，國家業務日益繁多，若仍單靠土地稅，則此稅率必然要大幅調高，可能會遠超過正常的水平，國家反而成爲最大的剝削性地主。再說，不使用土地者，或只使用小面積土地者(如金融業、工商業、醫師、律師)的稅負額，必少於農林牧業，這豈不又回到原點：農民是稅負最沈重的階級(18：17-8)？

　　(2)中國面積雖大，但可耕地的比例不高。中國經濟發展遲緩，物

價低，生活水準不高，單靠地租爲國家收入，「萬萬不能也」。況且歷史上稅賦體系「吞蝕偷減」、「舞文中飽」，財稅行政的效率不高；就算「土地國有論實行後，將此數全歸政府，則其所入亦不過與現時日本之預算案相等。其不足以供此龐然大國自維持、自發達之費明矣。」（18：4，7）

(3)即使土地單一稅收足用，但單一稅制本身缺乏彈性，遇災難、戰爭、大型公共工程時，難以調整歲入。相對地，若採私經濟(即非社會主義)的複稅制，民間各部門各自努力，工商產業發達後政府可有更多稅收。此外，消費稅、遺產稅、所得稅也可依額度採累進率，一方面增加稅收，二方面減少財富差距。捨此彈性多元的稅制，而就單一刻板的土地稅制，高下優劣立判。

(4)若行土地國有，即使無民怨，但「共和政府無點金術，不知何以給之。」(18：11)這是最嚴重的問題：若要一次收購全國土地，世上尙無一政府有此能力；若分十年收購，弊端必滋生無數。再則，若土地歸國有，地價必較從前下跌，地租亦無上升之理，政府必須維持國有化之前的地租水準才足國用。若地價跌而又要地租收入總額不減，那等於是地租率(土地稅率)變相地提高了(18：12，15)。

(5)租大面積土地者，既以農林牧業爲主(中低收入群而稅負高)，「則一國負擔既全落於農民之頭上，國家之經費愈膨脹，則所責於其負擔者愈多。農民欲轉嫁其負擔，則不得不昂其農產物之價值以求償，而彼一般消費者固可仰給於國外之農產物，而國家莫之能禁也。……則外國品滔滔注入，……相率向政府解除租地契約，政府所有之土地一旦供過於求，而地代價格因以驟落，而財政之擾亂愈不可思議。」(18：18-9)

(6)今全世界除英國之外，無一國不行保護貿易政策，「而此政策與單稅論不能兩立者也。而中國將來不能絕對的採自由貿易政策，又至易見也，故土地單稅論與中國將來之國際貿易政策不能相容也。」(18：19)這項論點不合邏輯：上一點說若行單一稅，就要靠保護主義才

能抵擋外國的農產品侵入,而此處又說保護主義與單一稅不能兩立。梁對此點的邏輯說明不夠清晰。其實他心中的意思,是既反對國有化,又反對自由貿易化,可能是一時心急筆快造成解說不足,而引起讀者有語病難解之惑。

梁對這6點的總結是:「以上就財政政治一方面觀察之,土地國有論既種種謬於學理、反於事實,而毒害國家矣。」(18:20)

經濟角度

梁先介紹土地國有論內最有力的學說:「蓋土地價格所以逐漸騰貴,非個人之勞力能使然,皆社會進步之賜也。故緣價騰所得之利益,自當屬於社會,土地私有制度,實流毒社會之源泉也。」「此論即彼報〔指《民報》〕所宗仰唯一之論據也。」(18:21)他根據田中穗積的《高等租稅原論》第6章(18:22),用3頁的篇幅反駁此說,要點之一是:「今一旦剝奪個人之土地所有權,即是將其財產所有權最重要之部分而剝奪之。而個人勤勉殖富之動機將減去泰半,……社會主義……偏採此阻遏此動機之制度,則所謂兩敗俱傷也。……」(18:24)

此點是梁文第2節內較值得一述的論點,其餘17點(從第17至33點)的內容,有些在〈雜答某報〉內已出現,在此只是更加細密化(例如31至33點再論社會主義之弊,18:51-4);有些論點是根據西洋和日本經濟學和財政學者的著作[6],駁斥土地國有和單一稅論,梁自己的見解較少;有些論點是根據日譯西書,介紹各國的相關狀況給中國讀者知曉,訊息性遠多於論點性,這類的文字佔了相當篇幅(例如18:36-9,41-3);有些論點前後重疊,反覆解說。由此亦可稍見梁作此文時事多煩亂,極力舖陳,分3期刊載,缺乏前後一貫的精簡刪修,例如28至30點

6　主要經常引用到的幾位是:菲立坡維治(Eugen Philippovic, 1858-1917,奧地利經濟學者)、河上肇(1879-1946,日本經濟學者)、須摩拉(Gustav von Schmoller, 1838-1917,德國經濟學者)、華克拿(Adolf Wagner, 1835-1917,德國財政學者)。

長文論述公債與內外債問題(18：43-51)，這應是屬於上一節的財政問題。簡言之，此節精彩之處不多，遠不及上節從財政角度的分析簡潔深入有力。

社會角度

此節內的6點(34-39點)，更是強弩之末。這些論點的要旨早已盡出，而梁竟能寫出22頁的長篇幅，手法上只是把從前已說過與社會面相關的各種說法，再次整理條列，再敷以筆鋒說辭，並無多少新意可言。

初讀此3節者，必驚服梁之條理；有系統閱讀梁在當時之著作者，當能諒解這類改革路線性的筆仗，有時需靠篇幅撐場面。其實只要掌握住梁的基本路線與主要論點，就可以知道他對土地國有化的論點，已經重複到連自己也厭煩的程度，也因而可以理解他對《民報》15-17號的反擊為何不再回應了。

3.4 《民報》的再答覆

《民報》在15-16號有朱執信(縣解)連續兩期的長駁，17號有太邱的駁斥文。此兩文在深度、氣勢和格局上，都比不上12號的那篇長文，大抵應說的要點已盡出，這兩篇文章都是較細瑣性的辯解。

縣解(朱執信)的主旨，是駁上小節(3.3「梁的駁斥」)內的第一節：「就財政上正土地國有論之謬誤」。他認為梁的15點「失實而多欺」(15：69)，他的基本論點是「近世學者對於土地國有之非難，率從管理、立法等方面立論，而不能探土地國有之本源，以立反對之論據。」(15：67)這是在批評梁以及他所根據的歐、美、日學者，在立場上的偏頗。這項反駁不夠有力：梁的批評雖非點點見血，但也足夠讓旁觀者注目，讓國有論者全力護衛。

縣解的長文分5大節，主軸是在辯明：從財政上來看，單一稅的收入足夠中國政府的各項開支。第1節駁英國田租不足供英國歲用之說：梁引用麥洛克之說，推算英國若行土地單一稅，則歲入必不敷歲出。縣

解另行推算(15：79-80)，駁麥洛克之說，認為應足用有餘。縣解並未說明數字來源，而他也非財政預算專家，此事非專家難斷，不知英國經濟史學者對此問題有何判斷。但從另一個角度來看：當時極富之英國若果真能行此制，而百廢待舉的中國是否有能力、有條件傲行，那是個另待驗證的問題。

第2節駁斥梁的見解：「中國田賦歲徵不及四千萬之說。」他引用劉嶽雲所編的《光緒會計表》，說明光緒13、15、16、19年全國的地丁、糧收、耗羨3項已得3千780餘萬兩(15：84)。如果這3大項的總額都不到4千萬兩，不知縣解如何得出「滿政府歲收地稅必不下於四千萬」？(15：85)。地稅怎可能多於全國的糧收與地丁諸額？4千萬兩的地稅歲收，如何足夠用來治理4億人口的國家？

第3節的要點，是在「駁中國地稅不加額不可得四萬萬之說。」就算確實可得此數，這4萬萬的地稅，如何夠4萬萬人口的國家歲支？如何應付龐大的賠款、外債、新建設之需？第4節的主旨相同：「駁地租總額不過六萬萬之說」。問題同上：就算有6萬萬的稅收，足夠嗎？第5節（刊在第16號）甚冗長：「駁土地收入不足供國用之說。」(15：33-71)依縣解的估算，行土地國有化與社會主義國營事業後，在最佳狀態下，國家歲入「總額可得百萬萬元以外，第此豫計皆就其發達至於全盛者計之，故其達之程期，必須三四十年，不能視為自始可得之收入。」(16：71)假設中國在推翻滿清之後，聘亨利‧喬治為財政總長，他讀此項樂觀的估算之後，不知是否會贊同中國採土地國有制、行單一稅，而且有信心能夠單靠土地稅入，來支付各項外債、賠款、行政開銷，還能讓農民感受到生活比清末有明顯的改善？

太邱在《民報》17號的駁斥文分兩個面向：在理論方面的辯解，主要是闡述「吾人之土地國有政策與土地單稅論之差異」（第1節）。他的論點是：土地單一稅制是根源於法國的重農學派(17：64)，「重農學派之說，與吾人所持之土地國有政策殊非同物。何則？彼以租稅全額責諸

地租，吾人則以租稅金額取諸地代。」(17：73)單讀此句實在難以辨別差異何在，他到了頁82才以3點說明這項差別：「(1)彼〔重農學派〕以租稅金額取盈於地租，〔中國〕則以租稅金額相抵於地代〔此句難解〕。(2)彼行土地單稅，以抵諸般租稅，是爲無償，此行土地國有，以定價收買，是爲有償〔單一稅是課稅，當然無償；定價買地，必須付地款，當然有償；一爲課稅，一爲買地，如何並論？〕(3)彼行土地單稅，獨責地主以負擔；此行土地國有，不特可免地主以外之人之負擔，並免地主之負擔〔此事難解：行土地國有後，工商醫諸業須向國家租地，如何可免地主以外之人的負擔？如何免地主之負擔？〕」。

在史實方面，他舉日本的狀況爲例：明治31年時，日本的地租總額佔全國租稅總額的比例約三分之一強(17：81)。若日本也行國有化和單一稅，則政府必須要求租地者付三倍之地租，才夠維持過去的稅收水平。這種國有化對土地使用者(以農民爲大宗)有何助益？太邱此文非但無助益之功，反而讓讀者更質疑國有化的效果，以及單一稅對財政結構的助益。

4　評比與結論

雙方的辯駁至此結束，以下從概觀的角度來評比雙方論點的強弱處。孫文和《民報》的成員，一方面要推翻滿清，二方面計劃要把社會主義和土地改革引入中國，創立一個新中國，這是革命者的路線。相對地，從保皇、維新路線出發的康梁並不打算推翻清廷，也不認爲治歐美病症的處方能用來醫治中國的沈痾。這是雙方在認知與路線上的基本差異，自然會認爲對方的政策難以接受，而引發一場激烈的爭辯。雙方的立場不同，所主張的經濟路線和政策，在當時各自有不同的擁護團體，最後已變成信念的問題，而不是義理之爭。

簡言之，孫派主張社會主義路線，(1)要行單一稅制和土地國有

化，(2)要發達國家資本，(3)節制私人資本，(4)注重勞工福利，(5)強調分配平均的重要性。梁派的見解是：(1)西方國家尚無實行社會主義成功之實例，中國亦無條件實行社會主義，他稱之為不必行、不可行、不能行；(2)採取保護主義，對抗列強產品與資本的入侵；(3)獎助本國大資本家，以求在國際市場上競爭生存；(4)先求經濟發展，可以暫時容忍分配不均之弊；(5)從財政、經濟、社會3個角度，論證單一稅與土地國有制在中國萬不可行。

　　雙方的爭論在推理上並不複雜，而竟然耗費如此多的篇幅與精力，主要是因為雙方的文體論敘夾雜，互抓語病攻擊而大耗段落所致。從經濟思想史的角度來看，孫、梁兩派之間的爭辯，不論在路線上或觀念上，在其他國家也發生過(詳見Lavoie 1985)，所以這不是一場具有獨特性的爭辯，只是20世紀「資本主義vs.社會主義」大論戰的一環而已。較特殊的是，中國在20世紀初就有過這場論戰，但因時間較短，影響範圍較小，而且在思辯方面的深度較低，所以較少被放在世界性的架構下來理解。

　　雙方所持的論點亦非創見，大體而言，《民報》所根據的是日本論述馬克思主義和社會主義方面的著作，這些論題在當時是風行的顯學。《民報》在文章內直接引用的日本學者，有河上肇、安部磯雄、幸德秋水等多位(12：100)，他們當然也根據了馬克思、恩格斯、亨利・喬治，以及英國費邊社(The Fabian Society)等人士的論點。梁較少表明所依據的文獻，但從路線上可以看出，他對德國式的保護主義和國家主義較認同，這些見解在德國國民經濟學派(如List)的著作內，也可以找到相當的共同點。簡言之，孫派倣效英國費邊社式的社會福利路線，再加上亨利・喬治的單一稅制，以及《民報》所強調的土地國有論；梁則採德國式的國家主義和保護政策。雙方的立論，基本上還是吸收日本和英美的學說，然後依照自己對中國國情的見解修正後，向讀者作半專業經濟學、半政治性訴求、兼攻擊對手的訴求。

從行文的策略來看，《民報》較訴諸理念，旨在喚起讀者的熱情與希望，共同期盼中國將來能有一個新的經濟面貌，在理想上、目標上、說理上都相當引人。而梁的文體則較務實，著重在落實執行時的諸種困難。對同一問題，因雙方的著重面不同，所引發的閱讀衝擊度也各異：孫派是革命者式的許諾遠景與願景，梁是以現實的執行爲考慮。梁的筆鋒較銳，文字平實，論點簡明。相對地，《民報》（尤其是朱執信）的文筆較鬆軟，衝擊力較低，時常過度冗長無味，論證的能力遠不如梁那隻能「攪動社會」的筆端（嚴復語）。《民報》在這場論戰中，較精彩的是第12號那篇長文，恐怕是因爲有汪精衛合著才有此效果。梁在這場筆仗中，以一人之力敵《民報》眾人而毫不示弱失色，確有過人之處。

在這場經濟路線的論戰中，《民報》較居弱勢之處，在於當時各國尚無實施社會主義與土地國有化成功之例可引述；此外，梁所舉的實際問題與障礙確實存在，而且難以立即鏟除。清末的狀況因爲貧困者多，社會與經濟的正義有嚴重缺失，所以《民報》訴諸社會主義與土地國有化，是一項很具吸引力的宣示；然而他們的論點有時較情緒化，讓讀者有稍較不成熟的感受，反而有害說服力。相對地，梁主張中國應該培植大資本家、採取保護主義，希望能藉此改善中國對外經濟與貿易的局部狀況。但這麼做的代價，是會對國內所產生貧富差距惡化、農工兩部門不均等發展的後果。梁的說理較冷靜、清晰、有說服力，《民報》派人士在激情之下，反而把一手好牌打壞了，梁則是把格局有限的牌打得有聲有色[7]。

最後尚有一項觀念需辯明：土地國有化並非亨利·喬治的主張。「我並不提議去購買或沒收私有的土地財產權。購買是不公正的事（因爲土地價值的增加並非土地所賺取來的），而沒收土地是沒必要的事。

7　亓冰峰(1966：229-34)的觀點正好相反，認爲「《民報》戰敗《新民叢報》，應爲事實」（頁231），請對比參閱。

讓目前擁有土地的人，如果他們願意的話，仍舊持有土地，也可以稱之
為『他們的』土地。讓他們繼續稱之為『他們的』土地。讓他們買賣、
繼承、分割土地。我們可以安全地讓他們擁有外殼，我們要的是精髓。
沒有必要去沒收土地，只需要把地租充公就夠了。」（Henry George,
Progress and Poverty, 1916, pp. 401-2, 見Schiffrin and Sohn 1959: 89-90的
引文）

　　孫文和《民報》的單一稅論是承自亨利・喬治，但土地國有論則是
胡漢民等人的主張。回觀孫文的土地政策，在精神上是以「平均地權」
為主，他要徵收的是土地增值不勞而獲的部分，他也要把土地分配給使
用者，但這不等於土地國有化。《民報》的作者既主張單一稅，又高喊
土地國有化，其實這是邏輯上的矛盾：土地一旦國有化，則必然無行無
市，就算可以出租，但租金必低，何以足夠國用？《民報》高喊土地國
有論，對推翻滿清並無助益，因為一般擁有土地的人，必生恐懼而不願
支持。其實《民報》在土地政策上，只需喊出平均地權和配合性的措施
（例如：照價徵稅、照價收買、漲價歸公、耕者有其田）就夠了，國有論
反而是個有害的論點，因為若要國有化，又何必要地主申報地價，然後
又漲價歸公？至於單一稅是否能在中國適用？梁從財政、經濟、社會三
個層面所作的顧慮，回顧地看來是對的，Schiffrin（1959：563）也有類
似的判斷。

5　延伸討論

　　以上4節對《叢報》和《民報》在1906-7年間的爭辯，作了對比性
的摘述與評論。雙方日後並未再度就此主題對陣，所以此事應已結束，
但有個子題可以作為附錄性的續談。梁在1926年10月發表一封信〈復劉
勉己論對俄問題〉（42：65-8），簡要談到他對中國經濟的看法。這個主
題在同年11月的講演稿（〈國產之保護及獎勵〉，43：87-103）中，表達

得非常詳細，可視爲梁在20年之後，對與《民報》辯論的再申論。

　　1926年梁54歲（逝前3年），當時他已退出政治活動，在清華園內講學；從1917年末他卸任財政總長之後，對經濟問題已多年不研究不談論了。之所以會再引發他這場豪興，主要是在1926年10月23日給劉勉己的信上，談到俄國侵華的問題，其中牽涉到共產主義與中國經濟的子題[8]。「我的主張是很平凡的（或者也可以說很頑固的），也許連你都不贊成。我不懂得什麼人類最大幸福，我也沒有什麼國家百年計畫，我只是就中國的『當時此地』著想，求現在活著的中國人不至餓死。因此提出極庸腐的主張是：『在保護關稅政策之下，採勞資調節的精神獎屬國產。』不妨害這種主張的，無論中國人外國人我都認爲友，妨害的都認爲敵。」（42：66）或許梁當時對這個問題勾起了興趣，所以在11月的一場演講中，以〈國產之保護及獎勵〉爲題，申論他對中國經濟諸問題的見解，以及他對中國產業癥結的幾項看法，附帶地對社會主義和民生主義作了相當的批評。梁的講辭相當生動，或許由於發言時沒有心理負擔，現在讀起來仍然覺得動人心弦。

　　先看一段他對「三民主義」的批評：「我們廣東人有幸福，生活在三民主義政府之下已經好幾年。別的地方我不知道（繁盛城市商民們的產，有多少被偉人們共到荷包裡，我不知道），我只知道我自己鄉下，幾百年以農爲業的，現在的田都荒廢不耕。爲什麼呢？因爲鄉團裡頭幾根自衛的鎗，都被『民生主義』搶去。你耕田，強盜爺爺來收穀，只好

8　原文刊在《晨報社會週刊》第4號（1925年10月27日出版）。梁之所以會寫此文，是因爲劉勉己同年10月在同一刊物發表〈應該怎樣對蘇俄〉、〈怎樣對蘇俄？怎樣對帝國主義？〉。這2篇文章引起張榮福的討論：〈請教勉己先生三點〉（同刊物11月3日）。他們所爭論的問題與多位作者的文章，翌年（1926）由章進主編，結集出版爲《聯俄與仇俄問題討論集》（臺北：文海出版社1981年影印）。梁的文章收在此書的頁118-21，他說明寫此文的動機是：「你（劉勉己）要我在對俄專刊上做篇文字。我老實告訴你，這幾天看見報上筆墨官司打得熱鬧，已經把我的"晚明遺傳習氣"惹動，心癢難熬，想加入拌嘴團體來了。」

不耕便了。我們這個小村落誠然不足道，但至〔少〕也有幾百畝田和千來個壯丁的生產力因此消滅掉了。」(43：89)這段話大概是梁藉題發揮，其實他有更嚴肅的分析與訴求：「中國生產為什麼頹廢到這步田地呢？其在農產方面，主要原因當然是因為內戰頻仍、盜賊充斥、征斂煩苛、隄防失修、道路梗塞……等等，這些都是歷朝叔季之世通有的現象。救濟之法，全在政治本身，拿什麼歐美經濟學說搬騰討論，純屬隔靴搔癢。」(43：90)

依梁的分析，在產業方面中國有幾大病源。

(1)沒有人才，沒有運用現代工業組織的學識和技能，企業中十有九都是從舊官僚或舊式商業轉型的，常常因為看人辦廠賺錢，就起鬨貿然創辦企業，「一幫一幫的在台面胡鬧一陣，轉瞬間便風掃殘葉，夾著尾巴滾下去完事。」(43：91)話說得雖然有點輕佻刻薄，但也反映出一大面事實。

(2)沒有資本：「據丁文江君的統計，……所有新式事業合計最多2000兆元，比例全國人口，每人攤不到兩塊大洋。工業資本殼薄到如此，真足令人驚心動魄。每項工業，合起我們資本的全部，只怕還比不上人家一兩個托辣斯，試問怎樣子和人競爭？……你看！前幾年轟轟烈烈的紗廠，現在那一家不是跪著求日本人接辦？」(43：91-2)

(3)內政腐敗：「公司要存案嗎？拿黑錢來。要火車運貨嗎？拿黑錢來。想通過一個厘卡嗎？拿黑錢來。……諸如此類，平常種種刁難勒索，已經無法應付。何止如此，一個督軍來借十萬，別個督軍來借二十萬。強盜來搶一個空，穿制服的強盜來更搶一個空。近來越發文明了，擇肥而噬，看看那件有點油水可沾的，便高喊『收歸國有』、『收歸黨有』。」(43：92-3)

(4)關稅弱勢：「以沒有人才、沒有資本的中國，所謂嫩芽者已經嬌脆到無以復加，卻是關稅受條約的束縛，絲毫沒有保護的可

能。不寧惟是，還有許多外國貨物所享特權，如子口半稅之類，自己人一概享不著。……正如抱在懷裡又黃又瘦的小孩，出去和久經戰陣的赳赳武夫打仗，人家拿腳隨便一踢，便可以叫他變成肉泥，他的父母還像沒事人的籠著手在旁邊白看，你想這孩子還有幾希幸存之望嗎？」(43：93)

除了分析這些客觀的形式，他也說了一些悲觀憤怒的話，其中有對孫派人士的嚴厲批評：「時髦的青年們，什有九是孫中山『知難行易』的信徒，只貪著求書本上智識或求幻想中創解，對於實際情形和實在條理都不屑注意。……所以做起事來，才能方面，並不見得比舊官僚高明；道德方面，因為有新學說做護符，作惡倒比舊官僚更兇幾倍；學問方面，壞的不消說，好的也多半在學堂裡聽些高深空洞的理論，或研究些與中國風馬牛不相及的歐美社會實際問題。漂亮點的便販些『主義』來談談，調子越唱得高，鋒頭越出得足。」(43：95-6)大肆批評之後，梁提出4項政策性的建議(43：97-9)，希望能對中國的生產事業有所助益。(1)關稅自主，此事前已分析，不贅。(2)裁釐：廢除19世紀中葉以來在各省的內地貨物通關稅；這是因為關卡重重，對生產者與消費者都造成相當重的負擔。(3)洋商在通商口岸用機器紡製的棉紗棉布，除了繳交出廠稅外，其餘盡行豁免。梁認為出廠稅是國內稅的性質，不容外國用條約來規定，這不但干涉內政，而且對國內廠商不公平。(4)主張政府對特種工業應格外保護獎勵，以低利貸款的「保息」方式來協助。

這4個論點其實並無多少新意，此外他又雜談幾項議題(43：100-3)。(1)具有獨立性質的事業(如鐵路、自來水)，因為成績不佳，所以梁主張這類事業「都暫許私有」，但要規定若干年後，以某種條件可以隨時收歸公有即可。(2)累進率的所得稅制雖然合理，但因為經營成功的企業太少，所以梁反對立即實施。「老實說，『火燒眉毛，且顧眼下』。現在想救這奄奄垂斃的中國，只有全副精神獎勵國產，先求對於外國資本家脫離羈絆宣告獨立。至於將來本國資本發達後會生出流弊，

自有那時的政治家講救濟之策，不勞我們現在越俎代庖（如地價差增稅、遺產稅之類，對於那種非用生產手段勤勞獲得之利益，增加稅目或稅率，我自然主張立刻實行）[9]。」（43：101）

9　張朋園（1978第7章）詳述梁對社會主義的認識，以及反對馬克思主義的態度，請對比參閱。

第7章

散論五則

梁在1886-1926年間，寫過67篇論清末民初經濟問題的文章，大約可分為7大類（詳見表1-2）：幣制改革（19篇），財稅與預算（17篇），內債與外債（12篇），工商實業（5篇），社會主義與土地國有論（1篇），經濟學說史（3篇），國家經濟（10篇）。

本章前3節的分析對象，是屬於上述最後一類的「國家經濟問題」，析論梁對中國經濟狀況的整體性觀察：（1）當時在各地發生過哪些經濟恐慌現象？他認為中國經濟的根本性問題有哪些？（2）中國的資金涸竭，對外資應採怎樣的態度？（3）全國人口結構中，有哪些階層是屬於無生產能力的？梁對這些宏觀面問題有不錯的洞察，有些論點可以再爭辯，但也有些是過度推論的偏見。

梁還寫過兩個較次要的題材，雖然與國民經濟的關係較間接，但性質上類近，所以併在後2節分析：（4）他寫過幾篇談論銀行的文章，也講演過幾次這方面的題材。這些內容現在看來，基本上都是解說的性質，並無重要的論點可以析論，在此略述梁的訴求要點。（5）關稅收入在政府預算所佔的比例，在1911-6 年間約是12% -20%，當然是一項重要的議題。梁寫過4篇論關稅權的時事評論短文，但他對這項題材的關注點，卻是國際政治的角度遠多於財政稅收的關懷。

整體而言，本章所析論的5項主題，在結構上並無明確的關聯性。梁寫這些文章時也無預設的架構，而是依時事或依各別主題分述，因此後人不易據以提出系統性的評判，但這又是理解梁氏經濟觀點的必要工

作之一。

1 衰敗驚亂

　　梁氏評議國民經濟衰敗的現象與原因，基本上是在做綜合性的解說，有4篇文章：(1)〈論中國國民生計之危機〉(1910，21：23-40)；(2)〈米禁危言〉(1910，25上：93-7)；(3)〈中國最近市面恐慌之原因〉(1910，25上：140-3)；(4)〈國民破產之噩兆〉(1911，27：71-6)。他的著眼點是：「中國亡徵萬千，而其病已入膏肓，且禍已迫於眉睫者，則國民生計之困窮是已。」梁眼裡的中國經濟，在廿世紀初期是「舉國資本涸竭……國家破產……幣制紊亂、百物騰踊……四海困窮、天祿永終。……殷富之區者，今則滿目蕭條，晚元、晚明之現象，一一皆具見於今日。」(21：23-4)他所析論的病症與嚴重性，要點如下。

1.1 國際收支

　　他用一個統計表(21：24-5)，說明光緒8-34年間，中國的輸入與輸出額，以及入超嚴重的程度。問題相當嚴重：光緒31年的入超比(即入超額佔輸出額的百分比)高達96%，光緒32年時是73%，之後的兩年分別是57%與43%，這是嚴重的訊號。若用數額(海關兩)來說，自光緒31年以來，入超額都遠超過政府的總歲入(約1億3000餘萬兩)。這是商品貿易的部分。

　　梁的訴求乍看之下相當驚人，但以現代的眼光來看，他的表達方式不夠明確，難以知曉問題的全貌。表7-1列舉1870-1910年間的貿易值和指數的變動(以每5年為例)。就貿易差額來說，1880年約在140萬兩左右，尚不嚴重；1885年起，就激增了將近20倍，逆差達到2300多萬兩；到了1900年更增到5200多萬兩。梁說最嚴重的是光緒31年(1905)，貿易逆差將近2億2000萬兩，這是晚清最高的逆差值。之後逐年下降，到

1910年時已少掉一大半，約有820多萬兩的逆差。表7-1內另有一項指標，是以1913 = 100為指數，數字較簡明，可以看出晚清40年間進出口價值與數量的趨勢變化。這項指數值所顯示的意義，和用海關兩所顯示的貿易值，在指標意義上類同，但是用指數來表示較簡潔，在此不擬重述。

表7-1　1870-1910年對外貿易值和指數(指數：1913=100)

	海關兩價值(1000兩)				貿易總值指數	數量指數	
	淨進口	淨出口	合計	貿易差額	當時價值	進口	出口
1870	63,693	55,295	118,988	-8,398	12.2	25.9	33.3
1875	67,803	68,913	136,716	+1,110	14.0	33.8	42.2
1880	79,293	77,884	157,177	-1,409	16.1	36.2	47.2
1885	88,200	65,006	153,206	-23,194	15.7	40.5	47.6
1890	127,093	87,144	214,237	-39,949	22.0	54.8	42.0
1895	171,697	143,293	314,990	-28,404	32.4	45.8	66.3
1900	211,070	158,997	370,067	-52,073	38.0	49.5	54.9
1905	447,101	227,888	674,989	-219,213	69.3	96.0	62.5
1910	462,965	380,833	843,798	-82,132	86.7	79.2	102.9

資料來源：摘自《劍橋中國晚清史》下冊頁59-61表16(譯自Feuerwerker 1980:46-7)。

第2項指標是金銀進出的數量。梁列舉光緒18到34年間的金銀流量(21：26-7)，說明在光緒26年之前，金銀流入中國的數量大抵超過流出量，但從光緒32年起狀況大逆轉，在33年時流出額超過流入額達2,863萬兩之多，之後諸年的狀況也類近。金銀大量流出的原因很多，包括賠款、還外債、貿易逆差諸項，而梁的解釋是：「此現象之起，原因雖多，而以濫鑄銅元、為格里森貨幣原則所支配，致驅逐金銀出境，實最接近之一原因也。」(21：27)這項詮釋的說服力不足，因為格里森法則的意思，是劣幣會驅逐良幣，這在中國各省濫鑄的銅元期間確實發生

過,但與金銀的大量外流應不相干,因為金銀外流是國際收支的結果,
而格里森法則是良幣與劣幣之間在國內的競爭,與國際收支無直接的因
果關係。

現在回來看梁所說的金銀流出狀況,表7-2是1888-1912年間的完整
統計數字。梁說在光緒26年(1900)之前,金銀流入中國的數額大抵超過
流出量,從表7-2第3欄可以看出,黃金在1899年之前確是如此,但白銀
(第6欄)從1893年起就是流出大於流入了。梁說在光緒32年(1906)之
後,情況更為為嚴重,這和表7-2的資料不同:在黃金方面(第3欄),
1906之後起伏不定,有正差額也有負差額;在白銀方面也一樣(第6
欄),正負的起伏不定。表7-2應該是可靠性較高的統計,梁的說辭大抵
是印象式的,不夠精確。為何會有這種起伏的現象?以白銀來說,因為
1870年代起列強改採金本位,白銀已無國際貨幣的功能,因而價值大
貶,再加上各國銀產量過剩,這對素來有「銀荒」的中國,當然是大量
買入的好機會。然而,同一時期中國的貿易逆差激增(見表7-1),再加
上鉅額的對外戰爭賠款(甲午戰敗、庚子拳亂),以及償還外債等等,都
使得中國的白銀不入反出,這才是梁所要指明之處。

表7-2　黃金白銀流入流出統計:1888-1912

	黃　金			白　銀		
	流入(1)	流出(2)	差額(3)	流入(4)	流出(5)	差額(6)
1888			+1,673			+1,910
1889			+1,626			-6,005
1890		1,788	+1,783			+3,558
1891		3,736	+3,693			+3,132
1892	346	7,685	+7,340	10,326	15,710	+5,385
1893	461	7,921	+7,460	19,989	10,218	-9,771
1894	39	12,812	+12,773	36,406	10,654	-25,751
1895	305	7,182	+6,878	46,936	11,019	-35,917
1896	768	8,883	+8,115	17,653	15,932	-1,720
1897	1,126	9,638	+8,512	20,405	18,596	-1,810

1898	869	8,572	+7,704	31,357	26,372	-4,985
1899	696	8,336	+7,640	24,702	23,352	-1,350
1900	6,194	4,991	-1,202	39,159	23,714	-15,445
1901	910	7,545	+6,636	14,362	20,460	+6,098
1902	193	9,603	+9,410	18,437	32,282	+13,845
1903	4,004	3,899	-104	23,001	29,047	+6,045
1904	9,931	1,484	-8,446	23,519	37,128	+13,610
1905	11,110	4,051	-7,059	31,429	38,625	+7,196
1906	7,007	3,166	-3,840	19,333	38,011	+18,678
1907	8,274	5,824	-2,450	7,070	38,278	+31,208
1908	1,514	13,032	+11,518	20,117	32,384	+12,267
1909	1,014	7,835	+6,821	30,864	24,024	-6,841
1910	3,559	4,536	+977	44,599	22,804	-21,795
1911	4,024	2,491	-1,533	61,083	22,777	-38,306
1912	9,297	1,838	-7,458	45,098	25,850	-19,249

資料來源：摘自Hsiao（1974:128）。

　　第3項指標是國際借貸的統計，梁舉光緒31年的數字為例(21：27-8)，他所做的表格分出款與入款兩項，之下細分多項。統計數字的可信度姑且不論，此表內的各項名目與數額都相當有趣。在出款方面，數額最大的是「外國貿易輸入額」，達3億1000多萬海關兩；其次是「外債及償金本息支出」，將近4500萬兩。在入款方面，以「本國貿易輸出額」最多，約2億3600多萬兩；其次是「海外僑民匯回本國之收益」（外人投資承辦礦路之費，2700多萬兩）。出入款相抵之後，出款超過額在光緒31年時約是5600萬海關兩。

　　這樣的說法還是籠統，表7-3和表7-4是1894-1913年間中國的國際收支平衡表，分別用兩種指標來表示：百萬海關兩和各項所佔的百分比。這兩個表簡明易懂，不需費辭細說，在此只需點出一項：歷年的支出項目中，佔最高比例的是進口，在68.1%和87.2%之間（表7-4）；之後是戰爭賠款：16%(1895-9)，4.1%(1903-13)。梁說償還外債的本息是一大負擔，但表7-4所顯示的比重卻不高：1.6%(1894)、4.8%(1895-9)、6.5%（1903-13）。這項比重反而還不及「外企投資利潤」的重要性：4.8%（1894）、7.3%(1895-9)、8.7%(1903-13)，這一點是梁沒指出的。

表7-3 中國國際收支平衡估計表：1894-1913（百萬關兩）

項　　目	1894年		1895-1899年均		1903-13年均	
	收	支	收	支	收	支
A1　貿易收支						
進口		147.5		194.3		445.2
出口	160.7		189.0		340.3	
貿易收支平衡	13.0			5.3		104.9
A2　勞務收支						
外人在華開支	35.0		35.0		64.5	
中國在外開支		4.0		4.0		4.6
運輸及保險		6.8		6.8		8.4
投資收益						
償還外債本息		2.7		13.8		37.2
外企投資利潤		8.1		20.8		49.5
無報償轉移						
華僑匯款	50.0		55.0		75.4	
戰爭賠款				45.5		23.3
A　經常項目合計	245.7	169.1	279.0	285.2	480.2	568.2
B　資本項目						
政府外債收入	10.4		67.2		46.1	
外人企業投資	1.5		30.8		28.2	
A、B兩項合計	257.6	169.1	377.0	285.2	554.5	568.2
C1　金淨出入	12.8		7.8			0.9
C2　銀淨出入		25.8		9.2		3.0
D　誤差與忽略		75.5		90.4	17.6	
總　　　計	270.4	270.4	384.8	384.8	572.1	572.1
	收	支	收	支	收	支

資料來源：摘自陳爭平(1994)表1。

表7-4 國際收支各項的比重(%):1894-1913

項 目	1894年 收	1894年 支	1895-1899年均 收	1895-1899年均 支	1903-13年均 收	1903-13年均 支
進口		87.2		68.1		78.4
出口	62.4		50.1		61.4	
外人在華開支	13.6		9.3		11.6	
中國在外開支		2.4		1.4		0.8
運輸及保險		4.0		2.4		1.5
償還外債本息		1.6		4.8		6.5
外企投資利潤		4.8		7.3		8.7
華僑匯款	19.4		14.6		13.6	
戰爭賠款		---		16.0		4.1
政府外債收入	4.0		17.8		8.3	
外人企業投資	0.6		8.2		5.1	
合計	100.0	100.0	100.0	100.0	100.0	100.0

資料來源:摘自陳爭平(1994)表4。

　　綜觀表7-1到7-4,晚清的貿易逆差和國際收支的逆差愈來愈嚴重,而且數目驚人。一方面這是因為相對於歐美日列強的優勢,中國的經濟更顯示出種種劣勢。還有另一項重要原因,是國際金融體制性的,那就是1870年代以後,國際金融體系改採金本位,而中國對外的貿易與支付,仍採銀本位所導致的逆勢(即所謂的鎊虧)。國際金融改採金本位後,白銀不再是國際清算用的貴重金屬,因而價值大跌。中國的外匯存底不夠豐富,又不產金,所以無法加入金本位。

　　白銀價值在1870年後長期大貶,等於中國幣值在國際市場要隨著國際銀價起伏,而不是由本國的經濟實力所決定。1870-1910年間銀價的起伏激烈,每月每年都不同,所以很難有一項矯正性的指標,可用來看表7-1到表7-4內,若去除銀價的波動後,各項目的真實收支額。既然無

法提供此項指標，在此只能提醒說：在解讀本章諸表時，要把匯率變動（國際銀價長貶）的因素考慮進去，不能只看表面的絕對數字。梁所提出的數字與論點，對這項因素的解說不足。

1.2 市面恐慌

〈國民破產之噩兆〉（1911）這篇短文的主旨，是表列近5年來在各地發生的重要經濟恐慌事件，共計20項。梁列舉事件的名稱、發生地、波及地、發生年月、恐慌之原因、救濟之方法等6項，內容一目瞭然，在此不擬引述這些事件。這個長表顯示兩項訊息：第一，這些是眾所注目的大事件，各處的中小型事件不及備載。第二，這是中國內部經濟結構失衡的問題，因爲國際經濟在1914年之前，金本位制度運作良好，也沒有國際性的景氣問題，所以中國的市面恐慌，並不是受到世界經濟不景氣的牽連。

梁認爲中國與西洋的經濟恐慌有4大異點。（1）「歐美之恐慌，必閱十年內外始偶起一次，非如吾國之連年頻見，且年起數次或十數次也。」（2）「歐美恐慌，恆爲資本過溢、生產過溢之結果；我國則爲資本涸竭、生產式微之結果。」（3）「歐美經濟恐慌之後，其債權債務之輾轉仍在本國，我國則此關係移於外國。」（4）「歐美恐慌多由一時擱淺，其恢復實力仍存，故一二年後反動力起，而繁榮常逾於前；我國恐慌則彫敝既極而生，每下愈況，相續無已。」（27：76）這些確是中肯的論斷，但他並未細究產生這些差異的原因。

梁深入討論的一項恐慌事件，是各省的米禁問題（1910年）。糧食是中國歷代皇帝與官員最關心的基本問題，處理不當會引發不同程度的暴動。「近日各省紛紛禁米出境，經湘亂後而益甚。……各省殆以爲自衛唯一之政策，……此實速亂之階梯，而取亡之心理也。……豈非欲藉此以維持境內之米價，勿使騰漲哉。」問題的起因在於「近年以來米價飛漲，月異而歲不同，誠可以躋吾民於死地。」（25上：93）梁撰此文的目

的在分析米貴之因,並提出對策。

　　第一項因素是貨幣購買力的變化:「昔有錢若干可以易米一斗者,今則倍之或兩倍之,而僅易一斗,故命之曰米貴也。」他認為背後的因素是「政府濫發惡幣,以擾亂市面,而括取吾民之脂膏,……即其見蝕於銅元餘利、官局鈔幣餘利者也。」也就是說,貨幣因管理不善而貶值,導致名目物價上漲。第二項因素是購米費用佔所得比例的提高:「昔各人一歲之所入,僅以其二十分之一購米而足者,今則以其十分之一購米而猶懼不足。」其背後的原因是經濟結構性的:「一國勞力供過於求,一國職業求過於供,坐是庸率日微,而人人不足以自為養。」(25上:93)這是很好的分析,能從貨幣的購買力來解說,也能從結構性失調導致所得低入的角度來說明。

　　貨幣改革與經濟結構的調整,不是任何政府在短期內就能立竿見影的事,而米價問題卻有可能在短期內發展到難以收拾的程度。梁既已診出此事之因,他有何良策足以拔本塞源?他先從「太史公所謂善者因之,其次利導之」,談到「斯密亞當所倡生計自由主義」,他的用意是在說:若因米貴而行米禁,則「苟欲強而制焉,則如水然,薄而躍之,激而行之,拂逆其性,終必橫決而已。」簡言之,他認為各省禁米出境之舉,「其愚真不可及矣」,因為米商運米出境而能有利者,「必四鄰周遭之米價先已騰貴也。」梁認為民間若因米商逐利而仇其嗜利之罪,那是倒果為因的見解。

　　他進一步分5點解說全國米貴的原因。(1)人口歲增,荒地不加開墾,農業不加改良,所產之米不加多。(2)幣制紊亂,物價高昂,農業成本倍蓰於前。(3)新增稅賦,農民負擔轉嫁入米。(4)農民終歲勤動猶不足生,相率為游民盜賊,米產益減。梁的第5點是:一般消費者歲入不增,加以物價上漲,對米價上漲之害感受最深。此點並非造成米價上漲之因,可不論。此外的4點確是米貴之因,而這些因素也是結構性的,他說得對:「僅恃禁米出境,而欲維持昔日之米價,能耶否耶?」

米貴問題迫於眉睫，而經濟結構問題又非短時期所能鏟除，所以雖有診斷而無藥方，於病無補。

當時政府的對策著力在兩方面，一是「販運外洋之米入口爲挹注，二是以官力限定各地之米價，勿使米商居奇。」梁贊同販運外米爲治標之計，但他的顧慮卻難以理解：「然亦當念生計無國界之理，全世界之米價，必與我國內之米價同一比率，欲求更廉焉者，決計不可得。」（25上：95）此事他有所不知：中國人口稠密，可耕地相對地不足，而南洋人口較稀，且米可1年3熟，洋米入華之事早在1890年代就很明顯了[1]。

南洋米廉，對中國的米糧需求與米價的平抑應有作用。然而運送成本高昂，效果會隨著各省市的位置與運送條件的差異而不同：外米船運入沿海諸港，海運成本尚足以償米價之差，然而洋米要溯江逆河轉運入內地諸省，以中國內地的運送條件，成本必昂。多層轉運之後，內地諸省的米糧或許不缺，然而價格亦必不低於本國米，Brandt（1985:189）的研究亦證實此點。依梁的說法：「以今日米價與疇昔米價比較，其翔踊之一部分，則見蝕於外國人之手者也。」（25上：93）

梁反對販運洋米的第2項理由，是執行此事的資本仍需從民之脂膏刮取，「官吏方且將借此名而恣腴削之以自肥耳，則民且益病，究其極也。」（25上：96）他有理由懷疑此點，但這是對執行成果的預測，難以評斷。

他反對洋米的第3項理由不夠清晰：農民產米需先付出諸項成本與勞力，收成之後又需付稅，若以所產之米適市而所易猶不能償其本，則農民勞亦死、逸亦死，必至全國無一農，而斗米之價必非常人所能負擔。此說有兩解：若因米禁而價昂，農民必因而受利，但米貴之後，農民的實質所得亦減，所以長期而言農民未必得利。從另一個角度來說，

1　見Brandt 1985:169的分析。另見Brandt 1989:17-55 Table 2.1-3.5 and Figures 2.1-3.3，提供1870-1936間進口南洋米的數量，以及多項統計假說上的驗證。

若販運洋米入境，國內米價若因而大跌，則農民終年辛勞所得必不能償其本，梁所擔心之事才會發生。

問題至此已成為兩難窘境：若洋米豐廉，百姓受益，何以不運入？若洋米豐廉，農民受害，本國農業受摧殘，何以為之？析論至此，可知梁反對販洋米入境的兩項理由。第一，因生計無國界，世界米價必與中國同，「欲求更廉焉者，決不可得」。此點是梁對國際農產品貿易的專業認知有限，不必計較；但若考慮轉運多次，洋米價格抵達之後未必低於國米，則此論成立（是結果正確，而非梁的認知正確）。第二，他在文中未說明白，何以農民所得不償其本？是洋米價廉所致？若是此因，則反對洋米運入與他所主張的「生計無國界」矛盾；若梁認為是因禁各省之米出境而有此結果，則因果關係應是：米價會因米禁而漲，農民會先受利然後受害。梁的論點若是屬於此項推理則可接受，但他在文中並未明示這種推論，故難以斷言。

他接下來譴責此項決策的後果：「若夫禁米出境之謬見，在愚民之為自衛計者，誠不深責。若乃地方長吏……徇其請而貿然行之，則誤國之罪莫甚焉。」他作此譴責的推理是：「今者舉國米價誠皆昂矣！而甲地之米運至乙地而猶有利，則必乙地之米昂更甚，而其供不逮求之勢更急也。遏而不之濟，其勢必非釀大亂於乙地不止。」（25上：96）此說難解：若甲地之米運乙地之後猶有利，則乙地米價必高於甲地，甲地之米入後，乙地米糧數必增，米價若不減也應不增，怎會釀大亂於乙地不止？從另一方面來看，就供應者的角度來說，梁認為甲地米價低，「必其地業農者眾，而大多數人資米以為生」，若把甲地之米運往乙地，會使甲地之人「牽牽其地之人以俱斃也。」此點需以事實來證明，而非單靠邏輯辯論就能推論斷定。若純就邏輯而言，梁既言禁米出境之謬，則他應是主張各省之間的米糧可以自由交易，互通有無；而現在他又說甲地之米運乙地之後，乙地會大亂，甲地之人會俱斃，豈非矛盾之論？

梁的基本立場是反對各省禁米出境，主張各省之間的經濟資源應互

相流通。他以德國爲例：德國在政治上雖尚未聯合，「則生計之聯合先之，今我乃欲以一國而裂爲數十國。政治上之分裂已不可收拾，猶以爲未足，而重之以生計上之分裂。」(25上：96)他的主張很清楚，其間的說理或稍有邏輯辭語之差，應不礙其基本立論。但若從主政者的角度來看，爲何要禁米出境？他省米價高，本省米若因商人逐利而出境，省內米糧數量必日減而貴，在無其他來源(如洋米)能確保糧食充足之前，唯出此下策。梁當時置身海外，遠離水火，而以史密斯的經濟自由主義、太史公之利導說來評議此事，正如《鹽鐵論》第41篇所說的：「文學、賢良不明縣官事。」若梁當時主掌國政，不知如何下決策應對此事[2]？

1.3　病情診斷

在前兩小節內，梁運用諸項統計數字解說中國國際收支的嚴重性，視之爲「國富損失之大凡也。」(21：29)在國內經濟方面，他用近5年市面恐慌的諸多事件與米禁問題，來顯示經濟結構的不穩定。無論是對內或對外的經濟問題，都是長期積弱的體現，梁對中國經濟結構的缺失與病情，有一套體系性的見解，析述如下。

在工業方面，歐洲有產業革命與新式機械化生產；而中國只有舊式工業，雖勤勞但獲報甚嗇，雖無凍餒之民，亦無千金之家。「近世所謂新式企業之組織法，吾國人至今莫能運用之。加以在現今腐敗政治之下，不容此種工業以發達，……則我國境內之生計現象，必將分爲兩階級。甲階級則資本家，而其人則皆外國人也；乙階級則勞動者，而其人

2　因糧食短缺而引起的動亂，古今中外史不絕書。王國斌(1998)第7章舉例說明，食物騷亂在中國與西歐的狀況，並對比這個問題在不同時代與不同地區的特性，以及各國政府的處置措施與成果。同章頁169-74對18-19世紀中國的食物騷亂情形有具體的例子解說，並對政府的對策作出學理性的評述。這是個較寬廣視野的綜觀。這是個重要議題，所牽涉的相關問題廣泛，此處只能就梁的論作評述。王國斌在另一篇文章中(Wong 1982)，對清代諸省的缺糧騷動，舉了江西、湖南等地的例子，解說事件始末與政府的應對策略。

則皆中國人也。」(21：32)

　　在商業方面，中國缺少兩項要件：經營技術之精與挹注資本之雄。換言之，「由於全國企業資本之缺乏也，由於企業之塗術不健全也。」(25上：140)中國之商業以小型居多，號稱大型商者集中在3類業務內：壟斷業(例如有特許權的鹽商)、厚息舉債業(如當鋪及票號)、賭博業(如各省之彩票商)。而這三業「皆以不法之行為，弋不當之利益，其於國民生計全體有損無益。」(21：35)中國輸出商品以絲茶為大宗，「而試問我國商家曾有一人能自設一行棧於各國市場，而與彼之消費家稍相接近者乎？……質而言之，則我國現存商業，不過為外商之補助機關而已。」(21：36)

　　農業可分廣狹兩義，狹義者如傳統的五穀、菜蔬、樹藝，廣義者如蔗糖業與橡膠業等。中國農業幾乎限於狹義的範圍，而人口稠密，天然災害頻仍，「夫以今日農民之境遇，本既已歲暖而號寒，年豐而啼飢矣，則稍遇災祲，益以速其槁餓，此五尺之童所能知也。……則良儒者有束手待死，而驍桀者有鋌而走險耳。故循今日之政治現象而不變，則我祖宗五千年來世守之農業，不出三年必全滅絕。」(21：39)

　　除了上述農工商業的積弱外，貨幣體制的不健全更加重了市場的恐慌。(1)不行金本位，固守銀銅幣制，國際銀價大跌時受害甚深。(2)銀行制度不頒定，金融體系仍在傳統的錢莊銀號手中，每遇錢莊變故，禍害廣被。(3)幣制混亂，各地銀兩重值不一，銅幣種類過多過雜，交易困難。(4)大清銀行冒中央銀行之名，而營一般銀行之業務，既無貨幣發行準備金，信用終必無據。

2　外資利弊

　　梁有兩篇文章論外資問題，一長一短：〈外資輸入問題〉(1904，16：61-98)、〈利用外資與消費外資之辨〉(1911，27：77-80)。他對

外資問題的論述，起意於「今日中國立於列強間，至危極險之現象不啻千百語。其最甚者，則外國紛紛投資本，以經營各大事業於我腹地，直接生影響於生計上，而並間接生影響於政治上，此最爲驚心動魄者矣。……吾固案諸學理，……就種種方面以研究此問題之眞利眞害，……略陳今後政府國民所當探之方針爲結論。」（16：61-2）

2.1 剖析與對策

此長文共7節，分述外資輸入中國的原因、外資的性質、外資在華略史、外資的類別、評比外資的利害、論外資對中國經濟的影響、中國可採之對策。此處不擬依序摘述，只選論梁個人對外資的見解，凡背景性(如外資輸入史)與解說性(如外資的事業項目)者皆不論。

何以列強爭相以雄資進取中國經濟之命脈？「故今日列強之通患，莫甚於資本過度而無道以求厚贏〔利潤〕。欲救此敝，惟有別趨一土地廣人民眾而母財涸竭之地，以爲第二之尾閭，而全地球中最適此例者，莫中國若。此實列強侵中國之總根源。」（16：63）

外資在華活動的性質，自甲午之戰以來的十年間，依梁的見解約略有7項性質上的進展與變化。(1)馬關條約內特別提到日資可用機器改造土貨〔中國之製造品〕。(2)馬關條約之後數月，英人赫德(總稅務司)擬出機器製造抽稅章程，範圍限定在製造業內，未及他業。(3)中俄密約(喀希尼條約)要求東三省鐵路權與礦權，德國依膠州灣條約要求同一條件，然勢力猶有限制。(4)開始有正式借債興業之交涉，然借債之主動權猶限中央政府，勢力尚未普及。(5)民間與私人假財團法人名號，與外國資本家交涉，外資輸入之途大開；但名義上仍是借債，主權在華，債務與利權仍在我。(6)華洋合股向外借債，冒華人名義發起，洋人附股，華人總辦洋人幫辦，其實正好相反。(7)明訂華洋合資之權利義務，要求改正礦務章程；外資輸入已不必假名華人，門限全撤。

接下來梁要談論的，是借用外資的時機與原則。

(1)「凡一國中以特別事故(例如戰爭忽起、興學驟盛),致金融緊迫之現象者,最善莫如得外資以爲調和。……苟政府財政之基礎穩固,而所以運用者適其宜,則外資之必不爲國病明矣。」(16:77-8)

(2)外資輸入時,因大筆資金短期湧入,最易發生通貨膨脹,擾亂國內金融市場,物價變動劇烈。梁的反論是:「在淺識者,以爲是貨由外國輸入之意義也。……故坐是因噎廢食以詬外資,……然按諸實際,外資之來者一千萬,其引受現金,通例不及一二百萬,蓋其大半皆由各種國際動產券面上所有權之移轉,而甲國之中央銀行與乙國之中央銀行,爲一紙匯票之劃撥而已。」(16:81)

(3)若「外資輸入太驟,……無奈本國之場業不能與之相應,……阿根廷當四十年前圖治太銳,大借金於英國,……儼然大進步之幻象,及實利未收,而償還本息之期已至,於是全國騷然,百業中止,而國勢從此不可復振。」(16:82)

(4)「然則外資最可怖之問題何在乎?曰:不問其外資之來源,而問其外資之用途。用之於生產的,往往食外資之利;用之於不生產的,勢必蒙外資之害,此其一。曰:不問輸入時之受納法,而問輸入後之管理法。苟能全盤布畫,分期償還,則雖多而或不爲病。反是則其末路之悲慘不可思議,此其二。」(16:83)

(5)「要而論之,外資之來,能如歐美各國之以本國公債券自由吸集者最善也,蓋有外資之實而無其名,萬無牽涉及於政局之患,……不用一毫人事之干涉。」(16:84)

從這5點看來,梁透過日本的財經著作,對歐美運用外資的史例與基本原則,掌握得相當不錯。梁說在光緒4-27年間,中國向外借債9次,大部分爲償外國兵費(賠款)之用,這是屬於不生產性的外債,這是

本書第4章的主題。梁認為對中國前途最危險者不是外債,而是外人投資本於內地,以經營鐵路、礦務及其他工商業者。一般持此論者以為外資所到之地,即為他國權力所到之地,外資之可怖者在此;梁認為商權歸商權,政權自政權,不必混談。這個觀念是正確的,但接下來的3項論點卻甚可商榷。

(1)外資與中國勞動者。一般的見解是中國人口壓力大,失業者多,外資來華利用中國的天產與勞動力,創造就業機會,增加生產價值,故應歡迎外資。梁的見解不同,他認為外資初入的數年或十數年間,或許有此良效,但恐長期之後,將步歐美後塵,產生中國前所未有的勞動階級,中國社會因外資深入而階級化,接著出現貧富懸殊。他的推理方式,是眼見歐美尚無法擺脫工業化之後的這兩項惡果,所以事先考量中國若採外資及其經營方式,要如何才能避免同樣的後果。

這或許是一項考慮,但因為實際後果並未發生,所以難下論斷。若純就學理來推論,清末中國失業人口的壓力不輕,一般勞工生活水平不高,果若有外資能提供相當的工作機會,能減少失業人數,何樂不為?在貧弱的經濟結構下,是要先考慮中國社會階級分化與貧富懸殊化的後果呢(這兩項結果尚不知何時才會出現)?或是以救命活口、增加工業產能為優先考量?求生尚且困難之時,梁先顧慮到歐美社會工業化之後的弊端,猶如半飢之人擔心日後患高脂血症,而推拒眼前的牛油、牛排。梁認為「而今也國中一切生利事業,皆仰成於外資,則彼外資者,無異紗吾臂取吾民固有之幸福而橫奪之也,是外資之可怖一也。」(16:88)這是尚未噎而已思廢食的見解。

(2)外資與中國資本家。梁的基本態度是採取經濟民族主義的立場,他所擔心的問題是「今後外資之入中國,……其必挾長江大河暴風迅雨之勢,取其最新最劇之托辣斯制度,一舉而布溢於此舊大陸〔中國〕。五十年之後,吾恐今日中國所謂資本家者一無存矣,是外資之可怖者二也。」(16:89)這是一種抗拒的心態,梁的替代方案是:「然使

中國人而能結合其資本以成大資本也，則固可以抵制外資，勿使輸入，……無致有喧賓奪主之患。」（16：88）一世紀之後讀到這種見解，既同其情亦憐其憫：外資的功效不只是資金本身，更重要的隨之而來的生產技術、管理方式、企業觀念等等非資金因素。這個道理在今日已不必費辭，對照之下梁的外資觀是較封閉的。

(3)外資與中國地主之關係。外人挾其雄資，「恐將來所謂數十大都會者，當租率未漲以前，而土地所有權已強半入彼族矣。謂余不信，試觀今日上海黃浦灘岸，除招商局一段地外，尚有寸土為我國人執業否也。」（16：89）梁所舉的例子是事實，但代表性有多高？除了少數重要通商口岸之外，洋人對中國土地的興趣恐怕有限。一因外資雖雄但非無限，投資於產業才是首要目的；此外尚有多少餘力可用來搜括大都會土地，而得到「土地所有權已強半入彼族之手矣」的結果？列強若要佔中國土地，其實不必靠外資，用政治手段割據租界既快又大，何必費錢搜購？

　　以上是梁從勞動者、資本家、土地所有權的觀點，來說明外資的可怖狀況，我認為說服力甚低。然而梁亦非頑拒外資論者，他知道中國需要一場產業革命，將來才有可能與列強競爭。而中國既缺資金又缺科技，所以必須折衷地採取一些可行的方略。梁論此事時文筆冗長，論點拉雜，要言之有下列論點。他最反對所謂的華洋合股制，這是當時通行的方法，梁認為這是掩耳盜鈴的最下策：「所謂華商為總辦者，不過傀儡，……此其為奸商詭名賣國產以飽私囊之伎倆，至易見也。……故有倡是議者，吾儕竟視為國民公敵焉可也。」（16：94）華洋合股制若成效不佳，恐怕是經濟與政治勢力強弱之表現，並非主事者所樂見，任公言重矣！

　　在這些冗長的論述之後，梁提出一項原則性的建議。「故吾欲為一最簡單之結論，曰：毋用洋股，寧用洋債；毋用商借，寧用官借（外國社債〔公司債〕之性質全由商借，官不干涉，其法甚良。今吾語商借毋

寧官借，似頗駭聽聞，實則以今日商人程度論之，不得不如此立論，非謂可以概將來也）。而債權與事權之所屬，必釐而二之，如是則可以用外資。」落實此項原則的方法有二，一是「由政府以普通之名義，大募一次外債，其對於外國應募者，不必宣言此債之用途何屬也；而政府內部自調度之，指定專爲興辦某某事業之用。」「其第二法，則指定一事業以借債，而務釐債權與事權而二之。吾與某國之某公司或某私人爲借款之交涉，則所交涉者借款而已，其他皆非所得過問。此各國公司借社債之通例也。」（16：95）

以上是梁析論外資在華的簡史與性質、中國應如何取得外資、運用外資時應注意的原則。他在這篇長文之後有一段附言，甚可顯現他理想的外資觀，以及這項觀點的根源：「吾意新政府若立，莫如大借一次外債，以充國有之資本而經營各業，純采國家社會主義之方針，如今德奧諸國所萌芽者。則數十年後，不至大受勞動問題之困，而我之產業制度或馴至爲萬國表率，未可知耳。」（16：98）他的意思是：新政府成立後，向外舉債興業，採國家社會主義制，資本與生產工具國有，勞動者的就業權與工資受國家保障，可免除歐美工會罷工之弊。

2.2 外資利弊

梁另有一短文論〈利用外資與消費外資之辨〉（1911，27：77-80），評論清末政府在數旬之間，以利用外資爲名驟借2億之款。梁批評此事爲消費外資，而非利用外資，蓋政府圖便利而輕借外資也。此短文先以一半篇幅，分8點解說中國缺乏資本的原因，另一半篇幅在指責此項借款之用途：雖曰整理幣制、推廣鐵路、振興實業，而梁舉數例質疑所懸之目標難以達成。最後一段的結論在提醒國人，外國資本家逐漸握我生計界之特權，吸我精髓以爲其利贏。在此狀況下，政府應思所作所爲是在如何運用所借的外資，或是有無被所借的外資利用。

此文是時事評論性的短文，基本論點與前文類似，並無特出之新

意。梁論外資利弊問題時，正值國力衰敗，外資湧入鯨吞蠶食中國各項產業、礦業、商業、鐵路之際，在這種情境下，他所列舉的原則（毋用洋股寧用洋債、毋用商借寧用官借），以及落實利用外債的辦法（債權與事權二分），也有其實際的考慮。這些論點是在特定的時點，從特定角度出發的，可以說是短期的特定外資觀。

侯繼明（Hou 1965）從較長時期、較寬廣的角度，評估1840-1937年間外資對中國經濟發展的貢獻。他運用多方面的資料，佐以理論的解說，認為這段時期的外資有助於中國經濟趨向現代化。原因之一是外資的投資利得，大都再轉投資於中國，並未產生「利潤匯出的吸血效果」；另一方面，外資帶動產業發展，中國企業也因而興起，在生產技術與管理知識上也有明顯的進步。此外，在國家經濟所佔的比例上，傳統的經濟型態仍佔絕對優勢；外資在基本產業上所佔的比例不高，出口也未呈現不均衡的發展。其中有一項重要因素：中國並非列強的殖民地，尚有相當自主權，外人的經濟活動以通商口岸為主，在內地的活動須受政府限制，尤以採礦條件最為明顯。若以列強入侵的觀點來看外資在華的活動，而忽略外資對華經濟的實質貢獻，則易失之偏頗。此書廣為學界所知，論點甚辯，雖非定論，但甚能對照梁從政治角度所作的民族主義外資觀。

侯繼明認為外資對中國的實質助益有兩項，可以用來和梁的外資觀對照。(1)模擬效果：外資給中國引入了有利的投資誘因（例如開發新礦場、築鐵路），同時也傳入了新技術和新觀念，開闊華人的眼識。(2)連鎖效果：因貿易、築路、開礦而牽動的相關行業也隨之而興，此種連鎖反應對經濟、社會、文化所帶來的不可見價值，遠大於純經濟利潤所得。

在華的外資企業有下列優勢：融資易、資本足、技術強、管理能力較高、享有最惠國待遇的優惠條件、不受官方苛擾。但何以華資企業缺乏上述的優勢、效率低但卻還能與外資企業並存？主要的原因有：(1)

除了礦業與鐵路外，外資企業大都只能在通商口岸設廠經營，限制了外資的發展空間。(2)民間排外性強，時常發起抵制外貨運動，各行業的競爭者也常以此手段打擊外資企業；此外，在爭取勞動力時，也常運用排外心理戰術。(3)外資企業產品的流通大多限於沿海，廣大的內陸市場因消費習慣不同、購買力不足等因素，外資產品不易廣泛地深入傳統部門。

此外，較具競爭性的行業(如礦業、航業)常互訂協約，劃分市場以減少因競爭而產生的損失，造成外資企業與傳統行業在市場區隔上有二分化的現象：外資企業以沿海地區、高級品為主，傳統市場以中低級品和廣大的內陸市場為主。華資企業雖然在能力上與優勢上較弱，但在天時、地利、人和這些文化和社會力量的支撐下，仍可和外資企業對峙。此外，本國企業也從外資企業學習到新的技術與觀念，未必因受到明顯的壓迫或損失，反而得到了一些有益的「學習效果」。

在責備列強經濟侵略之餘，亦應檢討何以華籍企業不易強大。(1)資本累積困難：國民所得低，財富階級的儲蓄多用在非生產性的土地購買等事物。所得低、儲蓄少、教育不普及、生產力低，造成一系列的惡性循環。(2)傳統的社會重農輕商，非農業部門(如貿易、工、礦等)的比例太輕；自給自足的農村經濟；無長子繼承制(日本得長子繼承制之利不少)；政府主掌大企業；官僚腐敗；宿命論與順受的民族性強；重人文而少科學研究；對家族依賴太深；勞工低廉，以致泥習於傳統生產方式。(3)清末國庫困難，有心無力，政府中缺乏有力領導者，行政效率低且保守自封；林則徐、李鴻章等人雖欲振奮，但已屬強弩之末。清末衰弱非一日之寒，列強入侵雖為國恥，但若無此刺激與引發，中國經濟亦不易突破自蔽之境。

在對外貿易方面，中國與其他落後國家不同。外貿佔國民所得的比例甚小，最高時也只佔12%，顯示對外依存度甚低。1867年時，鴉片和紡織品就佔了進口總額的77%，1842年時茶葉佔出口總額的92%。到了

20世紀，中國除了茶葉外(茶葉對國內經濟並不很重要)，沒有單項產品佔出口總額的10%以上，可見項目很分散。而其他落後國家的某些單項產品，都佔出口總額的50%以上，所以中國和其他殖民地國家的經濟背景很不相同：沒有出口集中的現象。在華的外資只有少部分用在出口業，大部分都投資在鐵路、礦業方面，很少投入在絲、農等傳統產品上。因為對外依存度低，國際行情的波動並不會明顯影響中國經濟。總而言之，Hou認為外資與中國經濟的關係，可以從下列的角度重新思考。

(1)中國尚有完整自主權，外商僅在通商口岸及租界有自由經營權，內陸礦業、航業仍受嚴格限制；傳統部門和廣大的內陸市場並未受到外資破壞，反而受利不少。

(2)以每人分得的外資額(per capita)計算，在1936年時少於8美元，比率太小，對國民所得影響不大，這和其他落後國家完全不同。

(3)列強真正的投資額並不高，主要都是由盈餘再轉投資，也沒有因為把投資利潤匯回本國，而造成中國經濟枯竭的現象，這和其他落後國家不同。此外，中國可耕地區的人口稠密，文化社會根深蒂固，並不是列強有興趣大量投資的新殖民區。雖然各國貸給中國政府的款額不少，但多用為軍費和賠款，直接用來投資經濟部門的比例有限。

(4)根深的文化、社會習俗、消費偏好，使得外來消費品的被接納性低；再加上國民購買力弱，在通商口岸的各國新設製造業利潤並不理想，此外也有堅強的傳統部門在和它們競爭。再說，中國政府的管制嚴格，所以外籍企業雖挾其雄資、技術、政治特權，但獲利有限，影響中國國民經濟的幅度不大。

(5)外資佔國民所得的比例雖少，但觸發導引中國經濟現代化之功卻不可沒，尤其在觀念、技術、經營管理上更是開啓華人的眼

界，也因而促使中國政府決心現代化。政府的努力雖然成效不彰，但也起了領導作用，創造了較有利的投資環境。

(6)引進的現代部門與傳統部門能互相提供技術、機器、原料、勞工，各佔市場，相互得利，現代部門破壞傳統部門之說不一定能成立。

(7)中國對外依存度甚低，自主性甚高，這和其他落後國家甚受殖民國影響的狀況不同。此外，Singer-Prebisch-Myrdal的「吸光理論」，在中國並不適用[3]。

外資對華的全盤性影響很難統計算出，單就經濟層面來說，侯繼明(Hou 1965)的結論認為：外資對華經濟的現代化確實甚有貢獻，提供了資金、技術、經營制度，不但沒有摧毀傳統部門反而貢獻良多；雖然難免損及某些傳統行業，使國人在心理上有被侵略的感受，也因而容易情緒地認為外資有害中國經濟，這種觀點會忽略了它們所提供的實質利益。

外資從清末開始進入中國，對經濟、社會、文化等層面產生了不同的衝擊與影響。這些複雜的事項無法在此逐一評述，若對這些問題有興趣深入了解，可參閱曹均偉(1991)《近代中國與利用外資》。他在此書的前4章，說明如何從不同角度重新審視外資對華的影響，解說中國近代利用外資有哪些特徵、形式和性質，以及近代對利用外資有過哪些不同的見解。他列舉李鴻章、劉銘傳、張之洞、盛宣懷、梁啓超、張謇、孫中山等人的見解，一方面提供了清末外資思潮的主要資料，另一方面也整理出這些見解在脈絡上的異同。此外，Remer(1933)這本7百多頁

3　這是1950年代初期很受注目的論點：開發中國家對工業國家的輸出以基本原料和產品為主，而輸入則以製造品為主。工業製造品有較強的市場獨佔力，利潤較高，而初始產品的情況則相反，因而造成開發中國家的貿易條件惡化。也就是說，先進諸國與開發中國家的貿易逐漸深化後，會因相對貿易條件的結構性惡化，而更快速地吸取開發中國家的利益。

的翔實調查報告，對研究各國在華的諸項投資業務與作為，至今仍有相當高的參考價值。外資是清末民初經濟的重要議題，學界已有許多深入的研究，在此只能就梁的論點提出對照性的解說。

3　生計博議

梁有兩篇文字論及國民生計問題：(1)〈論生利分利〉(1902，4：80-96)；(2)〈蒞北京公民會八旗生計會聯合歡迎會演辭〉(1912，29：30-2)；(3)〈政府大政方針宣言書〉(1913，29：109-19)。這3篇的題材之間並無關聯性，主題的重要性並不高，可以申論的空間也有限，以下綜述他的論點並稍加評論。

《新民說》這本小冊子(1902)是梁的名作之一，其中第14節〈論生利分利〉(專集4：80-96)所用的主要觀念，是依亞當史密斯的說法，把中國人口分為「生利者」和「分利者」兩大類。嚴復譯的《原富》在1902年出版時，梁正在寫《新民說》。他讀到史密斯析論生產性(productive)與非生產性(unproductive)的勞動，認為這是個有趣的說法，就嘗試把這個概念用到中國的人口結構上。

「吾聞生計學家言，生利之人有二種，一曰直接以生利者，若農若工之類是也。二曰間接以生利者，若商人、若軍人、若政治家、若教育家之類是也。而其生利之力亦有二種，一曰體力，二曰心力。心力復細別為二，一曰智力，二曰德力。」(專集4：83)生利者的意思簡明，不必細說，他的要點是要指出哪些人屬於分利者，這又可分成兩類：一是不勞力而分利者，共有13種人，如乞丐、棍騙、僧道、浪子、紈褲子弟、兵勇及應試者、官吏之一大半、婦女之一大半、廢疾、罪人等等。二是勞力而分利者，包括奴婢、優妓、讀書人、教師、官吏之一小半，等7種人。

接下來他要用數字說明：中國4億人口中，約有多少人分屬於上述

的各項類別。梁做此表的前題是：「中國無統計，雖有巧算萬不能得其
真率，不過就鄙見臆度而已，然諒所舉者有少無多也。」根據他的臆
測，4億人口中，分利者有2億1千多萬，其餘為生利者。至於各行業的
人數，大抵也是臆測，例如他認為「盜賊棍騙共約五百萬」。之後還有
一項更難以接受的分法，是依種族群來分，認為漢族「約分利者十之五
有奇，生利者十之四有奇」、「滿族其在關外者，生利分利之率約與漢
人等。其在內地者皆分利者，無一生利者」、「苗族約分利者十之二，
生利者十之八」、「回族約分利者十之三，生利者十之七」、「蒙古族
約分利者十之四，生利者十之六。」

　　依史密斯的一項大略概念，梁虛擬中國人口中各族與各行業的生利
與分利者之比例，目的在指出中國的寄生人口比例過高，經濟自然萎
弱。而更嚴重的是，分利者當中有以雜賭為生者。梁無統計說明此類人
口之數，但他所藉機譴責者，是（以廣東省為例）官吏為增稅收而開放賭
禁，「於是闔省人趨之者十而五六，至於田功、手技、小販興夫、負載
等等雜工，日乏一日。……然官吏之開賭以增分利之率，以消蝕此有限
之勞力、有限之母財，實其原因之最重要者也，故粵中盜賊亦甲於天
下。」

　　第2篇綜論國家經濟的文章，是他在辛亥革命之後所寫的新內閣施
政方針書。1913年7月熊希齡內閣發表，梁任司法總長，熊兼財政總
長。10月初熊內閣提出〈政府大政方針宣言書〉（1913，29：109-19），
由梁執筆，以內閣的語氣寫作。此時梁的角色已從海外異議人士翻轉為
內閣主筆，這篇文章是宣言書的性質，以全景描述為主軸，毫無辯駁之
采，讀之無味。文分4大主題，一是外交，二是財政，三是軍政，四是
實業交通。其中篇幅最長的部分，是梁拿手的財政問題（29：111-8），
他以平鋪直述的方式，條陳中國財政的各項收支、債權債務之狀況與統
計數字，並提出治本之策（改正稅制、整頓金融、改良國庫）。此文純為
官方體裁，雖曰「方針宣言書」，說服力恐怕不高。

4　銀行制度

　　中國傳統的金融體系內有多種機構，如票號、錢莊、典當業等等。西式的銀行與有「銀行的銀行」之稱的中央銀行，以及各種專業銀行（如農民銀行、合作金庫），這些在民國初年時對國人都還是陌生的名詞。梁寫過幾篇談論銀行的文章，也講演過幾次這方面的題材。這些內容現在看來，基本上都是解說的性質，並無重要的論點，在此僅略述梁的訴求要點。

　　〈銀行制度之建設〉（1914，32：8-12）的主旨，是在介紹銀行體系的類別，以及歐美各國所採用的型態與優劣點，並說明以中國今日之狀況，宜採哪一類的銀行體制。基本上梁對日本的體制較熟悉，解說日本何以在明治5年（1872）決定採用美國的銀行體制，並頒布國民銀行條例。此外，他擬設中國若要採用類似的制度，在發行公債與發行國幣時的各項可能。基本上這些都是汎論性的解說，並無深入的特點。

　　〈擴充滇富銀行以救國利商議〉（1916，34：19-24），是他辭幣制局總裁（1914）之後與就任財政總長（1917）之前所作。當時袁世凱稱帝，江南諸省紛紛宣佈獨立，梁南下參加倒袁運動。「今也袁賊盜國賣國，盡人皆知，我軍政府不得不起而討之。……軍費問題安從出？求諸租稅耶？安能以爾許巨資，責人民一時之負擔。求諸外債耶？……非忍受苛酷之條件，不能成功。……」（34：20）在這個目的與限制下，梁寫此文的用意，是希望能賦與滇富銀行具備國家銀行之權能。梁的要點有5項：(1)增加該行資本為2千萬；(2)新政府領土內，惟有該行有發行兌換券之權；(3)有統一整理貨幣之職權；(4)在各大都市與重要口岸設分號；(5)承受經理政府與地方公債（34：19-20）。這是他在特殊的政治環境下，為了某項特殊目的所作的建議，著眼點是「滇富銀行創立載信用以孚，……成立較易爾，豈其有私於滇省。他日政府將全國領土規復

後，自必易名改組，更無疑義也。」（34：24）此事應亦屬紙上建言，未
聞如願。

有兩篇與銀行相關的講演，都是1921年所作。一是11月21日在天津
南開大學講的〈市民與銀行〉（37：28-34），另一是12月17日在北京朝
陽大學經濟研究會講的〈續論市民與銀行〉（37：34-41）。他的話題是
中央與交通兩銀行剛發生過擠兌，他評論這件事情的背景與諸多因素，
用的是白話語體，內容是簡明的銀行觀念。不知他爲何在南開大學講這
麼淺顯的內容，12月在朝陽大學講的內容和深度也類似[4]。

5 論關稅權

關稅收入在政府預算所佔的比例，在1911-6年間約是12%-20%。這
項可以高達預算五分之一的收入稅源，當然是一項重要的議題。但梁對
這項題材的關注點，卻是國際政治的角度遠多於財政稅收的關懷。他寫
過4篇論關稅權的時事評論短文，第1篇在1896年，另3篇在1906年：
〈論加稅〉（1：103-4）；〈關稅權問題〉（19：68-76）；〈中日改約問
題與最惠國條款〉（《新民叢報》85：35-49，未收入《文集》內，下
同）；〈中日改約問題與協定稅率〉（同上86：73-9）。

中國關稅自主權的變化始於南京條約，此約規定海關稅則由中英兩
國「議定則例」。在望廈條約內進一步規定：「倘中國日後欲將稅則變
更，則須與合眾國領事等官議允。」中國的關稅自此從「自主」變爲
「協定」；此外，海關的行政管理權、關稅的支配權和保管權，也都落
入外人手中。這種性質的關稅，成爲純粹財政的意義，而無一般開發中
國家，藉著關稅保護來發展幼稚產業的功能。1854年7月，英美法3國在

4　從丁文江的《年譜長編》頁608可以看出，梁在1921年的主要工作是撰寫
　　《墨子學案》、《中國歷史研究法》，注意力已轉到國學上，對經濟問題的
　　關懷已大不如前。

上海成立總稅務司，管理上海的海關行政，1858年進一步把這套海關制度擴大到其他港口。除了喪失海關的主導權之外，關稅收入的用途也起了變化，主要是用來當作借外債的擔保，以及償付外債的本息。清末的主要外債，幾乎都是以海關稅收入爲擔保，這些奇特的現象，在陳詩啓(1993)第6章「近代中國海關的異態」內有詳細的描述。

　　1895年甲午戰後，因對日的巨額賠款而國用窘困，列強擔心中國的外債難償，英俄德法等4國，共議將中國關稅率改值百抽5爲值百抽10，預計每年入款可增千餘萬鎊。中國外務部對此事的考慮是：若採加稅之議，則民間負擔增加；若不採此議，則外力難擋，最後只好把決定權推給商會，商會又把責任推給上海商民。梁評論此事的基本見解是：世界各國「無論爲強大、爲弱小、爲自主、爲藩屬，無不有自定稅則之權，或收或免或加或減，皆本國議定而他國遵行之。」(1：104)他的立場是反英論：「英人陰謀以紿我，盛氣以劫我，令將稅則載入約章，於是私權變爲公權，自主成爲無主，以致有今日之事。……故有以聯俄拒英之說進者，吾請與之言波蘭，有以聯英拒俄之說進者，吾請與之言印度。」(1：104)他的用意是說：中國的外交策略，不必聯俄拒英，也不必聯英拒俄，這些國家各自有利益打算，「非有愛於我也」[5]。

　　以海關加稅的事來說，中國政府應獨立決策，否則與殖民地何異。梁認爲關稅本是國內行政之一環，有主權的國家應有獨立的關稅權，即使偶用外人，任免權仍應在我手中。尤其中國海關歲入幾佔國庫總收入的三分之一，要整理國家財政，更應將關稅權回收。然而，當清政府在

5　辛丑和約之後，中國與英、美、日等國協商修訂商約，各國的立場與意見不一，王爾敏(1998)對此事有詳細的解說。簡言之，執牛耳地位的英國希望把關稅提高到12.5%，同時希望中國撤裁境內的釐金稅，稱爲「加稅免釐」。但因關稅收入屬於中央，而釐金收入屬於地方，所以各省督撫反對此議。另一方面，美、日、德諸國則反對提高關稅，以免本國貨品在華的競爭力被削弱。由於列強的利益不一，中國內部的見解不同，所以關稅協議遲遲無法具體化。

1906年4月下令，要把各海關所用華洋人員統歸節制時，梁卻反對此事，理由是：此事於理宜行，於時勢則不可行(19：68)。

為何清廷會有這項突兀的舉動？這是長期受到不平等待遇心結的反應，也是因為主管機關變動後，在政治作為上不協調的結果。中國海關雖由外人主導，但形式上從1861年起就屬於總理衙門統轄。1901年總理衙門改稱外務部，海關也跟著改屬此部。1906年清廷成立稅務處，把原屬於外交部門的海關統轄權，改隸屬於財政部門的稅務處。1906年4月16日給海關總稅務司一項札文，內稱：「戶部尚書鐵良著派充督辦稅務大臣，外務部右郎唐紹儀著派充會辦大臣。所有海關所用華洋人員統歸節制。欽此。」這對各國政府確實是一項大震撼，但清廷有此動作並非毫無前兆：從1904年3月起，清廷就開始限制、削弱海關的權限(剛成立的商部接管了海關的商標註冊權)；同年9月接管由海關主辦了30年的「國際博覽會」中國的展出權；1905年10月伍廷芳上奏建議收回治外法權。

梁在〈關稅權問題〉內，先說明中國海關的沿革變遷：在五口通商之前，進出口額不大，政府任由行商隨意徵收。1842年南京條約之後，由駐紮通商口岸的各國領事徵收；1851年之後中國政府收回此項權利，但既無經驗又無效率，因而怨聲載道，終與各國協議，通商口岸稅務司以歐美人充任，時為1854年[6]。因英國佔華對外貿易之大半，故歷來皆以英人主持。自1854年之後設總稅務司，中國政府已無權過問。梁總結這50多年海關史的變遷：「而所以致此者，實緣我前此著著放棄權利，倒太阿而授人以柄，……此前此造之惡因，而今日受其惡果，無可逃避

---

6 此事過程曲折，牽涉到上海小刀會起事、蘇松太兵備道兼管江海關吳健彰與英、美、法3國對關稅問題的爭執、週旋、出走，詳見陳詩啓(1993:14-33)、Fairbank(1969)第21-23章的詳細分析。Fairbank這本對通商口岸的專著，至今仍相當有參考價值。

者。」（19：70）[7]

　　海關總稅分司的人員編制，在1899年時已膨脹至將近6千人，其中歐美人居高位者有60餘人[8]。如今朝廷突然下令將華洋人員統歸節制，此項聳動之舉必引人疑慮其背後動機：不知中國是否日後不再屢行前此所訂的諸項通商條約，或是進一步要把海關稅率訂定權收回。梁認為中國政府在未說明動機的情況下驟然有此變動，可謂「不度德、不量力」（19：73）。因為中國的外債大都以海關稅收作保，「而我國政府於事前未嘗一探列國之同意，而毅然以迅雷不及掩耳之勢行之，其勇氣固可敬，而勇而無謀，則亦可驚也。吾至今猶未能知政府目的之何在。」（19：73）他認為這種孟浪舉動，必召猜忌於強鄰，若列強反彈，中國政府必然失敗。但若要收回成命，則大損政府威信，所以梁提議6項主張（19：74-5，在此不細引），目的在於重新界定各國對中國海關的權限，希望因此能「稍挽此次之失體」，也希望能因而「庶可以減殺總稅務司之勢力，而蓋朝廷論旨無效之羞。」（19：74）梁所提議的6點是否可行，他自己也無把握，但若能行一兩項，也可以因而稍自解嘲。此事後來的發展果然如梁所料：「此文撰成方付印，得最近電報，知各國干涉，已不幸不言中矣。」（19：76）

　　事實上各國的反應並不相同，即使干涉也未必如梁文中所隱含的那麼嚴重。鐵良和唐紹儀在這道論旨頒布的第4天，才召見總稅務司的關鍵人物赫德。赫德認為此論的實質改變有限：「除了向外務部報告工作以外，還必須向他們〔即新成立的稅務處〕匯報工作，或許在一些事情上，不向外務部而向他們匯報，但其他一如既往。」（陳詩啟1993：494）

7　列強主宰中國海關的經過，以及海關行政的包羅萬象，在陳詩啟(1993：153-65)內有詳細的解說。

8　陳詩啟(1993：586-93)有兩個統計表，詳載1875-1901年間海關各級職務的人數，以及中外官員職員的統計數字。Fairbank(1969)Appendix A詳列1843-58年間海關各級英籍官員的人名與職務。

雖然海關內部與各國的反應強烈，但處於龍頭地位的英國官方反應竟然
如此平淡。

這道論旨只是設置了兩位稅務大臣，並未設立新的財政機構，但政
治意義卻很明顯：海關總稅務司過去參預了中國和各國使節之間的往來
與關係，也介入了中國向列強借款的事項；從今而後，總稅務司只是中
國稅務處之下的機構，與外務部無涉，因而不得再干預外交事務。赫德
的地位以及他和清廷的關係，自此急轉直下。兩年後，1908年4月稅務
處宣布設立稅務學堂，培養本國的高級稅務人員以取代洋員，追求海關
自主。然而限於中英協議，以及英國對華貿易的重要性，所以海關總稅
務司仍由英人擔任，對中國的政局還是有不可忽視的影響力[9]。

同年，梁另在《新民叢報》寫了兩篇文章（第85與86號，未收入
《文集》內），析論中日改約的關稅問題。1895年馬關條約之後，中日
雙方協定：在約滿10年之後，雙方在6個月之內皆可提議修改條文。日
本華商在1906年電請中國外務部提議改約，內容大致有3項議題：(1)領
事裁判權，(2)最惠國待遇，(3)國定關稅稅率。此3項中，領事裁判權
牽涉甚廣，非與日本所能分別議定；而國定稅率問題，必然引起列強反
對，非中國主觀意志所能行。所以梁把目標放在較有談判可能性的最惠
國條款上。

最惠國條款的基本意義是：甲乙兩國訂約時，其中一國若與第三國
丙另有定約，則所許予第三國丙之利益，甲乙兩國亦應相互許與。這種
最惠國條款有相互的（雙方明文簽訂），也有片面的（甲國許乙國，而乙
國未明文許甲國）。梁列舉中國與列強所訂的條約中，與最惠國條款相
關者，都是屬於片面性的：中國許與他國之利益，諸國一體均沾，而列

9　陳詩啓(1993)第17章(頁475-503)詳述此事件的背景和經過、各國的反應和總
　　稅務司的態度，以及結局和改變。赫德離任後由副稅務司Robert Bredon(裴式
　　楷)代理(1908年4月至1910年4月)；之後由Francis Aglen(安格聯)代理(1910
　　年3月至1911年10月)，接著正式任總稅務司至1927年2月。

強之間互許之利益,則未明言中國是否適用。梁寫此文的用意是:今屆改約之期,可就此事提議力爭,或許有成功的機會,因為「日本近今政策常刻意欲與我交驩,我若提此議而堅持焉,其必不以此區區者傷我,……此又可據情理而信之者也。故吾曰非漫無把握而云然也。」(86:47)

梁認為最惠國條款是中國政府所能爭者,而所不能爭者,是他在另一篇文章的主題:協定稅率。海關稅率大約可分兩種類型,一是國定稅率(由主國自定),二是協定稅率(對甲國為甲種之協定,對乙國為乙種之協定)。此事起因於日本新頒稅則,載明諸國之協定稅則,但中國不在此列。中國駐日公使電請政府轉告日本政府,請將稅額改為各國一律,以示平等對待。

梁有幾項主要理由反對此事。(1)他對比12項貨品的舊稅和新稅,大致說來新稅比舊稅最低增加了1倍,也有增4、5倍者。這是與日本通商的各國所共苦,非專為苛徵華商而設;若以此點要求日方必無效果,反易被認為中方對此問題理解不足。(2)日本實行這項國定稅率,是幾經血汗和歐美列強爭議之後才獲得,現在才剛要通體施行,必定不會因中國的抗議而改動,中方的抗議必然無效。(3)日本所課重稅之物,有好幾項是中國出口貨的大宗,但課稅對象是以商品為客體,而非特定針對某國。中國若抗議,日本可答曰此非專對貴國而設;這是暗虧,難以具體抗議。梁久居日本,尤其留意這些與外務相關的經濟談判,上述3項理由甚有見地。

以上兩篇是屬於時事評論性的短文,或許《飲冰室文集》的編者認為重要性不高而未收入。中日雙方協定稅率是一件具體的談判事件,可申述之處不多,但最惠國條款則有再論述之處。現在有一些文獻在研究晚清不平等條約中的最惠國待遇條款,但立場上大多偏向譴責性的角度:片面的、無條件的、概括性的、濫用的、傷害性的。王國平(1997)從比較冷靜均衡的觀點,認為一般人認為清政府是不加抗爭地就輕易讓

出最惠國待遇，這種全盤負面的觀點並不符合事實，其實清政府的立場
會因優惠內容的不同而異。一般說來，決策時較著重政治效果而輕忽經
濟效應，但這種經濟上的傷害在程度上並不如印象中的嚴重。其次，中
國和列強所訂的條約中，並不完全是片面性的最惠國待遇，也有一些是
雙方互惠性的。這項題材在過去的研究中，時常流露出民族情緒，現在
應該要冷靜地重新審視個案，評估它們對中國的利益與傷害，在哪些事
項上產生過哪些不同的衝擊，才能得出較公允的判斷。

II　古代經濟

第8章

管子的國家經濟觀

1　管子評傳

　　據《梁任公先生年譜長編初稿》（頁296）：1909年（宣統元年）梁37歲，「是年先生以意態蕭索，生活困窘，專以讀書著述爲業。三月成《管子傳》一書。四月著《財政原論》。……」梁在「自序」裡說，此書「述之得六萬餘言，作始於宣統紀元三月朔，旬有六日成。」梁的寫作主旨，依其「例言」所載，是「發明《管子》政術爲主，其他雜事不備載。《管子》政術，以法治主義及經濟政策爲兩大綱領，故論之特詳；而特以東西新學說疏通證明之，使學者得融會之益。……本編所引原書正文而附舊注時，亦以己意訓釋之，或且奮臆校勘，凡使人易解，武斷之詞，所不敢辭。」由此可知，梁把重點放在法治主義和經濟政策上，以通俗的筆法和新式的例證來解說，並希望讀者以理義爲主，勿在校勘上和他計較。

　　《管子傳》共13章98頁，與經濟相關的，是全書最長的第11章「管子之經濟政策」，內分6節共43頁（50-93）。學界已有許多研究，對《管子》的各項經濟見解，作了相當深入的析述，所以在將近一世紀之後重讀《管子傳》，有時會覺得稍爲老舊，但梁的文筆與論點，仍是《管子》學界所不能漠視的。本章的焦點不在解說《管子》內的各項經濟主張，這些分析在胡寄窗（1962）、侯家駒（1985）、巫寶三（1989, 1996）、趙守正（1989）內已有很完整的討論；輕重術是《管子》的核心經濟政策

之一，杜正勝（1990）已做了很深刻的析述；梁對政府干預思想的態度與言論，是理解他對《管子》經濟主張詮釋的基本要素，這在楊宏雨（1997）內已有很充分的探討。

以這些前人的研究爲基礎，我的要點是分析梁如何透過詮釋《管子》的經濟主張，來表達他對中國經濟政策的理念。也就是說，第一個重點放在梁的基本立場與見解，看他如何受到德國和日本「國民經濟學派」的影響，因爲這個學派和《管子》有個共同的理念，就是要把國家的經濟資源和調控權集中在政府手裡；第二個重點是析述他如何詮釋《管子》內的各項經濟政策。本章的頁碼與標點，是根據《中國六大政治家》（臺北：正中書局）內所收錄的《管子傳》與《王荆公》。文內與西洋經濟思想史相關的論點，除非另有說明，基本上都可以在Blaug(1997)內找到根據。

2 基本立場

梁在第11章開宗明義指出，雖然後人視管子爲大理財家，其實管子的著重點是在更高、更全面的層次上，是在所謂的「國民經濟」，而非侷限在財政問題上，因爲國民經濟發達後，國家的財政問題也就解決了。何謂國民經濟？梁說「管子言爲政之本，首在富民」，例如〈治國〉篇一開頭就說：「凡治國之道，必先富民；民富則易治也，民貧則難治也。」原因很清楚：(1)民貧則散亡不能禁，(2)民貧則教育不能施，(3)民貧則法令不能行。而民貧的原因有6點：「一曰由生產之不饒，二曰由君上之掊克，三曰由豪強之兼并，四曰由習俗之侈靡，五曰由金融之凝滯，六曰由財貨之外流。」（頁52）

這是清晰有力的界定，把管子的關懷與思維簡潔地勾勒出來。接下來他要界定何謂「國民經濟」，但梁的論點甚有可議之處。「經濟學之成爲專門科學，自近代始也，前此非獨吾國無之，即泰西亦無之（雖

稍有一二，不成為科學）。自百餘年前，英人有亞丹斯密者起，天下始翕然知此之為重；然斯密之言經濟也，以個人為本位，不以國家為本位，故其學說之益於人國者雖不少，而弊亦隨之。」（頁52）這段話的前半段基本上可以接受，但梁說Adam Smith（史密斯）的經濟學說以個人為本位，不以國家為本位，看起來好像史密斯是個人經濟主義論者，把個人的經濟利益置於國家利益之上。其次，若這是不好的學說，何以會有「益於人國者雖不少」呢？梁對西洋經濟思想史的理解不足，這不是他的專業不應苛責，但看過嚴復譯史密斯《原富》（1902，即《國富論》）的讀者，心中難免置疑：史密斯的書名表明是在追求國家之財富，何以梁又說是「以個人為本位，不以國家為本位」呢？

　　我們現在知道，史密斯在1776年出版《國富論》時，正是英國重商主義盛行的時代。重商主義是16-18世紀之間，西歐諸國採行的經濟政策之通稱。這個名詞其實不夠精確，因為，葡、西、英、法、荷諸國的重商主義內涵各異，若用一個共通的現象來描述這個經濟政策，那就是：國家透過（關稅等）保護政策，經由工業生產和對外貿易，來累積國家財富的經濟政策。國家的財富表現在貴重金屬（金銀）的數量上，所以要儘量爭取貿易順差，以累積金銀（國家財富）。史密斯之所以反對重商主義，是因為那套經濟政策過度利用國家的角色，來干預經濟的運作。其初始目標雖在增進全國的經濟利益，但在保護政策的措施下，政府的功能猶如一隻「看得見的腳」，在妨礙市場機能的自然運作。此外，這套干預、保護的經濟政策，(1)明顯地維護有政治權力和影響力的利益團體；(2)干涉私人部門經濟活動的自由；(3)一味追求貿易順差，引起貿易夥伴國的敵對；(4)為了在國際市場上獲利，須有武力保護商業活動與殖民地，導致軍事花費過鉅；(5)因而使得英國在國際市場上的競爭力減弱。

　　史密斯在《國富論》的第4篇，主張讓每個經濟「體」自由行動，因為他們在追求自己最大利益的同時，會有一隻「看不見的手」在調

和，使全國的經濟利益會比一隻「看得見的腳」在干預時，來得有更長遠、更高的經濟利益。總之，史密斯在《國富論》中所反對的，不是重商主義所追求的國富目標，而是反對在此項目標下，政府的干預過程與後果。他不是國家主義者，也不是大同世界主義者，他是個理性的國民經濟利益維護者；他的經濟政策，化約地說，就是減少干預的自由經濟政策，基本的動機還是要維護英國在世界市場的競爭力（以上論點詳見Blaug 1997第1、2章）。

梁一方面對史密斯的學說有上述的誤解，另一方面又用不恰當的「進化論」，來說明國民經濟必然優於史密斯式的個人主義經濟。他說：「晚近數十年來，始有起而糾其偏匡其缺者，謂人類之欲望，嬗進無已時，而一人之身匪克備百工，非群萃州處通功易事，不足以互相給；故言經濟者不能舉個人而遺群。而群之進化，由家族而宗法而部落以達於今日之國家；國家者，群體之最尊者也。是故善言經濟者，必合全國民而盈虛消長之，此國家經濟學所為可貴也。此義也，直至最近二、三十年間，始大昌於天下；然吾國有人焉，於二千年前導其先河者，則管子也。」（頁52）

梁一直沒說明他所謂的國民經濟，是由哪些人、在哪些時代、在哪些國家提倡或實行過，而只說「直至最近二、三十年間，始大昌於天下」，而這種政策管子在兩千年前就主張過了。我們先看(1)梁心目中的管子有哪些特殊的觀點；(2)再從梁所提到的西洋經濟學者，來判斷他是受到哪些近代學說的影響；(3)進而對比管子和這些近代學者的見解，看他們所主張的國民經濟是否有相同的內涵。

梁說：「要之，管子之言經濟也，以一國為一經濟單位，合君民上下皆為此經濟單位中之一員，而各應分殼其力，以助一國經濟之發達，而挾之以與他國競。管子一切政治之妙用，皆基於是。」（頁53）《管子傳》第11章第5節，提到「德國碩儒華克拿氏」（Adolf Wagner, 1835-1917，現譯為華格納)3次，他的著作在19世紀末的日本甚有影響力。梁

說華格納的學說，在「最近二三十年間，始大昌於天下」，而他的財政
觀點，竟然與2千多年前的管子不謀而合：時間上隔了2千多年，地理上
隔了幾大洋，而基本論點竟然如此互通。梁在日本讀了他的著作，興奮
之餘以大氣力用現代語言重新詮釋管子，並藉以論述：(1)若中國要迎
頭趕上「大昌於天下」的財政學說，其實不必外求，只要切實施行老祖
宗的法寶即可；(2)藉機表明他對德、日國民經濟學派的認同，以及對
英國史密斯式的自由放任經濟政策不能認同。梁的這種立場並非單一現
象，而是德、日、中這類在19世紀中末期尚處於開發階段的國家，對經
濟霸權的英國有一種難以認同的傾向，原因如下。

　　19世紀初期的德國和19世紀中後期的日本，經濟結構上還是以農業
爲主，社會保守意識甚濃。《國富論》反對重商主義、提倡自由貿易的
說法，在英國自有其社會因素和經濟條件，以及文化思想上的支持，此
書後來對1770-1870年間自由經濟的興盛也有間接之功。但那套世界經
濟自由化的理論，只對英國有利，對工業較落後的德、美、義、俄、日
諸國而言，因爲在國際市場上無法與英國競爭，很自然地就興起保護主
義浪潮。其中以李斯特(Friedrich List, 1789-1846)所提倡的「國民經
濟」最具代表性。

　　李斯特在《國民經濟學體系》中明確指出：日耳曼諸邦的經濟還停
留在農業階段，工業結構幼稚脆弱，在無法與外人競爭的情況下，如果
又相信史密斯等人的國際自由貿易說，則必因工業的傾覆而敗亡。李斯
特並非完全反對自由貿易，而是認爲各國應據各自的經濟狀況調整政
策，先顧慮「國家」的經濟自立，然後再談「世界」經濟的共榮。他的
經濟政策分爲3個階段：(1)先鼓勵國內自由貿易，使本國經濟脫離原始
落後的狀態，先在農業上求進步與發展；(2)然後採取保護措施，協助
本國幼稚工業、漁業、對外貿易的發展；(3)待國家經濟達到某種成熟
度時，再採國際之間的自由貿易政策。他認爲當時的英國已在第3階
段，而德國和美國仍在第2階段，所以他極力批評「英國惡毒與奸滑的

商業政策」。英國在18世紀主張國際經濟自由化,猶如重量級拳王主張拳賽不應依體重分級。中國當時的處境還在第1階段,而《國富論》是史密斯在英國處於第3階段時期的著作,在學說上和時機上都不合乎廿世紀初期的中國所需。以中國當時的「病情」,應該去找德國、日本等有過「同病」的醫生,開出保護的藥方才較合情理。

解說了梁為何在基本立場上認同德國的國民經濟學派,接下來看他屢次引述的華格納,在財政與經濟學說上和《管子》有哪些相通之處,竟然會讓梁這麼有共鳴感。根據周憲文(1972)《西洋經濟學者及其名著辭典》(臺灣銀行經濟研究室)頁1053-5的介紹,華格納是:「德國經濟學者、財政學者、統計學者。1835年3月25日生於Bayern的Erlangen。1853-57年,在Göttingen及Heidelberg大學習法律學及國家學。1858年,Wien商學院成立,被聘為經濟學及財政學教授。曾以各種身分參與貨幣、銀行、金融及財政制度的改革工作。1863年轉任Hamburg大學教授,1868年轉任Freiburg大學教授,1870年轉任柏林大學教授。……他還有下面許多主張:擴大扶助措施,縮小土地所有權,公平課稅,設置產業法院以解決工人問題,提高勞工階層的道德及宗教教養。國家不能聽任個人自由行動,國家的活動不限於維持秩序,國防與保護自由及財產,更要保護老幼、婦女、殘疾及工人;這是他下的結論。……正統學派經濟學者認為財政學只是經濟學的一分科,他予以獨立而成一獨立的學科,致被稱為近代財政學的建設者。這可說是他的最大功業。」華格納的代表作是《財政學》(*Finanzwissenschaft*, 1877-1901,4卷),「著者認為:國家是最重要的『強制共同經濟』,而係『自由交換經濟』的補充者與修正者。換言之,國家一方面是權力與法律的維護者,它維持對外防衛與對內秩序,另一方面它又決定生產經濟,以謀增進國民的文化與福利。因此,國家必須徵收有形財貨,以生產『國家活動』(無形財);此即財政經濟。」

看了上面的介紹,我們可以想見,當梁讀到此書的日譯本時,為何

會迅速地聯想到《管子》，以及他為何會熱烈地回應說：「國家者，群體之最尊者也。是故善言經濟者，必合國民而盈虛消長之，此國民經濟學所為可貴也。」（頁52）其實華格納的主張，在德國還有個更早先的傳統，那就是日本人譯為「官房學派」的一套思想，這和《管子》的見解在精神上也有相通之處：「官房學派cameralism，又稱計臣學派，是十七八世紀德國重商主義特異發展形態的學術和知識的總稱，以王室官房和國庫行政為中心，討論管理費用方法和徵收租稅方法，為形成財政學的淵源。……1727年，在大學開設官房學講座後，始構成體系化。唯後期官房學，與前期官房學不同；後期官房學，強調共同的福利，脫離國庫至上主義的財政論，確定租稅的公共性，並展開課稅原則；但在根本上，還是將私有財產看作國家間接財產，國家有利用此間接財產的權利。以如此立場，規定財政學，為利用市民財產增殖和維持國家財產的學問。」（高叔康[1971]編著《經濟學新辭典》，三民書局，頁259-60）

　　以上的解說，是要闡釋梁1909年寫《管子傳》時，在知識上曾受到華格納著作日譯的影響；在立場上他傾向於德日式的「國民經濟」主張，在政策上他認同「官房學派」的做法。他透過《管子傳》來表達這些見解，而未說明這幾層的轉折，一般讀者因而未必能領略他背後的心思。有了上述的背景，以下依《管子傳》第11章內的節序，分5節分析《管子》的各類經濟政策。

3　獎勵生產

　　梁對這個議題的基本主張，還是以歐洲的學說作為切入點：「凡善言經濟者，未有不首以生產為務者也。昧於經濟學理者，往往以金銀與富力為同物，汲汲焉思所以積之而壅其出。歐洲前代諸國，蹈此覆轍者，不知凡幾也。」（頁53）歐洲在16-18世紀重商主義盛行時，有一陣子把金銀視等同於國家財富。這種想法並非愚昧，因為金銀確是可以從

外國購入實物。但他們也很快就理解到，若要長期賺入金銀，基本上還是要靠本國產業的競爭優勢，經濟思想史的文獻早就能確定此點。

梁接著說：「管子則異是。其言曰：『時貨不遂，金玉雖多，謂之貧國也。』（〈八觀〉）。故管子之政策，惟藉金銀以爲操縱百貨之具，而不肯犧牲國力以徇金銀。其最要者，則使全國之民，皆爲生產者而已。」（頁53）只要提一點，就可以說明歐洲人也深知此原理。史密斯的《國富論》首章，申論分工對生產力的重要性，生產力提高後，國際競爭力的優勢自然能保持，才能據以增加「國富」。史密斯或歐洲人從未矇昧地說要進口金銀以增加財富，因爲他們都清晰地知曉，在沒有增進生產力的狀況下，若只是增加金銀（貨幣供給量），唯一的後果就是國內物價提升。這反而會減降本國產品在國外的優勢，到頭來金銀還會倒流出國外，去買國外較廉價的產品，這就是David Hume有名的specie-flow mechanism（黃金流量調整機能學說）。梁對歐洲重金主義的評論未免偏頗，也過度讚揚管子的眞知灼見。

另一項偏頗，是批評史密斯的「非」國家論：「然則有國家者，似宜聽民之自爲，而無取誾誾然代大匠斲。此說也，實斯密氏一派所張皇以號眾者也。而管子則不謂爾。其言曰：『天下不患無財，患無人以分之。』（〈牧民〉）。又曰：『官不理則事不治；事不治則貨不多。』（〈乘馬〉）。……當管子之意，以爲國家若不有道焉以干涉之、獎屬之，則民或惰而不務生產；或務矣，而不知所以生產之道；或知其道矣，而爲天然之不平等所限制，不能舉自由競爭之實。是故非以國力行之不爲功也。」（頁53-4）

上一節已解說過：史密斯所主張的自由放任，是針對國家干預式的重商主義所產生之弊病，梁不解此點，以及兩國在時代背景上的差異，硬以自己的主張與喜好去批評史密斯。梁所主張的，是應由家長來集中生產資源與分配食物，反對子女各憑才性往外各自發展。歐洲人早已經歷過梁所主張的那個階段，進入尊重個人才華發展的時期；梁以清末弱

國的心態，挾著管子的主張，批評處於經濟霸權階段的英國經濟政策不當。史密斯的政策不適用於清末中國，這是事實，而史密斯也從未曾主張中國應採自由主義的經濟政策，梁又何必苦苦批評？

　　梁在此節中，大量引述〈小問〉、〈五輔〉、〈牧民〉、〈立政〉、〈八觀〉諸篇的段落，來說明管子多麼注重獎勵生產政策。這些引句在梁的書中和《管子》內可輕易查到，不贅引。他從這些段落裡得出幾個感想：「(1)管子非如極端之重農主義，以農業為國民獨一無二之職業，寧犧牲他業以行過度之保護者也。(2)通管子全書，其言獎勵工業者，不可枚舉，而商業又其所最重也。……蓋管子未嘗輕商也。(3)而其政策在以商業操縱天下，故不欲使私人得專其利，此實管子一種奇異之政策，而與今世學者所倡社會主義，有極相類者。(4)管子言市可以知多寡而不能為多寡，可謂名言。商業為社會所不可缺，然不能謂之為生產事業；全社會之富量，不以商業之有無盛衰為增減也。此義近儒菲里坡維治最能言之，足正斯密之誤。」(頁56-7)

　　前兩點我完全同意，對第3點的前半段也同意，現代讀者大概很難完全同意此點的下半段。較可爭辯的是第4點：商業是非生產性的嗎？現代的國民所得帳裡，服務業和商業的比重已遠超過農業，但清末經濟的狀況，或許和管子所說的情形類近，所以不應對梁的這個論點苛責。他最後說，「近儒菲里坡維治最能言之，足正斯密之誤。」我們現在知道史密斯其實無誤，但還不知道這位近儒是誰，是根據什麼事實下此判斷。

　　前引的《西洋經濟學者及其名著辭典》(頁728-9)告訴我們，菲里坡維治(Eugen Philippovic, 1858-1917)是奧地利經濟學者，1893年從德國回維也納大學講授經濟學及財政學，他的代表作是《經濟政策》(*Volkswirtschaftspolitik*, 1899-1907，兩卷)。此書的特色是「它不似古典的著作，以產業部門分別經濟政策(如農業政策、工業政策、商業政策、交通政策等)，而分經濟政策為組織政策、生產政策、所得政策三

大部門，用以分析這些政策對於國民經濟整體的影響。又，本書對於過去經濟政策的各種研究成果，都有極公平的介紹，而且折衷抽象方法與具體方法；曾在學術界博得極高的評價。」我手邊無此書可查，但根據這項介紹，作者已注意到組織、生產、所得3大政策，且對過去的研究成果「都有極公平的介紹」，他真的會認為「全社會之富量，不以商業之有無盛衰為增減」嗎？我無法證實此點，只知道梁看過此書的日譯本，至於他對此書的理解程度則尚難判斷。

4　均節消費

梁在此節的主旨，是主張崇儉抑奢：「有生產必有消費，無消費則生產亦不能以發達；……然消費貴與國民富力相應，宜量費其所贏，而毋耗其母財；此勤儉貯蓄主義所以為可尊也。管子書中，多為強本抑末之言，非有惡於末業也，惡其長奢侈之風，而將為國民病。故於崇儉之旨，三致意焉！」(頁57)讀者必問：《管子》內不是有〈侈靡〉篇嗎？篇中不是有「莫善於侈靡」的說法嗎？要如何解說這個明顯的矛盾？有些注釋《管子》的學者認為，此篇文字內容凌亂，所記甚為繁複，不能自成章段，可能是後儒擬古之偽作。

暫且不論這項爭議，而把問題轉到較中性的辯論上：侈靡對經濟增長真的有利嗎？節儉真的重要嗎？梁的看法是：「疇昔之論者，或以為民俗奢則所需之物品多，而生產之業，緣此得以發達，若人人嗇於用財，則貧者無所資以贍其生；於是有奢非惡德之說起焉！殊不知奢俗一行，則一國之財，宜以為生產之資本者，將揮霍而無所餘；資本涸，則產業未有能興者也。……管子之意，以為若使天下能為一家，則財之挹於此者還注於彼，雖稍奢而不為害；若猶有國界，與他國競爭，則一國母財，必期於豐，而母財豐生於積蓄，積蓄生於儉，故以奢為大戒也。雖然，奢與儉無定形，必比例而始見；夫所入二百金而費及百金焉，則

爲奢矣！所入萬金而僅費百金焉，則不爲儉而爲吝矣！奢固害母財，而
吝非所以勸民業也。」（頁59）

　　這是個重要的議題，梁只用兩頁不到的篇幅解說；他論述得很好，
既中肯又準確。前兩節提過，梁對史密斯經濟學的基本觀點並不贊同，
我們現在拿史密斯的見解與嚴復的譯案，來和梁的奢儉觀相對比，當可
看出史密斯與嚴復對這個議題的理解，要比梁開闊深刻。史密斯在《國
富論》第2篇第3章內，論及儉約與浪費這兩件事，在個人與國家所產生
的效果。嚴復在譯《原富》時對此寫了3段案語（分佈在《人人文庫版》
頁336-41之間），大意如下。

　　(1)「儉，美德也，而流俗固薄之」，這是大家熟知的話，嚴復說
節儉的意義是：「道家以儉爲寶，豈不然哉！乃今日時務之士，反惡其
說而譏排之，吾不知其所據之何理也。斯密言，儉者，群之父母。雖
然，但儉不足以當之也。所貴乎儉者，儉將以有所養，儉將以有所生
也。使不養不生，則財之蟊賊而已，烏能有富國足民之效乎！」（頁339）

　　(2)有些奢侈是無必要的，有些則是必要的：「或又云，奢實自
損，而有裨民業，此目論也。奢者之所裨，裨於受惠之數家而已。至於
合一群而論之，則財耗而不復，必竭之道也。雖然，一家之用財，欲立
之程，謂必如是而後於群爲無損，則至難定也。於此國爲小費者，於彼
可爲窮奢。法之巴斯獺，英之耶方斯，皆論之矣。大抵國於天地，耗民
財以養不生利之功者，蓋亦有所不得已。奇技淫巧、峻宇雕牆、恆舞酣
歌、服妖婦飾，此可已者也。而兵刑之設，官師之隸，則不可無者也。
使其無之，將長亂而所喪滋多。……雖然，兵刑官師之必不可廢，固
也。」（頁339-40）

　　(3)然而，單是靠小民儉約也無濟於事，以俄國爲例：「當同治之
世，俄羅斯貧乏特甚。小民之所勤積，每不敵貴人富賈之所虛糜虧折
者，故其時母財耗而外債日增；然則斯密氏所云，亦有不盡然者矣。」
（頁341）主要是因爲俄國的農民與貴族之間，有相當不同的經濟行爲方

式，所以嚴復認爲「徒儉菲不足以救之也」(頁337)：勤儉雖然重要，但若國家的社會結構、經費支出結構不妥當，再多的儉約也會被用到無效益之處(另見頁78有類似的案語)。

從史密斯的原文和嚴復的譯案看來，他們對「奢儉辯」的理解，大致已能掌握到凱恩斯經濟學所說的paradox of thrift(儉約的矛盾)，而這是梁在此節內並未洞見到的。

5　調劑分配

此節的議題是《管子》經濟政策的核心之一，也就是所謂的「輕重術」。梁用15頁的篇幅(頁59-73)，大量抄錄原文並作詳細解說，我們先看梁的見解。「泰西學者恆言曰：昔之經濟政策，注重生產；今之經濟政策，注重分配。吾以爲此在泰西爲然耳；若吾國則先哲之言經濟者，自始已謹之於分配。故孔子曰：不患寡而患不均，均無貧。……管子之意，以爲政治經濟上種種弊害，皆起於貧富之不齊，而此致弊之本不除，則雖日日獎勵生產，廣積貨幣，徒以供豪強兼并之憑藉，而民且滋病。此事也，吾國秦漢時嘗深患之，泰西古代希臘羅馬時嘗深患之；而今世歐美各國所謂社會問題者，尤爲萬國共同膏肓不治之疾，……」(頁59)

《管子》有什麼好藥方呢？梁引〈輕重乙〉篇的一段話：「桓公問於管子曰：衡有數乎？管子對曰：衡無數也，衡者使物一高一下，不得常固。桓公曰：然則衡數不可調耶？管子對曰：不可調。……故曰歲有四秋，而分有四時，已有四者之序，發號出令，物之輕重，相什而相伯，故物不得有常固。」梁說「此即管子所謂輕重之說。其一切分配政策，皆由此起，而調御國民經濟之最大作用也。考其樞紐所在，不外操貨幣以進退百物。蓋貨幣價格之騰落，與物價之貴賤，成反比例，而貨幣流通額之多寡，又與價格之騰落成反比例；……金融之或寬或

緊，……其原因皆各有所自來，而其結果則影響於國家財政與全國民生計者，至捷且鉅。故今世各國大政治家之謀國，未有不致謹於此者也。而中國能明此義者，厥惟管子。」（頁66-7）

接下來看如何運用貨幣來調控全國經濟：「故先斟酌全國所需貨幣之多少，準其數而鑄造之，命之曰公幣。〈山國軌〉篇所謂謹置公幣者是也。然則全國所需貨幣多少，何從測之？……綜稽全國民互相交易之物品，共有幾何，其總值幾何，則其所以媒介之之物應需幾何，略可得也。故先察一國之田若干，其所產穀若干，復舉一國所有穀類以外之一切器械財物，……而悉簿籍之，準其數以鑄幣，則幣常能與國民之供求相劑，而無羨不足之患矣。」（頁67）以今日眼光讀此段文字，未免覺得過度神奇：若果真能如此確實掌握財物通貨，君主當可無為而治天下。

梁也明白，這套說法未必能應付變動性的社會需求，他列舉3項缺點，解說得甚為得體。「以今世之經濟政策衡之，誠覺其局滯而不適，蓋國民之生產力消費力，隨時伸縮，而其所從起之原因，極複雜轇輵，不能執一端而盡之。故以現在全國民所有財產，泐為簿籍，而準之以求所需貨幣之數，為法未免疏略，其缺點一也。同一貨幣之數，而緣夫流通之遲速，行用度數之多寡，而其資民利用之效力，強弱懸殊，比例於現有財產而固定其量，則貨幣伸縮之用不顯，其缺點二也。經濟無國界，故貨幣與貨物，常互相流通於國際之間，雖準本國所有財產以鑄幣，然幣之一出一入，不期然而然，鑄幣雖多，未必能長葆存於國中。鑄幣雖少，而外國所有者，常能入而補其缺，今僅以本國財產為標準，其缺點三。由此言之，則管子所謂幣乘馬之策，決非完備而可以適用者也。」（頁67-8）由此可見他深切地明白這種「不可操控性」，但調控經濟又是《管子》的核心概念，梁要如何調解這項明顯的矛盾呢？

他沒有提供任何答案，既然暫時解決不了，只好置之不顧，繼續解說政府操縱經濟的手法。「雖然，欲明管子輕重主義之真相，更有最當研究者一物焉，則穀是也。……乃管子之言又曰：穀貴則萬物必賤，穀

賤萬物必貴。……吾初讀之而不解其所謂，及潛心以探索其理，乃知當時之穀，兼含兩種性質：一曰爲普通消費目的物之性質；二曰爲貨幣之性質。……管子之輕重主義，不徒以單一性質之貨幣(即金屬貨幣)爲樞機，而更須以複雜性質之貨幣(即穀)爲樞機焉！故今世之貨幣政策則一而已。一者何？以幣權物是也。管子之貨幣政策，其條件有三：以幣權物，一也。以穀權物，二也。以幣權穀，三也。此管子之輕重主義，所以其術彌神而其理彌奧也。」(頁69-70)

梁的解說清晰有力，但我們現在可以理解，先秦時代的貨幣體制尚未完善，除了法定貨幣，以實物交易的情況也必然並存。在這種「雙重幣制」(幣與穀)的情勢下，調控經濟者必然要同時掌握這兩項關鍵要素，毫無特殊難解的道理，梁也不必過譽地說「其術彌神而其理彌奧也」。其實《管子》所說的貨幣調控術，一點都不深奧：「有時金融太緩漫，事業有萎靡之憂，則將貨幣收回於中央金庫，〈山國軌〉篇所謂國幣之九在上一在下是也。有時金融緊迫，生計呈恐慌之象，則將貨幣散布之於市場，所謂幣在下萬物皆在上是也。……故曰：民有餘則輕之，人君歛之以輕；民不足則重之，人君散之以重也。」(頁70)

接下來的解說相當有創意。1909年梁寫此書時正逢國際金本位制盛行，列強諸國民間得以國家發行的紙幣向銀行兌換等值黃金，所以黃金可說是「實幣」，紙鈔可說是「虛幣」。以這種眼光來看，《管子》內的實幣就是「穀」，虛幣就是政府發行的「貨幣」。梁的論點是，《管子》操控虛實幣的手法，和當前金本位制國家操控虛實幣的方法相通：「吾觀管子調和金穀之策，竊嘆其與今世各國調和實幣與紙幣之策若合符節也。……今各國中央銀行所以能握全國金融之樞機者，皆由實幣與紙幣調劑得宜，既能以幣御物，又能以紙幣御實幣；管子之政策亦猶是也：時而使穀在上幣在下，時而使幣在上穀在下。此猶各國實幣，有時貯之於中央銀行，有時散之於市場，凡以劑其平廣其用而已矣。」(頁70)

　　梁確是個優秀的解說者，把這個道理用古今相貫的手法析述得很貼切。1909年時金本位制運作良好，但到了1914-8年第一次世界大戰期間就遇到危機：各交戰國的幣值一方面要釘住金價，但另一方面又希望對手國的金融崩潰，所以金本位制當然難以為繼。英國在戰後遲疑是否要返回金本位，一直拖到1925年才決定重採此制；但過不了多久，金本位制在1931年就崩潰了。如果梁是在1931年才寫此書，他要如何解說《管子》的「虛實幣交互控制法」呢？1931年之後讀此書的人必然要反問：如果當初運作這麼好的金本位都撐不了50年，如果當時身為國際金融龍頭的英國都難以自保，那我們是否應該聽信梁的建議，採用《管子》的虛實幣交控法呢？

　　輕重術的基本概念，依梁的解說是：「其樞紐不外以幣與穀權百物，而復以幣與穀互相權。而其所以能權之者，則當幣重物輕之時，斂物而散幣；當幣輕物重之時，斂幣而散物；當穀重物輕之時，斂物而散穀；當穀輕物重之時，斂穀而散物；當幣重穀輕之時，斂穀而散幣，當幣輕穀重之時，斂幣而散穀。質而言之，則以政府為全國最大之商業家，而國中百物交易之價格，皆為政府所左右也。」（頁71）

　　梁認為這種手法在古代「蓋甚有效也」，因為「遵是道也，則全國商業之自由，極受束縛；……然在古代信用機關交通機關兩未發達之時，……毋寧以政府立乎其間，其力足以盡求全國之所供，其力足以盡供全國之所求，苟獎屬干涉得其宜，則於助長全國民經濟之發達，蓋甚有效也。」然而，「以今世之經濟原則衡之，其利誠不足以償其弊。」（頁71）讀到此處，我們不禁困惑：梁寫此書的目的，是要以《管子》的經濟政策，來呼應20世紀初期流行於德、日的國民經濟學派主張，但梁又屢屢說若採行《管子》的政策，則「其利誠不足以償其弊」、「管子所謂幣乘馬之策，決非完備而可以適用者」。兩論對比，梁到底要讀者何適何從？

　　梁對《管子》還有一項共鳴：「管子之意，以為物價之有高下，而

用人棄我取、人取我與之術，常能博奇利，此經濟現象之所必至，無能
遏止者也；而此種奇利，則當歸諸國家，而不當歸諸少數之私人。歸諸
國家，國家還用獎屬民業，則其利均諸全國人民；歸諸少數之私人，則
一國財力所在，遂成偏枯，一方有餘，而一方不足，……管子所以必以
國家操此權者，蓋爲是也。夫商業之自由放任過甚，則少數之豪強，常
能用不正之手段，以左右物價，……近世有所謂卡特爾（Cartel）者，有
所謂託辣斯（Trust）者，……而其力足以左右全國之物價，……於是乎
有所謂社會主義一派之學說，欲盡禁商業之自由，而舉社會之交易機
關，悉由國家掌之，此其說雖非可遂行於今日，然欲爲根本救治，舍此
蓋無術也。而此主義當二千年前有實行之者焉，吾中國之管子是也。」
（頁72）

　　這段話的前半段是解說《管子》的用意，後半段在援引西洋近況以
作呼應，說明這是古今中外共通的情事。梁解說得很好，但此段最後的
說法，則有兩項可爭議的論點。(1)他認爲社會主義的學說是解決此困
難之道，但這種學說卻又「非可遂行於今日」。梁在1909年寫此書時，
尚未有一國徹底實行社會主義，若他在十年之後看到俄國1917年革命成
功，改採社會主義經濟制度時，一方面可以高興地看到中央集權化之
後，「奇利歸諸少數人」的情況消失了；但另一方面，他恐怕也不願意
生活在那種集體性的社會裡吧！(2)他說「而此（社會）主義當二千年前
有實行之者焉，吾中國之管子是也。」以我們今日對社會主義的理解，
這句話當然是錯的。再說，以今日的觀點來看，社會主義制度所產生的
經濟弊害，也不見得就比有托拉斯、卡特爾的資本主義制度來得小。

6　財政政策

　　「聚斂之臣之治財政也，惟求國庫之充實而已。而管子則異是。其
言曰：『（〈權修〉篇）地之生財有時，民之用力有倦，而人君之欲無

窮；以有時與有倦養無窮之君，而度量不生於其間，則上下相疾也。故取於民有度，用之有度，用之有止，國雖小必安；取於民無度，用之不止，國雖大必危。』此管子理財之根本觀念。……(〈國蓄〉篇)『民予則喜，奪則怒，民情皆然，先王知其然，故見予之形，不見奪之理，故民愛可洽於上也。租籍者，所以強求也；租稅者，所慮而請也。王霸之君，去其所以強，廢其所慮而請，故天下樂從也。』此管子無稅主義之大概也。考其所以持此主義之理由，其一則以為租稅妨害國民生產力也。其二以為租稅奪國民之所得也。其三則以為租稅買國民之嫌怨也。此三者皆持之有故言之成理，即今世言財政學者，亦不能具斥其非也。」(頁73-6)這是很好的解說，但國家的歲用要從何而來呢？

用現代財政學的語言來說，梁所說《管子》的「無稅主義」，是指不徵收「直接稅」，例如丁口稅和田地稅，而把主要的稅源放在間接稅上：「以今語釋之，則曰：鹽與鐵皆歸政府專賣而已。……管子之法，則純粹之政府專賣法，而與今世東西各國之制，大致相合者也。」(頁77-8)

讀到此處，我們再度碰到一項矛盾：梁既力揚《管子》經濟政策的高明，但接著又批評鹽鐵專賣政策的嚴重弊端。「鐵官之置，使人民生事之具日嗇，其法非良，故後世行之，不勝其敝；若鹽，則自秦漢以迄今日，皆以為國家最大之稅源，雖屢更其法，卒莫能廢；即今世所謂文明國，其學者雖以鹽稅為惡稅，倡議廢止，……。若鹽又間接稅中最良之稅品也。而首發明此策者，則管子也。後世鹽法屢變，至今日而政府專賣之下，復有專賣商之一階級。故正供益絀而民病益甚，……。」(頁77-8)

《管子》的國家稅源還有兩項，一是「礦產森林」，二是商業。「然則管子之財政策，以鹽鐵為主，而以礦產森林輔之。即財政學所謂官業收入者是也。……而官業收入，且駸駸乎奪租稅收入之席，德國及澳州聯邦導其先路，俄羅斯日本等國步其後塵。若國有鐵路國有森林鹽

專賣煙專賣酒專賣等,其條目也。……管子所謂無籍而國用足者,庶幾見之矣!……而我國之管子,則於二千年前,已實行此政策,使華克拿見之,其感歎又當何如?」(頁79)

這種說法未免過度自我讚揚。先秦時期尚未編戶齊民,政府對人丁、田地等直接稅源的掌握不夠切實,若要認真逐戶徵收,行政成本必然驚人。若對生活的必需品課高稅,則只需掌控鹽鐵的流通管道,就可以有效地收到間接稅。從政府的觀點而言,捨直接稅而就間接稅,是「本小利多」的必然考量,絲毫沒有梁所說的「先知先覺」之意味。若當時能方便有效地收到直接稅,大概沒有政府肯輕易放棄這塊肥肉,「非不為也,不能也」。

至於商稅,據字面的理解,應指從商人的營業收入徵稅,但梁所指的卻是另一回事:「(〈國蓄〉篇)視物之輕重而御之以准,故貴賤可調,而君得其利。」(頁80)。梁的解說是:「其法蓋當豐穰之歲,穀價極賤,粒米狼戾,委積而無所得值,政府則以幣予民,而易其粟以斂之;及至中歲,粟每石值十錢,凶歲每石值二十錢,政府則照時價而糶粟與民。……於民甚便,而政府每石得十錢或二十錢之利,不必直接收稅而與收稅無異也。且此術不徒施之於穀而已,凡百物之為民用者,莫不權乎其輕重之間而斂散之。質而言之,則全國最大之商業,掌於政府而取其贏以代租稅也。」(頁80)

照這樣的解說看來,基本上這就是本章第5節所說的「輕重術」:政府一方面調控各地糧食與重要物資的供應(即日後所說的均輸),二方面也掌控各地的物價(日後所說的平準),三方面又從中獲利。梁要說的是其中的第3點:從輕重術的調控中獲得買賣的利潤。但稱此為「商業稅」,是否恰當呢?

介紹《管子》的財政策之後,梁在此節的結論還是老套:「華克拿(華格納)曰:昔之租稅,專以充國庫之收入為目的;今則於此目的之外,更有其他之一重要目的焉,即借之以均社會之貧富是也。管子之租

稅政策，則與華氏不謀而合者也。」（頁81）這是明顯的過度湊合比附，因為19世紀末的德國沒有鹽鐵專賣，也沒有以輕重術來做平準均輸的事情。若要說管子與華格納的見解不謀而合，主要是和「國民經濟」學說主張掌控支配國家資源的觀點相通，但在落實執行的項目與手法上，中德雙方的差距還相當不小。

7　國際經濟政策

梁對這個題材所用的篇幅（頁81-91），僅稍次於論輕重術的調劑分配政策（頁59-73），我們很容易理解他的心態。清末的經濟甚受列強欺凌，主張國民經濟學的德國，在19世紀時也有類似的處境（但狀況較佳），梁在《管子》裡看到一些積極性的國際經濟策略，自然熱烈回應：「昔者英之克林威爾，法之哥巴，近者德之俾斯麥，英之張伯倫，皆竭畢生之精力以從事於此者也。是故自由貿易保護貿易之論辨喧於野，關稅同盟關稅報復之政策鬩於朝，豈不以一國之存，其原因發自鄰國者，至夥且鉅，而所以對待之者，豈可不慎乎哉？若我管子則深明此意者也。……彼荷蘭、比利時，皆以蕞爾國當列強之衝，而其天然之恩惠又極薄，而顧以富聞於天下者，經濟政策得宜故也。即如彼英國，其國內之農產物，曾不足以資其國三月之民食，而不以為病者，彼能以其工藝下天下之五穀也。夫管子所用之齊，其國勢非得天獨厚者也。……然則以齊之國勢，宜其永為諸侯弱，而管子乃能用之致富強匡天下者何也？則所以善用對外經濟政策者得其道也。」（頁81-3）

梁說管子的對外經濟政策有下列要點。第一，「其要點在獎屬本國特長之產物，以人力造成獨占價格，而吸其贏於外國。夫無論何國，皆緣其氣候壤質民業之異，而各有其特長之產物，如英國之煤鐵，中國之絲茶，……苟能善用之則持此可以稱霸於天下。而春秋時代之齊國，則以鹽為其特長之產物者也，故管子首利用之。」（頁85）

　　這段話的道理是對的，但若以清末的經濟爲考量，在世界市場上能獨佔的產品，如梁所言也只是絲茶而已。就算中國獨佔全世界絲茶的供應，「我雖十倍其值，而人莫能靳矣。」（頁86）但問題是絲茶並非西洋的生活必需品，而只是附帶性的或奢侈性的消費，可買可不買；在這種狀況下，獨占全球又有何用？廿世紀初期中國經濟的問題，並不在於特產品的獨占力，而在於一般製造業的品質、數量、價格皆無國際競爭力，這種病症絕非靠《管子》的老法寶所能解決。

　　第2項國際經濟政策，梁認爲是掌握國際物資交換所需的資金。「而其第二次所獨占者即金也。天下所有金本不多，……金之大部分，已在齊政府，齊政府鑰之不使出，……則齊國境內之金價愈騰，而各國民之有金者，競輸之於齊以求利，若水就下，此必然之勢也。……今英國之英倫銀行，若因紙幣準備金缺乏之故而欲吸收正金，則抬高其利率，使出他國之上，則德、法、美、俄各國之金，滔滔而注入英國。管子惟深明此理，故能以術盡籠天下之金，使歸於齊。夫天下之金既歸於齊，則各國皆以乏金之故，其金價之昂，必與齊等，或視齊更甚焉！然金價之漲落，恆與物價之漲落成反比例，各國之金價大騰，則各國之物價大賤必矣，於是管子又得施其輕重之術。」（頁86-7）

　　這段話說得漂亮，然而有多少國家能擁有這項優勢呢？當然只有處於霸權狀態下的齊國和英國了，19世紀的德國和20世紀的中國根本不具備此條件，就算知曉這層道理又奈何？

　　第3項法寶是要掌握基本糧食：「管子第三次所獨占者則穀也。穀爲人生日用必需之品，其爲力固已至偉，而當時兼用之爲貨幣，故其影響於國民經濟，視今爲尤重。……於斯時也，管子則利用金以謀獨占天下之穀，先出政府之金，以購境內之穀，使齊國境內之穀價，高於鄰國，則鄰國民之趨利者，自相率輦其穀而輸諸齊。……爲齊所獨占。故以潟鹵之齊，其地不產穀者四之一，而常能以多穀雄於天下，齊政府既握金穀之二大權，時其盈虛以操縱天下百物，天下百物之價，遂成爲齊

政府之獨占價格，高下悉惟其所命矣！……要而論之，管子之經濟政策，不外以金穀御百物，而復以金與穀互相御。此政策一面用以對內，一面用以對外。……天下各國人民養生送死之具，其柄無不操自管子，予之奪之，貧之富之，皆惟管子所命，然則各國欲不為齊役也得乎？……然則管子所以能九合諸侯一匡天下者，豈有他哉？亦對外經濟政策之成功而已。」（頁87-9）

解說過《管子》的3項法寶之後，梁提醒讀者說，國民經濟學派的保護主義理念，有甚可供國人參考者：「近世之言國民經濟學者，皆謂一國之中，必須各種產業，同時發達，萬不可有所偏廢；就中如日常生活必需之品，尤當自產之而不可仰給於外人。即如現在英國，惟務工商，農業日廢，雖富甲天下，而國中有識者猶憂之。……是知一國之產業，苟有所偏畸，則敵人既得乘我所豐者以困我，又得乘我所乏者以困我，此保護貿易政策，所以為今世諸國所同趨也。明乎此理，則知當時管子之能行此政策以弱四鄰，必非夸而誕矣。」（頁91-2）。梁在此節分述《管子》如何靈活運用這三項國際經濟策略，才「能九合諸侯一匡天下」。

這說明了齊國如何得以稱霸天下，但現代讀者必有一疑：為何日後齊國會迅速衰落，還有「毋忘在莒」的悲壯情事發生？《管子》的法寶為何不能長久有效？如果只能短期有效，清末是否應該學習《管子》的策略？梁避談此事，轉而在此節末引介國民經濟學派的保護主義，提醒說這是要避免列強「困我」的必要措施。這項論點尤其困惑讀者：《管子》從未提及保護主義，對外則全是霸權式的作風；但談到清末現狀時，梁又主張採取保護弱國主義的低姿態。

8　綜合評論

梁對《管子》的推崇躍然紙上：「其以偉大之政治家而兼偉大之政

治學者，求諸吾國得兩人焉：於後則有王荊公，於前則有管子；此我國足以自豪於世界者也。而政治學者之管子，其博大非荊公所能及；政治家之管子，其成功亦非荊公所能及。故管子倜乎遠矣！」「嗚呼！管子之功偉矣！其明德遠矣！孔子稱之曰：如其仁如其仁。又曰：微管仲吾其被髮左衽矣！太史公曰：管仲之爲政也，善因禍而爲福，轉敗而爲功，將順其美，匡救其惡，故上下能相親也；是以齊國遵其政，常強於諸侯。嗚呼！如管子者，可以光國史矣！」（頁2, 98）

梁的推崇盛情感人，但也常有過譽之處。以《管子傳》第11章的末段（頁93）爲例：「管子雖用金幣以操縱天下；然其籌國民經濟也，以金幣爲手段，而不以之爲目的。蓋以金幣與財富，截然不同物也。此義也，歐洲學者，直至十七世紀以後，始能知之。而管子則審之至熟者也。」這層道理其實也無多大奧妙可言，現在西洋經濟思想史的研究非常豐富，大家都知道歐洲學者早在17世紀之前就了解這項基本原理。「沒有」和「不知道」是兩回事，梁時常以「不知道」爲「沒有」。

同樣的情況也可以應用在下面的說法上，我們不必對他太計較：「又貨幣價格之與物價必成反比例也，貨幣數量之與物價必成正比例也，此義直至斯密亞丹始發明之，而管子則又審之至熟者也。夫以當時並世之人，無一人能解此理，無一人能操此術，而惟管子以宏達之識密察之才，其於百物之情狀，視之洞若觀火，而躬筦其機以開闔之，安得不舉天下而爲之哉？」

《管子傳》的讀者會有一項基本的困惑：梁之所以大力挺介《管子》，用意很明白，因爲那是齊國據以稱霸天下的經濟策略。梁在1909年寫此書時，目的是要能對中國經濟提供救亡圖存的藥方。然而清末的頹勢和管仲主政時的齊國，在國內經濟結構上已有天壤之別，在國際經濟地位上又有刀俎與魚肉之差，所以《管子》的經濟策略顯然不適用在清末。梁當然明白這個道理。他在日本時接觸到德國官房學派和國民經濟學派的著作，這是德國在18-19世紀尚處於國際弱勢時的經濟發展策

略，對外行貿易保護主義，對內行扶持民族工業，並把重要的生產資源國家化。梁認爲這套在德國、日本廣受歡迎的政策，要比主張自由放任、自由貿易的英式政策(以史密斯的《國富論》爲代表)，更適合清末的情境。

然而，(1)《管子》是霸權式的經濟手法，(2)德日的國民經濟學派卻是弱勢國家自保的初步手段，(3)《國富論》是英國在經濟霸權時代的著作。梁的困擾至此已清晰呈現：若要以腳踏實地的方式救亡圖存，那就要採取德日的弱勢作法。但他又不願意明白地解說國民經濟學派(1)不光彩的歷史背景，(2)各項較卑微的顧慮，(3)所採用的較低下策略。梁避開這3項弱點不談，而把焦點集中在：(1)以情緒性的語言批評史密斯的理論，(2)以推崇的態度，強調國民經濟學派與《管子》相通的特點：把重要資源集中在政府手裡，政府有相當的權威可以調配重要物資、調控物價(輕重術)。這是一項奇妙的轉折，但他不作任何解說。敏銳的讀者也能在書中感受到：梁雖然大力推崇《管子》，但《管子》內的主要手法並不適合清末中國。以下簡要地綜述前面諸節內已提及的3個例子。

(1)在11章第4節「調劑分配之政策」(即本章第5節所討論的輕重術)內，梁介紹《管子》用調控貨幣數量的手法，來掌控調度全國資源，他提出3項批評(3個缺點)，結論是：「由此言之，則管子所謂幣乘馬之策，決非完備而可以適用也。」(頁68)更廣義地說，輕重術是《管子》的核心概念，既然「非完備而可以適用也」，那麼梁希望讀者從《管子傳》得到哪些有用的訊息呢？(2)《管子》的核心政策，梁既明知「以今世之經濟原則衡之，其利誠不足以償其弊」(頁71)，爲何他在下一節(第5節財政策)中，又大篇幅地介紹鹽鐵專賣政策，並說明「此管子財政策之中堅也」，但又說「鐵官之置，……其法非良，故後世行之，不勝其敝；若鹽，……其學者雖以鹽稅爲惡稅，倡議廢止，……」(頁77)。(3)再下一節(第6節國際經濟政策)中，梁主張要獨佔本國的特

產，使「我雖十倍其值，而人莫能斬矣。」(頁86)但除了絲茶之外，我
們看不到中國還有哪項特產品具有此能力？其次，他既批評英國的經濟
政策，但又羨慕「德、法、美、俄各國之金，滔滔而注入英國。」(頁
87)梁既反英崇德，希望中國學德國的國民經濟學派，但何以德國的黃
金會滔滔入英呢？為何要棄強學弱呢？

　　以上未曾一言談及梁對《管子》的內容理解是否正確，而著重在其
論說的義理與邏輯上的糾葛。這本《管子傳》是梁「旬有六日成」，
「述之得六萬餘言」，他希望「愛國之士，或有取焉！」(自序與頁3)
將近一世紀之後，我以經濟思想史的觀點重讀此書，得到三個觀感：文
筆方面情緒高張，內容方面動人聽聞，手法方面自我矛盾。

附論：《王荊公》

1　視角

　　據《年譜長編初稿》(頁265)載，1908(光緒34年)梁36歲，「是歲
海外事業皆瀕危機中……，正月政聞社本部遷上海，……三月計畫開辦
中之《江漢日報》與江漢公學，以經費困，暫緩開辦。七月清廷諭令查
禁政聞社。」「是歲先生由橫濱遷居兵庫縣。……同年先生為《王荊
公》一書成，該書凡22章，主旨在發揮王荊公的政術，所以對王氏所創
新法的內容和得失，討論極詳，並且往往以近世歐、美的政治比較之。
此外先生為文甚少，……」(頁295)梁在此書的「例言」和「自序」
內，說「自余初知學，即服膺王荊公，欲為作傳也有年，……於是發憤
取《臨川全集》再四究索，佐以宋人在文集筆記數十種以與《宋史》諸
志傳相參證，其數百年來哲人碩學之言論足資徵信者籍而讀之，亦得十
數家，鉤稽甲乙，衡量是非，……」「屬稿時所資之參考書，不下百
種，其取材最富者為金谿蔡元鳳先生之《王荊公年譜》，……凡二十五

卷，《雜錄》二卷，成書時年已八十有八。」

　　將近一世紀之後重讀此書，最明顯的感受就是冗長枝蔓，梁在「例言」的最後一段也自承：「本書行文，信筆而成，不復覆視，蕪衍疏略，自知不免，……」。梁屢屢長段俱引，述多於作，評多於論。第2個感受是梁的立場鮮明，幾乎無保留地辯解與讚嘆王安石，這反而容易引發讀者的保留態度。此書長達208頁，與財經政策直接相關的是第10章「荊公之政術（二）：民政及財政」[1]。

　　王安石的作為與成就，在兩宋財政史的研究中已有很好的析述，例如曾我部靜雄（1965）、周藤吉之（1969）、東一夫（1970, 1980）、帥鴻勳（1973）、漆俠（1979, 1987）、葉坦（1990, 1996）、汪聖鐸（1995）。此外，臺灣、大陸、日本都有不計其數的單篇論文，作了許多個別的分析，例如梁庚堯（1984）。

　　在這些豐富的文獻中，東一夫（1980）《王安石事典》的編排方式最方便查索引用，內有：（1）與王安石主要相關人物的圖片，（2）說明各種對王安石評價觀點的變遷與異同處（第2章）；（3）評述1978年之前的主要相關專著和論文，含中日英德語多種語文（第16章）；（4）與變法相關的官制、經濟、社會關係等用語之解說（第17章）；（5）王安石與司馬光的對照年表和對照事項（第15章）；（6）王安石登場的時代背景（第3章）；（7）各項新法的內容解說（第4章）；（8）王安石政權的結構（第5章）；（9）與王安石在政治上相關的人物小傳（第7章）；（10）元祐黨人傳略（第13章）。以上種種，以及未在此詳列的諸多事項，都以方便查索的事典形式編排，可說是1978年之前相關文獻的大彙編，對研究者而言至今仍相當有用。

1　若從更寬廣的角度來看，第11章論「軍政」時，內有些篇幅討論國防經費，這和財經議題也有間接的關係。第15至17章析述新政之成績、阻撓與破壞，也牽涉到對王安石財經政策的評估。所以若要完整地析述梁對王安石財經作為的評價，這3部分也要顧及。

　　王安石與宋神宗開始擬議新法，是在熙寧2年(1069)2月所創設的「制置三司條例司」(時年49歲)，翌年12月荊公任宰相。熙寧7年(1074)4月，他首次罷相(54歲)；翌年2月再度任宰相，至熙寧9年(1076)10月第2次罷相(56歲)。神宗朝的新法，一直施行到元豐8年3月(1085)神宗去世為止：司馬光在同年5月拜門下侍郎(副相)，翌年(元祐元年，1086)任宰相，盡罷神宗朝的各項新法(同年3月王安石逝，66歲；9月司馬光逝，68歲)。所以若把主題放在王安石本人的財經政策上，則應把本章所議論的事項時間，限在熙寧2年(1069)和第2次罷相的熙寧9年(1076)之間，也就是新法初行的前8年。

　　學界對王安石變法的內容、新舊黨之間的各種對立言論與作為、民間對各項新法的諸多反應，已都有很詳盡的研究。我在此只能寫簡要的附論，原因是：(1)梁對王安石的財經作為，並沒有在具體問題上作深入分析，也沒有提出財經政策上的新洞見；相對地，由於梁的主要目的是替荊公洗冤辯誣，所以立場鮮明偏頗，格局上還是沒跳脫出「黨爭」式的論述。(2)學界對王安石的新法與北宋財政問題已有很詳盡的研究，我對神宗時期的新法素無研究，在文獻已相當豐富的情況下，再投入心血的意義不大。(3)所以只能整體地評議梁快筆速寫的傳記是否合乎情理。

　　我的要點放在看梁如何透過對王安石的賞析與辯解，顯露出自己的認同路線與作法。梁著墨最濃之處，是與王安石最直接相關的3項財經新法(青苗法、市易法、募役法)。相對地，梁對農田水利政策、方田均稅法、漕運等則3項較少發揮(頁86-7，每項不足一頁)。保甲法(頁97-106)雖然和財經有間接相關之處，但梁說「荊公行之之意在整頓軍政」，所以和「省兵、置將」、「保馬法」一同安排在第11章「軍政」內。整體而言，我認為梁在此書內所表達的深度有限，筆法上和黨爭的手法類近。

2 立場與傾向

梁對荊公的評價有兩大要點，一是高度讚賞稱頌：「……此國史之光，而國民所當買絲以繡鑄金以祀也。」二是極力洗冤辯誣：「距公之後，垂千年矣！此千年中，國民之視公何如？吾每讀《宋史》，未嘗不廢書而慟也！」（頁1）這種無保留或甚至過度美譽的傾向，在此書首章的首段內表現得淋漓盡致：「國史氏曰：甚矣！知人論世之不易易也。以余所見宋太傅荊國王文公安石，其德量汪然若千頃之陂；其氣節嶽然若萬仞之壁；其學術集九流之粹；其文章起八代之衰；其所設施之事功，適應於時代之要求而救其弊；其良法美意，往往傳諸今日莫之能廢。其見廢者，又大率皆有合於政治之原理，至今東西諸國行之而有效者也。嗚呼！皋、夔、伊、周，邈哉邈乎，其詳不可得聞；若乃於三代下求完人，惟公庶足以當之矣。」

梁認爲歷史對荊公的評價不夠客觀，這有兩大原因，一是國民的見識與心胸不夠開闊，二是正史對荊公的立場偏頗。「而我國民之於荊公則何如？吠影吠聲以醜詆之，舉無以異於元祐、紹興之時，其有譽之者，不過賞其文辭。稍進者，亦不過嘉其勇於任事；而於其事業之宏遠而偉大，莫或見及。而其高尚之人格，則益如良璞之韞於深礦，永劫莫發其光晶也。……其有之，則自宋儒之詆荊公始也。夫中國人民，以保守爲天性，遵無動爲大之教，其於荊公之赫然設施，相率驚駭而沮之良，不足爲怪。……莫能相勝，乃架虛辭以巇人私德，此村嫗相誶之窮技，而不意其出於賢士大夫也。」（頁1-2）

正史的評價更讓梁辭激而長：「吾今欲爲荊公作傳。而有最窘余者一事焉曰：《宋史》之不足信是也。《宋史》之不足信，非吾一人私言，有先我言之者數君子焉。」（頁2）他認爲有幾位知名學者的評價是「空谷之足音」，而且他們的言論也「可以取信於天下」。首先是陸象山（九淵）在〈荊國公祠堂記〉的嚴論：「新法之議，舉朝譁譁，行之未

幾，天下恟恟，……君子力爭，繼之以去，小人投機，密贊其決，忠樸屏伏，僉狡得志，曾不爲悟，公之蔽也。熙甯排公者，大抵極詆訾之言，而不折之以至理，……元祐大臣，一切更張，豈所謂無偏無黨者哉？……近世學者，雷同一律，發言盈廷，又豈善學前輩者哉？……其廟貌不嚴，邦人無所致敬，無乃議論之不公，人心之畏疑，使至是耶！」(頁2-3)

梁接著引述顏元(習齋)的〈宋史評〉：「宋人苟安已久，聞北風而戰栗，於墻堵而進，與荊公爲難施爲，亦彰彰有效矣，……而韓琦、富弼等必欲沮壞之。毋乃荊公當念君父之讎，而韓、富、司馬等皆當恝置也乎？矧琦之劾荊公也，其言更可怪笑，曰致敵疑者有七：……且此七事皆荊公大計，而史半削之，幸琦誤以爲罪狀遂傳耳，則其他削者何限！范祖禹、黃庭堅修《神宗實錄》，務詆荊公，陸佃曰：此謗書矣。既而蔡卞重行刊定。元祐黨起，又行盡改，然則《宋史》尚可信邪？」(頁3)

梁引述的第3位，是《王荊公年譜考略》作者蔡上翔(元鳳)在「自序」裡的觀點：「惟世之論公者則不然，公之沒去今七百餘年，其始肆爲詆毀者，多出於私書，既而采私書爲正史，此外事實愈增，欲辨尤難。……及夫元祐諸臣秉政不惟新法盡變，而黨禍蔓延，尤在范、呂諸人初修《神宗實錄》，……則皆陰挾翰墨以厲其忿好之私者爲之也；……必使天下之惡皆歸，至謂宋之亡由安石，豈不過甚已哉，宋自南渡至於元，中間二百餘年，肆爲詆毀者，已不勝其繁矣！由元至明中葉，……後則明有唐應德者，著《史纂左編》，傳安石至二萬六千五百餘言，而亦無一美言一善行，是尚可與言史事乎哉！」(頁4-5)

引述33位「可信證人」的證詞之後，梁意猶未盡，博徵廣引地又寫了3大頁(5-8)批評《宋史》的可議之處：「《宋史》在諸史中，最稱蕪穢。……其大旨以表章道學爲宗，餘事不甚措意，故舛謬不能殫數。……《宋史》繁猥既甚。而是非亦未能盡出於大公，蓋自洛、蜀黨

分，迄南渡而不息，其門戶之見，錮及人心者深，故比同者多爲掩飾之言；而離異者未免指摘之過。」（頁5）

以上種種言論，都是要證明《宋史》「顛倒黑白，變亂是非」，作爲以下諸章替荊公洗冤之準備。但讀者心知北宋黨爭時雙方無所不用其極，梁下筆時既然心中已有特定目的，自然傾向另一極端的證據與說辭；採取這種立場所寫的《王荊公》，當可預知其推理與結論。梁到底有哪些新論點或佐證呢？或純是在做無底線、無條件的護衛呢？這樣的評傳，有深刻長遠的價值嗎？恐怕有限。以下先舉一例，以說明梁的立論甚有可議之處。

梁對荊公的理財觀作了兩項詮釋，一是國家主導經濟說，二是把荊公的作爲，比附於廿世紀初期的社會主義。先看前者：「荊公之意，以爲國民經濟所以日悴者，由國民不能各逐其力以從事生產也；國民所以能各逐其力以從事生產者，由豪富之兼并也。……於是殫精竭慮求所以拯救，其道莫急於摧抑兼并，而能摧抑兼并者誰乎？則國家而已。荊公欲舉財權悉集於國家，然後由國家酌盈劑虛，以均諸全國之民，使各有所藉以從事於生產。……其青苗均輸市易諸法，皆本此意也。」（頁64）這一點是在說明特色，不具爭辯性。

梁一向反對社會主義，眾所周知。但他一方面說荊公是「國史之光」，另一方面卻又說荊公的作爲類似社會主義。他要如何協調這兩個立場呢？「此義也，近數十年來乃大盛於歐、美兩洲，命之曰社會主義，其說以國家爲大地主、爲大資本家、爲大企業家，而人民不得有私財，誠如公所謂賦予皆自我兼并乃奸回者也。……夫以歐、美今且猶未能致者，而荊公乃欲於數百年前之中國致之，其何能淑？……夫以彼都所倡社會主義者，行之於立憲政體確立之後猶以爲難，而況在專制之時代乎？本意欲以摧抑兼并，萬一行之不善，而國家反爲兼并之魁，則民何恝焉！……故荊公之政策，其於財政上所收之效雖頗豐，而於國民經濟上所收之效滋嗇，良以此也。」（頁64-5）。讀者至此必有一疑：既然

荊公的政策「於國民經濟上所收之效滋嗇」，那爲何梁又說他是「國史之光，而國民所當買絲以繡鑄金以祀也」(頁1)呢？以上是梁從宏觀的角度，來評論荊公的立場與整體成就。

3 新政成績

熙寧2年2月制置三司條例司，熙寧5年荊公寫了〈上五事箚子〉，自評執政3年來的政績：「陛下即位五年，更張改造者數千百事，……就其多而求其法最大其效最晚其議論最多者，五事也：一曰和戎。二曰青苗。三曰免役。四曰保甲。五曰市易。……惟免役也，保甲也，市易也，此三者有大利害焉，得其人而行之則爲大利，非其人而行之則爲大害；緩而圖之則爲大利，急而成之則爲大害。……若三法者，可謂師古矣。……故免役之法成，則農時不奪而民力均矣；……市易之法成，則貨賄通流而國用饒矣！」(頁136-7)

這段新法初行的自我評價，顯示幾項訊息。(1)荊公對剛推行3年的青苗法(熙寧2年9月實行)成效最滿意；(2)對剛開始實行的免役法(熙寧2年12月公佈「條目」，翌年冬在開封府試行，4年10月全國推行)和市易法(5年3月實行)還不放心；(3)若要免役法和市易法成功，前提是「得其人」和「緩而謀」；(4)若用人不當且「速求成效於年歲之間，則吾法隳矣。」言下之意，是希望神宗不要「求治太急、聽言太廣、進人太銳」(蘇軾語)，否則若欲速不達，勿怪立法不善。

後世常以荊公和王莽相比，梁則力辯兩者之別：「又如王莽，固亦託於《周官》，以變更百度，然其所行者，無一爲法先王之意，而亦自始無樂利其民之心，……夫荊公剙法立制，無一不以國利民福爲前提，其不可與新莽同年而語，……使荊公之法而果爲病民，則民當呻吟枕籍救死不贍之時，勢必將鋌而走險，……乃宋自眞、仁以來，雖號稱太平，而潢池竊發，猶累歲不絕，……而國內之不能保其安寧秩序也，猶且若此，獨至熙寧、元豐二十年間，舉一切而更革之，而又以行保甲之

故，不禁民挾弓弩，苟政府之設施，而果大拂民情也，則一夫攘臂，萬眾響應，其於釀成大亂易易也，乃不特不聞有此而已，即萑苻之盜，亦減於舊，而舉國熙熙融融，若相忘帝力於何有，……」（頁138）此項辯解的前半段甚佳，但末句所說「舉國熙熙融融，若相忘帝力於何有」，則不符實情：試想新舊法黨人在此20年間的無情爭執，以及反對新法者所舉的民間窘狀，就可知梁此言不確。

　　梁認為反對新法的原因與心態很簡單，「私黨」與「意氣用事而已」。「吾讀泰西史而歎公黨之有造於國家，如彼其偉也；吾讀國史至宋、明兩朝，而歎私黨之貽毒於國家，如此其烈也。彼私黨者，其流品不必為小人也，……其目的不必以永祿位也，……其所爭者不必為政治問題也，……其黨徒不必為有意的結合也；……有一吠影者倡之於前，既有百吠聲者和之於後，一言以蔽之，曰意氣用事而已。意氣勝而國家之利害可以置諸不問，宋以是亡，而流毒至易代而未已，察此性質則當時新法所以被阻撓被破壞之故從可識矣！」（頁140）[2]這是沒有說服力的說法，元祐黨人及其支持者必然否認，甚至反譏梁的說法才是真的意氣用事。所謂的意氣用事，古今中外都是用來批評對手的說法，用以對照己方的作為是屬於和平理性。不知梁何以未明此小理？

4　意義有限的平反

　　整體而言，梁對荊公的財經作為，並沒有在具體問題上作深入分析，也沒有提出財經政策上的新洞見。相對地，由於梁的主要訴求是替荊公洗冤辯誣，所以立場鮮明偏頗，在格局上還是沒跳脫出「黨爭」式

2　梁引用呂誨在熙寧2年(1069)上書反對荊公的長文，來證明新法未行之前，就有人以激烈的文字反對，列說荊公的十大罪狀（「十事」），還說他是：「大姦似忠，大詐似信，……臣究安石之跡，固無遠略，惟務改作，立異於人，徒文言而飾非，將罔上而欺下，臣切憂之，誤天下蒼生，必斯人矣。」（頁141-2）

的論述。從財經分析的角度來看，梁在《王荊公》裡的貢獻有限，不論在深度上或廣度上，都遠比不上他在翌年（1909）寫的《管子傳》裡，對整套國家財經政策（如輕重術）的良好理解與視野寬廣的評述。

　　為什麼梁在1908年36歲時會投入那麼大的心力，去寫一本22章兩百多頁的《王荊公》呢？除了在首節初段所引述的原因外，我認為還有一項內心的原因。《年譜長編》說梁在1908年時，「是歲海外事業皆瀕危機中」，最基本的原因是他的保皇運動在海外推行不順，與孫中山的革命派在路線上與人事上都有激烈衝突。雙方在《新民叢報》與《民報》就社會主義問題、土地國有化問題，以及中國日後應採取的經濟路線，都有嚴重的爭執，所用的語言近乎是不共戴天式的對立。梁甚至以「不必行」、「不能行」、「不可行」來激評《民報》的主張，雙方言辭之慘烈，近乎黨爭式的手法。（參見本書第6章）

　　在1906-7年間與孫派人士激烈「黨爭」之後，梁基本上可說是勢單力薄地停戰了，《新民叢報》在1907年7月正式停刊（《年譜長編》頁224-9詳述此事經過）。我們因而可以理解，在這種鬱悶心情之下所寫的《王荊公》，難免會把自己的「黨爭」境遇，移情到王安石vs.司馬光、新法vs.舊黨的架構上傾瀉，而最能具體呈現這種政爭的題材，自然就是青苗法、市易法、募役法這幾項財經新政。若從這個角度來理解，我們就應該從政治的觀點來讀《王荊公》，而不必以財經分析的深度來苛責他。

　　換句話說，如果讀者認為梁對王安石財經政策的見解，是表層化的膚淺批評，並挾帶過多政治上的明顯立場，這是對的，因為這正是梁在1908年時的心情寫照。與孫派之間的「黨爭」感受，對梁而言並非首次。回想在戊戌政變期間，他和康有為、光緒皇帝之間的結盟關係，正猶如宋神宗、王安石、呂惠卿等人的新法結盟。梁所面對的慈禧太后與守舊派人士，在北宋的版本豈不就是神宗所面對的太皇太后曹氏（仁宗的皇后，元豐2年10月崩），和以司馬光為首的元祐黨人嗎？

　　雖然梁在「自序」內說他「自余初知學，即服膺王荊公，欲爲作傳
也有年」，但爲何要在1908年「事業皆瀕危機中」中寫《王荊公》呢？
或許另有一項刺激性的因素。根據東一夫(1980：17-8)的解說，日本的
憂國史學者吉田宇之助，在明治36年(1903)出版《王安石》(序文6頁、
正文304頁)，可說是近代第一部論王安石的專著。吉田寫此書的時機，
正是日本國內政黨鬥爭的激烈時期，對俄羅斯的政策搖擺不定(翌年
[1904]即發生日俄戰爭)。這個局勢和北宋王安石的處境類似，所以吉
田在那個時間寫《王安石》，對日本的政局而言確是有其可借鏡之處。
吉田在書中稱揚王安石是「政治家中的大政治家」，這和大正、昭和時
期漢學家的觀點並不相同。

　　更引起梁注意的，可能是吉田在序言裡引述愛國史學者德富蘇峰的
詩：「畢世心事在經綸，餘技詞章亦絕倫；時俗奚知濟世略，枉將安石
做文人。」德富是當時日本文壇的名人，筆鋒甚帶情感，有人說梁在
《新民叢報》的筆法與內容，甚多學自(或抄襲自)德富(參見第12章註
1)。吉田的書出版後，梁應該知道，尤其他一向注意德富的文章，所以
有可能知道吉田所引述的這句詩。吉田對王安石的推崇，以及日本在
1904年日俄戰爭上的勝利，想必更刺激了梁對這本書的關切。

　　所以梁在失意的1908年，才會「發憤取《臨川全集》再四究索」，
並參照蔡上翔的《王荊公年譜考略》，快筆寫出他心中構思已久的《王
荊公》。和吉田的《王安石》一樣，梁的這本書也是中國近代最早的一
本王安石傳。我沒有吉田的書可用來對照雙方的觀點與內容，但我對梁
的《王荊公》有3個觀感。(1)取材上大都是抄錄《臨川全集》和《王荊
公年譜考略》，而且有不少段落是長篇幅地全文轉抄。(2)依題材的內
容，佐以清末的辭語解說，甚至時常以不貼切的「銀行」、「金融體
系」、「社會主義」，來比附解說北宋新法的內容。(3)政治立場傾向
過度鮮明：對王安石與新法，幾乎是無批判地稱揚與辯解，而對司馬光
等元祐黨人，則持激烈的批判態度。用這種筆法所寫的傳記，說服力必

然不夠，幾乎可以說是以情緒性的宣洩爲主軸，而無分析的深度可言；就算王安石復生，也未必感激這種廉價的平反。

若把視野放寬拉高，與王安石相關的糾葛議題，會讓人聯想到記載西漢財政經濟問題大爭辯的名著《鹽鐵論》。那本書內所涉及的諸項問題，在本質上直到晚清、民初都未曾間斷過，幾乎可以誇張地說：《鹽鐵論》內所涉及到的專賣、平準、均輸、邊防、貪污、貧富、奢儉等諸問題，在漢民族的經濟史上是結構性和貫穿性的問題。西漢的桑弘羊、北宋的王安石、明代的張居正，豈不都面臨類似的處境？

從政治的角度來看，鹽鐵會議的目的是要打倒以桑弘羊爲首的政治勢力，切入點是在批判桑派人士的財經路線（以鹽鐵問題爲核心），對國家和社會產生了相當大的惡果。桑派人馬後來會被殺除，其實在這項會議籌備時他們就應先有心理準備。從經濟的角度來看，這場激烈的爭辯，在雙方肉搏式的對抗之後，所得到的具體結論卻很小：只廢除了「郡國榷沽、關內鐵官」。當初會議的主題是要廢除鹽鐵國營專賣，但最後所得到的結論，卻只是「賢良、文學不明縣官事，猥以鹽鐵爲不便。」（《鹽鐵論·41取下》）也就是說，只廢除了小額的酒稅和關內鐵官。鹽鐵會議主要的意義，反而是政治效果遠大於經濟效果。王安石的財經新法，從這個角度來看，豈不是有許多異曲同工之處？

第9章

古代幣材

　　爲什麼梁要寫〈中國古代幣材考〉（1910，《飲冰室文集》20：58-72）？他有一項獨特的論點：從演化的觀點來看，中國的幣材從上古的貝幣到皮幣、到珠玉、到銅銀，他認爲這是一系列歷史進化的過程；到了20世紀，中國「今日之必當用金以爲主幣」（20：58），才符合歷史的潮流。此外，他認爲貨幣有四大職務，要完成此四大職務的幣材需具備八德，「金則八德咸備」（20：71）。他心中眞正要說的話，是當今列強皆採金本位，而「顧頗聞廷臣之議，猶復有主銀而不主金者。此猶生秦漢以降，尙矜矜然欲貨貝而寶龜也，蔑有濟矣。」（20：72）

　　1910年時中國應採金本位或銀本位，是個可以爭辯的大議題，牽扯的主客觀條件甚雜，難以片言斷決。梁若從幣材進化的觀點，認定採金本位才合乎演化論的原則，那必然引喻失當。雖然主論難成，但純就知識的觀點而言，其中亦有趣論可述者。梁認爲中國古代幣材經過貝幣、龜幣、皮幣、粟與帛布、禽畜、器具、珠玉7項之後，才演進到用金屬作爲幣材，而且金屬終必能凌駕諸品獨占優勝。

　　說明了幣材的諸種考證之後，梁的要點是論證黃金爲最佳幣材：「貨幣有四種職務（一曰交易之媒介，二曰價值之尺度，三曰支應之標準，四曰價格之貯藏），惟最能完成此職務者，最適於爲幣材。欲完此職務奈何？是當具八德。一曰爲社會人人所貴而授受無拒者。二曰攜運便易者。三曰品質鞏固，無損傷毀滅之憂。四曰有適當之價格者。五曰容易割裂，且不緣割裂而損其價值者。六曰其各分子以同一之品質而

成。七曰其表面得施以模印標識者。八曰價格確實而變遷不劇者。……
金則八德咸備矣。銀亦幾於具體而微，而其所缺憾者，則以晚近數十年
來，全世界銀塊之出產太盛，而需要之增進不能與之相應，故其價漲落
無常。……今則惟金獨尊，而銀則夷而爲從與銅同位；原則所支配，大
勢所趨赴，雖有大力，莫之能抗也。……」(20：71-2)這段話所談的貨
幣四種職能與八德，皆中肯之論，但若據以主張金本位卻失之公平，因
爲中國若有足夠的黃金，何必主張用銀？若黃金不足，主金奈何？

　　梁在論7項幣材時，有些說法是眾所熟知，但也有些說法甚可辯
駁，或有待補論，現依梁文的節序逐一析述。

1　貝幣

　　梁對貝幣的解說有幾項要點。(1)古代濱海之國、地中海沿諸民族
用貝之跡歷歷可稽，今日印度洋、南太平洋諸島民尚多用貝者；「而用
之最盛者，則莫我中國古代若矣。」(20：58)這個論點的前半段無疑，
但若要宣稱中國古代是「用之最盛者」，則需要從古代遺址推測3件
事：(a)某個地區的可能貝幣總數量；(b)同一地區的可能人口數；(c)
據以推測平均每人可能使用的貝幣數。要有這3項指標，且能據以和其
他文明對比，才能證實梁的宣稱。

　　(2)他提出古代人民喜用貝的6項原因，因文長不擬具引，大意爲：
貝質堅緻，可經久不壞；文采斑斕，民所同嗜；質輕體小，適爲交易媒
介；不能以力製造，價格較穩定；比採礦範金爲事較易，用貝易於用
金。由於有這些優點，所以被公認爲媒介之良品，「故古代之貨幣，雖
命爲貝本位制焉可也。」(20：59)這是解說性的敘述，很精采，但不具
爭辯性。

　　(3)接下來，梁根據《說文》對「貝」字的解說：「周而有泉，至
秦廢貝行錢。」進而推論：「若此說確，則用金屬爲貨幣，實自周始。

前此實皆用貝，即周代亦不過貝錢並用，貝之不爲幣，實自秦而始然耳。」(20：59)這項敘述過於簡要，貨幣史學者有較詳細的解說：「貝和中國人發生關係很早。在新石器時代的初期，便已經有貝的使用，相當於傳說中的夏代。但夏代使用貝，並不是說夏代就有了貨幣。自貝的使用到它變成貨幣，應當有一個相當長的時間上的距離。因爲貨幣的產生要以商品生產爲前提，而且一種物品必須具備各種社會條件，至少要有用途，才能成爲貨幣。……貝幣在中國的演進，大概經過兩個階段：先是專用作裝飾品，這應當是殷商以前的事；其次是用作貨幣，這大概是殷代到西周間的事。但在它取得貨幣地位之後，仍可被用作裝飾品，正同後代的金銀一樣。貝殼本身有天然的單位，這在鎔解術不發達的古代，正是它作爲貨幣的一種優越條件。到了春秋戰國時期，貝幣應當已不再流通，尤其是眞貝，在市面應已絕跡，因爲那時已有其它各種鑄幣了。奇怪的是：在這一時期的墓葬中，還有眞貝出現。這不一定意味著當地還有貝幣流通，雖然也不能完全否定這種可能性，因爲秦始皇才正式廢貝。但更可能的是：人們由於傳統觀念，還把它當作貴重品，特別是當作裝飾品，用來伴葬。」(彭信威1965：12, 14, 28)

(4)從《說文》內列舉與貝字相關的47個字(另有未錄者約20字)，推論說「我國凡生計學上所用之字，無論爲名詞、爲動詞、爲形容詞，十有九皆從貝，……則貝爲古代最通行之貨幣，且行之最久，其事甚明。」(20：59-61)這一點大致上可以接受，但梁接著說：「後世貨幣，皆以金屬鑄爲圓形，名曰圓法，亦取象於貝也。」[1](20：61)貝非圓形，何以圓錢會「取象於貝」呢？彭信威(1965：52-5)另有解說：「環錢在戰國時期的幣制中是……個重要的體系，它是一種承上啓下的貨幣形態。……特點是它的圓形，中間有一圓孔。……大抵初期環錢的

1　「圜」通「圓」(聲亦同)。《墨子・經上》：「圜，一中同長也。」《集韻》：「圜，或作圓。」

孔小，後期環錢孔大。一般錢幣學家把環錢叫作圜金或圜錢，這是不大
恰當的。……實際上這些錢幣學家正是以爲太公所作的所謂圜法是指環
錢，這是錯上加錯。……班固所說的圜法，顯然是指一種貨幣制度，他
明明說：這種圜法包含三種要素，即黃金、銅錢和布帛。而錢幣學家們
卻把圜法兩個字理解爲環錢。總之，圜字容易引起誤解，不如環錢這名
稱包含有內外皆圓的意思。……關於環錢的時代，還是一個沒有解決的
問題。……最早的環錢是垣字錢和共字錢，垣和共應當都是地名，所以
它們的上限不可能早於紀地的空首布，下限是戰國末年。大概鑄於公元
前第四世紀到第三世紀。」從這些說明看來，梁所理解的「圜法，亦取
象於貝也」，還有待證實[2]。

2 龜幣

梁以1頁的篇幅(20:64)解說龜幣，其中有多項敘述或是過於簡化或
是有誤，以下逐項引述辯駁。

(1)「《說文》云：『古者貨貝而寶龜。』《禮》云：『諸侯以龜
爲寶。』《史記・平準書》云：『人用莫如龜。』《漢書・食貨志》云
『貨謂布帛及金刀龜貝』。是古代以龜爲幣(以其介爲幣也)，歷歷甚
明。據杜氏《通典》，言神農時已用之。其信否雖不可考，然《漢書・
食貨志》言：秦并天下，凡龜貝皆不爲幣，然則秦以前皆用爲幣甚明。
《易》曰：或錫之十朋之龜，然則殆與貝子母相權。十朋云者，謂所錫
之龜，價值十朋，即二十貝也。」這段話需要拆開來逐一析述。

(a)梁所徵引的《周易》文句有誤。他寫：「《易》曰：『或錫之

2　關於環錢與貝殼的關係，由許進雄《中國古代社會》頁492右上角的圖，可
以得到一些啓發。在比較後的時期，所用的海貝往往磨去背部，成扁平形
狀，其外邊就成了環形，祇是不太圓而已。後來的環錢可能仿此製造。彭信
威(1965)《中國貨幣史》頁53-4對環錢有很好的解說與辯證。

十朋之龜。』然則殆與貝子母相權；十朋云者，謂所錫之龜，價值十朋，即二十貝也。」按，《周易・損六五》以及《周易・益六二》爻辭：「或益之十朋之龜，弗克違。」而整部《周易》內並無「或錫之十朋之龜」的句子，梁將它與《詩・小雅・菁菁者莪》中的「錫我百朋」搞混了。此處「益」作「增益」解。《周易・訟・上九》爻辭另有：「或錫之鞶帶，終朝三褫之。」此為《周易》中僅有的「或錫之……」句子，「錫」字在此處作「賞賜」解。其次，梁對「朋」字的解釋亦未詳考。據王國維《觀堂集林・卷三・說珏朋》謂：「古者五貝一系，二系一朋，後失其傳，遂誤謂五貝一朋耳。」故「十朋」值百貝。「十朋之龜」表示龜的價值[3]。梁解釋「十朋之龜」，竟謂龜與貝「子母相權」，亦匪夷所思。龜之價值視取得難易而定，並無一定標準，更無「相權」之聯繫。

　　(b)《說文》和《禮記》都以龜為寶，龜甲是用來占卜的，既為寶，怎麼會「淪落」成交易性的貨幣呢？梁引《史記・平準書》說「人用莫如龜」，似乎隱含人所用的幣材是以龜為最上等。查《漢書・食貨志》全文是：「又造銀錫白金。以為天用莫如龍，地用莫如馬，人用莫如龜，故白金三品：其一曰重八兩，圜之，其文龍，……直三千；……三曰復小，橢之，其文龜，直三百。……」《索隱》引用《禮記》「諸侯以龜為寶」的說法，來注解這句話，所以從這整句話的意思來看，並

3　古時占卜用的「神龜」必須夠老夠大，不可能來自飼養，通常是漁者從(長)江水中網得。《尚書・禹貢》載：「九江納錫大龜。」《莊子・外物》載：「……(宋)元君覺，使人占之。曰：『此神龜也。』……(漁者)余且朝，君曰：『漁何得？』對曰：『且之網，得白龜焉，其圜五尺。』……龜至，……心疑，卜之曰：『殺龜以卜，吉！』乃刳龜，七十二鑽，而無遺筴。」諸侯貢龜常購自漁者，因產量稀少故價昂。由周代金文銘辭判斷，西周初期(估計為《周易》卦爻辭成形之時)，十朋為非常高的價值；《詩經・小雅》結集的時期(西周後期至春秋初期)貝的價值已貶，當時的「百朋」已大致相當於西周初期的十朋。〈菁菁者莪〉中的「既見君子，錫我百朋」，其實也是誇張的描述，旨在形容享宴中賓主之融洽，友情之可貴而已。

沒有把龜甲當作幣材的意思，而是屬於「天、地、人」中的第3位階：白金依龍、馬、龜分為三品。「人用莫如龜」是在解釋白金幣上鑄龜形紋飾之象徵意義（「其文龜」的「文」即「紋」，與「復小，橢之，」同為對外形的描述）。如淳對「又造銀錫白金」的注解，是「雜金銀錫為白金」，可見那是一種特殊成份的合金，加銀與錫使合金呈白色光澤。「白金」之光澤受各種成份含量多寡的影響，若不知成份，短期內不易模仿得唯妙唯肖，可以阻卻仿造。

（c）接著梁引《漢書‧食貨志》說：「貨謂布帛及金刀龜。」用以說明「是古代以龜為幣（以其介為幣也），歷歷甚明。」〈食貨志〉首段的原文是：「貨謂布帛可衣，及金刀龜貝，所以分財布利通有無者也。」顏師古對此句的注解是：「金謂五色之金也。……刀謂錢幣也。龜以卜占，貝以表飾，故皆為寶貨也。」可見歷來皆以龜為寶，而梁卻誤以為錢幣，其實毫無「歷歷甚明」的證據。

（d）接著他說「秦并天下，凡龜貝皆不為幣，然則秦以前皆用為幣甚明。」查〈食貨志〉原文是：「秦兼天下，幣為二等，……而珠龜貝銀錫之屬為器飾寶藏，不為幣，然各隨時而輕重無常。」據此，龜貝在秦皆不為幣，這是對的，但從此句並無法推論「然則秦以前皆用（龜）為幣甚明」。

（2）接著梁提出3點理由，說明何以「龜之所以適於為幣材者。（一）以其質經久不壞，（二）以其得之甚難，（三）以其可以割裂也。以其得之較貝為難，故可高其值，以與貝相權。然亦以此故，其用不能如貝之廣。其可以割裂，雖便於貝，然經割裂，則其價必損，又不如貝之有常值也。」若真的有龜幣，則第一、二點都可接受，第三點則顯得自我矛盾：若以可割裂為其優點，但又說「經割裂，則其價必損」，那麼這是優點或缺點呢？

（3）然而最牽強的證據，是他附了兩個古龜幣的拓本圖片，說明這是「光緒二十五年，河南湯陰縣屬之古牖里城，有龜板數千枚出土，皆

槧有象形文字。爲福山王氏懿榮所得，推定爲殷代文字，而莫審其所
用。余以爲此殆古代之龜幣也(參觀拓本)。」(20：64)以現代的常識來
看這兩張拓本，直覺地會認爲這是甲骨文而非貨幣，理由是：(1)兩片
的形狀都相當不規則；(2)每片都有8個(或更多)字，且字字不同。哪有
一種貨幣需要寫這麼多字，且個個都有不同的意思？(3)甲骨文專家對
這兩個拓片的文字應已能解讀，我們外行人也可看出一個「貞」字和
「臣」字。梁所提供的拓片圖，應是龜板甲骨文的殘片，而他指鹿爲馬
硬說是龜幣。

　　司馬遷在《史記‧平準書》末段說：「農工商交易之路通，而龜貝
金錢刀布之幣興焉。」他把龜當作貨幣的一種，恐不確，或許梁就是因
此被誤導而作出上述的論述[4]。

3　皮幣

　　梁對皮幣的見解是：「故皮幣之用於民間者，不甚可考見。言幣制
者，亦罕道焉。(《漢書‧食貨志》、《通典》記古代錢幣皆不及)然尚
行之於聘享餽贈，其用亦等於貨幣。」(20：65)我們來看貨幣史專家的
看法：「近代中外一些學者，由於誤解『皮、幣』二字的意義，……說
中國古代曾使用過用獸皮製造的貨幣，或以獸皮爲貨幣，甚至有人說得
更具體，說是以牛皮爲貨幣，這是不確的。在先秦文獻中，『皮、幣』
二字雖然不止一次出現在一起，但所指是皮和幣兩種不同的東西，皮是

4　梁誤解此爲「龜幣」，可能是誤信了《周官》的「旣事，則繫幣以比其
　　命」，且望文生義。其實此處之「幣」根本不作「貨幣」解。《周官‧春
　　官‧占人》(梁誤爲「龜人」)所繫之「幣」爲禮神之幣(帛)。《鄭注》：
　　「繫其禮神之幣而合藏焉。」對此事已經講得很清楚。至於「比其命」之
　　「命」，應指命龜之辭，梁自作聰明另生別解。然而《周官》爲戰國末年之
　　書，作者不知道殷時命龜之辭是刻在兆旁，而僅根據戰國時卜龜的禮節敘
　　寫，因而又讓梁將這個「幣」字誤解爲「龜幣」。

獸皮或皮毛，不一定是牛皮；幣是幣帛，不是貨幣。皮、幣兩種物品在當時也只是作為支付工具，不是作為正式的貨幣。」（彭信威1965：7與頁11的註29, 30）

《史記・平準書》和《漢書・食貨志》都記載，漢武帝時以「白鹿皮方尺，緣以繢，為皮幣，直四十萬。王侯宗室朝覲聘享，必以皮幣薦璧，然後得行。」這種白鹿皮幣只在特定場合（朝廷）做特殊用途，並非民間通行的貨幣。漢武帝時的「王侯朝賀以璧，直數千」，若璧只值數千，而鹿皮竟值四十萬，那應是在象徵高貴與特殊，非貨幣也。〈武帝紀〉載：元狩「四年冬，……縣官衣食振業，用度不足，請收銀錫造白金及皮幣以足用。初算緡錢。」應劭對此句的注釋是：「時國用不足，以白鹿皮為幣，朝覲以薦璧。」[5]也就是說：你若想上朝廷見皇帝，先決條件是要買鹿皮幣，價格四十萬。這種皮幣的本質是為了彌補國用不足，是向富人或高官敲榨勒索的手法。蕭清（1984：105）說皮幣「是一種完全新的貨幣制度」，恐不確。

4 布帛幣

「中國以布帛為幣材，其歷史最長，唐虞以前，殆已有之。三代及春秋戰國間，其用蓋極盛，故錢謂之布，亦謂之幣。布者布也，幣者帛也。貨幣二字，今成為交易媒介物之專名。貨之材則貝，幣之材則兼布帛而言也。然則貝與布帛，殆可稱古代幣材之二大系統矣。」（20：66-7）我們再以彭信威（1965：6-7）的說法來對比：「幣、帛在春秋時期是重要的支付工具，尤其是在統治階級之間。周末用幣、帛的時候很多，天子以幣、帛待賓客，侯以幣、帛獻天子。……私人間的餽贈以及國與

5　薦璧的「薦」字應訓「陳」，見《廣雅・釋詁》。漢武帝規定要用白鹿皮「薦璧」，這和《儀禮・覲禮》內「四享，皆束帛加璧，庭實唯國所有」的「束帛加璧」類似，僅是加璧於鹿皮之上。

國間的往來，也多以幣、帛爲工具，所謂『主人酬賓，束帛、儷皮』，所謂『事之以皮、幣』，都是這個意思。就是庶人嫁娶，也要用幣、帛。這恰好證明當時鑄幣還不大通行。」

傳統上「幣」有數義：(1)「絲織物繒帛之類的總名」(《說文》：幣，帛也)。(2)「古代用以祭祀的的繒帛」(《周官・天官太宰》：「及祀之日，贊玉、幣、爵之事。」〈注〉：「玉、幣所以禮神。」)。(3)「用以聘享的禮物。車馬玉帛等的總稱。也指婚喪時朋友相饋贈的禮物。」(《孟子・梁惠王下》：「事之以皮、幣」；《左傳》中有多處提及此義[6])彭信威(1965：7)也說：「關於幣字，在戰國時期，前面已說過，是指皮、帛，根本不作貨幣解。」曾與梁在清華國

6　《孟子・梁惠王下》所記孟子的話：「昔者大王居邠，狄人侵之。事之以皮、幣，不得免焉！事之以犬、馬，不得免焉！事之以珠、玉，不得免焉！……」中的「皮、幣」，顯然應作「獻贈品」解，這由「事之」的動詞就可以了解。先秦時期，這種以「幣」作「貢獻」的用法很普遍，以下是《左傳》中可以見到的例子：
《左傳・襄公二十四年》：「范宣子爲政，諸侯之幣重，鄭人病之。……」
《左傳・襄公三十一年》：「子產相鄭伯以如晉。……子產使盡壞其館之垣，而納車馬焉！……對曰：『……逢執事之不閒，而未得見；又不獲聞命，未知見時。不敢輸幣，亦不敢暴露。其輸之，則君之府實也；非薦陳之，不敢輸也！其暴露之，則恐燥溼之不時，而朽蠹，以重敝邑之罪。……是無所藏幣，以重罪也。……若獲薦幣，修垣而行，君之惠也。……』」顯示進貢的幣帛，要用很多馬車來搬運。在這段文字內，「薦」字的意義很顯然。
《左傳・昭公十年》：「晉平公卒。……鄭子皮將以幣行，子產曰：『喪焉用幣？用幣必百兩，百兩必千人，千人至，將不行；不行，必盡用之！……』」顯示動員人馬之可觀。
《左傳・昭公二十六年》：「……楚人以皇頡歸，……楚人囚之，以獻於秦……，秦人不予，更幣，從子產，而後獲之。」
《左傳・昭公二十八年》：「寡君是故使吉奉其皮、幣，以歲之不易，聘於下執事……」
這些例子已足夠顯示「幣」字的用法。上面引述的文句都與鄭國有關，其實也顯示了小國事大國的通例。祇是《左傳》對鄭國子產與子大叔應付這種無厭誅求的手法，記載得特別詳盡。

學院同事的王國維，寫過一篇70多頁的長文〈釋幣〉（《海寧王靜安先生遺書（八）》，上海古籍出版社，1983），對幣帛的起源、意義與用途，從古代至元朝的演變，作了詳細的考證與圖表解說，至今仍有相當的參考價值。這篇考證基本上支持彭信威的說法：在戰國時期幣字根本不作貨幣解。

如果「幣」是指布帛，根本不作貨幣解，那麼梁就不能說：「由此觀之，則周代八百年間，幣制殆可稱為布帛本位時代。其他物雖亦兼為幣材，而為用總不如布帛之廣，此實中國古代史一特色也。各國古代所用金屬以外之幣材，雖有多種，惟未聞有用布帛者，則以蠶業為中國專有之文明故也。」（20：68）

5 禽畜幣

「皮帛既為貨幣，則羔雁等亦為一種之貨幣無疑。聘禮言幣或用皮或用馬，士昏禮言納徵用束帛儷皮，而納采納吉請期皆用雁，是皆古人以禽畜為幣材之證。孟子言：事之以皮幣，事之以犬馬，事之以珠玉。皮幣、珠玉既皆古代貨幣，則犬馬亦為古代一種之貨幣明矣！漢武帝鑄幣鐫馬形於其上，亦猶希臘古幣鐫牝牛形，皆沿古者用畜習，而以金屬代表之也。」（20：69）[7]

然而，根據楊寬《西周史》第6篇第9章〈「贄見禮」新探〉的解說，梁把禽畜視為「貨幣」恐怕不確。《周禮‧大宗伯》的記載是：「以玉作六瑞，以等邦國：王執鎮圭，公執桓圭，……。以禽作六摯，以等諸臣：孤執皮帛，卿執羔、大夫執雁，士執雉，庶人執鶩，工商執

7　也可以這樣反問梁：「漢武帝亦鐫龍形於其所鑄之幣上，難道表示龍亦為古代之一種貨幣嗎？」事實上，漢武帝離古代原始社會已經很遠了，原始的習俗與圖騰的遺留，會對漢武帝產生怎樣的影響，不是一兩句話就可以推斷，梁似乎將整個問題過分簡單化了。

雞。」為什麼要拿玉、帛、禽這類的東西作為「贄見禮」的儀品呢？「應該起源於氏族社會末期的交際禮節。……就是起源於原始人手執石利器的習慣，和互相贈送獲得禽獸的風俗。」（1999：758, 768）

6　器具幣

「故古代錢謂之刀，而齊太公所鑄法貨，作刀形而小之。後儒不察本末，乃謂刀之名取義於利民，失之遠矣。民習於以刀為幣，故雖鑄新幣，而猶作刀形，凡以代表刀而已。其意若曰：此幣一枚，即與刀一柄同值也。……古者以農具之錢，為一種交易媒介之要具，後此鑄幣，仍象其形而襲其名曰錢。……錢為本字，周代或稱曰泉者，乃同音假借字，後儒妄以如泉之流釋之，實嚮壁虛造也。……」（20：69-70）這段話包括兩項可以進一步查證與解說的論點：

(I) 錢真的是「本字」嗎？後儒以「泉之流」釋之，真的是嚮壁虛造嗎？先看先秦對「錢」的解釋。根據王毓銓（1990：29）的說法，古錢中確有「鏟幣」的稱號，鏟形的農具被用來當作貨幣的形狀是可能的，「錢」字的來源應該就是「鏟」（可用來鏟地除草，是有用的農具）。梁說「周代或稱曰泉者」，其實說「周代」未免太泛。先秦「泉」與「錢」拉上關係的地方，主要只有《管子・輕重丁》與《周官》兩處，而且在此二書中的用法也大有差異[8]。

8　泉在《周官》和《管子》內的用法有下列特點。「泉」字在整部《周官》中只出現4次，都與「府」字相聯，作「泉府」，「府」是源自「府庫」。但考察一下「泉府」的職掌，幾乎比現在的財政部加中央銀行還龐大。它的地位是財貨的始點與終點，大有「泉源地府」的味道。《周官》屢用「罰布」、「廛布」、「征布」等名詞性的「布」字來代表錢的觀念，卻沒用過「錢」字來代表貨幣（事實上，整部《周官》沒有一個「錢」字，有人說：「《周官》無錢偏理財。」）可見「泉府」的「泉」字，並非「錢」的借用字，與貨幣無關。

另一方面，《管子》中的「泉」字，卻從未與「府」連用。以「泉」字來表

在以農具為幣形的貨幣中，布錢是古代主要的金屬貨幣之一，依據彭信威(1965：31)的說法：「布幣是由農具鏟演變出來的，可能是鎛字的同聲假借字，……。」布幣有各種形狀，發展的時期不一，這在王毓銓(1990)的第3、4章內有詳細分述。從上面引述的資料，可以看出的變化是：錢＝鏟=>鎛=>布(參見許進雄1995：492的圖片)。在這個理解下，梁說「錢為本字」是正確的。高婉瑜(2002)對布幣的起源有很好的釐清。她認為錢、鎛都是除草器，錢是鏟的別名，鎛是耨的異稱(小鋤為鎛)。布幣有兩支起源：一支是由耒發展而來的尖足布，另一支是取象於鏟的弧足布；兩支並行於世，各自演變，又交互影響，再演變出不同的布幣。

真正以「泉」作為貨幣單位的，是王莽的「泉貨六品」(彭信威1965：118)。秦漢以後雖然錢泉兩字混用，但以泉字用得較多且廣，例如宋朝洪遵(1120-74)著《泉志》，清朝李佐賢著《古泉匯》，1940-5年間在上海有個專業刊物《泉幣》(王毓銓1990：4-8)。

(續)

　　示貨幣的地方，也僅在〈輕重丁〉一篇。《管子》中的「泉」字一共出現62次，其中的〈地員〉篇就佔了36次。〈地數〉、〈山至數〉、〈輕重乙〉、〈輕重丁〉皆屬於〈輕重〉的篇章，而獨有〈輕重丁〉篇顯得很特別：篇中用「泉」字達11次，其中10次皆作貨幣解，其它篇中則無一例作貨幣解。然而此篇亦有「則鎺二錢也」一處用「錢」字，若與以上的10次相比，似乎可用「抄寫筆誤」來解釋。此篇的作者與《管子》其它諸篇不同，然而亦不能因而就判斷此篇是偽造的。目前可知結論是：《管子》中的「泉」字，與《周官》中的「泉府」無關。
　　「輕重丁」篇慣用「泉」字作「錢」解，亦可能透露出此篇作者的籍貫。「泉」的名稱，有可能是「五行相次轉用事」學說的產物，此篇作者可能是來自燕國的稷下弟子。當時燕昭王意圖自稱「北帝」，建議秦稱「西帝」、趙稱「中帝」，事見《戰國策‧燕策一》。鄒衍《主運》所倡導的「五行相次轉用事，隨方面為服也。」(見《史記集解‧封禪書》引如淳的話)，其中所對應的「五行的相生系統」大行其道，而以朝代更替興廢為主的「五德終始」，在當時尚未成氣候。《史記》記載鄒衍曾應昭王之聘赴燕，那時他很可能替燕昭王設計了一套以「水德」為主的「北帝」政制：其中包括在燕國境內用「泉」代「錢」，以應北方的「水德」，取代西方之「金德」。這當然祇是個大膽的猜想。

　　梁說「錢爲本字，周代或稱曰泉者，乃同音假借字。」其實說「假借」是有語病的。據《說文》，「假借」是「本無其字，依聲托事。」「泉」與「錢」本有其字，謂其爲「假借」，非許愼本意，較正式的用法應是「通假」。

　　(II)爲何古幣要作刀形？眞的是「此幣一枚，即與刀一柄同值也」嗎？彭信威(1965：4)說：「刀幣也和殷墟出土的刀一樣。」可見刀、布這類貨幣的形狀，都是倣生活用品來造形的，可議之處不多。較可疑的是「刀幣與刀一柄同值」的說法，梁有何根據作此說呢？或許當初的設定是兩者同值，但梁何以能確知？假若不能的話，我們現在知道的刀貨約有15種，分佈的地理範圍很廣，重量從41.2克到50克都有(詳見王毓銓1990第五章、彭信威1965：42-51)。再說，刀子也有各式各樣，長短輕重價格各異，沒有「此幣一枚，即與刀一柄同值」的道理[9]。

7　珠玉

　　梁說：「《管子》稱古者以珠玉爲上幣，《漢書‧食貨志》言：秦并天下，始不以珠玉爲幣，則珠玉之充幣材久矣。」查《漢書‧食貨志》的原文是：「秦兼天下，幣爲二等：黃金以溢爲名，上幣；銅錢質如周錢，文曰半兩，重如其文。而珠玉龜貝銀錫之屬爲器飾寶臧，不爲幣，然各隨時而輕重無常。」從此文看來，並沒有梁所說「珠玉之充幣材久矣」的意思。

　　其實梁也知道珠玉並非理想幣材：「然其爲物，所值太奢而毀壞極易。一有破損，價值全失，實幣材中之最不適者也。故雖在前代已不普

9　戰國的刀幣大概是在鐵刀流行、銅刀漸無實用價值以後，才成爲貨幣。以前即使用於交易，亦是用於以貨易貨。此外，那時也不可能讓一枚小刀幣與一把大銅刀等值，否則格里森原則效應(劣幣驅逐良幣)亦會顯現，民眾會爭著將銅刀改鑄爲刀幣。

行，群治稍進，遂受淘汰。遺跡所存，無甚可考，大率以供藏襲之資，備享餽之用耳。朝覲會盟聘饗必以圭璧爲禮，蓋猶是玉幣之遺意。」(20：71)

彭信威(1965：19-20)對此點有很好的解說：「至於玉，乃是一種美石，質硬難雕，在古代爲貴族階級所珍視，可是沒有天然的單位。如果隨其大小美醜來決定它的交換價值，那就仍然是一種實物交換，不是貨幣流通。歷來也不見有大量的玉片出土。所以在錫圭、錫璧的時候，是作爲貴重品，不是作爲貨幣。後來玉發展成爲貴族階級的瑞品或禮器，作佩帶用，有一定的形式；而且其形式和花紋往往表示佩用人的爵位或身份。就是在貴族階級內部，也不能隨便使用。至於一般人民，自然不能攜帶。當時有所謂『匹夫無罪，懷璧其罪』的話。有這樣的嚴格限制，怎能作流通工具呢？」

8 結語

梁這篇〈幣材考〉內有兩條主軸，一條主論清末(1910)的幣制要迎頭趕上列強，改採金本位制。他以古代中國的7種幣材，論證「金屬之用，實最後起，然遂能凌駕諸品獨佔優勝者何也？」依他的推論，金幣是這條進化線的頂端，因它具有「八德」，且能完成貨幣的「四種職務」。他以此項「進化」論，批評當時主張中國採銀本位者，「尚矜矜然欲貨貝而寶龜也」。

然而，這個問題基本上是「非不爲也，不能也」。以晚清的國力，在鴉片戰爭之後有一連串的敗象，以及鉅額的甲午和庚子賠款，對不產金且國庫枯竭的中國，若硬要趕上時代潮流，暫且不說國庫的能力，單是要把各地成色不一的銀兩和銅元整理畫一，改發行具有信用基礎，且能爲各省接受的新幣制，這項龐大的工程就不知要耗掉多少人力與財力。

　　清末政局動盪，各省的自主性強，對中央的貨幣政策服從度不一，所以這也不是說改就能改的事。再說，若1910年時清廷依了梁的主張改採金本位，到了1931年英法諸國逐漸脫離金本位制時，中國是否也要跟著脫離？到時又要改成哪種本位制呢？金的「八德」又何去何從呢？要改革中國幣制，先要考慮她的特殊老虛體質，若強要與世界同步，吃虧在眼前。

　　此文的第2條主軸，是析述中國幣材在進入金屬幣(銅、鐵、銀、金)之前的7項幣材。依本章的分析，從第1項的貝殼到第7項的珠玉，其實都不能算是幣「材」，因為它們都不是、也不曾是「貨幣的材料」，而是貨幣本身(交易的媒介)。暫且不計較「幣材」這個字眼的用法妥當性，在這7項當中，能發揮貨幣性交易功能的只有貝和器具型的錢幣兩項。依本章的論證，龜「幣」並未存在過；帛布「幣」的幣字，原意是指布、帛，根本不作貨幣解；皮幣也無貨幣的功能；禽畜則完全不是貨幣；珠玉從古至今都一樣，以「寶物」的意義為主，絲毫沒有交易性的貨幣功能。

　　1910年時梁對中國改採金本位極為熱中，寫了好幾篇相關的長文力挺此制，並對張之洞等反金制者極力抨擊；在博引諸國眾證的同時，也不忘從中國歷史找例證支持。但這種獨特的幣材進化論，在「內證」上有明顯的邏輯失誤，在「史實」上也有嚴重的疏漏與錯誤，在「外證」上(中國應否隨列強改採金本位)，更有硬上弓的霸氣。

第10章

先秦田制

　　梁氏對先秦田制的意見，主要集中在《先秦政治思想史》，但分散數處：（1）「前論」第八章「經濟狀況之部分的推想」（頁50-4）；（2）隨後的「附錄四：春秋『初稅畝』（誤植爲「作」稅畝）、『用田賦』釋義」（頁55）；（3）「本論」第六章「儒家思想（其四：孟子）」（頁89-90）；（4）第21章「鄉治問題」（頁174-7）。梁並未以田制爲主題作系統地探討，而是在提到相關問題時附言幾段或幾句。

　　在這種結構下，我們不容易掌握他對先秦田制的完整看法（他當時並無此意圖），因而也不易對他的說法提出系統性的評論。這是個龐雜的大論題，在此只能在較小的幅度與較低的深度上，就梁在《先秦》內的一些片斷論點，摘引整理出幾個議題，就我們所知道的不同見解，提出對應性的解說與評論。

　　1918-9年間，《建設雜誌》曾經對「井田制度有無」這個議題，刊登過一系列的辯論文章，主要的參與者有胡適、胡漢民、廖仲凱、朱執信、季融五、呂思勉等人。這些文章在1965年由臺北的中國文獻出版社匯印成書《井田制度有無之研究》（147頁，本書原由上海華通書局出版），對井田有無的各種看法，以及與先秦田制相關的論題已大致有具體的呈現。梁在1922年編寫講論《先秦》時，不知是否已聽聞胡適等人的爭辯，然而從《先秦》內相關的論點看來，感覺不出梁對那項辯論有所反應。

　　民國以來，對先秦田制與井田說爭辯的文章很多，有些是單篇專

論，有些是在土地制度史內附帶論述，有些像梁一樣在論先秦史時帶上一筆。我們認爲其中最有力的辯解，是錢穆(1932)論述《周官》的著作年代時，在第3節「關於田制」的詳細深入解說；以及齊思和在〈孟子井田說辨〉(1948)中，將孟子論三代田制的一段文字，與回答畢戰的一段文字作出區分，認爲後者是專替滕國設計的方案，這幫助我們澄清不少混淆的觀念。

從民國初年胡適與胡漢民等人辯論「井田有無」以來，這場大爭辯至今仍未止息，學術期刊上還不時出現各式各樣辯解井田的文章。以專書形式探討井田制的研究，在1970-80年代就有陳瑞庚(1974)《井田問題重探》、金景芳(1982)《論井田制度》、徐喜辰(1982)《井田制研究》、吳慧(1985)《井田制考索》。這些專著以及無計其數的單篇論文，各自從獨特的角度出發，論證井田問題的各個面向，可說是眾說紛紜，至今尚無能相互信服的定論。日本學界對井田制的研究，請參考佐竹靖彥(1999a)〈日本學界井田制研究狀況〉，和佐竹靖彥(1999b)〈從農道體系看井田制〉。佐竹的基本見解是：「筆者明確地認爲井田制確實存在。」(1999a：240)

在這些龐雜的文獻中，以「孟子井地」爲主題的論文並不多見，在此僅舉兩例。木村正雄(1967)〈孟子の井地說：その歷史的意義〉是較早的一篇，他認爲「井地說」是孟子獨創新倡的(頁167)。方清河(1978)的碩士論文〈孟子的井地說〉，基本論點和本章的看法相近：孟子的原意是井地「方案」而非井田制，井田制是後儒誤會、附會、強加註釋而仍無法求自圓其說的「人工產品」。可惜這篇論文沒有整理發表在期刊上。雖然本章和方先生的基本路線契合，但在論證方式與佐證資料上仍有相當差異，各自有側重的面向。若舉一例以說明差別，則本章第5節的附論〈從井字的根源看井田說〉，是歷年來否證井田說較獨特的方式。

本章從一個較特定的觀點來探討這個問題：井田說源自《孟子》，

而孟子當初替滕國所規畫的是「井地方案」（即「井字田」），目的是在「正經界」，這與後儒所談論的、理想化的井田制無涉。把「井地」和「井田」混爲一談，是日後爭訟井田有無的肇端。整體而言，井田有無的辯論，是自樹稻草人的虛擬型「空戰」，正如胡適在《井田制度有無之研究》（頁30）所說的：「『日讀誤書』是一可憐。『日讀僞書』是更可憐。『日日研究僞的假設』是最可憐。」1950年代之後，有許多學者從馬列史觀的角度，探討先秦田制與井田說；從較寬廣的角度來看，本章的論點也可以視爲我們對這兩個主題，以及對各種不同詮釋的回應。

　　現在來看梁的切入點。他說：「吾儕所最欲知者，古代田制（或關於應用土地之習慣）變遷之跡何如。」他引用《孟子·滕文公上》的說法：「夏后氏五十而貢，殷人七十而助，周人百畝而徹。」並「認孟子之說爲比較的可信」，原因有3：「(1)農耕既興以後，農民對於土地所下之勞力，恆希望其繼續報酬，故不能如獵牧時代土地之純屬公用，必須劃出某處面積屬於某人或某家之使用權。(2)當時地廣人稀，有能耕之人，則必有可耕之田。故每人或每家有專用之田五七十畝乃至百畝，其事爲可能。(3)古代部落，各因其俗宜以自然發展，制度斷不能劃一。夏殷周三國，各千年世長其土，自應有其各異之田制。」（頁51）

　　他所說的3項理由，是印象式的一般論點，不具爭辯性；在此要和他互論的是，他在頁51-2對3種田制（夏之貢、殷之助、周之徹）內容的解說。其次，他在頁55對「初稅畝」和「用田賦」各寫了一段釋義，內容值得作較深入的評述。再次，他在頁89說「孟子於是提出其生平最得意之土地公有的主張，即井田制度」，但梁對孟子的井田（其實應該是「井地」）主張認識並不夠深刻，值得補述與辯正。

　　以下分5節來評議上述的子題：(1)貢，(2)助（附論:助與藉），(3)徹，(4)初稅畝與用田賦，(5)孟子的井地方案（附論：從井字的根源看井田說），此節是全文的核心重點。第6節綜述本章的5項主要論點，並用以對比學界對這些論點的認識。

1 貢

先引述梁對「貢」的解說全文：「貢者，人民使用此土地，而將土地所產之利益，輸納其一部分於公家也。據孟子所說，則其特色在『校數歲之中以爲常』而立一定額焉。據《禹貢》所記，則其所納農產品之種類，亦因地而殊。所謂『百里賦納總，二百里納銍，三百里納秸服，四百里粟，五百里米』是也。《禹貢》又將『田』與『賦』各分爲九等，而規定其稅率高下。孟子所謂『貢制』，殆兼指此。但此種課稅法，似須土地所有權確立以後始能發生，是否爲夏禹時代所曾行，吾不敢言。所敢言者，孟子以前，必已有某時代某國家曾用此制耳。」（頁52）

梁對「貢」的解說太濃縮，讀者不易充分理解。其實「貢」的賦稅方法，龍子已經講得清楚（龍子曰：「治地莫善於助，莫不善於貢。貢者，校數歲之中以爲常。樂歲粒米狼戾，多取之而不爲虐，則寡取之；凶年糞其田而不足，則必取盈焉。」〈滕文公上〉）孟子沒有解釋「貢」，可能因爲這對當時的人而言是明顯的事。現在一般的了解，以爲「貢」是由下呈上，其實由上賜下也可以稱爲「貢」。

《爾雅‧釋詁》說：「賚、貢、錫、畀、于、貺，賜也。」在〈滕文公上〉內，「貢」與「助」、「徹」相比，大約是較單純的：「上以地賜下，下以農作物呈上。」古時的耕種技術容易耗損地力，貴族以土地賜給民眾，目的是利用民力來開墾土地；可想見除了稅收之外，「貢」還包含土地開墾的用意。然而與「助」、「徹」相比，「貢」顯得較簡陋而無精心規畫的內涵。《孟子‧萬章上》篇：「象不得有爲於其國，天子使吏治其國，而納其貢稅焉。」在孟子的心目中，似乎比夏還早的舜時，就已經有「貢」了。

其實「貢」字出現得並不早，應該不會是夏代的制度，可是在戰國

初期普遍將「貢」歸之於夏后氏，例如同時期出現的《禹貢》即是。再說，《禹貢》中的「貢」僅指特產，與普遍徵收的「賦」不同。梁說孟子所謂的「貢制」兼指《禹貢》的「賦」，其實《禹貢》已逐州將「田」與「賦」的等級分好了，哪裡還有《孟子》內龍子所謂的「『貢』者，校數歲之中以爲常」之餘地？戰國時諸家的傳說雜出，如果硬要調停其間，將治絲益棼，不意梁氏亦蹈此弊（詳見齊思和(1948)〈孟子井田說辨〉頁105）。

2　助

梁對「助」的解說是：「孟子釋助字之義云：『助者藉也。』其述助制云：『方里而井，井九百畝，其中爲公田，八家皆私百畝，同養公田。』此或是孟子理想的制度，古代未必能如此整齊畫一，且其制度是否確爲殷代所曾行，是否確爲殷代所專有，皆不可知。要之古代各種複雜紛歧之土地習慣中，必曾有一種焉。在各區耕地面積內，劃出一部分爲『公田』，而藉借人民之力以耕之。此種組織，名之爲助，有公田則助之特色也。公田對私田而言，《夏小正》云：『初服于公田。』詩云：『雨我公田，遂及我私。』（大田）據此則公田之制，爲商周間人所習見而共曉矣。土地一部分充公家使用，一分充私家使用；私人即以助耕公田之勞力代租稅，則助之義也。」（頁52）

梁對「助」的解說並不夠充分，補充如下。孟子在〈滕文公上〉所說的「夏后氏五十而貢，殷人七十而助，周人百畝而徹；其實皆什一也」。其基本用意是爲了要配合「民事不可緩也」與「取於民有制」這兩句話。這大概是當時的傳說，未必是古代真正的史實。以下論證孟子在這段話裡，兩個關鍵字（「助」與「徹」）的內涵與意義。孟子說：「徹者，徹也；助者，藉也。」此句內的後一個「徹」字，應當「治」解，因爲在當時那是訓詁上很淺顯的字，所以孟子才用重複字「徹者，

徹也」來解釋。而「助」這個字的意思，似乎是氏族社會所留傳下來的共耕制；孟子用「藉」來解釋它，「藉」字同「耤」，是周代具有神聖性的耕田儀式。

據孟子時代儒者的共識：「助」的特點是有公田。可惜由目前的考古資料，很難追究這項共識有多少歷史根據。如果假設戰國這種普遍的信念，不會無風起浪，則唯有猜想這是由初民的氏族社會中，[1]一種慣例演變出來的。當初地廣人稀，具優勢的氏族會鼓勵其它氏族的成員為他們耕作，以增加收穫。起先應該是以餘地的使用權，來作為耕作者的酬勞；後來因為人口漸增，可耕地漸少之後，才成為一種「勞力賦稅」。「助」字原先帶有神聖性，這可由《周書・小開武》第28顯示：「……順明三極、躬是四察、循用五行、戒視七順、順道九紀。……七順：一順天得時、二順地得助、三順民得和、四順利財足、五順得（德）助明、六順仁無失、七順道有功。」《周書》又稱《逸周書》，其中有極古的材料（例如〈世俘〉）。此段內的「一順天得時、二順地得助、三順民得和……」，值得注意：作者把「時、助、和」這三件事相提並論，可見「助」不應作「輔助」或「助益」解，而應當理解為「由地力所衍生的成果」。

有另一個附帶性的關鍵字意義應澄清。上引〈滕文公上〉內，有一句「其實皆什一也」，其中的「實」字，應作算法中的「被乘數」解，與曆法中「歲實」的「實」義近，在此引申為「稅率」，也符合孟子自己的文意[2]。

1　這裡所謂的「氏族社會」是古史家的慣用語，請參考杜正勝（1992：67-83）。

2　如果照傳統解釋法，「其實」二字相聯成一個單位，作副詞用；而前文的「五十而貢」、「七十而助」、「百畝而徹」卻直聯到後面的「皆什一也」。可是，這就意味著「貢」、「助」、「徹」本身（而非屬性）「皆」為「什一」。這顯然不合《孟子》用語的慣例，應該不會是孟子的用意。《孟子》全書中，「實」字凡見於10處：除〈滕文公上〉的「其實皆什一也」1處暫不論外，有3處普通用法：〈梁惠王下〉的「而君之倉廩實……」為形

附論：助與藉

　　《孟子‧滕文公上》說「助者，藉也」，他用「藉」來解釋「助」。「助」基本上是殷商時期推行的一種農田耕作制度。「助」似乎是由氏族社會留傳下來的共耕制，孟子對「助」有相當了解，不吝於表達他的讚美。除了〈滕文公上〉之外，他在〈公孫丑上〉也說：「……耕者，助而不稅，則天下之農，皆悅而願耕於其野矣。」我們現在無法得知這項說法有哪些史實背景，然而當時人應該聽得懂他的話，而且還有些同時代的人（例如龍子）支持他對「助」的讚美，可見這是戰國初期的一種共識。

　　此外，孟子在〈滕文公下〉引述《禮》曰：「諸侯耕助，以供粢盛，夫人蠶繅，以為衣服。犧牲不成，粢盛不潔，衣服不備，不敢以祭。」這裡所引的《禮》，大概是《逸禮》。現存的《禮記‧祭統》有類似的說法，可是文字都不同。孟子並不贊成許行的「與民並耕而食」，可是孟子引用《禮》，表示他同意其中的說法。他所引用的「諸

（續）

　　　容詞、〈滕文公下〉的「實玄黃於篚…」為動詞、〈滕文公下〉的「食實者過半矣……」作果實解；其餘6處：〈離婁上〉的「仁之實……義之實……智之實……禮之實……樂之實……」、〈離婁下〉的「言無實……不祥之實……」、〈告子下〉的「先名實者……後名實者……名實未加於上下……」、〈盡心上〉的「恭敬而無實……」、〈盡心下〉的「充實……充實而有光輝……」、〈盡心下〉的「無受爾汝之實……」，都代表抽象觀念。對比之下，將〈滕文公上〉的「其實皆什一也」的「實」字，也歸入此一抽象觀念的範疇，於義為長。比起「實」字在《論語》中僅出現兩次（〈泰伯〉的「實若虛」、〈子罕〉的「秀而不實」），《孟子》以「實」單一個字作抽象觀念用，顯現了此書記述者特有的用語習慣；而將「其實」相聯成一個單位，應非《孟子》的本意。顯然領格代名詞「其」字代表「貢」、「助」、「徹」諸事，所領的是「實」；而這些「實」皆是「什一」。本章基於以上的分析，猜想「實」代表「稅率」，為一特殊意義，當然是用後來的觀念去比附。文中舉「歲實」之「實」作旁證，用意在襯托「實」字的確可以有類似用法。

侯耕助」云云，大概祇是倡導性的儀式，類似藉禮；實際的「粢盛」，
則為庶民耕作的結果，類似《國語・周語上》的「庶民終於千畝」。這
或許是孟子用「藉」來解釋「助」的原因。

然而，「藉」字的本身意義，並不是孟子討論的主要目標，他只是
用「藉」來襯托「助」的內涵。他雖然用「藉」來解釋「助」，但並沒
有說「殷人七十而藉」。後人往往把「助」與「藉」等同起來，其實是
項大誤解。

「助」字一般都作「幫助」解，這只是引申義，原義反而被晦隱
了。《周書・小開武》第28說：「一順天得時、二順地得助……」這裡
的「助」是在顯示「由地力所衍生的成果」。北魏賈思勰《齊民要術》
卷1內引《周書》曰：「神農之時，天雨粟，神農遂耕而種之。作陶冶
斤斧，為耒耜鉏耨，以墾草莽。然後五穀興助，百果藏實。」朱右曾
(1971)《逸周書集訓校釋》（頁260）認為，這段話是從已逸的《周書・
考德》第42引來。《太平御覽》卷840（頁4253）引作：「神農之時，天
雨粟，神農耕而種之。作陶冶斤斧，破木為耜鉏耨，以墾草莽。然後五
穀興以助，果蓏之實。」其中的字眼稍有不同，當以較早期的《齊民要
術》所引為正。此處的「助」字，顯然有「收成」之意，與「順地得
助」相呼應。

再由字源來看。「助」字從「且」從「力」，甲骨文的「力」字，
好像是有踏板的尖木棍，是一種相當簡陋的翻土工具；若作動詞用，則
表示耕種。「助」由「且」（這是古代的「祖」字）得聲，由其意符
「力」，可推斷其初義與耕種有關。「助」字似未出現於甲骨文與金
文。〈師虎簋銘文〉有一個從「又」從「且」的字，以往認為是「助」
字，新的隸定為「挗」，借作「祖」字用（見全廣鎮1989《兩周金文通
假字研究》頁103）。然而，另有兩個在「且」字邊，分別加上屬於農具
「耒」或「刀」的字，還保留有「耕田而起土」的字義；而「鋤」字則
演變成描述另一種起土的方式與工具。另外，「苴」、「蒩」與「鉏」

字，則有「取黍稷以茅束之以爲藉祭」之義。

　　我們推測「助」字的本義爲：耕種收穫並薦於祖廟，以答謝祖先的保佑，類似《周書・嘗麥》第56所記：「維四年孟夏，王初祈禱于宗廟，乃嘗麥于大祖。」然而「助」字很早就有「幫助」的引申義，作爲「耕」或「耕穫」解的語義，後來大致附在比較新的形聲字上；它的「且」聲符，給了「助」字一點神聖感。當「助」與田賦聯上關係後，與其相關的「茢」與「耡」字，也被賦與井田的「助」義；另一個簡化了的「租」字，則被引申爲廣泛的「租稅」之義。

　　事實上，甲骨文還有幾個象徵耕作的會意字（見許進雄《中國古代社會》頁111-4）。例如從3個「力」的「劦」字，像是眾人以上述的工具挖土耕作，後來又演變爲「協力」的「協」字。「襄」字像是雙手扶住插入土中之犁，前面有動物拉曳，激起土塵之狀，顯示較進步的耕作方式。還有「耤」字，像是一個人用手扶犁柄，用腳踏犁板以耕作狀；甲骨文此字並不從「昔」，然而因爲踏板與另一隻腳的形狀過於複雜，至金文時此部分演變爲「昔」字。

　　以上這幾個字在後來的引申義裡，都有「借助」之意。其引申的方向，基本上是表示使用工具而深得助益；然而也有把工具神聖化的傾向，例如「劦」字（有時下面亦從「口」），代表商代後期的一項重要祭典。又如「耤」字與稍後的「藉」字，在周代就演變成帶有神聖性的耕田儀式。「藉」字亦有「祭」的釋義（見《說文》），所以前述的「助」字被神聖化，並不是奇怪的事。後人一方面誤解了「藉」字的初始意義，進而又把「藉」與「籍」這兩個字混同起來，這需要釐清。首先，《詩・大雅・韓奕》有「實墉實壑，實畝實藉」。「實」字通「寔」，義爲「是」；「藉」字通「耤」，爲耕作。「畝」與「藉」皆爲動詞，都涉及田功，與稅收無關，因爲在《詩》裡根本不必談到課稅這類層次的事。根據阮元《十三經注疏・校勘記》，此詩中出現的「藉」字，是根據宋本的《毛詩注疏》，唐石經小字本也有同說；而閩本系列（包括

明監本與毛本）則把「藉」訛爲「籍」，所以應該是唐石經本較有依據。

　　另一項常被引用的段落，是《國語‧魯語下》的：「……季康子欲以田賦，使冉有訪諸仲尼。仲尼不對，私於冉有曰：『求來！女不聞乎？先王制土，藉田以力，而砥其遠邇；賦里以入，而量其有無；任力以夫，而議其老幼；於是乎有鰥寡孤疾。有軍旅之出則徵之，無則已。其歲收：田一井出，稯禾、秉芻、缶米，不是過也。先王以爲足。若子季孫欲其法也，則有周公之籍矣；若欲犯法，則苟而賦，又何訪焉？』」要了解這段話，最好與《左傳‧哀公十一年》的記載相比：「……季孫欲以田賦，使冉有訪於仲尼，仲尼曰：『丘不識也！』三發，卒曰：『子爲國老，待子而行，若之何子之不言也？』仲尼不對，而私於冉有曰：『君子之行也，度於禮。施取其厚、事舉其中、斂從其薄，如是則以丘亦足矣。若不度於禮，而貪冒無厭，則雖以田賦，將又不足。且子季孫若欲行而法，則周公之典在；若欲苟而行，又何訪焉？弗聽。』……十二年春，王正月，用田賦。」也就是說，《國語》內的「周公之籍」，是相當於《左傳》中的「周公之典」，由此也可見「籍」字可當作「典籍」解。

　　至於「先王制土，藉田以力」中的「藉」字，因爲《國語》與《左傳》中相對應的文字相差甚遠，所以意義不夠明確。可是仔細玩味兩處的語氣，《左傳》的「施取其厚」，可能相當於《國語》的「於是乎有鰥寡孤疾」；《左傳》的「事舉其中」，可能相當於《國語》的「藉田以力，而砥其遠邇」。此處的「藉」字還是應該解釋爲「耕作」，並不帶有「賦稅」的用意。此句中的「力」是指「民力」，重點在「砥其遠邇」。在「其歲收」之後的那幾句話，才是談到「賦稅」這項問題；如果不這麼解釋，那麼前後句之間會起衝突[3]。

3　我們不否認，這兩處的句子不見得完全對應，可是《左傳》與《國語》的兩

　　「藉」字很早就有「借助」的引申義，「藉田」應該是對田地的借助，包括地力與工具這兩個面向，其實這也是從「耕作」引申得來的。除了訓詁的面向外，這裡還涉及校勘的問題。「藉田以力」的「藉」字，在明金李刊本、日本秦鼎國語定本、董增齡正義本、宋公序《國語補音》裡，皆從「艸」，在天聖明道本裡則從「竹」。「周公之籍」的「籍」字，眾本皆從「竹」，並無例外。由此可見，「藉田以力」的「藉」字以從「艸」為愈(參閱張以仁(1969)《國語斠證》頁175)。

　　《國語・周語上》還有一大段關鍵性的文字，從「宣王即位，不藉千畝」起，一直到「王師敗績于姜氏之戎」，此段文長不具錄。此篇中有好幾個「藉」字，皆應作「藉禮」或「藉禮所在地」解，這在陳瑞庚(1974)《井田問題重探》內已有充分討論，不再重覆。這裡也有校勘上的問題。全篇內的「藉」字，明金李刊本、日本秦鼎國語定本、宋公序《國語補音》，皆從「艸」；天聖明道本、董增齡正義本則從「竹」。同樣地，此處也是以從「艸」的「藉」字為愈(參閱張以仁(1969)《國語斠證》頁30)。

　　《左傳》裡還有一些「藉」字，通常都可用「耕作」來解，例如〈昭公十八年〉所載「鄅人藉稻」等。唯〈宣公十五年〉所載：「初稅畝，非禮也。穀出不過藉，以豐財也。」似乎用了引申義。「稅畝」是履畝而稅，不論收成之豐歉，故曰非禮；因為如果這樣濫用下去，對地力就會產生「過藉」(過度借助)，如此則非豐財之道。這樣的解釋自然而順暢，似乎比杜注為愈。第4節還會回到這個問題上。

　　統括來看，「耤」本為耕作，後來演變成「耤禮」，凸顯了它的神

(續)————————————————————

　　段話，顯然有同一來源。《左傳》作者在戰國中期採集各種史料，以配合《春秋經》，下筆時當已考訂過。《國語》的各部分雖然是史料，傳承者的謹慎程度反而可能不如《左傳》。《國語》的寫定本大致出現於漢初，且頗為蕪雜，不能排除部分用語受戰國思想的影響。在雙方不符的場合，似乎取《左傳》較為妥當。

聖性。後來加上「艸」字頭成爲「藉」，「藉」與「耤」完全互通。然而在戰國之前，「藉」或「耤」又發展出「借助」之意。故孟子用「藉」來解釋「助」，取意於這兩個字都由「耕種」而來，且都有神聖化的傾向。起初「藉」字似乎並不通「籍」，因爲「籍」字開始時只是一個簡單的形聲字，字義也是圍著「典籍」來引申。但不論是「藉」或是「籍」，開始時都沒有「賦稅」之義。自從戰國「藉」與「助」被等同起來之後，「籍」字因其本義爲「典籍」，所以就很容易被聯想成「稅籍」，因此「籍」字就被附上了「賦稅」的釋義[4]。在《正義》中，亦用「助法」來解釋「實畝實藉」，這就更造成了偏差。漢代之後，因爲井田說已深入人心，再加上「藉」與「籍」兩字也漸通用，因此在後世的引文中，二字往往錯出。我們現在祇能根據較早的版本，來分析其演變趨勢，並逆推這兩個字的原義[5]。

3 徹

梁對徹的見解較無把握：「《詩》『徹田爲糧』（公劉）所詠爲公劉時事，似周人當夏商時已行徹制。徹法如何，孟子無說，但彼又言『文王治岐耕者九一』，意謂耕者之所入九分而取其一，殆即所謂徹也。孟子此言，當非杜撰，蓋徵諸《論語》所記：『哀公問有若曰：「年饑用不足，如之何？」有若對曰：「盍徹乎？」公曰：「二吾猶不足，如之

---

4 可惜現在的證據很難確定，「藉」與「助」在戰國的哪一段被視爲同一意義，因此無法確定「藉」或「籍」何時取得賦稅的釋義。對於上一段「過藉」與前面「藉田以力」的詮釋，我們祇能站在最嚴格的立場，假設「藉」字當時還沒有賦稅的釋義，看看能不能講得通？會不會有矛盾？若此假設鬆弛，應該不會影響最後的結論。

5 請參閱楊寬(1999)《西周史》第2篇第4章「『籍禮』新探」，對「藉」、「耤」、「助」、「租」的解說；另見錢穆(1932：408-26)對「貢」、「徹」、「助」的見解。

何其徹也？」……』可見徹確爲九分或十分而取其一。魯哀公時已倍取之，故曰『二吾猶不足』。二對一言也。觀哀公有若問答之直捷，可知徹制之內容，在春秋時尚人人能了。今則書闕有間，其與貢助不同之點安在，竟無從知之。《國語》記：『季康子欲以田賦，使冉有訪諸仲尼，仲尼不對。私於冉有曰：……先王制土，藉田以力，而砥其遠近。……若子季孫欲其法也，則有周公之籍矣。』(魯語)藉田以力則似助，砥其遠近則似貢，此所說若即徹法，則似貢助混合之制也。此法周人在邠岐時，蓋習行之，其克商有天下之後，是否繼續，吾未敢言。」（《先秦》頁52-3）

　　我們對「徹」的看法如下。孟子用重複字「徹者，徹也」來解釋「徹」字，乍看之下似乎是同字互解，其實不然，值得進一步考察。「徹」字的甲骨文無「彳」字邊，而從「鬲」從「攴」，這是一個以手治陶器的會意字，可訓爲「治」。此字後來加上各種偏旁，產生出不同的引申意義，例如加「手」成「撤」，訓「取」；加「彳」成「徹」，訓「通達」；加「車」成「轍」，訓「車跡」；加「水」成「澈」，訓「澄」。其它較罕用的字可略過不談。從這4個例子來看，都指涉到「用人力對自然物加工所得到的效應」。春秋戰國時期，諸字分化未久，常可互通；尤其是「徹」字，還保留有原來未加「彳」邊而從「育」從「攴」那個字的意義，最通行作「整治」解。

　　以《詩經》爲例，《大雅・公劉》有「徹田爲糧」、《大雅・江漢》有「徹我疆土」、《大雅・崧高》有「徹申伯土田」與「徹申伯土疆」。在此四處，《毛傳》皆以「治」來解釋「徹」，文意清楚自然。此外，《豳風・鴟鴞》有「徹彼桑土，綢繆牖戶」，《小雅・十月之交》有「徹我場屋」與「天命不徹」，《小雅・楚茨》有「廢徹不遲」。在〈鴟鴞〉中，《毛傳》雖以「取」釋「徹」，但仍以「治」最爲合理，因爲〈鴟鴞〉全詩仿鳥呼冤，鳥在失去雛鳥後，要趁天晴趕緊修補鳥巢。桑枝與泥土，在鳥的眼中都是原料，需要加工才可「綢繆牖

戶」，可見仍應解釋爲「治」。至於〈十月之交〉內的兩個「徹」字，一般人常將「徹我牆屋」的「徹」解作「毀壞」，其實仍有整治加工之意；「天命不徹」的「徹」，一般解作「道」或「均」，其實應通「澈」（訓「澄」）。還有，〈楚茨〉中「廢徹不遲」的「徹」可通「撤」，學者間大致無異言。

現在回過頭來看「徹者，徹也」的後一個「徹」字。如果訓爲「取」或訓爲「通」，那孟子應該說「徹者，取也」或「徹者，通也」，豈不更明白？因爲「取」或「通」在《孟子》中都是常用的字眼，例如〈滕文公上〉的「取於民有制」與〈滕文公下〉的「子不通功易事」。然而孟子爲甚麼不直講「徹者，治也」呢？因爲「治」字在《孟子》裏也是個常用字。在孟子的時代，「治」可用於治天下、治國、治人、治水、治政、治事，例如〈梁惠王下〉的「士師不能治士」、〈公孫丑下〉的「既或治之」、〈滕文公上〉的「門人治任將歸」、〈萬章上〉的「二嫂使治朕棲」等等。就算是龍子說「治地莫善於助」，也還衹是「治地之政」。這些當作動詞用的「治」，都有「管理」之意。〈告子下〉的「土地辟，田野治」中，當作形容詞用的「治」字，也有「管理良善」之意。

我們找不到一個例子，是把「治」當作開墾或耕種農田解的。最顯著的兩個例子，是〈滕文公上〉的「以百畝之不易爲己憂者」，與〈盡心上〉的「易其田疇」。這兩句話都有能用「治」字表達的地方，而在《孟子》卻都用「易」字替代，那麼是否可用「易」來訓「徹」呢？按「易」通「剔」，又借作「狄」，由此間接獲得「治」的意義。在孟子的時代，這也許是尋常的用法，但卻不宜用來作爲對名詞的解釋，因爲太紆曲了。還不如直接用「徹」字爲愈，因爲在《詩經》中，最古老的〈鴟鴞〉與稍後的〈大雅〉3篇中，所用的「徹」字都應該作「對自然物的加工整治」解。

至於「徹者，徹也」的前一個「徹」字，一方面涉及稅制，另一方

面也包括土地的墾殖與整治。所謂的整治，或許就含有封疆與溝洫的建構。在人少地多時，「經界」不是大問題；當耕作技術進步到一定程度，農田的灌溉、排水、對野生動物以及他族侵犯的防護，都需要相當的土工作業，這些都包含在「徹」的涵義內。

　　至於在稅制方面的涵義，可以從《論語‧顏淵》內，有若對哀公之問的回答來理解。他說「盍徹乎」，這顯示「徹」至少在魯或在周實行過。孟子認為徹的稅率是什一，這可以從哀公的懷疑語「二，吾猶不足，如之何其徹也？」得到一些支持。但徹稅的具體方法，在〈滕文公上〉內並沒有交待，這件事可以在另一處找尋答案。孟子在〈梁惠王下〉內回答齊宣王：「文王之治岐也，耕者九一，仕者世祿。」這個回答涉及孟子所相信的周初制度。如果孟子的「請野九一而助」，僅是在替滕國作規畫時的說法，那麼他對齊宣王的回答應該是「徹」而非「助」。「耕者九一」如與「仕者世祿」相較，其重點應在「耕者」而非文王。要把這句話講通[6]，唯一的可能是耕者與文王雙方，對耕作的成果作九一分配：耕者取九，文王取一。這可能就是「徹」的方法。

4　「初稅畝」與「用田賦」

　　梁對初稅畝的見解是：「《春秋》宣十五年，『初稅畝』。《左傳》云：初稅畝，非禮也。穀出不過藉，以豐財也。《公羊傳》云：……譏始履〔履〕畝而稅也，何譏乎始履〔履〕畝而稅，古者什一而藉，……。後儒多解初稅畝為初壞井田，似是而實非也。古代之課於田者，皆以其地力所產比例而課之，無論田之井不井皆如是。除此外別

6　因為〈滕文公上〉的「其實皆什一也」講得太斬釘截鐵。如果孟子真的看過某些資料，說當文王治岐時的稅率為九中取一，則他在懷疑「雖周亦助」時，就應該引為證據，而不會勉強引《詩經‧小雅‧大田》為說。我們認為這項可能性應可排除。

無課也。稅畝者，除課地力所產外又增一稅目以課地之本身（即英語所謂Land Tax）。不管有無所產，專以畝為計算單位。有一畝稅一畝，故曰屢〔履〕畝而稅。魯國當時何故行此制，以吾度之，蓋前此所課地力產品以供國用者。今地既變為私人食邑，此部分之收入，已為「食」之者所得。食邑愈多，國家收入愈蝕，乃別立屢〔履〕畝而稅之一稅源以補之。『稅畝』以後，農民乃由一重負擔而變為兩重負擔，是以春秋譏之也。」（《先秦》頁55）[7]

梁對用田賦的解說是：「《春秋》哀十二年，『用田賦』。後儒或又以為破壞井田之始。井田有無且勿論，藉如彼輩說，宣十五年已破壞矣，又何物再供數十年後之破壞？今置是說，專言『稅畝』與『田賦』之區別。賦者，『出車徒供繇役』，即孟子所謂『力役之征』也。初時為本屬人的課稅，其性質略如漢之『口算』、唐宋以來之『丁役』。哀公時之用田賦，殆將此項課稅加徵於田畝中，略如清初『一條鞭』之制。此制行而田乃有三重負擔矣，此民之所以日困也。」（《先秦》頁55）

我們對這兩件事的綜合見解如下。「貢、助、徹」之法，到孟子時祇剩下傳說，而這些傳說是那個時代所能認同的。尤其是什一的徵稅率，當時的仁人志士認為是保民的最重要措施，甚至還有人主張要比什一還少。〈告子下〉記載白圭的話：「吾欲二十而取一，何如？」孟子雖然駁斥這一點，但也可以顯示當時的見解。這項傳說大概不會毫無根據，可是這些根據有多可靠呢？從《左傳》所記載的後世議論可以了解到，至少在西周時期，已經沒有普遍適用於整個周天下的統一稅制。《左傳·定公四年》記載，分封魯衛時「皆啓以商政，疆以周索」，而分封唐叔時，則「啓以夏政，疆以戎索」，可見一開始就沒有統一稅制

7　梁將「履」字誤為「屢」字。「履畝而稅」即「計畝而稅」，「屢」字並不能通用。

的規畫。後儒用天下大一統的觀念，去揣摩三代的事，會產生大誤解。

　　其實孟子對這些傳說的細節也不太能掌握，他一方面大談「夏后氏五十而貢，殷人七十而助，周人百畝而徹」、「惟助爲有公田」，似乎看過一些可靠資料。另一方面，他誤解了《詩經·小雅·大田》的「雨我公田，遂及我私」這句話，懷疑可能「雖周亦助也」。我們現在了解，「雨我公田」的「公田」，指的是「貴族的田地」，不是孟子心目中「惟助爲有公田」內「八家共同貢獻勞力」的「公田」（陳瑞庚（1974）有詳細的分析）。從此處也可看出，孟子對這些資料的解釋有揣測的成分。

　　若用分析的眼光來看「助」法，這種以耕作勞役來代替稅收的辦法，如果能受到孟子及其同時代人士的傳頌，可能是有些根據。在人口不太密集、耕作工具與技術初始開展、交易性通貨稀少、人力還是主要生產力時，有可能出現這種「助」法。不過這和孟子心目中的「雖周亦助」顯然有別，所以我們還得要從戰國初期的歷史背景，來探尋孟子思想的來源。

　　春秋時期的租稅，其實都還相當重，絕不止什一。《左傳·昭公三年》晏子批評齊景公：「民參其力，二入於公，而衣食其一。公聚朽蠹，而三老凍餒。」這是大國的聚斂，小國則爲籌措對大國的貢獻而疲于奔命，這可從《左傳·襄公三十一年》子產對晉所發的牢騷見其困境：「……誅求無時，是以不敢寧居，悉索敝賦……。」此外還有力役，例如《詩經·唐風·鴇羽》就抱怨：「王事靡盬，不能蓺稷黍，父母何怙。」針對這些情況，《孟子·盡心下》提出他的看法：「有布縷之征、粟米之征、力役之征。君子用其一，緩其二。用其二，而民有餓殍。用其三，而父子離。」孟子想要提倡什一之稅以紓民困，所以需要找例證來說服當時的君主，他把這些例證附會在三代的始創者身上，也是可以理解的。但這種「附會」很可能也不是源自孟子，他祇是接受戰國初期廣爲流傳的歷史故事而已。

　　春秋末期的魯國，人民的負擔絕不比子產時期的鄭國來得輕。三桓聚斂於上，此外還得應付「盟主國」（先是晉楚，後來又加上吳越）的誅求。「初稅畝」與「用田賦」就是對民力的重重榨取。《春秋》對魯國的秕政，在可能的範圍內總是「爲尊者諱」，到了形諸簡策就相當嚴重了。前面的〈附論：助與藉〉中，討論過《左傳》內「穀出不過藉，以豐財也」的意義。「過藉」的結果，首先是地力大耗，繼而農民收成更歉；隨後農民被都市吸引，農村失血導致缺糧。到戰國時各學派紛紛提出解決方案，孟子所提的「仁政」就是其中之一。

　　幾乎到每一朝代的季世，統治者就會習於奢侈，稅收會加重。三代創始時期，在天災或戰亂之後，往往地廣人稀，亟需人民開墾荒地。傳說中的貢、助、徹之法，起初都像是招徠農民墾荒的獎勵辦法，[8]稅率當然不會高。這些辦法傳到孟子的時代，就被歆羨爲典型的「仁政」。實則大亂之後易於爲治，日久人口增加，一定會有新問題產生。孟子替滕文公所策畫的助法，作爲短期的紓困方案，或許會有一時之效，長久之後也一定會有問題。有許多實際上的問題，例如耕牛由誰供應、鐵製農具由誰維護等等，必然都有待解決，也有可能會造成大困擾。滕文公的壽命不長（詳見第5節末），滕國在不久之後就被征服，所以這些問題沒有機會浮現。後來的《周官》不取用公田的辦法，可能就已經考慮到這些複雜問題的困擾。

　　大致說來，梁對「初稅畝」的了解還算正確，祇是他對實際的稅負還低估了一些。春秋末期，魯國人民所受的榨取，恐非「食邑愈多，國家收入愈蝕」所能完全解釋。即使不講個別的聚斂，單看魯君對晉楚的貢獻、魯國卿大夫對晉楚卿大夫的賄賂，這些財貨從哪裡來？還不是對人民「悉索敝賦」嗎？他對「用田賦」的了解，也有同樣的弊病。

8　傳說越久，變形就越多。「貢」制到孟子的時代，所賸的內容已不多。「助」制所留下來的，祇是「有公田」的內涵與「對地力倚賴」的神聖感。「徹」制的時間比較近，還保存不少「墾田」的原意。

「用田賦」以前的「力役之征」，後來似未因「加徵於田畝中」而免除，否則孟子也不會那樣講了。梁似乎忽略了孔子所說「有軍旅之出則徵之，無則已」的用意。「賦」從「武」，原為非常時期的「軍旅之徵」，後來則連平日也「用」了。

5　孟子的井地方案

　　梁說：「當時唯一之生產機關，自然是土地，孟子於是提出其生平最得意之土地公有的主張，即井田制度。其說則『方里而井，井九百畝，其中為公田，八家皆私百畝，同養公田』（滕文公上）。五畝之宅，樹之以桑，五十者可以衣帛矣。雞豚狗彘之畜，無失其時，七十者可以食肉矣。百畝之田，勿奪其時，八口之家，可以無飢矣（梁惠王上）。……在此種保育政策之下，其人民『死徙無出鄉，鄉田同井，出入相友，守望相助，疾病相扶持，則百姓親睦。』（滕文公上）孟子所言井田之制，大略如是。此制，孟子雖云三代所有，然吾儕未敢具信。或遠古習慣有近於此者，而儒家推演以完成之云爾。後儒解釋此制之長處，謂『井田之義，一曰無泄地氣，二曰無費一家，三曰同風俗，四曰合巧拙，五曰通財貨』（《公羊傳》宣十五，何注）。此種農村互助的生活，實為儒家理想中最完善之社會組織。……漢儒衍其意以構成理想的鄉治社會曰：『夫飢寒並至，雖堯舜躬化，不能使野無寇盜，貧富兼并。雖皋陶制法，不能使強不陵弱，是故聖人制井田之法而口分之一。一夫一婦，受田百畝，……五口為一家，公田十畝，……廬舍二畝半，八家……共為一井，故曰井田。……因井田以為市，故曰市井。……別田之高下善惡，分為三品，……肥饒不得獨樂，墝埆不得獨苦。故三年一換土易居，……是均民力。在田曰廬，在邑曰里，一里八十戶，八家共一巷，中里為校室。選其老有高德者名曰父老，其有辯護伉健者為里正，皆受倍田得乘馬。父老比三老孝弟官屬，里正比庶人在官者。』」

（《先秦》頁89, 90, 176）

梁似乎將戰國末年純憑理想所建構的井田制，與孟子爲滕國所做的土地規畫混淆了。我們對此事另有看法，要點是認爲孟子所提議的是「井地方案」，而不是「井田制」。《孟子・滕文公上》滕文公問爲國，孟子曰：「民事不可緩也。詩云：『晝爾于茅，宵爾索綯，亟其乘屋，其始播百穀。』民之爲道也，有恆產者有恆心，無恆產者無恆心；……夏后氏五十而貢，殷人七十而助，周人百畝而徹；其實皆什一也。徹者，徹也；助者，藉也。龍子曰：『治地莫善於助，莫不善於貢。貢者，校數歲之中以爲常。樂歲粒米狼戾，多取之而不爲虐，則寡取之；凶年糞其田而不足，則必取盈焉。』……詩云：『雨我公田，遂及我私。』惟助爲有公田。由此觀之，雖周亦助也。……」這段對話引發了孟子的井地說，後儒常將井地說與井田說混爲一談。我們先釐清井地的意義，之後論證井地與井田之間毫無關係。

5.1 井地的意義

（滕文公）使畢戰問井地。孟子曰：「子之君，將行仁政，選擇而使子，子必勉之。夫仁政必自經界始。經界不正，井地不均，穀祿不平；是故暴君汙吏，必慢其經界。經界既正，分田制祿，可坐而定也。夫滕，壤地褊小；將爲君子焉，將爲野人焉；無君子莫治野人，無野人莫養君子。請野九一而助，國中什一使自賦。卿以下，必有圭田，圭田五十畝。餘夫二十五畝。死徙無出鄉，鄉田同井，出入相友，守望相助，疾病相扶持；則百姓親睦。方里而井，井九百畝；其中爲公田，八家皆私百畝，同養公田。公事畢，然後敢治私事；所以別野人也。此其大略也。若夫潤澤之，則在君與子矣。」

從這段話看來，似乎滕文公已經知道有「井地」這回事，祇是不知如何實行，所以要畢戰去請教。孟子的回答要點是：「……夫仁政必自經界始。經界不正，井地不均，穀祿不平；……經界既正，分田制祿，

可坐而定也。……」可見孟子的重點是在「正經界」。如果孟子不是答非所問，那麼「井地」的重點，應該就是「正經界」；這和後世所強調的「井田」應該沒有直接的關係。事實上，孟子從來沒提過「井田」這個名詞。「地」與「田」固然關係密切，可是他一再講「公田」、「糞其田」、「分田制祿」、「圭田」、「鄉田同井」，卻以「經界不正，井地不均」來回答畢戰，可見「井地」不可能是「井田」的同義語[9]。「井地」究竟應作何解？滕文公所關心的到底是甚麼？當時滕國所急需的是甚麼？這幾個問題應該先弄清楚。

　　孟子很高興滕文公了解「正經界」的重要性[10]，這樣就有希望實施他所提倡的「仁政」。可是滕國很小，總面積不到2,500平方里。根據考古資料，1周尺約等於19.91公分[11]，而1周里為1,800周尺，算得1周里約等於0.358公里。假設滕國的總面積約2,500方里，只比新竹市的面積稍大。滕國位於泗水近旁，地勢平衍(但也因而易遭洪泛)，有較大塊平坦的野地(估計不到1千平方里)可用。因此孟子設計了一個「井地」範型，將每1平方里的耕地，用「井」字形的阡陌分割成9塊，每塊面積約1百畝。以當時的耕作水準(用鐵犂，也許還用牛)，大約可供一個7、8口之家食用(《孟子·萬章下》：「百畝之糞，上農夫食九人，上次食八人，中食七人，中次食六人，下食五人。」)

9　陳瑞庚(1974《井田問題重探》)第2章第1節(十)提出：「……如果當時沒有以井劃地的制度，滕文公怎會想到提出這個問題呢？」這句話已經很接近問題的焦點，可惜他沒有進一步分辨「井地」與「井田」。

10　關於何以當時「正經界」的問題會凸顯出來，請參閱第5節〈附論：從井字的根源看井田說〉。這裡要強調的是：「經界亂」不是局部性的症候，戰國初年已到處發作。然而在不同的地區或國家，會因人口分佈或其它經濟環境的不同，而表現出不同症狀。各處應付(不能說是解決)「經界亂」的辦法，往往因地制宜，沒有一致的丹方。滕國因為地方小，田地的肥瘠差異不大，分配上的爭議較少，情形比較單純。請參閱第6節「綜述」部分的「問題(5)」。

11　吳洛(1975)《中國度量衡史》，臺灣商務印書館，頁64。

　　孟子給這種1平方里的田地，取了一個單位名稱：「一井」[12]。這
種範型的設計符合孟子的兩項基本要求：(1)容易計算面積，井地均而
穀祿平；(2)經界不怕損壞，經界的標誌就算因泗水泛濫流失，或被暴
君汙吏毀損，因為形狀「超整齊」，日後也容易重建。如果孟子的構想
僅停留在「正經界」的層次，這樣的設計確是恰當。然而孟子還想把屬
於賦稅制度的「助」法附益上去，企圖將兩項改革一次解決。所以他把
公田放在1井的中間(稅率等於九分之一)，但這就違反了他先前所主張
的什一稅率(十分之一)理想。如果孟子將標準1里見方的「一井」地，
分割為10塊長方形小單位如圖(b)，而非「井」字型的9塊如圖(a)，也
許就可以避掉這個缺陷。可是1方里剛好等於9百畝，劃成如圖(a)的方
塊，則每塊剛好為100畝，正好符合孟子心目中的「周制」標準。

圖(a)井字田(每塊百畝，九一稅)　圖(b)長方田(每塊90畝，什一稅)

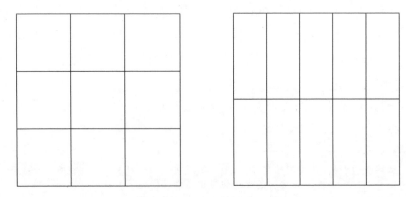

　　圖(a)和圖(b)的面積相等(等邊等高)，差別在於切成9塊或10塊。
若孟子用圖(b)的劃分法，圖型稍複雜還不是主要的困擾，問題是每塊
的面積就必須縮為90畝(而非每塊百畝)。孟子當然不願意使每家的田

12　如果《國語‧魯語下》的「田一井出稷禾……」的「一井」有所傳承，則孟
　　子這個名詞就不是自創的，但這不是本章的重點。

地，少於他心目中「周制」的百畝標準[13]。現在我們設身處地替孟子著想，他的確不容易各方面都兼顧到。孟子大概不願意求簡反繁，所以決定對「野人」的稅率稍苛一點（「請野九一而助，國中什一使自賦」），反正這已經比往日的稅率低很多了。

此外，他又主張對卿大夫在世祿采邑之外，另給奉祭祀的圭田50畝，給餘夫（可能是未成家的男子）田25畝。這些零碎的田地，究竟位於滕國的何處或出自何方呢？《孟子》中沒有交待，他把這些枝節問題留給滕國君臣潤澤了（「此其大略也。若夫潤澤之，則在君與子矣。」）以常識來揣測，野地的可耕部分不會太整齊，既然大的方塊已畫作井字田，剩下邊緣不規則的部分，就可以切成小塊分給餘夫。這大概相當於《左傳・襄公二十五年》所說的「町原防」[14]。圭田則可能位於城外郭內的「郊」，以便照顧。這兩種土地的面積都比較小，價值較低，對公平性的要求也不太嚴格，所以孟子就把稅收的方式留給滕君自定了。孟子的這項策畫，滕文公似乎是接受而且實行了，否則孟子不會在滕國繼續留一段時間[15]，還能看到滕國「徠遠民」的效果，甚至還有時間與陳相辯論許行的「共耕」主張。

13　若要用圖(b)的劃分法，而且又要讓每家的耕地面積維持百畝，則必須將一井的標準單位擴大為大長方形，讓其中的一邊長為1又1/9里。可是那多出來的1/9里，就不容易測量準確了。若要將擴大後的一井還維持正方形，則每邊的長度必需為1.054里；這在「正經界」時，會產生難以預期的困擾。

14　按〈杜注〉，「原防」是隄防間的零碎地，「町」是動詞，意為分割成小項町。

15　根據錢穆《先秦諸子繫年》（1956年香港大學出版社增訂版，頁345-352）的考證，孟子在滕的時間大概是323 BC - 320 BC，計3年，然後遊梁遊齊。孟子在滕的事蹟不少，除了〈滕文公上〉所載之外，尚有〈梁惠王下〉，以周大王故事回答文公所問應付大國之道，頗顯得捉襟見肘。〈盡心下〉載：「孟子之滕，館於上宮。」然則孟子初到滕國，並無久居之意，因受文公知遇而延長逗留時間。然而滕的國力畢竟太弱，孟子亦無法在此施展其「王道」理想。或許這就是他日後在國力雄厚的齊國不受齊宣王重用，而深感惋惜的理由。參見方清河(1978)〈孟子的井地說〉頁21-2對孟子在各國遊歷的過程與年代的解說。

　　後儒對《孟子》的這一章頗有誤解。朱熹認爲「周時一夫受田百畝，鄉遂用貢法，十夫有溝；都鄙用助法，八家同井，耕則通力而作，收則計畝而分，故謂之徹。」顯然他是受了《周官》的影響，把孟子的話套在《周官》的「鄉遂」與「都鄙」龐大系統上。甚至連崔述也沒能跳出這個圈套，他對朱熹的修正祇是鄉遂仍用徹法，而都鄙因已實行「助」法，劃分公田與私田，故沒有「通力而作，計畝而分」的需求[16]。從現代的眼光看來，孟子祇是替滕這個小國，設計一套經界範型與稅收制度。滕國卿大夫(包括然友與畢戰)的世祿采邑，也有部分土地分布在城郭外的野地上，這是朱熹與崔述所講的「都鄙」。然而，滕國的總面積不到2,500方里，其中的「野」就算佔三分之二，也經不起每人數百方里采邑的瓜分；如果這些都鄙的封疆再佔去一些地，那就更不夠了。

　　文王的庶子叔繡初封於滕，爲侯爵，封地方百里。《春秋經》載隱公11年滕侯朝魯，此時還是侯爵；在兩年之後的桓公2年，《春秋經》載「滕子來朝」。從此《春秋經》就一直用「滕子」來稱呼滕君。《杜注》對這項差異的解釋，是「蓋時王所黜」，這項說法有可能成立。當時周桓王正力圖振作，以擺脫鄭莊公的控制，可能藉口滕君不朝而貶其爵以立威，但我們還不知道是否因而削地。滕與宋相鄰，一直受到宋的侵蝕；僖公19年宋襄公爲立霸業，會諸侯而執滕宣公，大概也侵佔了不少滕的土地。日後滕君雖竭力巴結盟主晉國，會盟幾乎無役不從，但這麼做也只徒然耗損國力，本身並未得到多少的實質保護。

　　到了孟子的時代，滕國祇剩下始封國土的四分之一弱[17]。在損失國地的過程中，分布在野地上的卿大夫采邑，當然首當其衝。在孟子的時

16　見崔述《崔東壁遺書》第5冊〈三代經界通考〉(臺北：世界書局，1963)。

17　據《史記索引·越世家》引《古本竹書紀年》，越王朱勾曾經滅滕，時間在春秋與戰國之間，細節無可考。唯越國在淮北的勢力大起大落，孟子時滕國必已復封，可是經過這次兵災，城郭封疆的殘破也可想而知。

代，一方面卿大夫的數目不會太多；另一方面，他們在野地的采邑莊園，也不可能再浪費許多面積在封疆上。換言之，應該不會有一般結構的都鄙。在這種狀況下，野地還是可以規畫爲井字型的方塊，然後把某些井字型內公田的收成，作爲特定卿大夫的俸祿。

至於鄉遂，因爲城郭的範圍小，所以近郭牆內外的土地面積就不大，不可能再分出多少鄉多少遂。《周官》基本上是以戰國後期大國的心態，去建立複雜而多層次的地方制度。甚至僖公時的魯國，也比孟子時代的滕國大過20倍，因此《尚書・費誓》才會有「魯人三郊三遂，峙乃楨榦。……」的要求。後儒往往不考慮個別的背景差異，把這些文獻混而用之，遇到互相牴觸的地方，就牽強飾說，越講越繁複，反而離眞相越遠了。

其實，孟子的重點還是在於「鄉田同井，出入相友，守望相助，疾病相扶持。」他希望當地盡量能自給自足，死徙無出鄉。因爲當時的城市經濟已經萌芽，吸收了不少農民往外移出，以往閉鎖性的氏族社會，已逐漸失去規約農民的功能。在春秋初年，《詩經》內已不乏抱怨生活痛苦而企圖遷移的心聲，但那些有可能還是個別的事例。到了戰國初期，農村人力大量失血，迫使各地諸侯用「徠遠民」的策略來挽救缺糧危機。從梁惠王問孟子：「察鄰國之政，無如寡人之用心者。鄰國之民不加少，寡人之民不加多，何也？」就可以覺察到這種趨勢。孟子經常強調的「仁政」，也是以此爲目標而發揮的，確實也能針對當時的弊病創議；他所說的「法先王」，只是作爲包裝的外衣而已。

後儒往往認爲「井田制」的主體是「計夫授田」，這和《孟子》在此章所說的話並不吻合。因爲孟子僅說：「八家皆私百畝，同養公田。」這是以「家」爲單位，而以餘夫之田作爲補充；並未如後儒所說，規定多少歲始受田、到幾歲要還田。當然，畢戰當時應該也會「潤澤」一些細節；其中有多少流傳到後世，被吸收入後儒的「井田制」，正不易言。但我們確定，這一點不在孟子的原方案之內。

　　還有：在周代的封建架構下，「授土」原是對諸侯受封的特定用語，如〈大盂鼎銘辭〉謂：「受民受疆土。」《左傳・定公四年》也記載王室對康叔：「聃季授土，陶叔授民，命以康誥，而封於殷虛。」不過後來對授受的用字，已不再那樣講究，因此在《孟子》也可以看到許行所說的：「願受一廛而為氓。」這裡的「受」字，顯然已經是普通用語了。「授田」一詞，並不是孟子「井地」理想中的專門術語，這和「井田」說中的幾歲始受田，在觀念上差別很大。

5.2　孟子的管理思想

　　《孟子》中有些屢次強調的主張，可以視為孟子的基本思想。孟子似乎認為，良好的管理可以開源節流，所謂「勞心者治人」，亦取其擔負管理重責之意。例如，〈公孫丑上〉：「尊賢使能，俊傑在位，則天下之士，皆悅而願立於其朝矣。市廛而不征，法而不廛，則天下之商，皆悅而願藏於其市矣。關譏而不征，則天下之旅，皆悅而願出於其路矣。耕者助而不稅，則天下之農，皆悅而願耕於其野矣。廛無夫里之布，則天下之民，皆悅而願為之氓矣。」

　　再如〈梁惠王上〉：「不違農時，穀不可勝食也。數罟不入洿池，魚鱉不可勝食也。斧斤以時入山林，材木不可勝用也。……五畝之宅，樹之以桑，五十者可以衣帛矣。雞豚狗彘之畜，無失其時，七十者可以食肉矣。百畝之田，勿奪其時，數口之家，可以無飢矣。謹庠序之教，申之以孝悌之義，頒白者不負戴於道路矣。」這些論點，在在反映孟子注重管理的基本態度。

　　其實，這種見解也不是孟子創發的。在孟子之前，李悝為魏文侯作盡地力之政，以斂糴之法為調濟，取有餘以補不足（見《漢書・食貨志》卷24）。稍後，衛鞅也為秦孝公作了大改革。這些改革都訴諸有效率的管理，也都取得一定的成就。這方面孟子只能算是後輩。他較創始性的部分，是用「法先王」來包裝他的管理方案。戰國初期，有幾個

「明君」的確能以較完善的管理政策來改善民生，增加糧食生產使國力膨脹。當時手工業技術的急速發展與商業的逐漸蓬勃，也讓管理者有用武之地。

這對後世有重大的影響，例如《周官》就是在周公制作的包裝下，所建立的一個龐大官僚管理系統；井田制也在這種情況下被吸納進去，而且還改得面目全非，讓漢代的注釋家傷透腦筋。後世若要仿效井田制的種種做法，其實最多只能在短期收效，長期的效果恐怕不佳，因為再有效率的管理，效果也是有限度的：當被管理者逐漸適應規範而發展出對策之後，管理的效果就會遞減。

然而這種遞減的效應，卻沒有機會在滕國顯現，因為滕文公沒幾年就去世了（參見註15）。《孟子・公孫丑下》：「孟子為卿於齊，出弔於滕。」孟子在齊國也沒有多少年，以卿的身分出弔於滕，所弔者恐即文公之喪，故文公在位很可能祇有6、7年。其所推行的新政，在他身後恐將不保。即使沒有人亡政息，滕國不久即亡於宋。《戰國策》卷32：「康王大喜，於是滅滕伐薛，取淮北之地。」估計其時間不會晚於295 BC。再不久，齊湣王滅宋，滕城歸齊。再數年，燕將樂毅下齊70餘城，滕當然亦在內；這些變動會把滕文公的政績（包括成效與後遺症在內）都消滅掉。到了戰國末期，僅剩孟子為滕規畫的方案載於《孟子》書內；《周官》採之，其它託古改制者亦採之，因而滋生出多少不必要的糾葛。

附論：從井字的根源看井田說

一般多認為是由於共用水井，或是因為阡陌的形狀像似井字，所以才名之為「井田」。孟子為滕國策畫時說：「方里而井，井九百畝，其中為公田；八家皆私百畝，同養公田。」恐怕就是從「井」字的形狀所得來的靈感。其實井字還有一些原始意義，卻被大多數人忽略了。

(1)井字原義

在〔魏〕張揖的《廣雅・釋詁》中，有一條古訓：「閑……臬井括……楀略，法也。」（見《廣雅疏證》卷1上）。井有「法」之義，雖不見於《爾雅》，但在金文中卻可常見。例如〈大盂鼎銘文〉：「命女盂井乃嗣且(祖)南公。」這裡的井字有「效法」之意。井字也可作為名詞，當「法則」解，如〈毛公鼎銘文〉：「女毋弗帥用先王作明井。」這個用法很快就被引申作為「刑法」，而且在漢初隸定的古書中，都被改寫為「刑」字。如《詩・大雅・文王》有「儀刑文王，萬邦作孚」、《詩・大雅・思齊》有「刑于寡妻，至于兄弟，以御于家邦」，都顯示這個作為「效法」的原義，在春秋以前還很時興。

據全廣鎮(1989)《兩周金文通假字研究》（頁203-8）：「井」字與「刑」、「邢」等字，其古音聲母雖遠（「刑」、「邢」為匣母，「井」為精母），而韻同在耕部，故可通假。在《說文》中，「刑」字下有：「刑，罰罪也。從刀井。《易》曰：『井者，法也。』」《段注》：「此引易說從井之意。」其所謂《易》，不見今日《周易》之經傳，疑為漢代所通行之《易緯》之一。此引文亦見晉司馬彪之《續漢書・五行志》（現已成為《後漢書》之部分），與唐沙門玄應之《一切經音義》卷20，可能即錄自《說文》。漢應劭之《風俗通義》則作「井，法也，節也。」（不見於今本，似逸，此為由《太平御覽》輯佚之文）可見此義亦流傳得相當廣。

事實上，這還可以溯源到殷商甲骨文中的「井方」。考證的結果指出，這就是「邢國」（朱芳圃[1972]《甲骨文商史編》頁126考證，此「井方」乃殷之諸侯，殷亡為周所吞）。此外，還有些從井字衍生出來的意義，在隸定之後沒有被改寫為「刑」字，最顯著的例子，就是《周易・井卦卦辭》的「往來井井」。王弼的《注》釋為「不渝變也」，這講得有些含糊，但也可見井字可以有多種引申的意義。《荀子・儒效》也有「井井兮，其有理也」，楊倞的《注》則解釋為「良易之貌」。這

和下文的「嚴嚴兮，其能敬已也」相比，「嚴嚴」形容「其能敬已」的形貌，則「井井」應含「有規則」的意義。《周易》中的「井井」釋作「不渝變」，與此意義也不違背，都是把井字當作動詞用，作爲「效法」原義的引申。

在西周初期武裝殖民時代，統治者的主要作爲是建造城郭封洫，封疆之內的田地經界還不是大問題。那是因爲地廣人稀，農業技術尚未發達，每家的耕作範圍有限，暫時不發生耕地分配公平的問題。後來人口漸密，耕種技術漸漸進步，各家的田地彼此接壤，所以經界的畫分就逐漸重要了。然而中國古代的數學，對幾何圖形的研究不夠發達，形狀不夠規則的田地面積，不易準確估計[18]。到了春秋後期，在人口較密的地區，就有了田地經界規畫的壓力。

《左傳・襄公25年》載：「甲午，蒍掩書土田、度山林、鳩藪澤、辨京陵、表淳鹵、數疆潦、規偃豬、町原防、……、井衍沃，量入收賦。」顯示已經開始對各類型的土地作整體規畫。其中的「井衍沃」，大概就是把田地的經界，規範成較整齊的格式，方便估算面積。這裡的井字，是「規則化」的意義。也因爲這條「井衍沃」的記載，使我們明瞭當時「土地規畫」已成了一種施政方針。

到了滕文公的時代，田地規則化的需求更加迫切，所以孟子才對「井地」的問題，發揮了一大篇「正經界」的議論，也因而使得「井地」成爲一個特有名詞。漢初隸定時，未把這個井字改寫爲「刑」字，反使它的本義隱晦了。

(2)井與井

18　由現在看得到的資料判斷，中國古代的幾何進展不如同時期的西方。他們求面積的方法，基本上是長與寬的相乘。對於不整齊圖形面積的估算，慣常的做法是「截長補短」，這就涉及到人爲的估計。如果分割爲許多小方塊之後再相加，計算者的判斷更會影響結果。這些技術上的不準確性，會給經手官吏上下其手的機會，這應該不是孟子願意看到的。

　　《說文解字注》第五篇下的「丼」字小篆，中間有一點，顯示《說
文》認爲「丼」爲井字的初形。《說文》對丼的解釋爲：「八家爲一
丼，象構韓形。……古者伯益初作丼。」並認爲中間那一點 「象
甕」。然而，在李孝定(1965)編纂的《甲骨文字集釋》內，甲骨文皆作
「井」，中間沒有一點。在已知的卜辭中，此字皆用於「井方」、「帚
井」等處，都沒有用來指涉水井。至於周代的金文，根據周法高(1982)
編纂的《金文詁林》與《金文詁林補》，就區分爲「井」與「丼」兩
形。井字在很多地方可以通假作「刑」或「型」，也用來作爲地名或人
名。「井」和「丼」兩字截然有別，但都找不到一種用法是指涉「水
井」的。

　　根據全廣鎭(1989)《兩周金文通假字研究》(頁205)與吳其昌(1991)
《金文世族譜》(卷2頁5-6、卷1頁18-9)，中間有一點的「丼」，皆與
姜姓之奠(鄭)丼氏有關，例如曶壺之「丼公」、曶鼎之「丼叔」。中間
無一點的井字，與「邢」字相通，受封者是周公之後，爲姬姓，例如麥
鼎之「井侯」。雖然在甲骨文卜辭與鐘鼎銘文中，都找不到作爲水井之
用的井字，但是《說文》也確指「丼」字是「井」字的初形。因此我們
還不知道，究竟是在周代分化爲2字，或是水井的「丼」在甲骨文裏本
來中間就有一點，祇是因沒有用在地名或人名上，所以才未在卜辭中留
下記錄。如果是後者，那有可能「井」字的原義就是「效法」或「規
範」，並由此引申出「阱」、「刑」、「型」等字。

　　丼字如果是從井字衍申而來，本來或許是寫作「洴」，從水從井。
此字見於甲骨文，但不見於《說文》，在後來的《集韻》與《玉篇》
中，此字解作「小水」，或假借作「阱」。可能是再由「洴」簡化作
「丼」，中間那一點並非如《說文》所說的是「象甕」。這祇是個猜
想，目前還沒有直接的證據來證實或否證。

　　鐘鼎銘文中有記載田產糾葛細節的文字，居然沒有涉及水井，有點
奇怪。從甲骨卜辭可以看到，王室生活中的困惑都要卜問；鑿井是否能

成功，照理也應該卜問，可是並沒有看到這類的記載。更奇怪的是，整部《詩經》裏一個「井」字也沒出現過。《詩經·小雅·白華》有「滮池北流，浸彼稻田」，這類談到雨水與旱災的文句很多。甲骨文也有大量求雨的卜辭，但都沒談到水井。

所以我們大概可以確定：在西周之前，沒有用過井水灌溉。我們也可以猜測，那時大概不會在田中鑿井。百姓住宅之井，照理應該在房屋附近，取用水才方便，不必遠行到田裡挑。因此大約是要到戰國時，鑿深井的技術較成熟後，井水在灌溉上才逐漸有輔助性的地位，而且是以灌園為主。後儒談論井田時，常設想八家共一水井灌溉，恐怕是從後世的生活習慣，往前作了錯誤的推論。

其實水井很早就存在了。根據宋鎮豪(1994)《夏商社會生活史》記載，在河北蒿城發掘的商代遺址內，就有水井6口(頁64)。但何以在《詩經》內沒有水井的地位呢？《詩經》中有許多地方寫到泉水，如《曹風·下泉》：「洌彼下泉，浸彼苞稂。」《邶風·泉水》：「毖彼泉水，亦流于淇。」《小雅·四月》：「相彼泉水，載清載濁。」公劉在遷移時：「逝彼百泉，瞻彼溥原。」「觀其流泉，其軍三單。」（《大雅·公劉》）文王對密人的警告：「無飲我泉，我泉我池。」（《大雅·皇矣》）詩人譏刺周幽王的秕政：「泉之竭矣，不云自中。」（《大雅·召旻》）

由此推論，當時貴族的飲用水多是泉水，百姓在有天然流泉可飲時，也不太願意鑿井。據許進雄(1995)《中國古代社會》，考古學者在西安的半坡挖掘到一個有40、50座房基的遺址，因處於泉源區，取水尚稱方便，但並未發現有井(頁312)。水井的初始功能，大概是用來當作通地下泉源的工具。然而淺井較不易維持水質潔淨，《周易·井卦》初六爻辭「井泥不食」，就顯示經常需要渫井；九五爻辭「井洌寒泉食」，表示寒泉譽上品之井水，是最吉的爻象。

（3）井字的歷史意義

春秋中期以後人口密度增加，井水的飲用才逐漸普遍。鄭國子產的新政「廬井有伍」，顯然就是在因應這種新的需求。漢末劉熙《釋名·釋宮》第17說：「井，清也，泉之清潔者也。」那是在掌握深井技術之後才會有的看法。春秋時期的貴族大概都是飲用泉水，用民力開隧道取地下泉水，這種活水比靜態的井水容易控制水質。《左傳·隱公元年》載潁考叔勸鄭莊公：「若闕地及泉，隧而相見，其誰曰不然？」可見隧而及泉並不是很難的事。到了孟子的時代水井已經普遍，因此就有許多與井相關的故事，例如瞽瞍使舜浚井，企圖將他活埋等等。

現在我們了解，在西周以前水井並不普及。這也可以幫助我們進一步解釋，何以井田這個名詞要到孟子的時代才被普遍接受。因為即使在過去有類似井田的做法，也不會用「井」這個字來形容，因為井的觀念是戰國時期才普及的。春秋之前，井這個字完全沒有「經界」，也沒有「井田」的意義。我們要極力澄清的是：「井字田」和「井田制」是兩回事。任何時代為了充分利用耕地，都可以把土地劃成「田」字型或「井」字型，這由甲骨文中各種「田」字的象形寫法就以可明白（古時劃分線的實體是封洫）。但井字型的耕地和傳說中的井田制（一種政治、社會和經濟之間的關係），是不相干的。

（4）《左傳》中的井與泉

要看春秋時人民對井水依賴程度的加強趨勢，最好由《左傳》著手。

（a）井

《左傳》裡頗有對水井的描述，顯示當時的水井已逐漸普遍。然而也可以看出，當時的水井還相當原始、相當淺。《左傳》提到水井的部分，可按時序歸納出6項如下：

（1）〈宣公二年傳〉：「狂狡輅鄭人，鄭人入於井，倒戟而出之，獲狂狡。」那個鄭人大概是車右，他在應戰時跌下車，又踩到井口而落

井。顯然那個井並不深，而他也有盔甲保護，所以掉落後還有作戰能力。而宋國的狂狡卻太輕敵（或太仁慈），居然倒握戟柄伸入井內想拉他出來。戟柄的長度不到一丈，可見井的深度大概也差不多。鄭人抓住戟柄出來後，可能趁機奪了戟，反而虜獲了狂狡。這次的戰地在宋，井應在宋國。

（2）〈宣公十二年傳〉：「申叔（展）視其井，則茅絰存焉，號而出之。」此事發生在楚滅蕭之役。楚大夫申叔（展）先前對蕭大夫還無社暗示：當楚軍入蕭時，要他藏入眢井以避難。所謂的眢井就是廢井，廢井可以躲人，可見不很深，或甚至是乾井。蕭是宋的附庸，井在宋楚之間，後來屬楚。

（3）〈成公十六年傳〉、〈襄公十九年傳〉、〈襄公二十六年傳〉等處都提到：軍隊作戰時若需要空地，可以「塞井夷灶」。所填塞的井，是軍隊為了獲得飲用水所挖的井（野戰井）。春秋中後期戰爭規模漸大，估計每一方包括後勤人員在內不下數萬人，飲用水就不得不靠野戰井，兵過即棄。為了要有平坦的地面供戰車奔馳，以及有足夠的空間讓士兵列陣，棄井隨即用土塞平。能在短時間內塞井，可見挖得不深。

（4）〈襄公二十五年傳〉：「（前年冬）陳侯會楚子伐鄭（東門），當陳隧者，井堙木刊。」意思是：鄭國對陳國的舉動恨之切骨，並以之為伐陳的口實。這顯示鄭國民間飲用井水已逐漸普遍，井若為陳兵所堙，當然會懷恨。同樣地，在短時間內即可填塞大量水井，可見那些井並不深。

（5）〈襄公三十年傳〉：「鄭子產為政，使廬井有伍。」可見當時鄭國的水井已多到需要管理。鄭國人口密，地處中原，河溪水量夏冬漲落大，需要井水補充。

（6）〈昭公二十五年傳〉：魯昭公孫于齊，「先至于野井」。此處的「野井」應是地名，但是否因水井而得名，尚不可考。

以上是《左傳》中關於井的記載，時間始于魯宣公2年，已進入春

秋中期。到了春秋後期（襄昭之際），民間的井水使用，在人口較密的鄭
國已漸普遍。再過幾十年，井在魯國也普及了，所以在《論語‧雍也》
裡，有宰我設喻向孔子問難之言：「仁者雖告之曰：『井有仁焉。』其
從之也？」到了孟子的時代，離襄昭之際又過了兩百多年，水井就更普
遍了，因此《孟子‧公孫丑上》就用大家聽得懂的話說：「今人乍見孺
子，將入於井。」來反襯「人皆有不忍人之心」。或許是井水用得多
了，地下水的水位較前降低，所以《孟子‧盡心上》才舉這樣的譬喻：
「掘井九軔而不及泉，猶為棄井也。」8尺為軔，9軔為72尺。孟子雖以
此為譬喻，但亦能反映當時人的常識。9軔之深與春秋中期之井深不足1
丈，變化甚大。

(b)泉

對春秋時期的貴族而言，泉水在生活中似乎相當重要，《左傳》裡
提到「泉」的地方亦不少。

(1)〈隱公元年傳〉：鄭莊公闕地及泉，與母親姜氏相見。

(2)〈文公十六年傳〉：「有蛇自泉宮出，入於國，如先君之數。
秋八月辛未，聲姜薨，毀泉臺。」據《公羊傳》解釋，「泉臺」即郎
臺，在魯都曲阜的南郊。「泉臺」大概是因泉而築。考其地望，其泉應
該就是逵泉（參見下文）。

(3)〈昭公十七年傳〉記載：楚國俘虜吳國之乘舟餘皇，嚴密看
守。「環而塹之，及泉。盈其隧炭，陳以代命。」楚軍掘壕溝深可及
泉，在隧道中滿置木炭以除濕並在內列陣，顯示掘隧道通泉在當時並非
難事。

(4)此外，《左傳》中地名為某泉者，多因泉而得名，姑舉數例：

逵泉——見〈莊公三十二年傳〉，位於魯國曲阜南郊。據楊伯峻
(1982)《春秋左傳注》（頁254）引述《清一統志》，謂其泉水中有石，
如伏黿怒鼉。

翟泉——見〈僖公二十九年傳〉，位於洛陽。《杜注》：「大倉西

南池水也。」

華泉——見〈成公二年傳〉。齊師敗於晉，齊國之車右丑父假冒齊
頃公，令頃公往華泉

取飲而逃脫，可見該地以泉為名。華字則可能來自華不注山。

蚡泉——見〈昭公五年傳〉，為魯地。《公羊傳》作「濆泉」，而
以「涌泉」釋之。顯然由泉水得名。

從這些引述可見春秋時期泉水普遍，以泉為名之地相當多，尤以齊
魯與成周附近為甚。泉水應為當時飲用水之上品。當時已知地上之涌泉
來自地下，故亦稱地下水為「泉」或「黃泉」。故鄭莊公可以闕地及
泉、楚軍掘壕溝其深可以及泉；而掘井祇是通達地下泉源的管道，這可
從孟子的話得證：「掘井九軔而不及泉，猶為棄井也。」

（c）餘論

《今文尚書》28篇內完全沒有「井」字，偽《古文尚書》也祇有
〈畢命〉篇內有一句「弗率訓典，殊厥井疆。」（宋）蔡沈《書經集傳》
解釋為：「其不率訓典者，則殊異其井里疆界，使不得與善者雜處。」
偽《古文尚書》出現於晉代，「井疆」的名稱，完全是後代人心中的制
度，偽造者不自覺地漏了底。

從這裡也可以推測，在西周至春秋初期之間，統治者所頒的文告與
典禮記錄，不會用到井字。此外，在殷商甲骨文與周金文中，「井」字
未見作「水井」解的。還有，我們在《詩經》與《尚書》內也都看不到
井字。這幾件事共同指出一項事實：在西周之前，水井不像後世那麼重
要。從上面的討論得知，要到春秋中期人口密度大增後，水井的重要性
才漸顯露。另一方面也因而確知，泉水在西周以前是飲用水的主要來
源，尤以貴族為甚[19]。

---

19 陳良佐(1970)〈井、井渠、桔槔、轆轤及其對我國古代農業之貢獻〉，對井
在中國古代農業與生活的應用情況，有很好的解說。

6 綜述與結語

6.1 綜述

孟子與滕國君臣的問答，到底製造了甚麼謎團，讓兩千多年來的飽學之士都轉不出來？我們可以歸納出下列5個問題。雖然在正文裏已經嘗試回答，但爲了能更清晰地綜述，我們把相關的答案歸納在各個問題之下。

(1)孟子回答滕文公問「爲國」的第一段話裏，除了一些原則性的，如「民事不可緩也」、「恭儉禮下，取於民有制」、「設爲庠序學校以教」以求「人倫明於上，小民親於下」之外，主要是一段關於三代稅賦制度的傳說。似乎孟子自己也不十分清楚這些制度的細節，還要引用龍子的話與《詩經・小雅・大田》的句子來補充。到底他對哪些話較有把握？哪些是僅憑猜想呢？

我們的回答是：孟子對三代稅賦制度的了解，也許比同時代的人稍多一些，可是離完整還遠。他較有把握的片段，似乎是「夏后氏五十而貢，殷人七十而助，周人百畝而徹，其實皆什一也」、「惟助爲有公田」，以及他對「助」與「徹」的解釋；這些都是他特別提出來講的。另外，他引龍子的議論作爲他認同助法的根據，他對議論中的敘述：「治地莫善於助，莫不善於貢。貢者，校數歲之中以爲常。」顯示他是贊成助法的，這是屬於「較有把握」的部分。他對其他事情的敘述，把握就少一些，尤其是他對〈大田〉詩中「公田」的理解是錯誤的；這使得他對原來所相信的「周人百畝而徹」，也產生了懷疑。然而，他說「雖周亦助也」，祇是提出心中的疑問，這並不是他的結論，因爲這和他所認同的助法之優點並不牴觸。

(2)在同一段內，孟子並未提出「井地」的字眼；而在之後的第二

段內，滕文公卻主動派畢戰向孟子問「井地」。是否滕國君臣已先知道井地這個觀念，而僅向孟子請教具體的辦法呢？孟子用「經界不正，井地不均」作為他的回答總綱，這是要傳達甚麼訊息呢？畢戰所問的井地，與第一段內的賦稅有甚麼關係呢？

我們的回答是：滕文公派畢戰向孟子問的井地，是土地規畫的方針。「井」字在此應作「型」字解。滕國的田地因受戰禍與兼并的破壞，經界不夠規則，導致面積無法準確計算，造成不公平的現象。孟子用「經界不正，井地不均」作為回答的總綱，正是針對此問題，提醒滕國君臣要及早整頓，不要讓「暴君汙吏」去「慢其經界」。當時人口的增加，已造成各家的農田接壤，破壞了以前的經界；同一時期，因人口外移所造成的農村失血，可以抵消部分人口的增加效應，這正是整頓經界的好時機。

井地與賦稅的關係是間接的，因為孟子認為「經界既正，分田制祿，可坐而定也」。在他心目中，賦稅問題的解決，顯然是以「正經界」為先決條件。

(3)孟子在第2段所描述的「請野九一而助，國中什一使自賦。」為何講得那麼籠統？畢戰聽到這段話後，真的就能自行補充細節嗎？他有沒有繼續發問？若有，何以沒有記錄？

我們的回答是：孟子所策畫「請野九一而助，國中什一使自賦」的辦法，是針對滕國地勢平坦而小面積的特性所設計。滕國獨特的情況，當時大家都知道，無須多講。反而是後代的人，在事過境遷之後，沒有考慮到滕國的特殊背景，才會產生誤解。若能把當時的背景考慮進去，就可以發現孟子的話已經相當清晰明白。孟子的方案已經把「野」、「國中」、「圭田」、「餘夫」都照顧到了，其餘的細節已不會造成很大的不公平，可以放心讓滕國君臣自行決定。畢戰有把握在孟子方案的精神下自行補充細節，所以就沒必要多問。

(4)孟子說的「請野九一而助」，何以與他在第一段所認同的「什

一」不一致呢？有沒有「託古改制」的成分呢？

我們的回答是：孟子說的「請野九一而助」，是因爲「正經界」的井地方案，如圖(a)所示，是切成9塊，只能「九一」，無法兼顧到「什一」的原則。由此可知，孟子所著重的是「正經界」。在此前提下，能夠實行「莫善於助」的賦稅制度，當然就更理想。

與戰國後期的諸子相比，孟子的井地方案理想中，託古改制的成分不多。他所引的「古」大多有所傳承，就算有錯，也是當時儒家共有的錯。儒家對「古」有相當一致的認識，孟子無須、也無法自己託古。他所敍述的三代稅制，在戰國初期流傳過，即使非常不完整，也可能代表當時對此問題的較好資訊。孟子顯然了解這些傳說的不完整性，只好加進自己的猜想；如果他真的在託古，爲甚麼不託得更完整一些？

(5)在《孟子》書中，我們可以發現孟子對所堅持的原則，會向不同的對象一再地推銷。然而，田地與稅賦這麼重要的方案，何以在《孟子》中僅此一見呢？他心目中有沒有完整的草案呢？或僅是爲了滕國的特殊問題所做的臨時發揮？

我們的回答是：「請野九一而助，國中什一使自賦。」是孟子針對滕國特殊情況所做的個別建議，而非應該堅持的普遍性原則。方案背後的精神，是在「取於民有制」，這才是他所堅持的原則。在規畫方案的同時，他並沒有忘記推銷「民事不可緩也」、「設爲庠序學校以教之」、「人倫明於上，小民親於下」、「出入相友，守望相助，疾病相扶持」等配合措施，這些更是他所堅持的原則。孟子是感於滕文公的知遇，才針對滕國的情況作此策畫，可見他心中並沒有一個事先準備好的草案。這是個特例，在《孟子》中僅此一見。梁、齊等大國的客觀條件較爲複雜，孟子當然不會冒昧地提出同樣的方案。甚至在魯或在宋時，因爲得不到君主的信託，他也沒有提過任何方案。由此可見，所謂的井田制，其實是後人企圖將孟子井地方案的外殼，在過度一般化之後，推廣運用到更廣泛的地區，而未必掌握到孟子當初的基本精神。

6.2　結語

　　現在不妨檢討一下，歷來對上述5個問題的處理方式。戰國時代離孟子最近，他們對當時背景資料的掌握應該沒有問題。可是戰國後期至漢初，正是託古改制風氣最盛行的時候，學者們因而以爲孟子也是在託古改制，祇是說得不夠詳細而已。於是憑一己的理想，將《孟子》中的記載擴大渲染，誤導後代讀者以爲那眞是先王的遺制，是孟子所祖述的，此事尤以《周官》爲甚。由西漢中後期到魏晉，那些說法的問題就逐漸浮現，儒者花了很大精力，來彌縫前人對井田制說法，把那時已顯得若有若無的傳說，加上詩書中扯得上關係的一言半句，作爲「解經」的根據。結果是越解釋越臃腫，害得唐宋以後的學者，也陷在此漩渦中無法自拔。僅少數學者如宋朝的朱熹，看出孟子此處「制度節文不可復考，而能因略以致詳，推舊而爲新，不屑屑於既往之跡。」（見他在《孟子章句》中爲此章所寫的按語）朱熹作了較合理的推論，啓發清代乾嘉學者，逐漸扭轉此一積重難返的趨勢。

　　梁啓超的時代，正處於新舊交接之際。乾嘉學者的努力，已部分澄清了歷來經學家最糾纏不清的問題，而歐美日本的史蹟與學說，也開始讓國人有更寬廣的眼界。梁所涉及的外務太雜，對上述問題的解答並沒有太多貢獻。五四以後，胡適、顧頡剛、季融五等人，繼乾嘉遺風，對以往的經學抱懷疑與批判態度，對井田制的疑點當然不肯放過。上面綜述的5個問題，他們也大致意識到了；對這5個問題個別的解答，也偶爾有說對的。可是，一般而言，破壞有餘建設不足。例如胡適在《井田制有無之研究》（頁50）說：「孟子的文章向來是容易懂得的，但是他只配辯論，不能上條陳。他這幾段論田制的話，實在難懂……」其實孟子並非在「上條陳」！他的話也講得夠清楚，畢戰顯然聽得懂，所以才沒再發問；祇是後人沒有考慮孟子與滕國君臣問答的背景（而這些在當時是不需講明的），才會覺得難懂。

　　另一方面，朱執信他們多少會感覺到，井田的傳說有助於推介國外某些政經理論（例如原始共產社會）進入中國，故傾向於辯護傳統的說法。然而經過這次辯論，疑古的風氣已開，日後對解答井田問題的進展是有幫助的。尤其是日後大部分對井田的辯論，都知道要回歸到《孟子》。

　　錢穆對人口問題與井田的關聯，已經講得很清楚，他對第1個與第5個問題的答案也與我們相近。齊思和對第3與第5個問題的突破，最有貢獻。陳瑞庚已經注意到第2個問題的「井地」名稱，他對第1個問題的處理也算正確；然而他對第5個問題的答案卻錯了，因而影響他對3、4個問題的處理。木村正雄比較接近第3個問題的解決。方清河對第1、第3、第5個問題的解答都有心得；可惜他對井地的意義解釋得不很成功，對孟子所堅持的基本原則，也分析得不夠透澈，有點功虧一簣。我們在前人的成就上提出自己的看法，希望能有效地否證井田說這個重要的公案。

第11章

中西經濟學説史

　　本章討論梁對兩項經濟學說史的見解。第1節從梁對墨學的研究（《墨子學案》、《子墨子學說》、《先秦政治思想史》、《墨經校釋》），說明：(1)他如何以「七個公例」（原則)來解說《墨子》的經濟見解；(2)他的詮釋有哪些特點與缺失。雖然經濟議題只是墨學的一環，但梁的內在邏輯和不時出現的過度衍繹，都很值得商榷。第2節析論梁的〈生計學學說沿革小史〉（1902-4，12：1-61)，這是介紹西洋經濟思想的長文，內容廣泛，可議論之處較多，值得深入分析。

1　墨子的經濟見解

1.1　主題界定

　　梁在《墨經校釋》序頁2說「啟超幼而好墨」，引發他深入探究墨學的人，可能是《墨子閒詁》（1893)的作者孫詒讓。梁在《中國近三百年學術史》（頁230)說：「此書初用活字版印成，承仲容先生(孫詒讓)寄我一部，我才23歲耳(1895年)。我生平治墨學及周秦子書之興味，皆自此書導之。」梁日後自號「任公」，有一說是源自《墨經》的「任，士損己而益所為也。」《經說》對「任」的解釋，是「為身之所惡以成人之所急」（羅檢秋1999：41，另見《墨子學案》第二自序)。

　　以上這些事蹟，研究墨學的人士已都知曉。梁對墨學的長期關注與

投入，以及因梁而引發近代墨學的復興，羅檢秋(1992)和黃克武(1996)已有周延的解說與分析。他們對墨學在梁的學術思想體系內之重要性、他如何主張運用墨學的精華來救亡圖存、如何帶動清末民初墨學研究的風氣，以及胡適如何因梁的啓發，轉而日後在某些論述上甚至超越梁的成就，等等這類相關的主題，都提供了確切的解析。這兩篇文章所引用的書目相當廣泛，讀者很容易找到與上述題材相關的各類研究文獻。

梁對墨學的研究，主要集中在4本小書內，依出版年序是：《子墨子學說》(1904，專集37)、《墨經校釋》(1920，專集38)、《墨子學案》(1921，專集39)、《先秦政治思想史》(1922，專集50)。現存《墨子》50篇內包含多項主題(李漁叔1976)，與經濟相關的議題分散多處，梁在《墨子學案》第3章內，以「七個公例」來解說「墨子之實利主義及其經濟學說」(頁13-21)。這是梁對墨家經濟學說作最系統解說的部分，在內容上已吸收了多年前在《子墨子學說》第2章(頁18-24)所陳述的觀點，並作了更條理化的析述。他在《先秦》第11章「墨家思想(其二)」(頁119-26)，對墨子的「利」和「義」作了詳細的詮釋，但基本上未超出上述兩章的範圍，談到經濟見解的部分也較弱。他在《墨經校釋》的〈經說下之上〉第31、32條(頁71-2)，對《墨子》的「價格」和「價值」的認知，也有不錯的解釋。整體而言，《墨子學案》第3章「墨子之實利主義及其經濟學說」，是理解梁對《墨子》經濟見解的主體。以下諸節的內容，依照上述的順序評述。

1.2 墨子學案

梁的切入點很清楚：「經濟學的原字Economy，本來的訓詁，就是『節用』。所以墨子的實利主義，拿〈節用〉做骨子，〈節葬〉不過〈節用〉之一端，〈非樂〉也從〈節用〉演繹出來，今綜合這幾篇來研究"墨子經濟學"的理論。」(頁14)這段話中的Economy應譯爲「經濟」(而非「經濟學」)，這也才能和以下幾句的〈節用〉、〈節葬〉、〈非

樂）相對應；此段也說明梁的「墨子經濟學」，基本上是建立在這3篇
的內容上。以現在的眼光來看，《墨子》內的經濟論點大概只能稱為
「見解」，尚不構成體系，也還未到「思想」的層次。梁列舉墨家經濟
見解的7個「公例」（原則），解說如下。

（1）「研究墨子的經濟學，須先從消費方面起點。墨子講消費，定
出第一個公例是：『以自苦為極』（《莊子·天下》），『凡足以奉給民
用則止』（〈節用中〉）。墨子以為人類之欲望，當以維持生命所必需之
最低限度為標準。飲食是『黍稷不二，羹胾不重，飯於土塯，啜於土
刑。』（〈節用中〉）衣服是『冬以圉（禦也）寒，夏以圉暑。』宮室是
『高足以辟（同避）潤濕，邊足以圉風寒；上足以待霜雪雨露，牆高足以
別男女。』（〈辭過〉）只要這樣就夠了，若超過這限度，就叫做奢侈。
墨子以為凡奢侈的人，便是侵害別人的生存權，所以加他個罪名，說
是『暴奪人衣食之財』（〈節用中〉）。近代馬克思一派說，資本家的
享用，都是從掠奪而來；這種立論根據，和二千年前的墨子正同。」
（頁15）

這段話的解說清晰明白貼切，最後一句則大可商榷。《墨子》的原
意可能是：在春秋戰國資源有限的環境裡，各人對經濟物資的掌控能力
不一，若有人奢侈，就會妨害他人的生存。相對地，馬克思的意思是
說：由於資本家掌握生產資源，他們享用的是勞動力的「剩餘價值」，
剝削了勞工應得的某些部分。資本家所「掠奪」的部分，不一定會「侵
害別人的生存權」（想想美國和日本的狀況）。所以墨家和馬克思的說
法，在時空背景上、在具體內容上都截然不同，梁對此說作了過度的比
附。

（2）「講到生產方面，墨子立出第二個公例是：『諸加費不加利於
民者弗為』（〈節用中〉），『凡費財勞力不加利者不為也』（〈辭
過〉）。墨子以為生產一種物事，是要費資本費勞力的，那麼就要問，
費去的資本勞力能夠增加多少效用？所費去的和所增得的比較，能否相

抵而有餘。……他的意思以爲穿衣服的目的，不過取其能煖，穿綢比穿布並不加煖，所以製綢事業就是『加費不加利於民』。墨子非樂的主張，就是從這個公例衍生出來。他說：音樂是『加費不加利於民』的事，所以要反對他。墨子以爲總要嚴守這個公例，將生產力用到有用的地方，才合生產眞意義。所以他說把那些闊人所嗜好的『珠玉鳥獸犬馬』去掉了，挪來添補『衣裳宮室甲盾舟車之數』，立刻可以增加幾倍（〈節用上〉）。……墨子更把這種觀念擴充出去，以中用不中用爲應做不應做的標準。凡評論一種事業一種學問，都先問一句『有什麼用處』。這是墨學道德標準的根本義，若回答不出個『什麼用處來』，那麼，千千萬萬人說是好的事，墨子也要排斥的。」（頁14-5）梁的解說很清楚，用現代的經濟學語言重述這個公例，就是(1)要合乎成本／效益法則；(2)最低滿足法則，避免資源作非生產性運用；(3)主張社會資源的公平運用，不使少數人有奢侈的「珠玉鳥獸犬馬」。

（3）「墨子這種經濟思想，自然是以勞力爲本位，所以『勞作神聖』爲墨子唯一的信條。他於是創出第三公例，是『賴其力則生，不賴其力則不生』（〈非樂上〉）。墨子說，人……一定要『竭股肱之力，殫其思慮之智』，才能維持自己的生命。所以各人都要『分事』。什麼叫做分事呢？就是各人自己分內的職業（以上節譯〈非樂上〉篇原文）。」（頁16）其實這也算不上是個「公例」，最多只是個「信條」，主張有生產能力的人都必須要自立更生。雖然未談到如何救濟殘障失能者，但此處的文意應專指有生產能力者。

（4）第4個公例，其實就是分工原則。「墨子於是感覺有分勞的必要，又創出第四個公例，說道：『各從事其所能』（〈節用中〉），『各因其力所能至而從事焉』（〈公孟〉）。墨子設一個譬喻，說道：『譬若築牆然，能築者築，能實壤者實壤，能欣者欣（同掀），然後牆可成也。』（〈耕柱〉）。……無論是筋力勞作，或是腦力勞作，只要盡本分去做，都是可敬重的。」（頁16）螞蟻和蜜蜂的分工是自然界的本能，人

類社會的分工在古今中外各種文明裡也都存在，這是一件具體明白的事，談不上是個「公例」。亞當史密斯在《國富論》首章論分工，之所以受學界重視，是因為他以實例確切說明分工對製造業生產力的驚人效果，以及如何可由此有效地增加國富。墨家的說法相對地單純，梁在1921年的解說也未見深刻之處。

（5）「在這種勞力本位的經濟學說底下，自然是把時間看得很貴重。墨子是又創出第五個公例，說道：『以時生財，財不足則反之時』（〈七患〉）。『光陰即金錢』（Time is money）這句格言，墨子是看得最認真的，他所以反對音樂，就因為這個原故。他說那些『王公大人』們日日聽音樂，還能『早朝晏退聽獄治政』嗎？……所以斷定音樂是『廢國家之從事』（〈非樂上〉）。……他反對久喪，也是因為這個原故。……這樣，人生在世幾十年，服喪的日子倒占了大半，還有什麼時候去做工呢？而且服喪的時候，做成許多假面孔，『相率強不食以為飢，薄衣而為寒』，『扶而能起杖而能行』，鬧到『……顏色黧黑，耳目不聰明，手足不健強』，這不是於衛生大有妨礙嗎？這不是減削全社會的勞力嗎？所以斷定『久喪為久禁從事』（〈節葬下〉）。」（頁16-7）儒家主張的理想服喪期未免過長，所以墨家的節葬觀是有意義的說法。墨家的非樂論，梁在他處另有申論，在此只是要說明「樂」和「服喪」這類的事，是屬於非生產性的活動，應該禁止或降到最低程度。

（6）梁認為主張人口增殖，是墨家經濟見解的第6個公例：「欲民之眾而惡其寡。」（〈辭過〉）梁說：「墨子的人口論，和瑪爾梭士的人口論，正相反。瑪爾梭士愁的是人多，墨子愁的人少。人少確是當時的通患。……墨子對於這問題，第一主張早婚，……第二是反對蓄妾。這些主張，都是以增加人口為增加勞力的手段，所以看得很鄭重。反對久喪，也是為這個原故，因為儒家喪禮，禁男女同棲，服喪時候很多，於人口繁殖自有妨礙。……這都是注重人口問題的議論，雖然見解有些幼稚，但在當日也算救時良藥了。」（頁17）不同的社會各自有特殊的環境

與條件，墨家的人口增殖論自有其背景與需要，梁既然能同情地理解，不知爲何又覺得「見解有些幼稚」？

　　(7)最後一個公例，是經濟分配的原則：「有餘力以相勞，有餘財以相分。」（〈尚同上〉）梁對這個原則的解說是：「自己的勞力和光陰，做完了自己分內的事業，還有餘賸，拿去幫別人做，這就是『餘力相勞』。自己的資財，維持自己一身和家族的生活，還有餘賸，拿去分給別人，這就是『餘財相分』。這兩句話《墨子》書中講得最多（〈天志篇〉〈辭過篇〉〈兼愛篇〉皆有），其實只是『交相利』三個字的解釋。〈節葬篇〉說『疾從事焉，人爲其所能以交相利』，意義更爲明瞭。……相勞，就是孔子講的『力惡其不出於身也，不必爲己』。餘財相分，就是孔子講的『貨惡其棄於地也，不藏諸己』（《禮記・禮運》）。兩聖人的經濟學說，同歸宿到這一點。質而言之，都是夢想一種完全互助的社會。」(頁18)梁把墨家主張社會的互助，和〈禮運篇〉的大同世界理想比附在一起，未免言之過度。以墨家一向對儒家批評的態度來看，說不定墨者還要反對梁的這種說法。雖然在某些片斷文字上，梁可以在儒墨之間找到共同的意思，但雙方在基本態度上的差異，也不可因而模糊掉。

　　接下來梁所作的比附，就更失之千里了：「我想，現在俄國勞農政府治下的經濟組織，很有幾分實行墨子的理想，內中最可注意的兩件事。第一件，他們的衣食住，都由政府干涉，任憑你很多錢，要奢侈也奢侈不來，墨子的節用主義，眞做到徹底了。第二件，強迫勞作，絲毫不肯放鬆，很合墨子『財不足則反諸時』的道理。雖然不必『日夜不休以自苦爲極』，但比諸從前工黨專想減少工作時刻，卻是強多了。墨子說『安有善而不可用者』，看勞農政府居然能彀實現，益可信墨子不是個幻想家了。」(頁18)

　　若墨子棺中復起，實地見了俄國在1917年革命之後的集體農場，不知有何切身的感想？梁把墨家的理想，和〈禮運篇〉的大同世界比附在

一起，又和俄國的集體農場比附相通，那麼在邏輯上是否可以說，禮運大同的理想和集體農場的作法也是相通的呢？用這種方式詮釋墨家的經濟見解，未免欠缺思量。再說，在1906-7年間，梁在《新民叢報》上和革命黨所辦的《民報》，對中國日後是否該採社會主義經濟路線，以及土地是否應該國有化的問題有過激烈爭辯。以梁當時對這兩條路線堅決否定的立場，不知為何他在1921年寫《墨子學案》時，竟然把他積極主張用來救中國的墨學，和「俄國勞農政府治下的經濟組織」比附在一起？（參見黃克武1996：77, 80-1）

　　解說了7個「公例」之後，梁轉而闡釋他認為墨家學說中最關鍵的「利」這個概念。「墨子把『利』字的道理，真是發揮盡致。孔子說『利者義之和』，已經精到極了，《墨子·經上》篇直說『義，利也』。是說，利即是義，除了利別無義。因此他更替這個『利』字下了兩條重要的界說。界說一：凡事利餘於害者謂之利，害餘於利者謂之不利。有時明明看著是有害的事情，還要做他（如斷指）。表面看來，豈不是和實利主義相悖嗎？其實不然，因為是利餘於害才取他，他畢竟是取利不是取害。反之，害餘於利的事情，萬不要取。……界說二：凡事利於最大多數者謂之利，利於少數者謂之不利。……少數人格外占便宜得利益，從這少數人方面看，誠然是有利了，卻是大多數受了他的害。從墨子愛利天下的眼光看來，這決然是害，並不是利。反之，若是少數吃虧，多數人得好處，墨子說他是利。……英人邊沁主張樂利主義（現譯為「效用學派」，utilitarianism），拿『最大多數之最大幸福』做道德標準，墨子的實利主義，也是如此。」（頁19-20）

　　這一點梁解說得很好，接下來他要對墨家的經濟見解做個總評估：「然則墨子這種學說，到底圓不圓滿呢？我曾說過，墨子是個小基督。從別方面說，墨子又是個大馬克思。馬克思的共產主義，是在『唯物觀』的基礎上建設出來；墨子的『唯物觀』，比馬克思還要極端。他講的有用無用、有利無利，專拿眼前現實生活做標準，拿人類生存必要之

最低限度做標準，所以常常生出流弊。」（頁20）

墨子何以能既是個小基督又是個大馬克思呢？梁的解說不足，難以評判。梁或許是從「兼愛」和「非攻」的觀點，來說墨子是個小基督；但馬克思的學說豈僅侷限在唯物觀上？墨家雖重基本的物質生活以及「非樂」，但馬克思更高的關懷是資本主義、社會主義、共產主義這類政治與經濟制度的層次，墨家的經濟見解多侷限在個人生活與社會的公平福利上，如何可能是個大馬克思呢？

在具體的議題上，梁對墨家的主張作了下列批評：「即如他所主張『男子二十處家，女子十五事人』，依我們看來，就不如孔子所主張『男子二十而娶，女子二十而嫁』。墨子只知道早婚可以增加人口、增加勞力，卻不知道早婚所產的兒女，體力智力都薄弱，勞力的能率卻減少了。」（頁20）梁反對國人早婚的立場眾所週知，那是因為清末的情況讓他有此領悟。現代的生物學知識，應可判斷「早婚的兒女，體力智力都薄弱」是否正確，梁未免以己之意，作了過度的推理。

「墨子學說最大的缺點，莫如『非樂』。他總覺得娛樂是廢時失事，卻不曉得娛樂和休息，可以增加『物作的能率』。若使墨子辦工廠，那『八點鐘制度』他定然反對的。若使墨子辦學堂，一定每天上課十二點鐘，連新年也不放假。但這種辦法對不對，真可以不煩言而決了。……莊子批評墨子說：『其道太觳，使人憂，使人悲，其行難為也，恐其不可以為聖人之道。反天下之心，天下不堪，墨子雖能獨任，奈天下何？』（〈天下篇〉）莊子是極崇拜墨子的人，這段批評，就很替墨子可惜。墨子的實利主義，原是極好，可惜範圍太窄了，只看見積極的實利，不看見消極的實利。所以弄到只有義務生活，沒有趣味生活，墨學失敗最重要的原因，就在此。」（頁21）

如果墨學有這項致命傷，那我們又應該如何理解下列的論點呢？「梁啟超曰：今舉中國皆楊也。有儒其言而楊其行者，有楊其言而楊其行者，甚有墨其言而楊其行者，亦有不知儒、不知楊、不知墨而楊其行

於無意識之間者。嗚呼，楊學遂亡中國！楊學遂亡中國！今欲救之，厥惟墨學，惟無學別墨，而學眞墨。」（《子墨子學說》首頁）

1.3 其他見解

梁在《子墨子學說》的第2章「墨子之實利主義」，以兩節篇幅詳細闡釋墨家對「利」的各種觀念（頁18-29），其中與經濟議題相關者，是在「第一節以利爲目的者」（頁19-24）。梁在此章的前言說：「利也者，墨子所不諱言也。非直不諱言，且日夕稱說之不去口。質而言之，則利之一字，實墨子學說全體之綱領也。破除此義，則墨學之中堅遂陷，而其說無一成立，此不可不察也。夫以倡兼愛尊苦行之墨子，宜若與功利派之哲學最不能相容，而統觀全書，乃以此爲根本的理想，不可不謂一異象也。今得以墨子所謂利者紬繹之。」（頁18）前半段的文字清晰易解，但梁未解釋何以墨子學說「與功利派之哲學最不能相容」，此點容後說明。

一般所謂的「利」通常是對自己而言，所謂的「愛」是指對他人而言。而墨家對利與愛卻常並稱，例如「兼相愛交相利」、「眾利之所生何自生，從愛人利人生」、「愛人者人亦從而愛之，利人者人亦從而利之」、「天必欲人之相愛相利」（頁18）。梁認爲墨家談利的最大特點，是把原本以爲不相容的愛與利，「而墨子打爲一丸，以組織論法。是其所利者，殆利人非利己。故孟子稱之曰：摩頂放踵利天下爲之。墨子之所以自律及教其徒者，皆以是也。雖然，墨子之所以斷斷言利者，其目的固在利人，而所以達此目的之手段，則又因人之利己心而導之。故墨學者，實圓滿之實利主義也。」（頁18-9）以上是大方向性的定位，接下來梁要細說「利」在墨學裡的具體內容。

梁認爲《墨子》的實利主義，關鍵就是「節用」：「西語之Economy，此譯計或譯生計，日本譯經濟，在今日蔚然成一獨立之學科矣。而推其語源，則以『節用』二字爲最正常之訓詁。可見生計學之概

念，實以節用思想為其濫觴也。故墨子有〈節用篇〉，而其實利主義之目的亦在於是。」(頁19)梁在日本接觸西洋經濟學，認為這門新學科的基本宗旨，其實早在《墨子》內就有了。接著他解說另一個相通點：「近世生計學之著書，其開宗明義第一章必論欲望。前此學者分欲望為二類，一曰必要的欲望，二曰奢侈的欲望。……必要的欲望，謂衣食住之類，一日不容缺者也。……奢侈的欲望，則非所必需，而徒以賊母財者也。……而墨子〈辭過〉、〈節用〉諸篇，皆斷斷辨此，界限甚明。墨子之意，使人人各逐其必要的欲望而止，若夫奢侈的欲望，不可不嚴加節制焉，此實生計學之正鵠也。」(頁20)

梁對此點的批評是：「但墨子所謂必要之欲望，知有消極的而不知有積極的(尋常學者所謂必要的欲望，吾假名為『消極的之必要』；尋常學者所謂地位的欲望，吾假名為『積極的之必要』)。彼嚴定一格，以為凡人類之所必要，止於如是；而不知欲望之一觀念，實為社會進化之源泉。苟所謂必要者不隨地位而轉移，則幸福永無增進之日，而於其所謂兼而利之之道正相反也，此墨氏生計學之缺點也。」(頁20-1)

儒墨兩家的見解有諸多不同，其中最明顯對立的是：「其實節葬亦節用之一附屬條目耳，而墨子特詳言之者，所以攟儒家之中堅也(儒家以孝為百行之原，而三年之喪，實為孔子改制一要件，蓋純粹圓滿之家族倫理也。墨子非儒最注重此點。)」梁列舉〈節葬〉篇的4項要點來說明墨家的節葬觀：(1)以增長生殖力故，是故節葬；(2)以講求衛生故，是故節葬；(3)以惜時趨事故，是故節葬；(4)以實存母財故，是故節葬。(頁21-2)

梁在此節的最後3頁內，說明墨家的「愛惜時日」，他用「時候者金錢也」(Time is money)來解說；之後列舉兩個生計學的「公例」，再說明《莊子・天下》篇對墨家的批評。這些是在1904年寫的，後來都已吸收納入1921年的《墨子學案》，並擴充為7個公例，詳見上一節的解說。

　　《先秦》（1922）的第11章論墨家思想（頁119-26），與經濟相關的內容，大致重複《子墨子學說》與《墨子學案》，幾乎無新意可言，唯有一小段文字對比墨家的「交相利」和英美的「功利主義」（utilitarianism，現譯為「效用學派」），這是前面已提及而尚待解說者。先看梁的論點：「彼所謂『交相利』者，其內容蓋如是：餘力相勞，即『力惡其不出於身也不必為己』；餘財相分，即『貨惡其棄於地也不必藏諸己』。就此點論，可謂儒墨一致。墨家此種交利主義，名義上頗易與英美流行（就中邊沁一派）之功利主義相混。然有大不同者，彼輩以『一個人』利益為立腳點，更進則為『利益之相加而已』（所謂最大多數之最大幸福）。墨家全不從一個人或各個人著想，其所謂利，屬於人類總體，必各個人犧牲其私利，然後總體之利乃得見。」（頁122）

　　邊沁一派的論述出發點是個人（individual），梁的解說正確：社會的總效用是從個人的效用加總而得。效用學派的基本假設是，人的行為通常以追求個人效用之極大化，優先於社會總效用的極大化，故可稱為「個人主義」。而墨家的效用觀，依梁的解說，是先求社會的總效用極大化，若必須犧牲個人的效用才能達成此目標時，社會的組成分子必須有此認知。依梁的詮釋看來，英美的效用主義是先個人後國家，重私人輕團體，而墨家反是。梁似乎有贊成墨家而菲薄個人主義的意涵。

　　這個議題要分學理與行為兩個層面來看。英美的個人主義有其文化演變的基礎、學說的背景、內在的邏輯推理，這是從神權到君權到民權一系列轉變的結果。相對地，中國文化缺乏從君權到民權的實質過程，自然會比西方更重國家而輕個人。梁當然未明說墨家的學說因而優於邊沁派的效用主義，但當時的讀者恐會誤以為西式的「個人主義」只求自私自利，見私而忘公。然而英美人民為公共利益捐軀之事蹟史不絕書，鐵達尼號沈船時，先讓老弱婦孺乘救生艇的事，都能反證不能單從字面上來理解「個人主義」；相對地，提倡「交相利」的中國，則未必能見到這種場面。

梁在《墨經校釋》的〈經說下之上〉31-32條，解說「價格之真
義」和「價值之所以成立」。他的條理清楚明白，這兩件事情也無理解
上的困難，有興趣者可查閱胡寄窗(1962：129-34)對墨家「價格與價
值」的解說；此外，丁鵬(1996)對這個題材也作了專文深度解析。因為
這個題材已有充分的研究，在此不贅。

1.4　結論與反論

若參照經濟思想史學界對墨家經濟觀的研究，很明顯地可以看出，
在題材的廣度與個別議題的深度上，梁的解說還有很大的填補與申論空
間。這方面的代表作很多，幾乎每本經濟思想史的著作都會論到墨家，
目前所知較早的分析是甘乃光(1924)、李錫周(1927-8)，後來有唐慶增
(1944)和胡寄窗(1962)，較近的有丁鵬(1996，原刊於1985)、王同勛
(1996，據1980已刊文增刪)、趙靖(1991)，這些文獻都很容易查閱到。
因為本章的主旨是析述梁對墨家經濟見解的論述，重點放在梁如何解
說，所以就不擬逐一對比梁與上述經濟思想史著作間的異同。梁不是經
濟學者，他對墨家經濟論述的詮釋只是他論墨學的一環，若集後世經濟
思想史學者的著作來批評他當然不公平。

以下轉談對梁的評價問題。梁一生的著作約有1千4百餘萬字，內容
廣泛深淺不一。閱讀《飲冰室合集》時，「一個很流行的觀點認為：梁
啓超的學術興趣雖然廣泛，但思想膚淺、駁雜而沒有清楚的脈絡，也沒
有深入而有價值的思想內涵，所以只能算是一個宣傳家，而不是一個有
創見、有慧識的思想家。」(黃克武1996：44)黃克武透過梁對墨學的研
究，希望能改變這個刻板印象，他的體認是：「如果我們承認梁啓超的
思想有其一貫性，而且是深刻的，那麼上述普遍性地將梁啓超思想視為
雜亂、膚淺的看法就不僅是一種誤解，也反映批評者思想上的偏頗。」
(1996：45)

他引述羅檢秋(1992：143)的類似看法：「人們常說，梁啓超的學

術研究膚淺、駁雜。事實上，他的學術比較研究有些論述不乏出乎常人的深度。」(1996：45註5)黃、羅兩人都高度讚揚梁對墨學的高度貢獻：在學術史上重新帶動一股風潮之外，他個人對《墨子》的研究也有深刻的新洞見。墨學內有政治、經濟、社會、哲學諸多面向的議題，我檢視了其中的經濟論述，所得到的印象和他們相反，而和一般的流行觀點相同，理由如下。

梁在《墨子學案》中，把墨家的經濟見解用7個「公例」來表達。(1)節用原則：「以自苦爲極」、「凡足以奉給民用則止」；(2)效益原則：「諸加費不加利於民者弗爲」、「凡費財勞力不加利者不爲也」；(3)「賴其力則生，不賴其力則不生」的「勞作神聖」信條；(4)「各從事其所能」的分工原則；(5)降低或禁止「非樂」、「節葬」式的非生產性活動；(6)主張「人多好辦事」的人口增殖論；(7)注重經濟的公平分配原則。這7項公例在先秦諸子的經濟見解中，算是深刻的嗎？未必見得。

以《管子》爲例，其中就有很清晰的「輕重術」，非常具體地說明國家要如何積極調控經濟以求國富與民裕；相對地，從梁的7個公例看來，《墨子》的經濟主張大都是消極性的、制約性的、規範性的，毫無積極的經濟路線可循。梁寫《管子傳》時對管仲的評價極高，說他是「我國足以自豪於世界者」，「嗚呼！如管子者，可以光國史矣！」（參見此書首章與全書的末段）。他在1909年寫《管子傳》的目的，是希望「愛國之士，或有取焉」（頁3）；在1904年寫《子墨子學說》時，首段就說「今欲救之〔中國〕，厥惟墨學」。讓人困惑的是：如果某位財經人士對梁景仰有加，他到底應該聽從梁在《管子傳》內所主張的「經濟主權在君說」呢？還是應該跟隨《墨子》內的禁欲制約說呢？其實管墨兩家在立場與手法上大異其趣，有不少地方甚至是不相容的，例如《管子》內有〈侈靡〉篇，但《墨子》卻很強調〈節用〉篇，梁要讀者如何協調呢？

　　再說，梁把墨子說成「小基督」、「大馬克思」，把墨子的經濟公平分配原則，比附到「俄國勞農政府治下的經濟組織」，這類的過度詮釋眞是有點「不倫不類」。此外，他在《墨子學案》第二自序末兩行說：「墨子之經濟理想，與今世最新之主義多吻合。我國民疇昔疑其不可行者，今他人行之而底厥績焉。」梁未明說「今世最新之主義」，是指社會主義或共產主義或是何國的哪種制度，但這類的比附總是讓人覺得不妥當。

　　今日重讀梁的這些見解與說法，我不知道要如何同意黃克武的結論，說：「梁啓超論墨之作表現出他個人的學術風格，以及思想的一貫性，在二十世紀人類歷史上，他絕對算得上一個既博學又敏銳的思想家。」（1996：90）廖名春（1998：353）研究梁啓超的古書辨僞法之後，「認爲梁關於古書辨僞方法的論述，從觀點到論據都存在著嚴重的錯誤，簡單地利用梁氏的方法去判定古書的眞僞及其年代，往往造成冤假錯案。」這項觀察或許也可用來和黃克武的結論相對照。

　　最後再舉1例，說明梁並非「絕對算得上一個既博學又敏銳的思想家」，這是黃伯易〈憶東南大學講學時期的梁啓超〉的見證[1]。「人所共知，梁啓超在南京東南大學作過教授[1922下半至1923年初]，只少數人知道他同時在南京支那內學院當過學生。在暑期學校剛近結束時，我發覺梁先生不似初到南京時那樣精神愉快，似乎隨時處在沈思狀態，桌上堆滿了佛學書籍。某星期日，我從城南買了宣紙，走進支那內學院，擬請歐陽竟無給我新辦的《冬青雜誌》寫封面。我懷著十分驚異的心情輕步走到書房的窗下，聽見歐陽先生莊嚴地對梁談話：『我絕非輕視你梁啓超，而是你的文章對青年傳染力強─把佛學導入宗教的鬼神迷信。試想想，我們一代應擔負何等罪過？』說到此，不禁老淚潸然；梁啓超

1　不知此文原作於何年，現收錄在夏曉虹（1997：315-28），此段引言出自頁
　　325-6。

聽罷埋頭無語。據王恩洋(華宗、北大學生)說,由於梁啓超在上海《時事新報·學燈》發表了《唯識淺釋》的文章,這時內學院開講《唯識抉擇談》將要結束,為此,歐陽先生又重新開始講第二遍,完全是為了不同意梁啓超的說法。」類似的記載,在夏曉虹編的《追憶梁啓超》中還有不少。

2　西洋經濟思想史評介

2.1　背景

〈生計學學說沿革小史〉這篇長文原刊在《新民叢報》第7、9、13、17、19、23號(1902年5-12月),以及1904年8月的51號上,後輯入《文集》12:1-61。內分:(1)例言7則(頁1-2);(2)發端(頁2-5);(3)第1章本論之界說及其敘目(頁5-7);(4)第2章上古生計學(頁7-11);(5)第3章中古生計學(頁11-3);(6)第4章16世紀生計學(頁13-6);(7)第5章重商主義(頁16-22);(8)第6章17世紀生計學(頁22-4);(9)第7章18世紀上半期生計學(此章只有一行:「本章純屬過渡時代,無甚新創之學說,而家數頗繁賾,盡為揭出反使讀者生厭倦心,故暫闕之」);(10)第8章重農主義(頁24-8);(11)第9章斯密亞丹學說(頁28-43);(12)附論:進出正負差〔即貿易順逆差〕之原理及其關於中國國計之影響(頁43-61)。

以篇幅而言,附論最長(20頁),但內容與學說史無關,主要是在介紹如何計算國際貿易的順逆差項目,以及光緒14-28年間中國逆差的狀況,分析造成此現象的各種原因。這項附錄不論在性質上或篇幅比例上,都不應收在此處,應可獨立為一文,所以此處要探討的只限於本論部分。本論內的諸章,除了第9章之外,都在5頁以內或左右。第9章獨長的原因是斯密亞當的《國富論》,在1902年有嚴復的譯本《原富》剛

出版，但嚴譯文筆深奧，「鄉曲學子得讀之者百無一焉，讀之而能解其理者千無一焉，是豈不可為長太息也。吾今故略敘斯密之性行學術，且舉其全書十餘萬言，撮其體要，以紹介諸好學諸君子（……吾欲以此為讀《原富》者之鄉導云爾）。」(12：29)

為何只到斯密就停止了？從他的原初設計表(頁6-7)可看出，他還有好幾章已計畫好但未寫出：(1)斯密派中之厭世主義，(2)斯密派中之樂天主義，(3)鬥治斯達派(?)，(4)約翰穆勒及其前後之學說，(5)非斯密派，(6)新學派，內分歷史派和國群主義派。用現代的眼光來看，到斯密為止的9章，在內容上和方向上很可以理解，基本上也都正確。但以現代經濟思想史教科書的觀點來看，上述的(1)、(2)、(3)不知何指，(5)的範圍過廣，亦不知何指，(6)的國群主義派亦不知何意。這個綱目大概是依當時(1900年左右)日本所譯或所著的西洋經濟思想史著作擬訂的，所用的名稱有些與現代不同，但難解的是：為何不見馬克斯學派與社會主義學派？因為當時革命黨人士對這兩派的經濟見解已有介紹與評論，日本在這方面的介紹也相當多，或許梁認為這些是當時新興的主義，還稱不上是思想史吧。

2.2 動機

梁在「例言七則」內說明了他的主旨和撰稿方式，摘錄如下。(1)茲學為今世最盛之學，其流別最繁，其變遷最多，其學科之範圍最廣，其研究之方法最覈，非專門名家莫能測其涯涘。……嘗請侯官嚴先生論次其大略以詔後學，先生方從事他業，未能及也。而方今新學將興，茲科理想尤為我邦人所不可不講，是用不揣檮昧，敘其梗概，聊當菅蒯為椎輪云爾。(2)茲學學史，東西作者數十家，其卷帙繁者動至千數百葉，……今欲以報章短文擷其綱要，談何容易。……本論於上古、中古務求極簡，自斯密亞丹以後，又不敢避煩，求適我國今日學界之用而已。……(3)茲學譯出之書，今只有《原富》一種(其在前一二無可

觀）。理深文奧，讀者不易，先讀本論，可爲擁篲之資。……(4)本論乃
輯譯英人英格廉(Ingram)、意人科莎(Cossa)[2]、日人井上辰九郎三氏所
著之生計學史，而刪繁就簡，時參考他書以補綴之。……(5)茲學之名
今尚未定，本編向用平準二字，似未安。而嚴氏定爲計學，又嫌其於複
用名詞，頗有不便。或有謂當用生計二字者，今姑用之以俟後人。……
(6)論首爲端一篇，本與學説沿革無關，但我國人今尚不知此學之重且
要也，故發明其與國種存滅之關係，冀啓誘學者研究之熱心云爾。(7)
篇中人名及學理之名詞，依嚴書者十之八九，間有同異者，偶失檢耳。

　　以上7項是體例與方向性的説明。梁撰寫此稿的眞正動機，是要喚
醒國人理解經濟問題與國家興亡之間的密切關係：「一讀生計學之書，
循其公例而對照於世界之大勢，有使人瞿然失驚汗流浹背者。……」
「今則全地球生計競爭之風潮，……處今之日謀人家國者，所以不可不
知計學也。」(12：2-3)吳汝綸在《原富》的序言裡，批評中國知識分
子和士大夫以言利爲諱，對經濟事務的應變能力不足，列強在政治和經
濟上侵害到中國利益時，知識分子和官員空有滿腹經綸而束手無策。他
也提醒讀者説《原富》並非言利之著，而是與經國濟民密切相關的政策
之學。

　　基本上，梁在重複這些論點：「儒者動曰何必曰利，亦有仁義而已
矣。……庸詎知義之與利、道之與功，本一物而二名。……抑吾中國人
以嗜利聞天下，心計之工、自營之巧若此，初未嘗以正誼明道之教而易

2　John Kells Ingram(1823-1907)與Luigi Cossa(1831-96)兩人的生平與著作，見
　　Trescott and Wang(1994：131-2)。Ingram和Cossa的著作與日譯本，以及井上
　　辰九郎的《經濟學史》(明治31年，1898，東京專門學校出版部)，詳見森時
　　彦(2001：228-30)的敘述。Ingram的 *History of Political Economy*(1888)曾由胡
　　澤、許炳漢譯成中文，商務印書館出版(年份不詳)。Cossa的著作是 *Guida
　　allo studio dell'economia politica*, Milano 1876；英譯本：*Guide to the Study of
　　Political Economy*(translated from the second Italian edition with a preface by
　　W.S. Jevons, London, 1880)。

其俗也。……毋亦由不明學理，不知利字之界說，……見頃刻錙銖之小利，乃不惜捐棄此後應享無窮之大利以易之。一人如是，人人如是，嗚呼中國國力之銷沈，皆坐是而已。……以如此國，以如此民，而渾渾焉當物競天擇、優勝劣敗之衝，吾又安知其所終極也。西國之興，不過近數百年，其所以興者，種因雖多，而生計學理之發明，亦為其最要之一端也。自今以往，茲學左右世界之力將日益大，國之興亡、種之存滅，胥視此焉。……而我中國人非惟不知研此學理，且並不知有此學科，則丁茲奇險而漠然安之也，又何怪焉。……慎勿以孳孳為利之言目之也。」（12：4-5）此段前半段說得很好，甚能掌握中國人對「利」的心態，但後半段未免誇張：經濟學和「國之興亡、種之存滅」之間，其實並沒有那麼直接的關聯。

2.3 結構

第1章「本論」，主要是界定生計學史（即經濟思想史）與生計史（即經濟史）的差別：「生計史者，敘述歷代各國國民生計之實現及其制度也。生計學史者，專言學說之沿革，而非制度之沿革。學說與制度鑿然二物也。」（12：5）此章的另一要點，是以分枝圖的方式（12：6-7），列舉他打算譯介的各學派：「此表分類由著者參酌群書，益以臆見，其當否不敢自信也。」若以目前西洋經濟思想史的通用綱目來看，到史密斯（斯密）為止的各派學說，大抵與梁在1902年時所見相似，但之後的分類方式，則因新說四起，現代的分類法已和梁當時的綱目迥異。

整體而言，梁這一系列介紹西洋經濟思想史的文章，是屬於爭議較少而且大都已有定論的部分，史密斯之後如李嘉圖、歷史學派等等，都在梁的綱目上，但未完成。如果他寫出這部分的話，不知道他對李嘉圖、馬克思等人的見解會有哪些案語和評論？或許我們也較能從那些評論裡，體會出他的基本經濟觀，以及他會有哪些獨特的見解。

此處不擬摘述評論這篇長文的內容，一方面是題材過於專業，二方

面是意義不大。整體而言，以今日的知識來判斷梁所譯介的內容，我的感覺是大體上正確，一因他是根據名著摘譯而非論述自己的見解，所以在專業上的失誤較少；二因他每章只用三兩頁的篇幅極度濃縮，所以只觸及基本事項而少深入析論，引人爭議的空間也因而不大。

2.4 案語

梁的文體以譯介爲主，中間偶爾夾註夾論，例如在「希臘之生計學說」內，他評論Xenophon（塞諾芬）的經濟見解，說他持論比柏拉圖平實，「其識加柏式一等焉，至其論貨幣、論物價，誤謬頗多。」（12：9）我想這應該是梁引述他人的見解，因爲以梁在這方面的知識，當不足以下此斷語。

有兩個地方他還替學說倡議者辯護，第1個例子是論亞里士多德的反商論：「亞氏又不喜商業，以爲化居鬻財者，皆損他而自利者，故宜節制之，勿使過度發達。……皆亞氏之缺點也。雖然，彼皆應於時勢，補偏救弊之言，論世知人，固未可厚非也。」（12：10）第2個例子是重商主義在《原富》內大受批評，梁的評論是：「自斯密以後，此主義大受掊擊，幾至身無完膚。雖然，其論有過酷者。當時各國因行此主義，而群治賴以發達者不少焉，其功又烏可誣也，今請爲之訟直。」（12：18）他在12：19依Cossa之見，列舉重商制度所含的6項「謬想」。

全文以「案」（評論和註解）起頭的共有5處（頁21-2, 33-5, 40），最後的兩項只是1行的腳註性質：「案：斯密治衰息重之論，嚴氏嘗駁正之，見所譯《原富》部甲下案語，今不具引。」（12：35）「案：精琪氏草擬中國新貨幣案，以限制所鑄貨幣總額爲第一議者，原本此學理也。」（12：40）精琪是指1904年來華倡議虛金本位（gold-exchange standard）的Cornell（康乃爾）大學教授Jeremiah Jenks（詳見本書第2章第1節）。

另3項案語其實只有兩個主題。首先是辯護重商主義能在15-17世紀

歐洲風行，自有其背景與效果，到了斯密時(18世紀中葉)，重商主義之弊已顯過其利，但梁提醒讀者說：「讀斯密書者，亦審其時、衡其勢而深知其意可耳。」(頁34)他的另一個要點是：「故斯密之言，治當時歐洲之良藥，而非治今日中國之良藥也。」(12：34)接著他又說：「案：重商主義在十六世紀以後之歐洲，誠不免阻生計界之進步，若移植於今日之中國，則誠救時之不二法門也。」(12：21)他在12：21-2有一大段申論這個觀點，乍看之下相當有力，但我們可以退一步想：歐洲各國行重商政策「而群治賴以發達者」時，有強大的國力和軍力為後盾，也有立法上的配合(例如英國的穀物法與航海法)，但清末中國哪有這些條件能在世界市場上和列強爭食？從這個角度來看梁對重商主義的理解，才能看出他所主張的重商主義，其實只是表層的：「中國人口最庶、工價最廉，加以原料之充足，……中國商人頗富於進取冒險之力，……故今日如實行所謂重商主義者於中國，其勞費必逾少，而結果必逾良，有斷然也。」(12：21-2)他只看到中國在生產面的比較利益(而且只是在成本面，而非技術面)，全然忽略了國際市場競爭的背後要件：強大的遠洋武力、國內行政體系的配合。

　　第2個案語的主題，用現代的觀念來說，就是先進諸國對落後中國的剝削：中國人口多工資低，但因生產及各方面的不效率，廠商的利潤也低；而西人因物價高、工資高而「患庸(工資)過厚而病贏(利潤低)」，所以西人在華的投資「非欲以劑吾庸(提高中國勞工收入)，實欲以吸吾贏耳。今者外財驟來，求傭者之數驟增，……然我所得者僅此小部分之庸，而大部分之贏已盡歸他族之手。……言念前途，毛骨俱悚。」(12：33)這是有目共睹的現象，可爭議之處不多，旨在提醒國人注意。一個世紀之後重看中國的經濟，不也還是沒跳出這個格局麼？

2.5　摘述《原富》

　　第9章「斯密亞丹學說」的內容，除了依據日文資料介紹斯密的生

平與貢獻外，主要的目的在於「請言斯密著述之要領」(12：30)。前幾章的內容或以時代為主題(中古生計學)，或以學派為主題(重農主義)，而獨此章以一人之說為主題，且篇幅最長(15頁)、解說最細。原因是：(1)中文學界介紹經濟學說的，「今只有《原富》一種(其在前一二無可觀)，理深文奧，讀者不易，先讀本論，可為擁篲之資。」(12：1)(2)從追求國家富強的觀點來看，斯密的著作比其他生計學之書更有體系性，政策性的討論較多。(3)嚴譯手法古奧，多用中國式的古典語體譯寫，梁讀嚴譯《原富》的體會，要比讀日譯《國富論》的體會親切深刻；若要摘述成簡易版的中文，嚴譯也比日譯方便。(4)梁藉此機會系統地研讀此書，「撮其體要，以紹介諸好學諸君子」。

　　相對於3冊近千頁的《原富》，他所摘要的內容相當少，而且很不完整，幾乎無體系可言。(1)頁30-5摘述第1篇(部甲)，只提到分功之效、自然價格與時價、租(地租)庸(工資)贏(利潤)之間的消長關係，而《原富》首篇就有11章，這樣的摘要未免草率，但他也說：「今欲以報章短文攝其綱要，談何容易，稍繁則二、三十號不能盡。」(12：1)(2)第2篇論資本積貯之事(12：35-9)，也是浮光掠影。(3)第3篇只有1段3行半(12：39)，原因是此篇旨在回顧歐洲各國的經濟發展史，中文讀者的興趣自然較少，可是梁給了一個難以證實的理由：「(斯密)其說有不免互相矛盾者，後之學者往往駁正，今勿具引。」(4)第4篇專排斥重商主義，斯密的主要用意是反對重商制度下政府的干預主義，主張採取自由放任式的「看不見的手」(自由經濟制度)。這是很關鍵的論點，但梁的摘述卻把焦點集中在批評重商主義的「重金主義」：誤認為金銀才是國家之財富，追求貿易順差是首要目標，然後就寫了很長的附論(12：43-61)，說明中國近年來國際收支的統計和問題的性質。這樣的介紹，若斯密從棺中復起，必大嘆梁買櫝遺珠。梁之所以會把重點放在貿易順逆差，而不放在斯密最看重的自由經濟論上，原因是他從中國當時的立場來看，貿易逆差的急切性遠比自由經濟論強烈。(5)第5篇論國家的財

政收入與國債問題，這是當時中國最重要的經濟問題，也是嚴復最辭長而激、流涕太息者，但梁對此篇卻一字未提。也就是說，若以篇為單位，梁只摘介了前4篇；而這4篇在有限的篇幅裡，只做了點狀的摘述，做第4篇的摘要時，甚至還「打錯了靶」。

2.6　結論

　　將近一世紀之後重讀〈生計學學說沿革小史〉的感覺，是梁的譯介內容大抵可靠，較困擾的是名詞翻譯的困難，例如12：25談法國的重農學派(physiocratic school)，梁譯為「性法學派」，其實他的第8章標題「重農主義」已譯出此派的精神，不知梁為何又有此譯？名詞上的困擾確實不少，若無適切的日譯可借用，他就如例言第七則所說的：「篇中人名及學理之名詞，依嚴書者十之八九。」(12：2)他的評論也大抵合理，除了他主張中國要學歐洲的重商主義，因為這一點是他忽略了中國所應具備的客觀條件。

　　整體而言，中國知識界當時深受《新民叢報》的影響，很多人是透過梁的譯介才知曉有西洋經濟思想史；更重要的是才因而知道有嚴譯的《原富》，或甚至是透過梁的長篇摘述解說，才知曉斯密的基本論點。我認為〈小史〉的最大功能之一，是梁做到了「吾欲以為讀《原富》者之鄉導」(12：29)，這也是他自號為「新民子」的用意：傳播「新知」給國人。

2.7　餘論

　　森時彥(2001)從另一個角度，來探討梁的經濟思想在赴日之前與之後的轉變，以下說明他的見解並加上我自己的看法。他認為梁在赴日之前，大概知道3本西洋經濟學的著作：一是Henry Fawcett(1833-84)的 *Manual of Political Economy*(1863，汪鳳藻譯為《富國策》)；二是 Stanley Jevons(1835-82)的*Political Economy*(1878，由Joseph Edkins[艾

約瑟]譯爲《富國養民策》)[3]；三是W. and R. Chambers(錢伯斯)兄弟所著的*Political Economy*(1852，《佐治芻言》)，此書共35章，476節，其中有部分沿襲古典經濟學派的主張[4]。

　　這3本書都是古典學派與新古典學派交接時期的著作，現在尚難直言梁受了這幾本著作的哪些影響。古典學派的著作著重在宏觀(總體)經濟問題上，例如經濟成長、國家財富、公債、國債、財政、稅收這類的主題，這正是清末中國所需要的，所以嚴復才會譯史密斯的《國富論》(原書1776年出版，中譯本《原富》1902年出版)。相對地，新古典學派的著重點是在消費、產業、廠商這類微觀(個體)經濟的問題上，這些不是清末救亡圖存有志之士所急切需要的。所以我判斷梁對西方經濟學有興趣的部分，和嚴復一樣都是以古典學派的國富、貿易、公債、財稅等問題爲核心。

　　梁在赴日之前寫過一篇論經濟的文章：〈史記貨殖列傳今義〉(1897，2：35-46)。他在此文內表現出擁護自由貿易、反對保護主義的論點：「西國舊制，每有重收進口稅，欲以保本國商務者，近時各國尙多行之。惟明於富國學者皆知其非，以爲此實病國之道也。」(2：40)他對自由貿易理念的支持，是和中國古籍《大學》內的理財平天下之道相呼應的：「故言理財之學者，當開國之差別界限而無之，有差別、有界限，斯已下矣。」(2：36)「故《大學》理財之事，歸於平天下也。僅治一國者，抑末矣。」(2：41)這種觀點和史密斯的經濟自由主義，以及李嘉圖的自由貿易論是相通的。

　　森時彥(2001：227-32)提出一項有說服力的論點：梁赴日之後所接

3　中研院近史所有此書的線裝本，但書況不佳。森時彥(2001：220，日文版1999年頁230)說艾約瑟(Joseph Edkins)根據的底本，是Stanley Jevons 的*Political Economy*(1878，屬於*Science Primers*系列叢書)。

4　傅蘭雅(John Fryer, 1839-1928)口譯，應祖錫筆述，2002年上海書店出版，140頁。

觸的西洋經濟(史)學著作中,有不少是受德國歷史學派的影響,例如英國學者John Ingram和意大利Luigi Cossa的著作。德國歷史學派的經濟主張是採取保護主義,反對英國古典學派的自由主義。為什麼梁會轉向德國歷史學派的見解?原因很明顯:德國和日本在19世紀的處境,都是積極追求經濟發展的開發中國家,所以要採取保護主義,防止英國這類工業先進國家的經濟侵略。

清末中國經濟若要救亡圖存,所應師法的對象當然是德、日路線,而不是英國的自由放任路線。這一點梁比嚴復的體認切實,梁這項觀點的改變,在〈二十世紀之巨靈托辣斯〉(1903,14:34)內表達得很清楚:「自十八世紀中葉以後,個人自由主義日盛一日。吾昔以為由干涉而自由,進化之原則也。既自由矣,則斷無退而復返於干涉之理。及觀近二十年來世界大勢之傾向,而不禁爽然以驚也。夫帝國主義也、社會主義也,一則為政府當道之所憑藉,一則為勞動貧民之所執持,其性本絕相反也。故其實行之方法,一皆以干涉為究竟。故現代所謂最新之學說,駸駸乎幾悉還十六、七世紀之舊,而純為十九世紀之反動。」

第12章

討論與省思

在梁的全集裡，經濟論述所佔的比例不高，只是他議論眾多時事的一環而已。但他對某些經濟問題曾經下過深入的工夫研究，幣制改革和財政制度尤其是他關懷的重點。以下所要討論和省思的主題有3項：(1)他的經濟知識有哪些來源？除了中國傳統的典籍之外，他在日本接觸了哪些財政經濟方面的著述？他比較傾向哪些觀點的學說？(2)從綜觀性的角度來看，梁的經濟論述具有哪些特色？他的寫作手法可以歸納出哪些模式？(3)從研究近代經濟思想史的角度來看，梁當然是關鍵性的人物，文筆犀利活潑，老少咸宜；此外，他所論述的主題，大都具有時事性與政策建議的意涵，所以很能抓住當時讀者的關注。相對地，嚴復在譯案《原富》時用辭古奧難讀，遠比不上梁的精采爽快。但嚴的優勢在於《國富論》是世界名著，此書的中譯是屬於經濟思想在國際間傳佈的環節之一，所以在1世紀之後重讀嚴復譯案的《原富》，從經濟學理的觀點來看，反而比梁的論述更有探討的空間與深度。

1 知識來源

梁在1898年（戊戌）26歲赴日之前，寫過4篇評論經濟問題的文章（見表1-1）。他在這些文章中所表現的筆法已相當老練，見解也夠清澈，所駁辯的事理也夠強韌。赴日之後所寫的經濟論述仍有上述3項優點，進步之處是文章的整體層次拉高了許多，架構更完整平穩。最重要的改

變，是他在說理上引進了近代經濟學的概念與推論方式，可以說是從傳統的中國策論式文體，提昇到現代式的分析論述。這項大轉變的原因很明白：在學習能力尚佳的階段，他掌握住機會，廣泛接觸日文著譯的經濟與財政著作，學習到新的專業名詞、推理方式、舖陳架構、各門各派的經濟學說。梁得了這套新工具之後，在經濟論述上可以說是如虎添翼。

透過日文財經著作這個寬廣的窗口，梁接觸到歐美日的相關著作，更重要的是他吸收了各種經濟思潮的養分，也受到不同主義路線見解的衝擊。這些事情一方面豐富了他個人的財經知識，二方面也有效地幫助了他的思考：日後的新中國若要採取新的經濟體制，或要採取新的貨幣和財政制度，哪一條路線較適當？為何它較適用於中國的情況，以及為何其他主義較不合適？最明顯的例子，就是他和孫文派的《民報》，就社會主義經濟路線與土地國有論這兩項議題，所作出的精采激烈辯駁。如果他沒有機會赴日，也沒有廣泛地接觸這些著作，恐怕就沒這些論述了。

下個問題是：梁是有系統地閱讀研究，或是碰到了問題要解決，才找相關的著作現買現賣？我沒有明確的證據來論說此點，但從他的《年譜長編》可以看到，他赴日之後接著又去遊歷新大陸，還積極地從事政治活動，更寫了大量不同領域的著述。在這種情況下，他大概很難系統性地研讀財經學術著作，我們可以推測他的經濟學知識，是屬於「邊做邊學」的性質。他在日本期間真正稍有空閒的是1909年，「是年先生以意態蕭索，生活困窘，專以讀書著述為業。」（《年譜長編》頁296）同年8月他給徐佛蘇的信上也說：「徒入春以來，刻意養晦，屏絕百務，惟讀書著書以自娛樂，東籍之外，乃至兼及德文，遂至無一刻暇，而為饑所驅，不得不賣文以求自活，耗精力於其中。」（《年譜長編》頁302）

也就是說，梁的財經知識和著述，大抵是在「應戰」狀態中學習和寫作的。他不刻意師承某派或某人之說，有用即取，無用則捨。他所引

用過的財經著作中，大約可分成日人著作與歐美著作兩大類。梁在引述
這些著作時，並不提供完整的書目，多是在文章開頭或段末尾，點出著
者或譯者的姓名，以及該著作的中文譯名（而非原名）。這樣的引述方
式，有時會造成現代讀者的困擾，尤其是日譯的德文書籍甚多，梁又把
片假名和平假名音譯為中文，更讓人難以追查原著[1]。

　　在日人的著作方面，他曾引用過小林邊次郎《財政原理》（18：
5）、田中穗積《高等租稅原論》（早稻田大學出版部，1903；18：22）、
河上肇的幾本名著(18：22)、田尻稻次郎的《公債論》（《專集》25：34）
和《財政與金融》（同文館1901；16：78）、添田壽一《財政通論》（《專
集》25：37）。這些都是零散的例子，可能還有在此未列舉到的[2]。梁
主要是在借用這些著作的名詞、概念、學理、架構、推論。但也有不少
地方，明顯地是從日文資料譯述過來，但卻未說明出處。大概他認為這

1　據馮自由在《革命逸史》第4集(1946年商務印書館，1965年臺一版，頁269-
　　70)裡說，日本知識界聞人德富蘇峰「為文雄奇暢達，如長江巨川，一瀉千
　　里，讀之足以廉頑立懦，彼國青年莫不手握一卷。其所選之小品文字，尤切
　　中時要，富刺激性，亦在《國民新聞》批評中披露。其門人嘗匯輯報上短
　　評，分別印成小冊數十卷，號《國民小叢書》，由民友社出版。……而任公
　　之文字則大部得力於蘇峰。試舉兩報所刊之梁著《飲冰室自由書》，與當日
　　之《國民新聞》論文及民友社《國民小叢書》一一檢校，不獨其辭旨多取材
　　於蘇峰，即其筆法亦十九仿效蘇峰。……而亦《新民叢報》初期大博社會歡
　　迎之一原因也。然任公徒剿襲他國文學家之著作，并不聲明出處，直以掠美
　　為能事，卒不免為留學志士所嚴正指摘，是亦其自取之道。蘇峰長於漢學，
　　其文辭只須刪去日語之片假名而易以虛字，便成一篇絕好之漢文。任公之日
　　文程度僅粗知門徑，尚能轉譯成文，據為己有，則蘇峰漢學之湛深，可見一
　　斑。……在讀者方面或以為任公不獨深通日文，亦且深通英文，大足炫耀其
　　學問之淵博。詎料兩月後在上海出版之《新大陸》雜誌即起而反唇相稽，并
　　列舉《國民新聞》及《清議報》之原文兩相對照。謂任公不當剽竊蘇峰之文
　　為己有，敗德掠美，無恥孰甚乎語。……任公經《新大陸》雜誌之指摘，噤
　　若寒蟬，不置一辭，蓋亦知難而退矣。」(轉引自夏曉虹1997：207-8)
2　請參考兩項相關的研究：(1)森時彥(無日期)〈《飲冰室文集》引用和書目
　　錄初稿(辛亥革命以前)〉；(2)鄭匡民(2003)《梁啟超啟蒙思想的東學背
　　景》。

些是介紹性的文字，所以不必詳細徵引，暫舉一例：他遊歷美洲之後寫了一篇長文〈二十世紀之巨靈托辣斯〉（14：33-61）。此事牽涉的問題層面廣泛，梁不諳英文，中文的相關資料闕如，他能寫得這麼完整，詳述此制度的來龍去脈，析辯其利弊得失，很可能是借日文著作之助。但縱觀全文，他只提了一句與資料來源相關的話：「今據日本農商務省四年前之報告書，譯錄如下。」（14：43）此項報告當不足以提供這麼豐富的內容，梁必另有所本而未明言，或許有美國友人或華僑曾代譯一些資料供他引用。同樣地，他對公債問題的原理與政策建議，幾乎全是根據日本的著作與實例來寫作。

在日譯西洋名著方面，他最常引用也最為大眾所知的，是Richard Ely 的 *Outlines of Economics*（1904），其次是德國財政學大家華克拿（Adolf Wagner, 1835-1917），他在（18：9, 10, 20, 22, 34, 36）諸頁中屢屢引述。此外還有氣賀勘重譯菲立坡維治（Eugen Philippovic, 1858-1917，奧地利經濟學者）的《經濟政策（*Volkswirtschaftspolitik*）》（早稻田大學出版部，1906；18：41），也引述過松崎博士介紹德國歷史學派須摩拉（Gustav von Schmoller, 1838-1917，德國經濟學者）等人的學說（18：51）。以上這幾位大名家是較顯著的，梁還引用過一些歐美財經學者的人名和書名，現在已難考察個別的原名。最後一例：〈生計學學說沿革小史〉（1902，12：1-61），大抵是根據日譯西洋經濟思想史著作改寫的（詳見12：1的例言）。

馬克思主義方面的著作在日本非常豐富，有馬恩全集，有日本學者的註釋，也有歐美學者著作的日譯，但這方面幾乎未見到梁引用過。這應該不是他有所不知，而是有所不取。從他和《民報》對社會主義經濟路線的爭辯，可以看出基本上他反對社會主義，以及集體計劃性的經濟體制；馬派學說在路線上和他格格不入，雖知而不納。我們可以從他的《先秦政治思想史》（頁71-2），知道他對馬克思主義的觀感：「彼中所謂資本階級者，以不能絜矩，故恆以己所不欲者施諸勞工，其罪誠無可

恕。然左袒勞工之人如馬克斯主義者流，則亦日日以己所不欲還施諸彼
而己。詩曰：『人之無良，相怨一方。』以此爲教，而謂可以改革社會
使之向上，吾未之聞。……是故所謂『國民意識』、『階級意識』者，
在吾腦中殊不明瞭，或竟可謂始終未嘗存在。……」再引述一段他在
《歐游心影錄節錄》（頁33-4）的論點：「又如馬克斯一派倡的生產機關
國有論，在歐美豈非救時良藥，若要搬到中國，就要先問什麼是生產機
關，我們國內有了不曾？就算有了罷，說要歸到國家，我頭一個就反
對。……至於太過精闢新奇的學說，只好拿來做學問上解放思想的資
料，講到實行，且慢一步罷。」[3]

　　總而言之，若梁未在日本居留這麼長的時間（1898-1912），他的經
濟論述或許還會停留在赴日前的層次（評議時政式的策論），而不能用西
洋經濟學說和歐美日的史實，來對照不同觀點並提供實例，寫出這麼豐
富的論點，提供中文讀者較寬廣的視野。這一點可以從他的〈論學日
本文之益〉（1899，4：80-2）和〈讀日本書目志書後〉（1897，2：51-5）
來印證[4]。以上的例證是從梁的著述中，找出他引用過的經濟學與財政

3　梁對馬克思主義和中國共產黨的負面觀感，李喜所、元青（1993:461-9, 486-9）
　　有較詳細的評述。

4　他在《清代學術概論》（專輯34：65, 71）內，對自己譯介西方學說的態度解
　　說如下：「啓超素平主張，謂須將全世界學說爲無限制的盡量輸入。……非
　　用此種鹵莽疏闊手段，不能烈山澤以闢新局。……然皆所謂『梁啓超式』的
　　輸入，無組織、無選擇、本末不具、派別不明，惟以多爲貴，而社會亦歡迎
　　之。……」根據梁容若的說法：「任公先生作學問，搞政治，一切求速成。
　　他學外國文也用這種方法。光緒25年（1899）在日本作《和文漢讀法》，說
　　『學者得此，亦可粗讀日本書，獲益很大。』又在《東籍月旦》的敘論裡
　　說：『若用簡便之法，以求能讀其書，則慧者一旬，魯者兩月，無不可以手
　　一卷而味津津焉。……』用他的方法，理解明治中期以前的日文到某種程
　　度，是可能的。日文一年比一年口語化、歐化，大正以後的文章，用這種方
　　法，是決難讀通的。任公民元回國以後，絕口不談日籍，研究佛教史也絕不
　　證引日本學者的著作，看不起是一種原因，讀不懂恐怕是更〔最〕重要的原
　　因。據我觀察，任公的日文程度，距他的前輩好友編《日本國志》的黃遵憲
　　（公度），還有很大距離。……」（轉引自夏曉虹1997：345-6）

學文獻，森時彥(1995)從較宏觀與思潮影響的角度，分析梁曾經接觸過哪些西歐的經濟學說，他提供了許多細節資料，也很可以參考。

有人認爲，我應設法找出梁當年在日本參照過、閱讀過、據以爲文的財經著譯作，才能充分掌握梁的論說根基，這樣才算是較徹底的研究。我沒有充分做好這一點，希望精通日本經濟思想史的學者能彌補這個空檔。然而我也有點疑惑，這麼做會得出哪些系統性的大見解，是本書所未掌握到或指涉到的？理由是：(1)梁很少提及他所根據的文獻，所以必定難做系統性的追查。(2)他有時只舉出人名，而這些重要人物的著作相當豐富，難以追查出梁的哪些論點或哪些段落是出自何人、何書、何篇段。(3)就算梁偶爾也具體指出書名，但他的文體是以己意爲主，通常是受到他人的啓發，就自己妙筆生花了。我希望日後會見到具體的研究成果，能有效地反駁上述這幾點自我辯護。

明治時期日本的經濟學界，基本上還是在學習、吸收歐洲經濟學的階段，此時期的日文著作大致是以「二手傳播」的內容爲主，談不上有重大的學理創見[5]。梁在這個薄弱的基礎上，間接吸收了歐美的經濟學理，再向中國讀者作「三手傳播」。就算現在能逐一復原梁的「日本經濟學泉源」，那最多也只是找到「二手轉播站」而已。釐清了「二手傳播」與「三手傳播」之間的關係，真的對理解清末民初的經濟問題那麼重要嗎？

2 經濟見解

整體而言，梁對個別的財經問題都有不同的看法，不易把他歸類成屬於哪一派的路線，或是說他的主張於哪種主義或學說，這是和孫文很

---

[5] 請參閱Tessa Morris-Suzuki(1989): *A History of Japanese Economic Thought*, London: Routledge(《日本經濟思想史》，厲江譯，厲以平譯校，北京商務印書館，2000)。

不相同的地方。所以最好還是從個別題材的角度，來理解梁的經濟主
張，不要隨意把他歸入哪一派或哪一種主義。或許梁自己會認為：以他
當時對各種經濟學理的知識程度，和他對各種經濟問題的掌握深度，基
本上是屬於現買現賣的層次，還沒有資格、也不敢肆意談論主義或路線
的問題，或許這正是他對孫文和《民報》人士反感的原因之一。

　　如果不細評梁所主張的事項在邏輯上是否嚴密、在中國的環境上是
否真的可行，則從他的論述大概可以歸納出幾個方向。(1)主張中國應
跟上世界潮流，改採金本位制；但迫於事實，只好暫採虛金本位：對內
行銀本位，對外行金本位。中國的幣制必須迅速統一，幣制改革所需的
經費，可以藉著發行內債或舉外債來支應。(2)他對財政改革的效果過
度樂觀，在國家預算的編列上，也常有不切實際的評估。(3)對外資與
外債問題，梁客觀地理解到它們對中國的重要性，但強調要能主動地運
用外資與外債，而非被它們所宰治。他對公債的功用有很高的期盼，希
望能得到和日本一樣的成效，但幾次實際的經驗都讓他感到失望；他入
閣後也想在公債上有所作為，惜皆不果。(4)在工商實業方面，他希望
能扶助民族大資本家，把生產和行銷兩個環節結合起來，最好能達到美
國式托拉斯的規模，這樣才可以在國際上生存競爭。也就是說，希望中
國能做到和西歐重商主義鼎盛時期一樣，擺脫被列強商品宰制市場的困
境。所以他要做效德國式的保護政策，逐步發展民族工業；也希望國家
能有較強的統一指揮權，全國一心在工商業上集中力量，走入國際舞
台。(5)反對中國採社會主義、土地國有、集體主義的路線。他所說的
國家主義、重商主義，是針對中國工商業在國際市場的政策發展方向，
不宜因而擴大解釋為：梁認為整體性的國家經濟或政治方向也應採取這
條路線。

　　整體而言，為何他在論述貨幣改革、財政預算制度、內外債問題、
反對社會主義和土地國有論時，表現得較精采生動？那是因為這些問題
具有急迫性，有具體的議題可以提供意見，同時又有人和他的見解相

異，或對當時的政策措施不滿，所以就激發了他的強烈爭辯性。相對
地，他對工商實業、國家經濟、經濟思想史等問題，就沒有展現出這種
效果，原因正好相反。

　　陳獨秀曾評梁的文章「浮光掠影」，梁也曾自嘲「吾學病愛博，是
用淺且蕪，尤病在無恆，有獲旋失諸，凡百可效我，此二無我如。」[6]
梁的文章在知識界甚具影響力，嚴復曾說梁的筆端「攪動社會」，這是
公認的事；在將近1世紀之後，用現代眼光重讀梁的經濟見解，真有那
麼膚淺的感覺嗎？大體而言，不但不會，有時還很能感受到一些力量。
主要的原因之一，是梁所說的大都是具體的弊病與實情，而非抽象深刻
的推理。既有弊端，那隻能攪動社會的筆端，就能發揮很大的功能。尤
其清末經濟病弱，可批評之處太多，只要能抓住事情的要點，佐以東洋
和西洋的實例來當作「照妖鏡」，再加上鋒利銳筆，文章通常就很能構
成力量。所以不完全是因為梁的經濟學理透徹，也不完全是他對經濟政
策的理解高超，而是對手太弱，有中等以上的事實理解，再加上一隻上
等的利筆，大概就可以達到類似的效果。

　　也有人批評梁的著述「淺學動人」，說他和胡適一樣，都有熱情感
人的筆鋒，但在學術建設上的深度不足。依西元前7世紀希臘詩人
Archilochus的譬喻，梁是屬於「知曉多事」的狐狸，而非「深知一事」
的刺蝟[7]。梁確是一隻狐狸，而且還是超大型的。這種性格也充分展現
在他的經濟論述上：跟著時事走，能立刻掌握問題的要點與特質，迅速
吸收日文相關著作內的學理、觀念與推理，適切地應用在他所處理的題
材上。若用現代的眼光來看他的經濟論述，困難度並不高，因為他的論
述內容基本上是解說性的、策論性的、化繁為簡、對比諸說為主。從他
赴日之後到逝前所寫的最後一篇財經文章，基本的手法都沒變。或者甚

6　《年譜長編》頁781-2，45下：51-2；類似的評論見夏曉虹(1997：33, 92-3)。

7　Isaiah Berlin(1993): *The Hedgehog and the Fox: An Essay on Tolstoy's View of
　　History*, Chicago: Ivan R. Dee, p. 3.

至可以說他有一套隱藏性的公式，這套公式性的手法是穩定的，所變動的是題材和因之而引發的見解與主張。所以我們可以說，就算具備有現代的眼光和擁有較好的經濟學理，也不容易從梁的經濟論述中萃取出概念性的結晶[8]。

3　與嚴復對比

相對於梁的文筆清晰、論點犀利、問題明確、老少咸宜，嚴復在論述經濟問題時，所用的文字既古奧，說理又過於簡要，文體也太濃縮，似乎是只打算給程度和他相當的人閱讀。而跟得上他文義的人，對西洋經濟學說卻又陌生，東減西扣之後，真正能理解嚴復經濟譯述的人恐怕有限，還要勞煩梁在《生計學學說沿革小史》的第9章內，綜述《原富》的旨要，來替中國知識界當這本世界名著的嚮導。

在廿世紀初期，嚴所譯所著的經濟論述，在中國知識界內被接受的程度，以及對社會的影響力，樣樣都遠不及梁。但過了將近1世紀之後，狀況卻顛倒了過來：嚴的譯述還很值得重新分析、重新理解，而梁的論述卻大多隨著時代而飄逝了。論才，梁比嚴高；論情，梁比嚴敏感、熱情、敢言、敢為，為何嚴的文字反而更經得起時代考驗？原因很簡單：梁所論所辯都是一時一地的題材，很少有深入的學理要傳達，在手法上大抵是從日文的財經著作吸取架構性的觀念，然後把中國當前的經濟問題納入這套解說體系，再佐以個人的見解與筆鋒。

梁的經濟論述和嚴的譯作相較之下，缺少了一個重要的環節：在論題上梁幾乎都是對經濟時事問題的表白，他所處理的問題看起來相當搶眼，但時空一過就不易引起深度的興趣，因為從他的論述裡，很難提煉

8　周善培說梁的文章「能動人」但「不能留人」（無長遠價值），「因此造就成一個無所不通的雜家」（夏曉虹1997：162）。

出一個或一組能概念化的命題。而嚴所譯案的《原富》是一本世界級的經濟名著，是一本在不同文化、不同時空環境下，都有大量讀者的思想鉅著。嚴譯此書，以及他在譯書時所插入的長篇「案語」（約310條6萬餘字），對全世界研究亞當史密斯的學者，對研究經濟自由主義學說的人士，都是一本不能忽略的「作品」。換句話說，嚴所譯述的《原富》，在文本上產生了世界性的對話效果，在問題意識上產生了新的可能性與析論的空間。而梁的經濟論說，本質上是一時一地的個人見解，不容易引發不同時空、不同文化背景人士的共鳴。探索梁的經濟論述，不易產生具有深刻意義的問題意識，也不易增加我們對那個時代經濟史的洞識。

嚴譯《原富》之所以在1世紀之後仍會引起注意，那是因為從學理上大家有興趣知道兩件事：(1)在中文辭彙和概念都明顯不足的情況下，他是用哪些詞語和「思想方式」，把史密斯的論點和西洋經濟學說介紹給中文讀者的？(2)從追求中國富強的角度來看，這本以提倡「自由放任」、「反對重商主義」、「最小政府」為主旨的《國富論》（1776年初版），對清末民初中國的知識界和決策者，以及對積弱的中國經濟，產生過哪些影響與作用？這兩個問題具有普遍性的意義，因為也可以拿來問日本、俄國、西班牙、德國等等當時還是屬於開發中的國家，看他們當初是用何種方式翻譯這本名著，以及各國各派人士對史密斯的經濟學說，有過哪些不同的回應。這些問題，我試著在《亞當史密斯與嚴復》（賴建誠2002）內回答了。

從兩個角度來看，嚴復命題都比梁啟超命題更有挑戰性：(1)梁的經濟著述，只要從各篇文章的標題，就可以分辨出他的主旨和方向；只要能跟上他的議題，就可以找出他思路主軸。反覆幾次之後，幾乎就可以猜出他對不同題材所要提出的論點。嚴的狀況不同，他是邊譯邊論（我稱之為「託譯言志」：譯到某些段落，他若有話要說，就插入一段案語，用來解說或辯駁或陳述己見）。這種文體對研究者構成困擾，需

要有較好的想像力和組織力，才能把嚴復散佈四處、東隱西藏的見解，整理出一套條理的解說。

(2)梁的說理清晰，閱讀上很少有義理方面的困擾，而嚴正好相反：史密斯書內有太多名詞和學理，當時的中文難以精確地表達，嚴只好自創新詞或用中國的觀念來比附；更折磨人的是他的文字古奧，「駸駸與晚周諸子相上下」。後來的研究者要用相當的心力，才能勉強理解嚴的文理，才能對比出他在何處以何種形式誤解或扭曲了史密斯的原意。諸如此類的問題，以及沒完沒了的細節障礙，對研究者而言，所需的心力與所需具備的背景知識，都要比研究梁的經濟論述困難許多。

簡言之，從命題的趣味度、世界性的對話度、具體技術問題的挑戰度來看，在分析梁的經濟論述時，會感受到這是比較簡易的題材，較無智識的興味，或甚至是「咀嚼無復餘味」。

後記

　　梁是中國近代史上既重要又特殊的人物，他多彩多姿的活動，已有好幾本專書研究過了。在學術方面，尤其在思潮與歷史學方面，學者也作過相當的分析。這些眾多的文獻，在本書所附的參考書目中只提到其中的幾項，還有許多單篇的論文不擬備載，但也都容易查閱。雖然研究梁的文獻已多，他的經濟論述也多少被解說過，但多半是收在通史著作內的一章，或屬於單篇短文，一直還沒有一本專書對這個面向作有系統的探討（詳見第1章第2節）。

　　我在1987年左右就看到了這個空檔，但手邊一直都有未處理完的題材。時間拖得愈久，對這個題材的愧疚感就愈強，對它的期望也就持續地升高。十年之後，在1997年8月初，終於鐵下心來開始翻閱過去累積的資料和文獻，系統地閱讀梁的經濟論述，以及與梁相關的書刊。經過半年多的摸索，逐漸理出可以分析的主題，興致高了起來。我先試寫最不複雜的「經濟學說史」（現在的第2章附論、第3章附論、第11章第2節），看來還算簡潔，也提出一些論點來和梁辯駁。

　　但寫了此章之後，就開始感覺到：梁的思路敏捷，見聞廣博，很能抓住要點，尤其擅長以簡潔有力的方式，把基本訊息有效地傳達給讀者；這是他的手法也是他的目的，做得很成功。在將近一世紀之後重讀，還是能感受到他的文筆力量，但與經濟學理相關的部分，我並沒有同樣的感受。梁不是專業的經濟學者，當然不能用這個角度來期盼他。他寫這些文章的目的，是為現實問題而作，根本沒想到後來會有經濟學

界的人，拿他的這些舊文章來當作一回事，甚至還爲此作了有系統的析述。

之後，又隔了一陣子，寫出梁和《民報》之間對社會主義和土地國有論問題的爭辯（本書第6章）。這是較思想性的題材，雙方爭辯得很激烈，但文字冗長反覆。我把這個複雜的爭辯簡化，對比雙方的立場與論點，然後加上我的評論，寫得還算條理清晰，自己也還滿意，也因而稍微恢復了繼續寫這本書的信心。

再過一陣子，進入幣制改革這個大題材（第2章）。我對清末民初中國應採銀本位或虛金本位的問題，正好作過一些研究，對當時飽受爭議的虛金本位制稍有心得。我對虛金制的理解，相當有助於剖析梁的動機與論點，也有助於看出他在認知上的不足與邏輯上的缺陷。這個題材可能是本書中我最能和他對話的部分，寫得最有把握，也很能理解他擔任幣制局總裁和財政總長時的急切心情，更能欣賞他在任內的一些積極作爲。

這種暢快的感覺可惜不再出現。我每隔一陣子就再寫一章，雖然還能感受到他的熱意與沈痛，但總覺得他真正的激切與關懷，或甚至願意和魔鬼對決的題材，還是上述3項：主張幣制改革（採虛金本位）、反對社會主義、反對土地國有論。至於其他的題材，例如外債和公債問題或財政改革問題，我認爲都沒有讓他激到青筋赤眼的程度。如果主角的心境確實如此，如果我還算是合格的詮釋者，那麼我就會說：第2和第6章是較精采的部分，因爲它們有話要說，有強烈的動機要駁倒對手，激切之情躍然紙上。

原初的構想是寫到第7章再加上總結，把範圍限在清末民初的時空背景內。但有人提醒我說，梁在《先秦政治思想史》（1922）內，也牽涉到一些古代經濟的事情，不應該迴避掉。雖然我早已意識到這個問題，但因爲對先秦史所知有限，而且梁對古代經濟的文字，在他的論述中比例不高，所以我對此事就有點駝鳥心態。拖到2000年10月，那時前7章

的稿子已經修訂兩次，其中的第2章、第5章第2節、第11章第2節已在刊物上發表了。再思之後，我只好重新擬定如何撰寫古代經濟的部分，也就是第8、9、10章，以及第11章第1節。李怡嚴教授(清華大學物理系退休)對中國古代史相當熟習，承他相助解決了第9、10兩章，我才忐忑地把古代經濟這幾章完成(2001年7月)。

從1997年8月起算，歷經堪稱艱辛的4年(以及健康上的憂擾)，才完成全書的初步形體，到了2002年1月才整理出完整的書稿，與聯經出版公司簽約。之後又有漫長的再修正、在聯經排隊等待、進入編輯校對，現在終於要面世了。我寫這本書時的年齡，已比梁寫作這些經濟論述時的年紀還高；在時代上，我幾乎晚了他1個世紀；我是專業的經濟史和經濟思想史研究者，而梁卻未受任何正式的經濟學教育。在這3項差距下，我應該有條件把他的想法解說得清楚、析述得明白、評論得中肯，這3點我大概做得還算合格。

可是我的內心滿足感並不深，因為梁的經濟論述有幾項特色：(1)現實的問題性很強，是符合時代的急迫性問題。(2)但從另一個角度來看，這項特性是負面的：環境一變、時間一過，這些問題的意義就隨風而逝。(3)幾乎只要以目前的知識，加上一些文獻的查閱對照，稍用精神寫出條理清晰的解說與評論，大概就可以完成解說者、析述者、評論者這3項自我設定的任務。這不是心智密集度很高的工作。相對地，《亞當史密斯與嚴復》這個題材，不論在知性上、深度上、廣度上、想像空間上，都比梁的經濟面向困難許多，此中原因已在本書的最後1節析述了。

從不同的學門切入來研究梁的不同面向，是學界歷久不衰的興趣，前賢的研究成果相當有助於我跑完自己的這一棒。這當然並不表示梁的經濟論述已經探究完畢，因為每位探索者都可以在高度上和深度上不斷地翻新，而我就在此交棒了。

附記：

　　2005年6月校稿後，從網路上得知大陸剛出版一本相近的書，請讀者相互參閱。朱俊瑞《梁啓超經濟思想研究》，北京：中國社會科學出版社，2004年12月，405頁。

參考書目

《中國近代貨幣史資料》（第一輯：1840-1911）（北京：中華書局，上下冊，1964）。

《中國財政史》（1987），中國財政史編寫組編著（北京：中國財政經濟出版社）。

《中國清代外債史資料，1853-1911》（北京：中國金融出版社，1991）。

《中華民國貨幣史資料，1912-1927》（上海：上海人民出版社，1986）。

《中華民國貨幣史資料》（第1輯：1912-1927)（上海：上海人民出版社，1986）。

《王安石年譜三種》（北京：中華書局，1994），內收(宋)詹大和《王荊文公年譜》（頁3-9)、（清）顧棟高《王荊國文公年譜》（頁13-164)、（清）蔡上翔《王荊公年譜考略》（頁165-762）。

《張文襄公全集》（1928)(北京：中國書店影印，1990），4冊。

丁文江(1958)編《梁任公先生年譜長編初稿》（臺北：世界書局，上下冊）。

丁鵬(1996)〈墨家的經濟思想〉，收入：巫寶三主編《先秦經濟思想史》（北京：中國社會科學出版社），頁374-93。

千家駒(1984)《舊中國公債史資料，1894-1949》（北京：中華書局）。

太邱(1907)〈斥《新民叢報》駁土地國有之謬〉，《民報》，17：61-85。

方清河(1978)〈孟子的井地說〉（臺北：臺灣大學歷史研究所碩士論文）。

木村正雄(1967)〈孟子の井地說：その歷史的意義〉，《山崎先生退官記念東洋史學論集》（東京：東京教育大學東洋史研究室），頁163-73。

王同勛(1996)〈墨家的經濟思想〉，收入：巫寶三主編《先秦經濟思想史》（北京：中國社會科學出版社），頁343-73。

王國平(1997)〈略談晚清中外不平等條約中的最惠國待遇條款〉，《江海學刊》，1：126-32。

王國斌(1998)《轉變的中國：歷史變遷與歐洲經驗的局限》(李伯重、連玲玲譯自 *China Transformed: Historical Change and The Limits of European Experience*, Cornell University Press, 1997)(南京：江蘇人民出版社)。

王國維(1940)〈釋幣〉，《海寧王靜安先生遺書》(臺北：商務印書館，頁3215-3323)。

王業鍵(1981)《中國近代貨幣與銀行的演進，1644-1937》(臺北：中央研究院經濟研究所)。

王毓銓(1990)《中國古代貨幣的起源和發展》(北京：中國社會科學院出版社)。

王爾敏(1998)《晚清商約外交》(香港：中文大學出版社)。

王樹槐(1968)〈中國近代的外債〉，《思與言》，5(6)：33-8。

亓冰峰(1966)《清季革命與君憲的論爭》(臺北：中央研究院近代史研究所專刊19)。

民意(胡漢民與汪精衛，1907)〈告非難民生主義者〉(駁《新民叢刊》第四年14號社會主義論)，《民報》12：45-155。

甘乃光(1924)《先秦經濟思想史》(上海：商務印書館)。

皮明庥(1991)《近代中國社會主義思潮覓蹤》(長春：吉林文史出版社)。

全廣鎮(1989)《兩周金文通假字研究》(臺北：學生書局)。

朱右曾(清)《逸周書集訓校釋》(臺北：世界書局，1971)。

朱芳圃(1972)《甲骨學商史編》(香港：香港書店影印)。

朱英(1993)〈晚清的「昭信股票」〉，《近代史研究》，78：195-204。

朱英(1998)〈梁啓超民元臨時工商會議演說詞平議〉，《歷史研究》，256：163-7。

朱浤源(1985)《同盟會的革命理論：民報個案研究》(臺北：中央研究院近代史研究所專刊50)。

何炳棣(1995)《中國歷代土地數字考實》(臺北：聯經出版公司)。

何烈(1981)《清咸、同時期的財政》(臺北：國立編譯館中華叢書)。

何漢威(1993)〈從銀賤錢荒到銅元泛濫：清末新貨幣的發行及其影響〉，《中央研究院歷史語言研究所集刊》，62(3)：389-494。

何漢威(1995)〈清末廣東的賭博與賭稅〉，《中央研究院歷史語言研究所集刊》，66(2)：489-557。

何漢威(1996)〈清末廣東的賭商〉，《中央研究院歷史語言研究所集刊》，67(1)：61-108。

何漢威(2001)〈清季中央與各省財政關係的反思〉，《中央研究院歷史語言研究所集刊》，72(3)：597-698。

佐竹靖彥(1999a)〈日本學界井田制研究狀況〉，《北大史學》，頁240-52。

佐竹靖彥(1999b)〈從農道體系看井田制〉，《古今論衡》，3：126-46。

吳其昌(1991)《金文世族譜》，臺北：中央研究院歷史語言研究所專刊。

吳景平(1997)〈關於近代中國外債史研究對象的若干思考〉，《歷史研究》，4：53-73。

吳慧(1985)《井田制考索》(北京：農業出版社)。

宋鎮豪(1994)《夏商社會生活史》(北京：中國社會科學出版社)。

巫寶三(1989)《管子經濟思想研究》(北京：中國社會科學出版社)。

巫寶三(1996)主編《先秦經濟思想史》(北京：中國社會科學出版社)。

李允俊(2000)主編《晚清經濟史事編年》(上海：上海古籍出版社)。

李宇平(1987)《近代中國的貨幣改革思潮，1902-1914》(臺北：師大歷史所專刊18)。

李宇平(1991)〈試論梁啓超的反通貨膨脹言論〉，《中央研究院近史所集刊》，20：183-99。

李孝定(1965)編纂《甲骨文字集釋》(臺北：中研院史語所)。

李國俊(1986)編《梁啓超著述繫年》(上海：復旦大學)。

李喜所(1996)〈梁啓超的國家學說和經濟構想〉，《中國近代史》，頁59-62。

李喜所、元青(1993)《梁啓超傳》(北京：人民出版社)。

李達嘉(1997)〈袁世凱政府與商人，1914-1916〉，《中央研究院近代史研究所集刊》，27：93-135。

李漁叔(1976)註譯《墨子今註今譯》(臺北：臺灣商務)。

李錫周(1927-8)〈墨子的經濟思想〉，《燕京大學月刊》，1卷2-3期。

杜正勝(1990)〈戰國的輕重術與輕重商人〉，《中央研究院歷史語言研所集
　　　刊》，61(2)：481-532。

杜正勝(1992)《古代社會與國家》(臺北：允晨文化出版公司)。

沈桐生(1908)輯《光緒政要》(臺北：文海出版社影印)。

汪聖鐸(1995)《兩宋代財政史》(北京：中華書局)，上下冊。

卓遵宏(1986)《中國近代幣制改革史，1887-1937》(臺北：國史館)。

周育民(2000)《晚清財政與社會變遷》(上海：人民出版社)。

周法高(1981)編纂《金文詁林》(香港：中文大學出版社)。

周法高(1982)編纂《金文詁林補》(臺北：中央研究院史語所專刊)。

周維亮(1999)《梁啓超治學繫年》(臺北：新文豐)。

周藤吉之(1969)《宋代史研究》(東京：東洋文庫)。

東一夫(1970)《王安石新法の研究》(東京：風間書房)，上下冊。

東一夫(1980)《王安石事典》(東京：國書刊行會)。

林美莉(2001)〈近代中國對西洋直接稅制的引介與認識，1896-1937〉，收
　　　入：中央研究院近代史研究所，《二十世紀的中國與世界論文選集》，
　　　頁283-331。

林家有(1994)〈論梁啓超由擁袁到反袁思想的演變〉，《文史哲》，223：16-
　　　24。

金景芳(1982)《論井田制度》(濟南：齊魯書社)。

宓汝成(1996)〈國際銀團和善後借款〉，《中國經濟史研究》，44：45-60。

侯杰、李釗(2005)〈大陸近百年梁啓超研究綜述〉，《漢學研究通訊》，24
　　　(3)：1-12。

侯厚吉、吳其敬(1984)主編《中國近代經濟思想史稿》，第3冊第3章第2節：
　　　〈梁啓超的經濟思想〉(黑龍江：黑龍江人民出版社)，頁277-356。

侯家駒(1985)《先秦法家統制經濟思想》(臺北：聯經出版公司)。

俞建國(1988)〈清末財政性外債及其對中國自主權的影響〉，《中國社會科學
　　　院經濟研究集刊》，10：43-93。

姜春明(1963)〈試論辛亥革命前梁啓超的經濟思想〉，《學術研究》第2期。

帥鴻勳(1973)《王安石新法研述》(臺北：正中書局)。

胡太昌(1986)〈梁啓超外資外債思想評述〉，《九江師專學報(哲社)》，第4
　　　期。

胡寄窗(1962)《中國經濟思想史》(上海人民出版社)，上冊。

胡寄窗(1982)《中國近代經濟思想史大綱》，中國社會科學出版社，第13章
　　　〈梁啓超的經濟思想〉，頁286-313。

胡適(1965)等著《井田制度有無之研究》(臺北：中國文獻出版社)。

胡憲立、郭熙生(1994)〈中國早期公債：晚清「息借商款」與「昭信股
　　　票」〉，《鄭州大學學報》(哲學社會科學版)，6：80-3。

唐慶增(1944)《中國上古經濟思想史》(上海：商務印書館)。

夏曉虹(1997)編《追憶梁啓超》(北京：中國廣播電視出版社)。

夏曉虹(2004)〈十年一劍：《飲冰室合集集外文》序〉(網路版)。

孫翊剛、董慶錚(1987)主編《中國賦稅史》(北京：中國財政經濟出版社)。

徐喜辰(1982)《井田制研究》(吉林人民出版社)。

徐義生(1962)編《中國近代外債史統計資料，1853-1927》(北京：中華書
　　　局)。

狹間直樹(1999)編《(共同研究)梁啓超：西洋近代思想受容と明治日本》(東
　　　京：みすず書房。

馬場將三(1997)〈《梁啓超著述繫年》索引〉，《新生新語》，1：1-34。

高婉瑜(2002)〈原始布的起源〉，《大陸雜誌》，104(5)：12-20。

高橋勇治(1943)〈三民主義に對する梁啓超の反駁〉，《東亞問題》，4(10)：
　　　1-45。

張以仁(1969)《國語斠證》(臺北：商務印書館)。

張侃(2000)〈論北洋時期地方政府外債〉，《中國社會經濟史研究》，72：
　　　69-79。

張侃(2002)〈20世紀中國近代外債史研究〉，《中國經濟史研究》，2：92-
　　　100。

張朋園(1964)《梁啓超與清季革命》(臺北：中央研究院近代史研究所專刊
　　　11)。

張朋園(1978)《梁啓超與民國政治》(臺北：食貨出版社)。

張家驤(1925)《中華幣制史》(臺北：鼎文書局影印)。

曹均偉(1991)《近代中國與利用外資》(上海：上海社會科學院出版社)。

梁庚堯(1975)《南宋的農村經濟》(臺北：聯經出版公司)。

梁庚堯(1984)〈市易法述〉，《臺灣大學歷史學系學報》，10-11：171-242。

許進雄(1995)《中國古代社會》(臺北：商務印書館)(修正版)。

許毅(1988)編《清代外債史資料》(北京：中國金融出版社)。

許毅(1996)等著《清代外債史論》(北京：中國財政經濟出版社)。

郭道揚(1982-8)《中國會計史稿》(中國財政經濟出版社)。

郭漢民(1989)〈梁啓超利用外資思想述論〉，《湖南師範大學社會科學學
報》，18卷1期。

陳良佐(1970)〈井、井渠、桔槔、轆轤及其對我國古代農業之貢獻〉，《思與
言》，8(1)：5-13。

陳其泰(1994)〈梁啓超先秦思想史研究的近代學術特色〉，《北京師範大學學
報》，122：38-43。

陳爭平(1994)〈1895-1930年中國國際收支發展趨勢及主要特徵〉，《中國社
會經濟史研究》，1：79-91。

陳瑞庚(1974)《井田問題重探》(臺北：臺灣大學中國文學研究所博士論文)。

陳詩啓(1993)《中國近代海關史》(北京：人民出版社)。

陳鋒(1992)《清代軍費研究》(湖北：武漢大學出版社)。

陳鵬鳴(1999)《梁啓超學術思想評傳》(北京：北京圖書館出版社)。

陶大鏞(1982)《亨利‧喬治經濟思想述評》(北京：中國社會科學出版社)。

堯秋根(2002)〈清末公債的經濟分析〉，《中國經濟史研究》，68：145-51。

彭雨新(1947)〈清末中央與各省財政關係〉，《社會科學雜誌》，9(1)：83-
110。

彭信威(1965)《中國貨幣史》(上海：上海人民出版社)。

裴長洪(1988)〈論西原借款〉，《中國社會科學院經濟研究集刊》，10：95-
161。

曾我部靜雄(1973)《宋代財政史》(東京：大安)。

曾桂蟬(1983)〈梁啓超金融學說簡介〉，《廣東金融研究》，第11期。

森時彥(1998)〈生計學和經濟學之間：梁啓超的political economy〉(京都大學
人文科學研究所，初稿)。

森時彥(2001)〈梁啓超的經濟思想〉，《梁啓超・明治日本・西方》(北京：社會科學文獻出版社)，頁218-43。日文版：〈梁啓超の經濟思想〉，收入：狹間直樹(1999)編《(共同研究)梁啓超：西洋近代思想受容と明治日本》，東京：みすず書房)，頁229-54。

森時彥(無日期)〈《飲冰室文集》引用和書目錄初稿(辛亥革命以前)〉(京都大學人文科學研究所)。

湯象龍(1935)〈民國以前關稅擔保之外債〉，《中國近代經濟史研究集刊》，3(1)：651-98。

隆武華(1997)〈北洋政府外債的借新還舊及其經驗教訓〉，《中國社會經濟史研究》，62：50-63。

黃克武(1994)《一個被放棄的選擇：梁啓超調適思想之研究》(臺北：中央研究院近代史研究所專刊70)。

黃克武(1996)〈梁啓超的學術思想：以墨子學爲中心之分析〉，《中央研究院近代史研究所集刊》，26：41-90。

黃克武(2002)〈如何評估梁啓超的思想？回應賴建誠教授〉，《近代中國史研究通訊》，34：87-94。

楊汝梅(1927)《民國財政論》(上海：商務印書館)。

楊伯峻(1982)《春秋左傳注》(臺北：源流出版社)。

楊宏雨(1997)〈論梁啓超的政府干預思想〉，《華東師範大學學報》，131：61-8。

楊寬(1997)《戰國史》(臺北：商務印書館)。

楊寬(1999)《西周史》(臺北：商務印書館)。

楊蔭溥(1985)《民國財政史》(北京：中國財政經濟出版社)。

葉世昌(1980)〈梁啓超的經濟思想〉，《貴陽師院學報》第3期。

葉坦(1990)《傳統經濟觀大論爭：司馬光與王安石之比較》(北京：北京大學出版社)。

葉坦(1996)《大變法：宋神宗與十一世紀的改革運動》(北京：三聯書店)。

董方奎(1996)〈梁啓超社會主義觀再認識〉，《華中師範大學學報》，35(5)：85-91。

賈士毅(1917)《民國財政史》，(上海：上海書店影印，1990)，上下冊。

賈士毅(1967)《民國初年的幾任財政總長》(臺北：傳記文學出版社)。

賈士毅(1968)《民國財政經濟問題今昔觀》(臺北：正中書局)。

廖名春(1998)〈梁啓超古書辨僞法的再認識〉，《漢學研究》，16(1)：353-71。

漆俠(1979)《王安石變法》(上海：上海人民出版社)。

漆俠(1987)《宋代經濟史》(上海：上海人民出版社)，上冊。

趙守正(1989)《管子經濟思想研究》(上海：上海古籍出版社)。

趙靖(1991)主編《中國經濟思想通史》(北京：北京大學出版社)，第1卷。

齊思和(1948)〈孟子井田說辨〉，《燕京學報》，35：101-127。

劉仁坤(1996)〈梁啓超建立新式企業制度思想探析〉，《求是學刊》，112：110-4。

劉秉麟(1962)《近代中國外債史稿》(北京：三聯書店)。

劉聖宜(1996)〈論梁啓超的社會主義觀〉，《華南師範大學學報》，100：76-82。

廣東省中山圖書館特藏部(1983)《館藏康有爲、梁啓超資料目錄》。

潘日波(1996)〈論梁啓超與袁世凱〉，《贛南師範學院學報》，1：25-30。

鄭匡民(2003)《梁啓超啓蒙思想的東學背景》(上海：上海書店出版社)。

鄭學檬(1994)主編《中國賦役制度史》(廈門大學出版社)。

鄧海波(1984)編著《中國歷代賦稅思想及其制度》(臺北：正中書局)，上下冊。

縣解(朱執信，1907)〈土地國有與財政〉，《民報》15：67-99, 16：33-71。

蕭公權(1980)等《近代中國思想人物論：社會主義》(臺北：時報出版公司)。

蕭清(1984)《中國古代貨幣史》(北京：人民出版社)。

賴建誠(1994)〈萬曆會計錄初探〉，《漢學研究》，12(2)：137-56。

賴建誠(2002)《亞當史密斯與嚴復：《國富論》與中國》(臺北：三民書局)。

錢穆(1932)〈《周官》著作時代考〉，《燕京學報》11期，收入：《錢賓四先生全集》第8冊(臺北：聯經)，1998，見此長文的第3節「關於田制」，頁405-62。

閻平(1997)〈歷史的悖論：評梁啓超的開明專制思想〉，《徐州師範大學學報》，91：120-6。

應學犁(1995)〈梁啓超在二十年代初社會主義問題爭論中的角色〉，《南京大學學報》，2：139-49。

鍾珍維、萬發雲(1984)〈論梁啓超的經濟思想〉，《華南師範大學學報(社科)》，第4期。

魏建猷(1955)《中國近代貨幣史，1814-1919》(臺北：文海出版社影印)。

羅玉東(1932)〈光緒朝補救財政之方策〉，《中國近代經濟史研究集刊》，1(2)：189-270。

羅玉東(1936)《中國釐金史》，(上海：商務)(香港：大東圖書影印，1977)。

羅檢秋(1992)〈梁啓超與近代墨學〉，《近代史研究》，第2期。

羅檢秋(1999)《新會梁氏：梁啓超家族的文化史》(北京：中國人民大學出版社)。

嚴中平(1955)《中國近代經濟史統計資料選輯》(北京：科學出版社)。

Bernal, Martin(1976): *Chinese Socialism to 1907*, Cornell University Press.

Blaug, Mark(1997): *Economic Theory in Retrospect*, Cambridge University Press, 5th edition.

Bordo, M. and F. Kydland(1995): The gold standard as a rule: an essay in exploration, *Exploration in Economic History*, 32: 423-64.

Brandt, Lauren(1985): Chinese agriculture and the international economy, 1870-1930s: a reassessment, *Explorations in Economic History*, 22:168-93.

Brandt, Lauren(1989): *Commercialization and Agricultural Development: Central and Eastern China, 1870-1937*(Cambridge University Press).

Chang, Hao(1971): *Liang Ch'i-ch'ao and Intellectual Transition in China, 1890-1907* (Harvard University Press).

Chong, Key-ray(1986)〈梁啓超與孫逸仙〉，《中山社會科學譯粹》，1(4): 145-58(葉秀珍譯自 "Liang Ch'i-ch'ao and Sun Yat-sen", from Chong's Ph.D. dissertation *The Sources and Development of Sun Yat-sen's Nationalistic Ideology as Expressed in the San Min Chu I*, Claremont Graduate School and University Center, 1967, chapter 5, pp. 219-59)。

Eichengreen, Barry(1992): *Golden Fetters: The Gold Standard and the Great Depression*, 1919-1939(New York: Oxford University Press).

Fairbank, John(1969): *Trade and Diplomacy on the China Coast: the Opening of the Treaty Ports, 1842-1854*(Stanford University Press).

Feuerwerker, Albert(1980): Economic trends in the late Ch'ing empire, 1870-1911, in *The Cambridge History of China*, volume 11, *Late Ch'ing, 1800-1911*, Part II, pp. 1-69(Cambridge University Press).

Friedman, M. and A. Schwartz(1963): *A Monetary History of the United States, 1867-1960*(Princeton University Press).

Hanna, H., C. Conant and J. Jenks(1903): *Stability of International Exchange*. Report on the introduction of the gold-exchange standard into China, the Philippine Islands, Panama, and other silver-using countries and on the stability of exchange. Washington, Government Printing Office. Document 144, 58th Congress.

Hanna, H., C. Conant and J. Jenks(1904): *Gold Standard in International Trade*. Report on the introduction of the gold-exchange standard into China, the Philippine Islands, Panama, and other silver-using countries, and on the stability of exchange. Submitted to The Secretary of State, October 22, 1904, by The Commission on International Exchange(Washington: Government Printing Office).

Hou, Chi-ming(1965): *Foreign Investment and Economic Development in China, 1840-1937*(Harvard University Press).

Hsiao, Liang-lin(1974): *China's Foreign Trade Statistics, 1864-1949*(Harvard University Press).

Huang, Philip(1972): *Liang Ch'i-ch'ao and Modern Chinese Liberalism*(University of Washington Press).

Jenks, J.W.(1904): *Considerations on a New Monetary System for China*, Ithaca: Andrus & Church. Reprinted in Hanna, H., C. Conant and J. Jenks(1904: 113-76).

Jenks, J.W.(1910): Monetary conditions in China, in George H. Blakeslee ed. *China and the Far East*, pp. 121-32(New York: Thomas Y. Crowell).

Kann, Edward(1927): *The Currencies of China: an Investigation of Silver and Gold Transactions Affecting China with a Section on Copper*(Shanghai: Kelly & Walsh).

Kemmerer Commission(1929): *Project of law for the gradual introduction of a gold-standard currency system in China, together with a report in support thereof*(Also known as The Kemmerer Report. Submitted to the Minister of Finance by the Commission of Financial Experts on November 11, 1929, Shanghai, 182 pages).

Lai, C. and J. Gau(2005): Proposing Gold-Exchange Standards for China, 1903-1930(manuscript).

Lavoie, Don(1985): *Rivalry and Central Planning: the Socialist Calculation Debate Reconsidered*(Cambridge University Press).

Levenson, Joseph(1959): *Liang Ch'i-ch'ao and the Mind of Modern China*(Harvard University Press), second revised edition.

Lin, Sein(1974): Sun Yat-sen and Henry George: the essential role of land policy in their doctrines, *American Journal of Economics and Sociology*, 33(2): 201-20.

Lindholm, Richard and Sein Lin(1977): *Henry George and Sun Yat-sen: Application and Evolution of Their Land Use Doctrine*(Cambridge(Mass.): Lincoln Institute).

Morris-Suzuki, Tessa(1989): *A History of Japanese Economic Thought*(London: Routledge)(《日本經濟思想史》，厲江譯，厲以平譯校，北京：北京商務印書館，2000)。

Remer, C.F.(1933): *Foreign Investments in China*(New York: Macmillan), reprinted in 1968 by Howard Fertig, New York.

Scalapino, Robert and Harold Schiffrin(1959): Early socialist currents in the Chinese revolutionary movement: Sun Yat-sen versus Liang Ch'i-ch'ao, *Journal of Asian Studies*, 18(3): 321-42.

Schiffrin, Harold(1957): Sun Yat-sen's early land policy: the origin and meaning of "equalization of land rights", *Journal of Asian Studies*, 16(4): 549-65.

Schiffrin, Harold and Pow-Key Sohn(1959): Henry George on two continents: a comparative study in the diffusion of ideas, *Comparative Studies in Society and History*, 2(1): 85-109.

Sun, Zen E-tu(1962-3): The board of revenue in nineteenth century China, *Harvard Journal of Asiatic Studies*, 24: 175-228.

Tang, Xiaobing(1996): *Global Space and the Nationalist Discourse of Modernity: the Historical Thinking of Liang Qichao*(Stanford University Press).

Trescott, Paul(1994): Henry George, Sun Yat-sen and China: more than land policy was involved, *American Journal of Economics and Sociology*, 53(3): 363-75.

Trescott, Paul(1995): The money doctor in China: Edwin Kemmerer's commission of financial experts, 1929, *Research in the History of Economic Thought and Methodology*, 13: 125-58.

Trescott, Paul(2006): *Ching-Chi-Hsueh: the Introduction of Western Economic Ideas into China, 1840-1959*，香港：中文大學出版社(排印中)。

Trescott, Paul and Zhaoping Wang(1994): Liang Ch'i-ch'ao and the introduction of Western economic ideas into China, *Journal of the History of Economic Thought,* 16: 126-45.

Vissering, Gerard(1912, 1914): On Chinese Currency: Preliminary Remarks about the Monetary Reforms in China(Amsterdam: J.H. Bussy), 2 volumes.

Wong, Bin(1982): Food riots in the Qing Dynasty, *Journal of Asian Studies*, 41(4): 767-88.

索引

一、英文

A

Aglen　226
Archilochus　352

B

Bayern　236
Berlin　352
Bernal　169, 369
Blaug　232, 234, 369
Bordo　30, 369
Brandt　206, 369
Bredon　226

C

Calhoun　132
cameralism　237
Cartel　246
Chambers　343
Chang　12, 369
Chong　165, 369
Conant　32, 370
Cornell　31, 339, 362, 369

C (cont.)

Cossa　4, 337, 339, 344

D

Demosology　176

E

Edkins　342, 343
Eichengreen　47, 370
Ely　171, 174, 176, 348
Erlangen　236

F

Fabian Society　189
Fairbank　224, 225, 370
Fawcett　342
Finanzwissenschaft　236
Freiburg　236
Friedman　47, 370
Fryer　343

G

George　169, 191, 371, 372

gold-exchange standard 29, 339, 370
Göttingen 236
Gresham 6, 69

H

Hamburg 236
Hanna 32, 370
Hart 30, 31, 102
Heidelberg 236
Hou 215, 217, 218, 370
Hsiao 201, 370
Huang 12, 370
Hume 238

I

Ingram 4, 337, 344

J

Jenks 30, 31, 32, 39, 339, 370, 371
Jevons 337, 342, 343

K

Kann 26, 30, 371
Kemmerer 31, 371, 372
Knox 133
Kydland 30, 369

L

Lavoie 189, 371
Levenson 12, 371
Lindholm 169, 371
List 189, 235

M

Macmillan 163, 371
Morris-Suzuki 350, 371
Myrdal 218

N

New Palgrave 164, 171

O

ounce 49

P

paradox of thrift 242
per capita 217
Philippovic 185, 239, 348
physiocratic school 342
Prebisch 218

R

Remer 218, 371

S

Scalapino 169, 371
Schiffrin 169, 191, 371, 372
Schmoller 185, 348
Schwartz 47, 370
Singer 218
Smith 233
Sohn 169, 191, 372
specie-flow mechanism 238

T

Tang 12, 372
Trescott 31, 169, 337, 372
Trust 157, 246

U

utilitarianism 327, 331

V

Vissering 30, 31, 62, 372

Volkswirtschaftspolitik 239, 348

W

Wagner 185, 234, 348
Wang 337, 372
Williamson 163
Wong 208, 372

X

Xenophon 339

二、中文

二劃

丁文江 193, 222, 361
丁鵬 332, 361
入超 26, 29, 198
八旗 8, 80, 85, 86, 87, 88, 148, 219

三劃

三民主義 192, 365
三菱公司 158
上海 5, 12, 33, 36, 39, 49, 65, 66, 95,
  116, 118, 131, 132, 145, 149, 159,
  178, 213, 223, 224, 254, 274, 276,
  281, 335, 343, 347, 361, 362, 363,
  364, 365, 366, 367, 368, 369
上海時報 33, 39
千家駒 113, 140, 141, 149, 361
土地國有 5, 10, 11, 14, 15, 16, 18,
  22, 139, 165, 166, 167, 169, 170,
  171, 173, 176, 177, 178, 179, 180,
  181, 182, 183, 184, 185, 186, 187,
  188, 189, 190, 191, 197, 262, 346,
  351, 358, 361, 368
土地臺帳法 81, 102
大中華 57, 111
大正 263, 349
大清銀行 52, 53, 130, 147, 209
大陸雜誌 i, 365
大總統 38, 56, 57, 58, 107, 147
子產 273, 297, 298, 312, 313
子墨子學說 2, 21, 321, 322, 329, 331,
  333
小刀會 224
小林邊次郎 347
山西 8, 77, 121, 125, 126, 156
山東 61, 118, 121, 125

四劃

不兌換紙幣　8, 51, 55, 130, 131

中山人文社會科學期刊　i

中共　65, 85, 181

中國國債史　5, 116, 119, 127

中國期刊網　13

中國銀行　63, 64, 110, 148, 149, 150

中華書局　1, 3, 57, 361, 364, 365

井上辰九郎　4, 337

井田　20, 22, 281, 282, 283, 285, 289, 291, 292, 295, 296, 299, 300, 301, 305, 306, 307, 311, 312, 318, 319, 320, 363, 364, 365, 366, 368

井地　20, 282, 283, 299, 300, 301, 302, 303, 306, 309, 316, 317, 318, 320, 361

元青　12, 58, 109, 148, 167, 168, 349, 363

元祐　255, 256, 257, 258, 261, 262, 263

元豐　256, 260, 262

內務部　94

內債　10, 17, 22, 63, 98, 100, 113, 119, 131, 137, 140, 141, 142, 145, 147, 149, 150, 197, 351

公田　285, 286, 297, 298, 299, 300, 301, 302, 304, 305, 307, 316

公羊傳　295, 299, 314, 315

公債　4, 5, 6, 7, 9, 18, 52, 53, 54, 63, 68, 71, 80, 83, 85, 86, 87, 88, 113, 118, 119, 127, 135, 136, 137, 138, 139, 140, 141, 142, 143, 144, 145, 146, 147, 148, 149, 150, 151, 152, 186, 211, 221, 343, 347, 351, 358,

361, 365, 366

公幣　243

天津　2, 9, 49, 65, 66, 122, 136, 144, 222

天演論　157

太史公　154, 205, 208, 252

太平御覽　288, 308

孔子　242, 252, 299, 314, 326, 327, 328, 330

巴黎　132, 136, 178

戶部　5, 28, 36, 37, 42, 74, 75, 76, 77, 78, 89, 92, 103, 104, 124, 125, 126, 140, 144, 224

方田均稅法　256

方清河　282, 303, 320, 361

日本　5, 8, 12, 18, 19, 30, 37, 38, 41, 42, 43, 51, 52, 53, 57, 61, 62, 63, 64, 68, 73, 81, 82, 83, 84, 85, 86, 88, 92, 93, 95, 96, 100, 102, 116, 119, 122, 126, 127, 128, 129, 131, 132, 133, 134, 137, 139, 143, 145, 146, 150, 151, 152, 158, 161, 165, 175, 184, 185, 188, 189, 193, 211, 216, 221, 226, 227, 232, 234, 235, 236, 237, 247, 252, 255, 263, 282, 291, 319, 323, 329, 336, 344, 345, 346, 347, 348, 349, 350, 351, 354, 363, 365, 367, 371

日俄戰爭　263

木村正雄　282, 320, 361

比利時　249

毛詩　289

爪哇　178, 179

犬養毅　63, 165

王士珍　64
王正廷　109
王同勛　332, 361
王安石　19, 22, 255, 256, 262, 263,
　264, 361, 364, 367, 368
王安石事典　255, 364
王克敏　64
王恩洋　335
王荊公　11, 19, 232, 252, 254, 258,
　259, 262, 263, 361
王國平　227, 362
王國斌　208, 362
王國維　269, 274, 362
王莽　260, 276
王弼　308
王業鍵　25, 149, 150, 362
王毓銓　275, 276, 277, 362
王爾敏　223, 362
亓冰峰　165, 169, 190, 362

五劃

世界體系　173
再有　290, 293
冬估　89
北伐　26, 87, 101
北京　1, 2, 3, 8, 10, 13, 39, 62, 87,
　133, 144, 156, 219, 222, 350, 360,
　361, 362, 363, 364, 365, 366, 367,
　368, 369, 371
北華捷報　134
卡特爾　159, 246
可兌換紙鈔　28
司法總長　9, 56, 58, 110, 139, 220
司泉官　33, 34, 42

司馬光　255, 256, 262, 263, 367
司馬遷　153, 154, 271
史記　4, 153, 268, 269, 271, 272, 276,
　304, 343
史密斯　ii, 163, 208, 219, 220, 233,
　234, 235, 238, 239, 241, 242, 253,
　325, 338, 343, 354, 355, 359, 368
外務部　5, 31, 36, 94, 134, 223, 224,
　225, 226
外債　3, 5, 7, 8, 10, 13, 17, 22, 26, 27,
　29, 37, 38, 44, 46, 51, 54, 59, 62, 66,
　67, 73, 74, 75, 76, 82, 86, 87, 88, 96,
　98, 100, 105, 107, 113, 114, 115,
　116, 117, 118, 119, 120, 121, 122,
　123, 124, 125, 126, 127, 128, 129,
　130, 131, 132, 133, 134, 135, 136,
　137, 138, 139, 140, 141, 145, 146,
　148, 150, 151, 152, 155, 186, 187,
　197, 199, 200, 201, 202, 203, 211,
　214, 215, 221, 223, 225, 241, 351,
　358, 361, 362, 363, 364, 365, 366,
　367, 368
外匯存底　29, 203
左傳　273, 290, 291, 295, 296, 297,
　298, 303, 306, 309, 312, 313, 314,
　367
市易法　256, 260, 262, 366
市場機能　233
布帛　268, 270, 272, 274
布政使司　74, 75
平準　36, 248, 249, 264, 268, 269,
　271, 272, 337
弘治　89
戊戌　26, 117, 123, 141, 153, 165,

262, 345

本野　61, 63

民生主義　166, 170, 171, 173, 176, 180, 192, 362

民國　1, 8, 10, 15, 17, 22, 26, 38, 46, 48, 51, 57, 58, 61, 64, 65, 66, 68, 73, 79, 81, 87, 88, 93, 97, 99, 100, 101, 102, 105, 106, 107, 108, 111, 138, 146, 148, 149, 151, 156, 218, 221, 281, 282, 361, 365, 367, 368

民族主義　170, 212, 215

民報　5, 11, 15, 18, 166, 167, 169, 170, 171, 172, 173, 174, 175, 176, 177, 180, 183, 185, 186, 187, 188, 189, 190, 191, 262, 327, 346, 348, 351, 358, 361, 362, 368

甘乃光　332, 362

甘友蘭　168

甘末爾　31

甘肅　76, 79, 121, 126

生計學　4, 14, 21, 39, 44, 146, 219, 267, 321, 329, 330, 335, 337, 338, 339, 341, 342, 348, 353, 366

用田賦　20, 281, 283, 290, 295, 296, 298

田中穗積　185, 347

田尻稻次郎　119, 347

田賦　4, 20, 62, 77, 80, 81, 82, 84, 97, 100, 102, 104, 105, 106, 130, 140, 145, 148, 187, 281, 283, 289, 290, 293, 295, 296, 298, 299

甲午　41, 72, 73, 76, 78, 79, 86, 104, 114, 115, 116, 117, 120, 122, 124, 125, 126, 136, 140, 141, 200, 210,

223, 278, 309

甲骨文　271, 288, 289, 293, 308, 310, 311, 312, 315, 363

白圭　153, 296

白銀　26, 27, 29, 32, 34, 42, 43, 49, 53, 59, 115, 123, 126, 200, 203

皮明麻　168, 362

皮幣　20, 265, 271, 272, 274, 279

六劃

仲尼　290, 293

任道鎔　124

企業　4, 7, 15, 16, 18, 130, 154, 155, 157, 159, 160, 162, 175, 182, 193, 194, 202, 203, 208, 209, 213, 215, 216, 217, 259, 368

光緒　27, 43, 48, 49, 50, 52, 65, 72, 73, 76, 78, 89, 90, 104, 117, 118, 121, 122, 123, 124, 144, 145, 187, 198, 199, 200, 201, 211, 254, 262, 270, 335, 349, 364, 369

光緒政要　90, 144, 364

光緒會計表　73, 187

光緒會計錄　73, 89

先令　27, 28, 31, 56

先秦　11, 19, 20, 111, 112, 244, 248, 271, 273, 275, 281, 283, 293, 296, 300, 303, 321, 322, 331, 333, 348, 358, 361, 362, 363, 364, 366

先秦田制　20, 281, 283

先秦政治思想史　11, 19, 20, 281, 321, 322, 348, 358

全廣鎮　288, 308, 310, 362

共產主義　192, 327, 328, 334

劣幣驅逐良幣　6, 22, 50, 69, 277

印花稅　84, 97, 100, 148

印度　29, 37, 43, 223, 266

吉田宇之助　263

吉林　61, 77, 362, 365

同治　27, 49, 69, 75, 78, 241

合作金庫　221

地方公債　6, 53, 139, 143, 221

多元本位　25

如淳　270, 276

安格聯　226

安部磯雄　189

寺內　61

寺田內閣　61

托拉斯　4, 18, 153, 157, 158, 159, 160, 161, 162, 163, 174, 246, 351

早稻田　347, 348

朱右曾　288, 362

朱芳圃　308, 362

朱英　140, 156, 362

朱泫源　166, 169, 362

朱執信　166, 167, 186, 190, 281, 320, 368

朱熹　304, 319

江漢公學　254

江漢日報　254

江蘇　79, 81, 115, 121, 124, 125, 126, 140, 141, 362

百日維新　171

米禁　7, 198, 204, 205, 206, 207, 208

自由放任　163, 235, 238, 246, 253, 341, 344, 354

自由貿易　175, 184, 235, 249, 253, 343

艾約瑟　343

艾迪　133

西周　267, 269, 274, 292, 296, 309, 311, 312, 315, 367

西原借款　61, 366

西漢　82, 264, 319

七劃

亨利・喬治　169, 187, 189, 190, 191, 366

何炳棣　81, 103, 362

何烈　75, 362

何漢威　26, 48, 49, 79, 80, 84, 363

佐竹靖彥　282, 363

克林威爾　249

克萊頓法　161

兵庫縣　254

吳仲遙　168

吳汝綸　337

吳其昌　165, 310, 363

吳其敬　14, 364

吳洛　301

吳健彰　224

吳景平　113, 115, 363

吳慧　282, 363

呂思勉　281

呂惠卿　262

呂誨　261

均輸　248, 249, 259, 264

宋史　254, 257, 258, 259

宋神宗　256, 262, 367

宋襄公　304

巫寶三　231, 361, 363

廷杰　141

改撥為攤　125

李允俊　16, 141, 144, 363

李宇平　14, 26, 30, 363

李佐賢　276

李孝定　310, 363

李怡嚴　i, 359

李悝　306

李國俊　1, 3, 11, 12, 72, 363

李喜所　12, 58, 109, 148, 167, 168, 349, 363

李斯特　235

李猶龍　9, 59

李達嘉　148, 363

李嘉圖　338, 343

李錫周　332, 363

李鴻章　50, 216, 218

杜正勝　232, 286, 364

汪大燮　30, 37

汪聖鐸　255, 364

汪精衛　166, 167, 173, 190, 362

汪鳳藻　342

貝殼　41, 267, 268, 279

貝幣　20, 265, 266, 267

辛丑　118, 120, 223

辛亥　13, 25, 26, 67, 100, 101, 115, 134, 135, 148, 151, 220, 347, 364, 367

辛迪加　159

阪谷男爵　63

八劃

亞里士多德　339

亞當史密斯　ii, 163, 219, 325, 354, 359, 368

亞當史密斯與嚴復　ii, 354, 359, 368

典當　221

刺蝟　352

協款　74, 75, 124

卓遵宏　26, 30, 43, 364

周自齊　138

周育民　72, 76, 92, 364

周官　89, 260, 271, 273, 275, 276, 282, 298, 304, 305, 307, 319, 368

周易　268, 269, 308, 311

周法高　310, 364

周書　286, 288, 289, 362

周桓王　304

周善培　110, 353

周維亮　13, 364

周慶雲　82

周學熙　100

周憲文　236

周藤吉之　255, 364

固定匯率　47

奉天　77, 115, 126

孟子　20, 112, 273, 274, 281, 282, 283, 284, 285, 286, 287, 288, 292, 293, 294, 295, 296, 297, 298, 299, 300, 301, 302, 303, 304, 305, 306, 307, 309, 312, 314, 315, 316, 317, 318, 319, 320, 329, 361, 368

季融五　281, 319

宗人府　94

官房學派　237, 252

官鈔　5, 48, 52

尚書　37, 224, 269, 305, 315

帛布　20, 265, 279

幸德秋水　189

庚子賠款　73, 114, 115, 120, 122, 123, 124, 125, 126, 135, 136, 278

所得稅　84, 98, 100, 148, 175, 184, 194

昆勒貝公司　133

明治　53, 85, 86, 188, 221, 263, 337, 349, 350, 365, 367

東一夫　255, 263, 364

東三省　56, 115, 121, 134, 210

東京　178, 337, 361, 364, 365, 366, 367

東南大學　334

林志鈞　1

林美莉　100, 364

林家有　148, 364

松方正義　86

松崎　348

河上肇　185, 189, 347

河南　76, 121, 270

河海關　124

波斯　129

法家　112, 364

泗水　301, 302

直隸　6, 49, 103, 104, 115, 121, 125, 126, 136, 139, 143, 144, 145, 146, 147, 148, 149, 150

社會主義　10, 11, 14, 15, 16, 18, 22, 159, 165, 166, 167, 168, 169, 170, 171, 172, 173, 174, 175, 176, 177, 178, 182, 184, 185, 187, 188, 189, 190, 192, 195, 197, 214, 239, 246, 259, 262, 263, 327, 328, 334, 336, 344, 346, 348, 351, 358, 362, 367, 368, 369

花旗銀行　133

初稅畝　20, 281, 283, 291, 295, 298

近代中國史研究通訊　i, 367

金本位　4, 5, 7, 8, 17, 18, 20, 25, 26, 27, 28, 29, 30, 31, 35, 37, 38, 39, 40, 41, 42, 43, 44, 45, 46, 47, 48, 58, 59, 60, 61, 62, 65, 66, 67, 68, 115, 130, 133, 200, 203, 204, 209, 244, 245, 265, 266, 278, 279, 339, 351, 358

金景芳　282, 364

金匯兌本位　29, 30, 38, 45, 46, 58, 63

金幣　28, 30, 33, 35, 36, 37, 43, 44, 63, 252, 270, 278

金銀複本位　26, 40, 41

長蘆鹽場　144

阿根廷　129, 211

青苗法　256, 260, 262

宓汝成　64, 134, 149, 364

芮恩施　64

九劃

侯厚吉　14, 364

侯家駒　231, 364

侯繼明　215, 218

便士　31, 43, 47

保甲法　256

保皇會　165

保馬法　256

保護主義　170, 175, 184, 189, 190, 235, 251, 253, 343, 344

保護關稅　192

俄亥俄孚石油公司　160

俄國　37, 128, 134, 173, 192, 241, 246, 326, 334, 354

俄羅斯　154, 241, 247, 263

俞建國　115, 364

俞鳳韶　110

南京　222, 224, 334, 362, 369

南京條約　222, 224

南洋　36, 206

南開大學　9, 222

咸豐　69, 75, 78, 81

姜春明　13, 364

宣統　6, 8, 29, 37, 48, 50, 51, 72, 76,
　77, 79, 90, 91, 92, 93, 94, 95, 97, 99,
　100, 101, 102, 125, 141, 145, 231

帥鴻勳　255, 364

度支部　7, 37, 44, 45, 51, 52, 75, 76,
　77, 78, 79, 90, 91, 92, 93, 96, 133,
　134, 136

建設雜誌　281

指數　198, 199

春秋　89, 90, 124, 165, 249, 267, 269,
　272, 281, 291, 293, 295, 296, 297,
　298, 304, 305, 308, 309, 312, 313,
　314, 315, 323, 367

春秋撥　89, 90, 124

昭和　263

昭信股票　53, 140, 141, 142, 144, 362,
　365

柏拉圖　339

柏林大學　236

段祺瑞　25, 46, 57, 64, 106, 109

泉府　275, 276

洋米　206, 207, 208

洋圓　40

洪武　89

洪遵　276

洛克菲勒家族　160

珍田　63

看不見的手　233, 341

看得見的腳　233, 234

禹貢　269, 284, 285

約翰穆勒　336

美孚石油　160

美國　5, 7, 18, 31, 32, 47, 51, 64, 117,
　131, 132, 133, 134, 153, 157, 159,
　160, 161, 162, 163, 171, 174, 175,
　180, 221, 235, 323, 348, 351

胡太昌　13, 365

胡寄窗　14, 231, 332, 365

胡惟德　37

胡漢民　166, 167, 173, 191, 281, 362

胡適　281, 282, 283, 319, 322, 352,
　365

胡憲立　140, 365

胡澤　337

范祖禹　258

英國　26, 27, 28, 30, 32, 37, 46, 63,
　68, 69, 114, 116, 131, 133, 151, 156,
　160, 163, 184, 186, 189, 211, 223,
　224, 226, 233, 234, 235, 239, 245,
　249, 250, 251, 253, 254, 340, 344

英鎊　27, 28, 29, 31, 32, 115, 122, 123

軍械借款　57

軍閥　25, 46, 66, 68, 88, 102, 105,
　107, 109

軍機處　94

重商主義　233, 234, 235, 237, 238,
　335, 339, 341, 342, 351, 354

重農主義　239, 335, 341, 342

十劃

俾斯麥　249
倫敦　26, 37, 43, 132, 134, 178
原富　21, 153, 219, 233, 241, 335, 336,
　337, 339, 340, 341, 342, 343, 345,
　353, 354
唐紹儀　132, 224, 225
唐慶增　332, 365
哥巴　249
夏威夷維新會　165
夏曉虹　2, 110, 166, 334, 335, 347,
　349, 352, 353, 365
孫文　11, 15, 18, 167, 170, 171, 176,
　177, 178, 179, 180, 188, 191, 346,
　350
孫任以都　74
孫翊剛　105, 365
孫詒讓　321
孫碧奇　10, 64
庫平　114, 115, 120, 122, 144
徐佛蘇　71, 346
徐良　72
徐喜辰　282, 365
徐義生　113, 365
徐道焜　141
恐慌　7, 18, 33, 47, 68, 138, 160, 197,
　198, 204, 208, 209, 244
恩格斯　189
息借商款　53, 140, 141, 144, 365
拳亂　73, 126, 145, 200
效用學派　327, 331
桑弘羊　264
格里森　6, 41, 50, 69, 70, 199, 277
殷商　267, 287, 308, 315

泰來洋行　118
海軍部　94, 95
海關兩　118, 122, 123, 198, 199, 201
海關稅　4, 32, 78, 84, 98, 223, 225,
　227
浙江　121, 124
浮動匯率　47
特種營業稅　148
狹間直樹　12, 365, 367
盎司　43, 47, 51
神機營　122
秦孝公　306
秩祿公債　85, 86
紐約　37, 178
航海法　340
荀子　112, 308
袁世凱　9, 49, 56, 103, 104, 108, 126,
　140, 142, 144, 146, 147, 150, 152,
　221, 363, 368
袁樹勳　36
託古　307, 318, 319
財政原論　11, 71, 72, 111, 231
財政總長　15, 17, 25, 38, 46, 56, 57,
　58, 61, 62, 63, 64, 65, 66, 67, 68, 73,
　93, 96, 100, 101, 106, 109, 110, 111,
　146, 187, 192, 220, 221, 358, 368
財稅　3, 10, 15, 22, 71, 79, 184, 197,
　343
起運　75
逆差　70, 198, 200, 203, 335, 341
陝西　77, 78, 121, 126
馬尼剌　166
馬列史觀　283
馬克　123, 189, 323, 327, 328, 336,

348

馬克思　168, 177, 189, 195, 323, 327, 328, 334, 338, 348, 349

馬場將三　13, 365

馬關　5, 122, 140, 210, 226

高叔康　237

高婉瑜　276, 365

高橋勇治　169, 365

高麗　154

十一劃

乾隆　49, 69, 81

乾嘉　319

商會　8, 156, 223, 362

國民經濟學派　19, 189, 232, 235, 236, 245, 251, 252, 253, 254

國民黨　51

國立城市銀行　133

國有化　22, 139, 166, 173, 177, 178, 179, 180, 184, 185, 186, 187, 188, 190, 191, 262, 327

國定關稅　226

國科會　i

國風報　10, 82, 131, 132, 133

國家干預　238

國家主義　170, 171, 172, 175, 189, 234, 351

國家專賣　83, 112

國家圖書館　168

國庫　7, 27, 53, 82, 146, 216, 220, 223, 237, 246, 248, 278

國務院　38, 58, 64, 95

國富論　163, 233, 235, 236, 238, 241, 253, 325, 335, 341, 343, 345, 354,

368

國債　6, 15, 98, 99, 100, 101, 116, 127, 128, 136, 137, 138, 150, 342, 343

國幣兌換券　59

國幣條例　39, 57, 58, 59, 65, 68

國幣匯兌券　9, 54, 55, 57, 59, 68

國語　288, 290, 291, 293, 302, 365

國際分工　173

國際收支　35, 37, 70, 179, 198, 200, 201, 202, 203, 208, 341, 366

國際匯兌　31, 33, 36, 42, 44, 45

國際銀行團　58

國際銀團　134, 364

奢侈　240, 241, 250, 298, 323, 324, 326, 330

專賣　83, 84, 247, 248, 253, 264

崔述　304

康乃爾　31, 339

康有為　1, 12, 51, 262, 368

康叔　306

康熙　29, 69, 86

張之洞　20, 31, 33, 36, 38, 39, 41, 44, 45, 46, 60, 67, 103, 118, 218, 279

張元濟　71

張文襄公（即張之洞）　33, 44, 361

張以仁　291, 365

張居正　81, 264

張朋園　12, 109, 165, 169, 195, 365

張東蓀　168

張附孫　163

張品興　2

張家驤　26, 27, 30, 48, 50, 52, 58, 66, 365

張揖　308
張蔭棠　37
張勳　109
張謇　82, 218
張鎮芳　109
晨報　192
曹汝霖　30
曹均偉　218, 366
梁士詒　149
梁庚堯　255, 366
梁啓超全集　2
梁惠王　273, 286, 294, 295, 299, 303, 305, 306
添田壽一　347
清丈田畝　81, 102
清代學術概論　349
清華國學院　274
清華園　192
清華學報　i
清議報　347
理藩部　94
畢戰　282, 300, 304, 305, 317, 319
盛宣懷　89, 90, 133, 218
票商　8, 156, 209
票莊　156
第一次世界大戰　31, 46, 61, 149, 160, 245
第一國立銀行　133
紹興　257
莊子　269, 323, 328, 330
荷蘭　31, 43, 178, 179, 249
規銀　27
許行　112, 287, 303, 306
許松源　ii

許進雄　268, 276, 289, 311, 366
許毅　64, 113, 114, 116, 122, 145, 151, 366
貨殖列傳　4, 153, 154
通典　268, 271
通商口岸　124, 194, 213, 215, 216, 217, 224
郭道揚　89, 366
郭漢民　13, 366
郭熙生　140, 365
陳良佐　315, 366
陳宗嬀　133
陳爭平　113, 202, 203, 366
陳相　303
陳瑞庚　282, 291, 297, 301, 320, 366
陳詩啓　223, 224, 225, 226, 366
陳獨秀　352
陳錦濤　38, 110
陸象山　257
鹿傳霖　37
麥洛克　186

十二劃

傅蘭泰　133
傅蘭雅　343
最惠國　5, 215, 222, 226, 227, 362
勝田主計　61
喀希尼條約　210
單一稅　170, 178, 179, 181, 183, 184, 185, 186, 187, 188, 189, 191
富弼　258
彭雨新　75, 76, 77, 78, 79, 90, 125, 366
彭信威　26, 30, 267, 268, 272, 273,

276, 277, 278, 366
復旦大學　363
斯密亞當　205, 335
普林斯頓大學　31
普法戰爭　41, 136
普魯士　81
曾我部靜雄　255, 366
曾桂蟬　13, 366
朝陽大學　10, 222
森時彥　14, 337, 342, 343, 347, 350,
　366, 367
殖民地　30, 31, 81, 146, 215, 217, 223,
　233
湯象龍　122, 367
然友　304
猶太人　154
舜　284, 299, 312
華克拿　185, 248, 348
華洋商款　145
華格納　234, 236, 237, 248
菲里坡維治　239
菲律賓　29
虛金本位　5, 7, 8, 17, 25, 26, 29, 30,
　31, 35, 37, 38, 39, 40, 41, 42, 43, 44,
　45, 46, 48, 59, 60, 65, 66, 67, 130,
　133, 339, 351, 358
費維愷　15
費邊社　189
貴州　79, 121, 125, 126
貴族　171, 174, 241, 278, 284, 297,
　311, 312, 315
貿易　4, 26, 29, 31, 32, 41, 63, 65, 104,
　158, 161, 170, 175, 184, 190, 198,
　199, 200, 201, 202, 203, 207, 215,

216, 218, 224, 226, 233, 235, 249,
　251, 253, 335, 341, 343
逸周書　286, 288, 362
郵傳部　140, 150
集體農場　326
雲南　79, 115, 121, 125, 126, 163
須摩拉　185, 348
飲冰室合集　1, 2, 3, 332
飲冰室合集集外文　2, 365
馮自由　347
馮國璋　64
黃伯易　334
黃克武　i, ii, 12, 21, 322, 327, 332,
　334, 367
黃金　20, 26, 28, 29, 30, 32, 34, 38,
　40, 42, 46, 47, 51, 53, 60, 61, 115,
　200, 238, 244, 254, 265, 268, 277
黃金俱樂部　28, 29, 47, 68
黃庭堅　258
黃郛　109
黃順二　168
黃瑞麒　147
黑龍江　125, 364

十三劃

募役法　256
匯率　26, 31, 34, 47, 179, 204
匯豐銀行　114, 116, 118
奧地利　185, 239, 348
慈禧太后　262
新大陸　158, 346, 347
新史學　i
新民叢報　5, 11, 18, 166, 167, 169,
　190, 222, 226, 262, 263, 327, 335,

342, 347, 361

新竹　301

新疆　115, 121, 125

楊伯峻　314, 367

楊宏雨　232, 367

楊宜治　27, 28, 30

楊倞　308

楊寬　274, 292, 367

楊蔭溥　149, 367

滇富銀行　9, 221

煙酒稅　126, 148

當代　i

督撫　28, 49, 74, 75, 76, 78, 79, 80, 89, 90, 103, 124, 140, 141, 223

萬發雲　13, 369

萬曆　81, 89

萬曆會計錄　89, 90, 368

經界　21, 102, 283, 295, 300, 301, 302, 303, 304, 309, 312, 317, 318

經濟大辭典　159, 160

經濟學　1, 10, 14, 16, 17, 19, 21, 22, 27, 153, 158, 159, 162, 163, 171, 185, 189, 193, 197, 232, 234, 235, 236, 237, 239, 241, 242, 245, 249, 251, 252, 253, 254, 321, 322, 323, 324, 325, 326, 330, 332, 337, 338, 341, 342, 343, 345, 346, 348, 349, 350, 351, 352, 353, 354, 357, 359, 366

經濟學說史　10, 17, 21, 22, 197, 321, 357

經濟霸權　235, 239

葉世昌　13, 367

葉坦　255, 367

董方奎　168, 367

董增齡　291

董慶錚　105, 365

解款　75, 79, 107, 108, 109, 115, 124, 125, 148

解餉　75

詩經　269, 293, 294, 295, 297, 305, 311, 315, 316

資本主義　159, 173, 178, 189, 328

資政院　7, 90, 92, 96, 97, 135

賈士毅　88, 89, 93, 97, 98, 99, 101, 102, 105, 109, 110, 113, 145, 149, 367, 368

賈思勰　288

農工商部　7, 95, 139, 142, 143, 147, 154

農工部　140

農民銀行　221

農商務省　161

鄒衍　276

雍正　89, 124

預算　3, 4, 7, 8, 10, 14, 15, 17, 22, 65, 71, 72, 76, 80, 88, 89, 90, 91, 92, 93, 94, 95, 96, 97, 99, 100, 101, 106, 110, 111, 184, 187, 197, 222, 351

十四劃

裴長洪　61, 366

嘉樂恆　132

幣制局　3, 9, 15, 17, 25, 46, 48, 52, 54, 55, 56, 57, 58, 59, 61, 66, 68, 147, 150, 151, 221, 358

幣制改革　3, 9, 10, 14, 16, 17, 21, 25, 26, 31, 45, 46, 47, 51, 57, 58, 60, 62,

63, 64, 67, 68, 88, 133, 150, 197, 345, 351, 358, 364

幣制借款 38, 56, 58, 60, 61, 62, 63, 132

廖仲凱 281

旗人 85, 86, 87

演化論 40, 265

漢口 33

漢武帝 272, 274

漢書 268, 269, 270, 271, 272, 277, 306, 308

滿洲 61

漆俠 255, 368

漲價歸公 178, 191

熙寧 256, 260, 261

熙麟 73

熊希齡 9, 25, 56, 58, 63, 147, 220

爾雅 284, 308

瑪爾梭士 325

福建 78, 115, 121, 122, 126

管子 11, 19, 22, 71, 231, 232, 234, 236, 237, 238, 239, 240, 242, 243, 244, 245, 246, 247, 248, 249, 250, 251, 252, 253, 254, 262, 275, 277, 333, 363, 368

精琪 30, 31, 32, 33, 34, 35, 36, 37, 38, 39, 40, 41, 42, 43, 44, 45, 60, 339

維也納 239

維多利亞省 119

臺灣 14, 81, 82, 86, 168, 169, 236, 255, 301, 361, 363, 366

蒙藏 88, 99

裴式楷 226

製造局 91

說文 11, 167, 266, 267, 268, 269, 273, 277, 289, 308, 310

赫德 30, 31, 32, 37, 39, 60, 102, 103, 104, 210, 225, 226

趙守正 231, 368

趙炳麟 76, 90

趙靖 332, 368

輕重術 20, 231, 242, 245, 248, 249, 253, 262, 333, 364

銀本位 4, 7, 9, 30, 37, 38, 39, 40, 41, 43, 44, 45, 46, 47, 58, 59, 60, 61, 62, 67, 68, 117, 203, 278, 358

銀金比價 34

銀銅本位 40

銀銅複本位 25, 40

銀價 6, 8, 18, 25, 26, 27, 28, 29, 30, 32, 33, 34, 36, 37, 38, 41, 42, 43, 44, 45, 47, 48, 59, 62, 67, 117, 126, 203, 209

銀賤銅貴 26

銅元 6, 48, 49, 50, 54, 65, 67, 68, 70, 199, 205, 278, 363

銅元局 49, 50, 118, 144

銅本位 40

銅錢 35, 40, 41, 48, 49, 65, 103, 268, 277

領事裁判權 226

領券制度 150

餉捐局 77

齊民要術 288

齊宣王 295, 303

十五劃

儉約的矛盾 242

劉仁坤　154, 368

劉世珩　36

劉秉麟　61, 113, 368

劉勉己　191, 192

劉聖宜　168, 368

劉熙　312

劉銘傳　218

劉嶽雲　187

廢兩改元　65, 68

廣州　66

廣西　78, 79, 121, 125, 126

廣東　1, 12, 50, 77, 78, 84, 114, 115, 121, 122, 124, 125, 126, 140, 192, 220, 363, 366, 368

廣雅　272, 308

德國　19, 41, 83, 114, 151, 160, 163, 178, 179, 185, 189, 208, 210, 232, 234, 235, 236, 237, 239, 247, 249, 250, 252, 254, 344, 348, 351, 354

德富蘇峰　263, 347

德華銀行　118

摩根公司　133

標準石油　161

樂毅　307

歐洲　27, 61, 132, 134, 137, 156, 168, 171, 172, 174, 177, 208, 237, 238, 252, 340, 341, 342, 350, 362

歐陽宗書　122

歐陽竟無　334

歐戰　54, 56, 61, 62, 63, 66, 151

潘日波　148, 368

潘光哲　ii

滕文公　283, 284, 285, 286, 287, 294, 295, 298, 299, 300, 301, 303, 307,

309, 316, 317, 318

滕國　20, 282, 283, 295, 298, 300, 301, 303, 304, 305, 307, 316, 317, 318, 319

穀物法　340

稷下　276

膠州　210

蔡上翔　258, 263, 361

蔡卞　258

衛星遙感照片　103

衛斯林　30, 31

衛鞅　306

複本位　26, 40, 41, 42, 60

論語　287, 292, 295, 314

賠款　4, 5, 17, 26, 29, 33, 34, 37, 41, 42, 57, 62, 66, 67, 73, 75, 76, 79, 82, 86, 107, 114, 115, 116, 117, 118, 120, 121, 122, 123, 124, 125, 126, 130, 135, 136, 137, 140, 141, 187, 199, 200, 201, 202, 203, 211, 217, 223, 278

鄭匡民　347, 368

鄭莊公　304, 312, 314, 315

魯國　296, 298, 305, 314

鴉片　29, 78, 80, 116, 216, 278

黎元洪　109, 138

墨子　2, 21, 112, 222, 267, 321, 322, 323, 324, 325, 326, 327, 328, 329, 330, 331, 333, 334, 363, 367

墨西哥　32, 40

墨經校釋　2, 21, 321, 322, 332

十六劃

戰國　245, 267, 271, 273, 277, 285,

286, 287, 291, 292, 297, 298, 300,
301, 305, 306, 307, 311, 312, 318,
319, 364, 367

戰國策　276, 307

整理銅元　65, 68

橫濱　72, 165, 254

橫濱正金銀行　145

歷史月刊　i

歷史學派　344, 348

澳洲　119

燕昭王　276

燕國　276

翰林院　94

興中會　87, 165

蕭公權　168, 368

蕭清　272, 368

諾克斯　133

賴建誠　i, ii, 89, 90, 354, 367, 368

輸出額　198, 201

錢莊　150, 209, 221

錢穆　282, 292, 303, 320, 368

頤和園　77, 118

龍子　284, 285, 287, 294, 300, 316

龜幣　265, 268, 270, 271

圜法　27, 33, 36, 39, 40, 69, 267

十七劃

應祖錫　343

應學犂　168, 369

檀香山　165

濫鑄銅元　6, 45, 48, 50, 70, 199

環錢　267, 268

總理衙門　28, 224

總稅務司　31, 66, 77, 102, 104, 117,

210, 223, 224, 225, 226

聯邦銀行　51

臨川全集　254, 263

謝爾曼法　161

鍾珍維　13, 369

韓琦　258

韓毅　163

十八劃

禮記　269, 287, 315, 326

藉　22, 32, 49, 55, 78, 79, 86, 119,
128, 139, 143, 151, 160, 190, 193,
204, 220, 222, 235, 238, 242, 259,
283, 285, 287, 288, 289, 290, 291,
292, 293, 295, 296, 298, 300, 304,
341, 344, 351

釐金　73, 74, 75, 78, 84, 90, 105, 114,
116, 145, 148, 223, 369

鎊虧　18, 27, 29, 37, 44, 45, 114, 117,
118, 119, 121, 122, 124, 130, 136,
144, 203

顏元　258

顏師古　270

魏光濤　103

魏建猷　26, 48, 65, 369

鎛　276

十九劃

羅文榦　109

羅玉東　73, 74, 76, 78, 89, 90, 103,
104, 122, 124, 125, 126, 136, 141,
369

羅檢秋　12, 168, 321, 322, 332, 369

藩士　85, 86

藩侯　85
邊沁　327, 331
鏹　96, 190, 206, 275, 276
關稅　4, 5, 17, 19, 32, 54, 65, 78, 79,
　84, 98, 100, 104, 105, 114, 126, 132,
　133, 145, 148, 192, 193, 194, 197,
　222, 223, 224, 225, 226, 227, 233,
　249, 367

二十劃

勸業富籤公債　7, 139, 143, 147
嚴復　ii, 21, 157, 163, 190, 219, 233,
　241, 242, 335, 342, 343, 344, 345,
　352, 353, 354, 359, 368
籌還國債運動　138
蘇俄　173, 192
蘇軾　260
黨爭　20, 256, 259, 261, 262

二十一劃

鐵本位　40
鐵良　225
鐵路借款　60
鐵錢　40
顧頡剛　319

二十二劃

龔子揚　138, 139

二十四劃

鹽商　83, 144, 209
鹽稅　78, 82, 83, 84, 88, 98, 100, 105,
　106, 148, 247, 253
鹽鐵論　9, 82, 111, 112, 208, 264

梁啟超的經濟面向

2006年1月初版　　　　　　　　　　　　　　定價：新臺幣550元
有著作權・翻印必究
Printed in Taiwan.

著　　者　賴　建　誠
發 行 人　林　載　爵

出 版 者　聯 經 出 版 事 業 股 份 有 限 公 司
台 北 市 忠 孝 東 路 四 段 5 5 5 號
台北發行所地址：台北縣汐止市大同路一段367號
　　　電話：（ 0 2 ） 2 6 4 1 8 6 6 1
台北忠孝門市地址：台北市忠孝東路四段561號1-2樓
　　　電話：（ 0 2 ） 2 7 6 8 3 7 0 8
台北新生門市地址：台北市新生南路三段94號
　　　電話：（ 0 2 ） 2 3 6 2 0 3 0 8
台 中 門 市 地 址：台 中 市 健 行 路 3 2 1 號
台 中 分 公 司 電 話：（ 0 4 ） 2 2 3 1 2 0 2 3
高 雄 門 市 地 址：高 雄 市 成 功 一 路 3 6 3 號
　　　電話：（ 0 7 ） 2 4 1 2 8 0 2
郵 政 劃 撥 帳 戶 第 0 1 0 0 5 5 9 - 3 號
郵　撥　電　話：2 6 4 1 8 6 6 2
印 刷 者　雷 射 彩 色 印 刷 公 司

叢書主編　沙　淑　芬
校　　對　陳　龍　貴
封面設計　胡　筱　薇

行政院新聞局出版事業登記證局版臺業字第0130號

ISBN　957-08-2926-5（精裝）

國家圖書館出版品預行編目資料

梁啟超的經濟面向/賴建誠著．--初版．
--臺北市：聯經，2006 年（民 95）
408 面；17×23 公分．
參考書目：12 面；索引：19 面
ISBN　957-08-2926-5(精裝)

1.梁啓超-學術思想-經濟
2.經濟-中國-歷史

550.9208　　　　　　　　　　　　94019987

聯經出版公司信用卡訂購單

信用卡別： □VISA CARD □MASTER CARD □聯合信用卡

訂購人姓名： _____

訂購日期： _____年_____月_____日

信用卡號： _____ _____ _____ _____

信用卡簽名： _____(與信用卡上簽名同)

信用卡有效期限： _____年_____月止

聯絡電話： 日(O)_____夜(H)_____

聯絡地址： □ □□_____

訂購金額： 新台幣_____元整

（訂購金額 500 元以下，請加付掛號郵資 50 元）

發票： □二聯式 □三聯式

發票抬頭： _____

統一編號： _____

發票地址： _____

如收件人或收件地址不同時，請填：

收件人姓名： □先生
_____ □小姐

聯絡電話： 日(O)_____夜(H)_____

收貨地址： _____

· 茲訂購下列書種·帳款由本人信用卡帳戶支付·

書名	數量	單價	合計
		總計	

訂購辦法填妥後

直接傳真 FAX：(02)8692-1268 或(02)2648-7859

洽詢專線：(02)26418662 或(02)26422629 轉 241

網上訂購，請上聯經網站：http://www.linkingbooks.com.tw